ELAGAGE

CEGEP DE ROSEMONT

1924-D6-115 ①

L'ÉTAT
DU
TIERS MONDE

BIBLIOTHÈQUE
C
909.09724
E 83
Référence
COLLÈGE DE ROSEMONT

X00725406

ÉDITIONS LA DÉCOUVERTE

1, place Paul-Painlevé, 75005 Paris, tél. (1) 46 33 41 16

L'ÉTAT DU TIERS MONDE

2

Comité de rédaction : Sophie Bessis, Elio Comarin, Charles Condamines, Serge Cordellier, Guy Delbrel, François Gèze, Gustave Massiah, Alain des Mazery, Thierry Paquot, Annie Simon. Sada, Alfred Sauvy, Graziella Schneier, Diana Senghor, Dominique Side, Stephen Smith, Philippe Texier, Jeff Tremblay, Gérard Viratelle, Immanuel Wallerstein, Jean Weiller.

Coordination et réalisation : Serge Cordellier.

Rédaction : Gabriel Arnaud, Daniel C. Bach, Georges Balandier, Paul Balta, Pierre Benoît, Sophie Bessis, Jeanne Bisilliat, Elena Borghese, Menotti Bottazzi, André Bourgey, Claire Brisset, Marie-Pierre Brouxel, Noël Cannat, Henryane de Chaponay, Mohamed Charfi, Jean-Claude Chesnais, Michel Clévenot, Elio Comarin, Christian Coméliau, Charles Condamines, Philippe Conrath, Georges Corm, Claude Dalbera, Abdelkader Dansoko, Isabelle Deblé, Guy Delbrel, Bertrand Delpeuch, Francis Deron, François Dubet, Bernard Dumont, René Dumont, Jean Duvignaud, Éric Fottorino, Michel Foucher, Susan George, Jacques Giri, Kim Gordon-Bates, Michel Griffon, Françoise Gründ, Cândido Grzybowski, Yves Hardy, Marie-Angèle Hermitte, André Jacques, Pierre Judet, Chérif Khaznadar, Martin Khor Kok Peng, Guy Labertit, Alain Labrousse, Yves Lacoste, Vincent Leclercq, Joseph Le Dren, Hervé Leenhardt, Françoise Lemoine, Marie-France L'Hériteau, Jacques Marseille, Gustave Massiah, Alain des Mazery, Macodou N'Daye, Simon Njami, Paul Noirot, Joseph Ondongo, B. Othman A., Thierry Paquot, Christian Rudel, Hugo

Cartographie : Claude Dubut, Anne Le Fur (AFDEC, 25, rue Jules-Guesde, 75014 Paris. Tél. : (1) 43 27 94 39).

Illustrations
Les motifs et figurines illustrant ce volume ont été choisis et, pour certains, redessinés au trait par J.-P. Balto, à partir de documents issus des aires culturelles des Amériques, des Caraïbes, d'Afrique, d'Asie et d'Océanie.

Fabrication : Monique Mory.

Illustration de couverture : tableau du peintre haïtien Gesner Armand publié dans *La Peinture haïtienne*, éd. Nathan, Paris, 1986. D.R.

© Éditions Leipzig pour les motifs du sous-continent indien, reproduits de l'ouvrage *Indische Volkskunst* [H. Mode, S. Chandra] ; West Baffin Eskimo Co-operative pour les gravures du Cap Dorset (île de Baffin, Canada) reproduites de *Dorset 77* et *Dorset 80* [m.f. Feheley Publishers Limited] ; Eva Wilson pour les dessins tirés de *Ancient Egyptian Designs* [British Museum Publication] ; Éditions Gallimard pour les symboles tirés de *Le Vaudou haïtien* [Alfred Metraux] et les Éditions Maspero pour les motifs reproduits de *Teotihuacan, métropole de l'Amérique* [Laurette Séjourné].

© Éditions La Découverte, Paris, 1989.
ISBN 2-7071-1831-1

Les titres et les intertitres sont de la responsabilité de l'éditeur

Présentation

En 1987 était publiée la première édition de L'état du tiers monde. *Elle visait un double objectif : mieux comprendre la diversité et la complexité des sociétés du «Sud» et mieux connaître les formes des actions de solidarité avec les populations qui y vivent. L'ouvrage, réalisé sous la direction de Élio Comarin et co-édité par La Découverte et le CFCF (Comité français contre la faim), a connu un succès immédiat auprès des lecteurs de tous âges, et notamment des jeunes*.*

Cette nouvelle édition n'est pas une simple révision ou mise à jour de la précédente : l'ensemble de l'ouvrage a été en effet profondément remanié pour le rendre plus complet et plus pédagogique encore, et surtout pour tenir compte des modifications extrêmement rapides que connaissent les pays du tiers monde et les relations internationales. C'est ainsi qu'une nouvelle section a été créée : placée en tête de l'ouvrage, elle traite de certaines tendances parmi les plus significatives de la période, comme les conséquences de la nouvelle détente Est/Ouest, la montée de l'exigence démocratique ou les effets sociaux de la dette. C'est ainsi également que de nouveaux chapitres ont été ajoutés (Civilisations, Femmes, Information, Industrialisation, ONG du Sud, etc.), que la cartographie a été renouvelée, de même que la majorité des articles.

La partie intitulée «Le tiers monde tel qu'il est» dresse en dix-neuf rubriques thématiques un état des lieux. Chaque rubrique comprend un long article de synthèse et des articles plus brefs éclairant tel ou tel problème dans son contexte local. De ce panorama général, il ressort une image très contrastée de cet univers que l'on continue à nommer «tiers monde» par commodité mais qui est pluriel et comporte bien des hiérarchies.

La dernière partie — «Le tiers monde, que faire ?», propose une étude très complète des actions des États en matière d'aide et de coopération et des actions non gouvernementales de solidarité. De nombreux exemples permettent d'établir des comparaisons, et de mieux comprendre les mutations en cours.

Au fil des rubriques, l'information et les faits présentés au lecteur lui permettent de mieux juger les conditions à réunir pour évoluer vers un monde plus juste et plus solidaire.

Serge Cordellier

---

* La première édition de *L'état du tiers monde* demeure disponible auprès du CFCF, 8, rue de Dobropol, 71017 Paris (tél. : 45 66 55 80).

Table des matières

LE TIERS MONDE, QUE FAIRE?

L'action des États

Le tiers monde derrière les mots

Georges Balandier et Alfred Sauvy ont inventé le mot « tiers monde » et la revue qui porte ce titre. Ils ne désignaient pas, ainsi, la troisième partie du monde, mais, selon l'esprit même de Sieyès et du « tiers état », l'univers social différent des sociétés industrielles, et sa diversité...

C'était l'époque, aussi, où l'écrivain indien K.M. Panikkar revendiquait pour l'Asie une histoire différente de celle à travers laquelle l'Europe coloniale avait absorbé les civilisations étrangères dans sa propre chronologie. L'heure aussi de la conférence de Bandung dont on ne peut sous-estimer l'influence sur les « nations prolétaires » : Vietnamiens, Chinois, Algériens, Égyptiens, Africains s'y retrouvaient. On connaît la suite.

On sait aussi que, embarqué dans les dernières guerres coloniales, à l'heure de l'« entrée dans la vie », une génération occidentale d'Amérique ou d'Europe crut trouver une inspiration politique et spirituelle auprès de ce « tiers monde » où l'on percevait d'immenses ressources de changement. Les héros de ce temps furent Hô Chi Minh, Mao, Castro, Guevara. Des mutations qui semblaient improbables dans le monde occidental n'étaient-elles pas, là-bas, possibles ?

Idéologie, illusion, utopie ? Qui a changé des mentalités ou du sujet de l'espoir ? Il est vrai que l'espoir se déplace avec les générations comme l'arc-en-ciel avec le promeneur. Il est difficile de dire sans forfanterie ce qu'il en est aujourd'hui.

La science-fiction et l'avenir du monde

D'abord, il y eut un diabolique malentendu : celui de confondre l'indépendance des peuples et la croissance. Jacques Berque, dans *La Dépossession du monde*, montrait la foule algérienne danser dans les villes, après le traité d'Évian en 1962. Personne n'avait oublié le grand rire de Gamal Abdel Nasser ni la ferveur des Égyptiens quand il annonça la nationalisation du canal de Suez, le 26 juillet 1956, pas plus que l'enthousiasme qui accompagna, le 1er juin 1955, le retour de Bourguiba en Tunisie, monté sur un cheval blanc. Ni la joie marocaine, ni l'exaltation cubaine ou chinoise.

L'historien dira comment, alors, les mentalités collectives ont admis l'équation suivante : l'emprise coloniale, par sa seule présence, a freiné l'évolution des sociétés dominées, la liberté retrouvée ne peut que rendre à une histoire chaque fois particulière le dynamisme qui lui est propre, la liberté sociale entraîne, par son seul mouvement, la modernisation. La volonté du peuple n'est-elle pas à la source de tous les changements qui ont préparé l'industrialisation aux États-Unis, en France, en Europe ?

Certes, mais à quel prix ! Un regard sur l'histoire occidentale, depuis la révolution industrielle anglaise et la révolution politique française, montre au terme de quels conflits, de quels malheurs ouvrier et paysan, de quelles catastrophes, l'homme a payé le prix de sa maîtrise d'énergies nouvelles — la vapeur, l'électricité, l'atome. On ne peut occulter les violences qui ont accompagné le « progrès », l'industrialisation autoritaire, les dictatures politiques. Une longue aventure avant d'en arriver à la jouissance paisible de la télévision ou de l'automobile...

Au terme de quelle mystification, issue de l'évolutionnisme du siècle dernier, en est-on venu à penser que le « destin » de toutes les sociétés est de parvenir à l'idéal représenté par l'Europe, l'U R S S, les États-Unis ? L'avenir du monde est-il écrit dans les bandes dessinées et les films de science-fiction ? Sait-on que l'on peut à la fois promener des cosmonautes dans l'espace et laisser vivre, sur terre, les hommes dans des taudis ?

Des mots, toujours des mots

Cela étant, depuis trente ans, le « tiers monde » a été étouffé sous une avalanche de mots savants, de projets, de programmes internationaux, d'experts accourus de l'Est ou de l'Ouest, d'incitations idéologiques. L'argent vient aussi, parfois généreusement, souvent avec des arrière-pensées plus inquiétantes.

L'argent... François Perroux évoquait l'image d'un entonnoir. Comment le flux des capitaux parviendrait-il à irriguer la trame de la société, quand aucun circuit n'existe pour cette répartition ? Un argent qui s'accumule en caillots et aboutit rarement à ses fins.

Comme ces « jeunes nations » se sont établies à l'intérieur de frontières dont les anciennes nations dominantes avaient fixé les limites arbitraires, dans le droit fil des accords de Berlin par lesquels Bismarck souhaitait détourner les Européens de l'Europe en leur donnant l'Afrique en pâture, d'inévitables conflits sont apparus : ethnies fragmentées entre plusieurs nations, plusieurs États, territoires coloniaux contestés, systèmes idéologiques opposés. Depuis des années, le « tiers monde » a fait de la guerre son industrie nationale.

Les mots, toujours les mots — du vent — que martellent les « médias » empruntés à l'Occident : un nouvel exercice du pouvoir. Socialisme, libéralisme, etc. Combien de jeunes hommes en Asie, en Afrique, en Amérique latine sont morts pour des causes dont ils n'avaient pas l'idée. Dans nombre de pays, la rationalité a été

l'alibi des prises de pouvoir militaires. En d'autres, les invocations d'une foi que l'on voudrait intégralement pure trouve des justifications mobilisatrices.

Qui les entend, ces mots ? Les paysans plus ou moins ruinés par les cours mondiaux de produits autrefois rentables, les populations du Sahel ou des campagnes du Bengladesh, les habitants des « bidonvilles » qui ne sont plus ni de la campagne ni de la ville ? Qu'en est-il de ces discours pour les ruraux brésiliens asservis aux injonctions des maîtres de grands domaines ? Si on le peut, on vend du paysage et des nuitées d'hôtel, et le spectacle de la misère se paie bien...

Le sort fait aux sciences humaines

Qu'en est-il de la connaissance des sociétés du « tiers monde » ? La plupart des messages qui nous en parviennent sont ceux de catastrophes naturelles, dont on ne peut imputer la responsabilité aux pouvoirs en place.

Il est vrai que le terrain de l'ethnologie ou de l'anthropologie s'est fâcheusement rétréci. Un terrain qu'occupent des guérillas, la famine ou, simplement, qu'il est interdit de soumettre à l'analyse. Qui planterait sa tente dans les campagnes du Pérou ou du Soudan ? On sait ce qu'il est advenu des chercheurs au Liban. Peu de pays acceptent le regard étranger. L'ethnologie a été ce regard venu d'ailleurs qui doit souvent son acuité à la différence même qu'il surmonte. Avec les indépendances sont apparus des hommes et des femmes plus soucieux de comprendre la réalité de leur propre société que de s'enfermer dans le confort idéologique : que sont-ils devenus ? Certains se taisent, d'autres sont en exil.

Au Guatemala, des spécialistes de science politique de grande qualité ont été assassinés. Pendant la dictature militaire au Brésil, pays de longue et brillante tradition scientifique, les chercheurs se sont terrés. Que dire du Chili ? En Chine, un grand spécialiste de la vie rurale s'est retrouvé, au temps de Mao, en camp de rééducation pour avoir tenté d'analyser une réalité qui ne répondait pas à ce que voulait imposer la doctrine. N'aurait-on pas évité certaines crises, dans tel ou tel pays du Maghreb, si l'on avait prêté l'oreille à quelques avertissements fondés sur l'appréhension directe de l'existence commune ? Il est malaisé de faire admettre par des hommes de pouvoir que la réalité vivante ne répond pas toujours à l'idée que ces derniers se font de ce que doivent être les choses. Une vieille discussion qui, en Europe du moins, dure depuis les débats du tyran et du philosophe. En Europe où le cheminement des sciences humaines a été un long combat.

Une « logique souterraine » des sociétés

Optimisme, pessimisme ? Des mots creux. Les pays du « tiers monde » sont maintenant des sociétés comme les autres. Avec d'égales chances et différents malheurs. Elles échappent aux utopies rénovatrices que l'Occident projetait sur elles, comme aux rêves des anciens ethnologues qui souhaiteraient que tout demeurât dans son archaïque immobilité. D'abord, la diversité des types qui composent le « tiers monde » appelle de nou-velles méthodes de connaissance. La croissance industrielle, fût-elle reçue de l'extérieur, bouleverse les formes sociales, les contraint à ces mutations dont l'examen est l'objet même d'une sociologie vivante. L'Inde ou l'Égypte, l'Indonésie et le Nigéria ne peuvent être rangés sous la même nomenclature. Depuis une trentaine d'années, ces pays se sont donné une figure chaque fois différente.

Cela voudrait dire que la vie sociale poursuit son mouvement propre, en dehors des catastrophes ou des succès momentanés, à l'écart de ce que voudrait instaurer tel ou tel pouvoir. Comment équilibrer les déterminismes dont, au moment des indépendances, nul n'avait mesuré vraiment le poids, les corrélations nouvelles entre les formes religieuses et l'existence collective, les règles, plus ou moins « traditionnelles » qui définissent les rapports humains, l'usage de technologies jusque-là inconnues, et relier ces systèmes à la configuration générale d'une vie internationale que ne régit plus le manichéisme de la guerre froide ?

Une « logique souterraine des sociétés », qui ne ressemble pas à celle qu'on décrit pour l'Occident : le « tiers monde » est, dans sa diversité, la matrice de mutations chaque fois différentes selon les ensembles humains qui le composent, imprévisibles souvent et qui, maintenant, divergent les unes des autres. C'est un *New Deal*, une nouvelle donne de la connaissance, un défi auquel chaque « jeune nation » peut répondre.

Jean Duvignaud

QUESTIONS STRATÉGIQUES

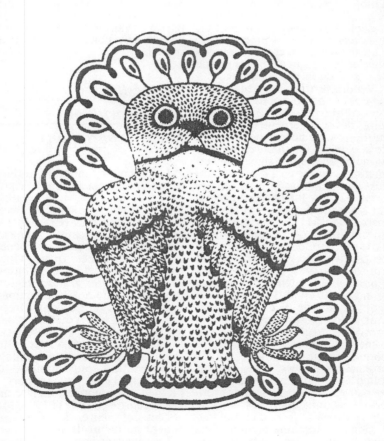

La marginalisation du tiers monde dans le commerce international

L'économie mondiale actuelle est fondée sur l'échange. Si ce constat sonne comme une évidence, il convient de la rappeler à l'heure où la bonne santé d'un pays se mesure à l'importance de ses exportations et à la compétitivité de ses produits sur les marchés internationaux. De 1970 à 1988 — en moins de vingt ans —, le volume des seules marchandises échangées à travers le monde a doublé. Quant aux transactions financières, elles ont connu, depuis le début des années quatre-vingt, une accélération sans précédent et, signe des temps, la croissance mondiale des échanges a été plus rapide que celle de la production.

Vendre surtout, mais également acheter, et parfois pour revendre, devient une préoccupation prioritaire des gouvernements et des entreprises, au nord comme au sud de la planète. Quand le commerce mondial donne des signes de stagnation, comme en 1985, les grandes organisations internationales comme le GATT (Accord général sur les tarifs douaniers et le commerce), le FMI (Fonds monétaire international) ou la Banque mondiale poussent des cris d'alarme et prophétisent le retour des crises qui, depuis 1973, secouent périodiquement le système économique mondial. C'est à l'intensité des mouvements de biens et de capitaux qu'on mesure aujourd'hui la prospérité du globe. Cet accroissement qui, quoique irrégulier, se poursuivra sans doute au cours des prochaines années, est toutefois loin d'être également réparti entre les nations et entre les grands groupes de produits qui font l'objet de cette planétaire foire d'empoigne.

Dans ce domaine comme dans tant d'autres, les vieux clivages Nord-Sud se retrouvent et s'aggravent tandis qu'apparaissent, au sein même de ce Sud encore trop souvent considéré comme un bloc à peu près homogène, de nouvelles hiérarchies, marginalisant les uns et faisant accéder les autres au rang envié de pays « presque » développés. Dis-moi ce que tu vends, je te dirai ce que tu vaux : c'est ainsi qu'on pourrait résumer les nouvelles fractures qui se sont esquissées en cette fin des années quatre-vingt, non seulement entre le Nord et le Sud, mais entre un Sud en voie de développement et un « extrême Sud » mis dans l'incapacité de valoriser sa place dans la nouvelle division internationale du travail.

Régression des importations et des exportations

Le commerce mondial se développe donc à un rythme variable — 3,5 % en 1986, 4 % en 1987, 5 % en 1988 (en volume) ; 10 % en 1986, 16 % en 1987 (en valeur) — mais de façon constante. En même temps pourtant, c'est-à-dire depuis le début des années quatre-vingt, les exportations et les importations de la plupart des grandes régions du tiers monde ont régulièrement régressé. Si l'on ne tient compte que des quinze pays du tiers monde les plus endettés, c'est-à-dire en fait les plus intégrés à l'économie mondiale, leurs recettes globales d'exportation ont diminué de 15 % en 1986 par rapport à l'année précédente et, malgré une légère reprise en 1987 et 1988, sont restées inférieures à ce qu'elles étaient au début de la décennie.

La valeur de leurs importations était en 1986 inférieure de 40 % à celle de 1981. Pour être désastreuse au regard des critères de richesse en vigueur, l'évolution n'en est pas moins logique : la politique de rétablissement des grands équilibres financiers imposée par le FMI aux pays — de plus en plus nombreux — qui ont sollicité son aide, et qui consiste, notamment, à comprimer les investissements et la consommation, a fortement réduit leurs importations.

Quant à la chute de la valeur des exportations, qui masque, on le verra, de profondes différences, elle est due essentiellement à l'effondrement des prix du pétrole qui a suivi l'euphorie des années 1979-1980 et à la baisse tout aussi spectaculaire du dollar. Entre 1980 et 1986, les revenus en dollars des exportations pétrolières des pays de l'OPEP ont diminué de 60 % ! Si l'on ajoute à cela que leurs recettes ont continué de leur être payées en une devise dévaluée, on comprend qu'ils aient dû freiner les importations massives opérées au cours de la décennie précédente pour leurs besoins en équipement ou pour l'achat de biens de consommation courante que leurs économies se sont révélées incapables de produire.

L'accroissement des échanges internationaux est donc principalement le fait des pays industriels : le commerce entre pays du Nord a représenté, en 1988, 56 % du commerce mondial. Les exportations des dix pays du monde les plus développés représentaient, en 1986, 63 % de la valeur des exportations mondiales et leurs importations 62 % de la valeur des importations de la planète. La structure du commerce de l'Europe des Douze illustre parfaitement cette hégémonie : 58,7 % des importations effectuées par les pays de la Communauté européenne proviennent de leurs partenaires du Marché commun, près du quart provient des autres grands pays industriels, États-Unis et Japon essentiellement, et 13 % seulement ont le tiers monde pour origine. Quant à leurs exportations, 58,6 % d'entre elles se dirigent vers les autres pays de la CEE, 25,2 % vers le reste du monde capitaliste industriel et 12,6 % vers le tiers monde. Celui-ci, à l'évidence, a cessé d'être, s'il l'a jamais été, un partenaire stratégique pour les grandes nations industrielles.

Faibles échanges Sud-Sud

Cette situation ne serait pas trop préoccupante si, partiellement exclu des circuits commerciaux du Nord, le Sud était parvenu à développer de façon significative les relations commerciales entre les grandes régions qui le composent. Or, globalement, les échanges Sud-Sud stagnent. Ils représentaient, à la fin des années quatre-vingt, moins de 10 % du commerce mondial. Là se situe sans doute l'un des plus profonds déséquilibres et l'origine des plus graves inégalités : tandis que le tiers monde n'occupe qu'une place secondaire dans les échanges des pays industriels, ceux-ci sont toujours ses partenaires privilégiés, sinon exclusifs, et le commerce avec le Nord revêt pour les pays du Sud une importance stratégique. 95 % du commerce africain s'effectuent selon un axe Nord-Sud. A l'inverse, le commerce de la France avec l'Afrique sud-saharienne qui constitue pourtant sa zone d'implantation privilégiée représente moins de 10 % de ses échanges totaux et enregistre une diminution régulière depuis 1985.

L'Afrique noire francophone absorbe, elle, 2,9 % de la totalité des exportations françaises et n'envoie à l'ex-métropole que 2 % de ses importations totales. La distorsion est du même ordre dans la zone méditerranéenne dont le niveau d'industrialisation et d'intégration à l'économie mondiale est pourtant nettement supérieur à celui de l'Afrique noire : tandis qu'environ la moitié des échanges des pays de la rive sud de la Méditerranée s'effectuent avec la CEE (60 % pour la Tunisie, 51 % pour l'Algérie, 42 % pour Chypre et la Syrie, 36 % pour Israël, 69 %

pour Malte), celle-ci ne destine que 10 % de ses exportations à l'ensemble sud-méditerranéen et ne s'y approvisionne que pour 8 % de ses achats.

Un premier constat s'impose donc : si le commerce mondial est en progression, il n'en passe pas pour autant davantage par les régions les moins développées de la planète et il aurait plutôt tendance à se concentrer dans les pays parvenus à un haut degré d'industrialisation. Ce clivage, on s'en doute, n'est pas le fait du simple hasard et résulte de la profonde évolution de la structure par produits des échanges internationaux. C'est également cette évolution qui a fait émerger à l'intérieur du tiers monde un groupe de pays au dynamisme commercial si manifeste qu'il devient de plus en plus difficile de continuer à les placer dans la galaxie de plus en plus hétérogène constituée par l'ensemble de « pays en développement ».

Spécialisation dans les produits primaires

Le monde industrialisé avait, il y a trente ans, massivement besoin de matières premières, de produits énergétiques, de denrées tropicales pour alimenter ses usines et répondre à des besoins de consommation impossibles à satisfaire par la production agricole de la zone tempérée. Pourvoyeur de minerais, d'hydrocarbures, de matières premières agricoles, le tiers monde, on l'a assez dit, s'est, à de rares exceptions près, spécialisé dans la production et l'exportation de produits de base. En 1988, les deux tiers des pays en développement non exportateurs de pétrole dépendaient de un à trois produits dits primaires pour plus des deux tiers de leurs exportations. Les exportations des pays africains non producteurs d'hydrocarbures sont composées, à 90 %, de produits de base.

Quant aux producteurs de pétrole, de l'Algérie au Nigéria en passant par le Congo, ils retirent parfois jusqu'à 100 % de leurs recettes en devises de leurs exportations énergétiques. L'Amérique latine est à peine moins dépendante de cette structure commerciale : les trois quarts de ses exportations totales sont constitués par des matières premières minérales, énergétiques et agricoles. Seule l'Asie échappe à un tel schéma et ses exportations, à l'instar de celles des pays industriels, sont composées à 75 % de produits manufacturés. Si de larges secteurs de l'opinion mondiale se sont élevés depuis des années contre cet état de choses, c'est essentiellement pour réclamer une rémunération internationale plus équitable des produits de base dont les marchés sont totalement contrôlés par les entreprises des pays du Nord.

Il est vrai que le pouvoir d'achat de ces produits en termes de biens manufacturés n'a cessé de baisser depuis 1960 : les termes de l'échange se sont dégradés de 30 % pour les matières premières agricoles, de 27 % pour les denrées alimentaires et de 14 % pour les minerais et les minéraux. En 1986, les cours des principales matières premières agricoles et minières ont atteint des planchers historiques et certains produits se sont retrouvés au même niveau de prix que lors de la crise des années trente. En 1985, on a calculé que la perte subie du fait de cette dépréciation par les 48 pays en développement dont les recettes d'exportation dépendaient pour plus de 65 % de matières premières hors pétrole équivalait à 5 milliards de dollars.

Contrairement à ce que d'aucuns espèrent, cette tendance à la baisse, catastrophique pour les économies concernées, n'est pas purement conjoncturelle et reflète un changement en profondeur de la structure de la production dans les pays industriels. Tout indique en effet que ceux-ci ont de moins en moins besoin des matières premières en provenance du monde en développement pour faire tourner leur appareil productif. Depuis la première crise pétrolière (1973), non seulement leurs sources d'approvisionnement en produits énergétiques se sont diversifiées mais, grâce à de rigoureuses politiques d'économies, la croissance de la consommation d'énergie est devenue inférieure à la croissance économique globale.

La fin d'un enjeu stratégique pour le Nord

Les innovations technologiques ne cessent de réduire les besoins en matières premières ; la fibre optique remplace le cuivre, les produits synthétiques continuent de concurrencer les fibres textiles naturelles. Dans le domaine alimentaire, les produits de synthèse détrônent le sucre et l'extraordinaire développement des biotechnologies menace les productions dont la zone intertropicale détenait naguère le monopole. Qu'on le veuille ou non, si les produits de base demeurent un enjeu stratégique pour les pays en développement exportateurs, ils ont cessé de l'être pour des économies industrielles en pleine mutation technologique, et dont les besoins stagnent sinon régressent dans ce domaine. C'est ainsi que, depuis 1970, le commerce mondial des produits agricoles n'augmente en prix constants que de 2,7 % par an, que celui des produits miniers diminue, tandis que le commerce des produits manufacturés s'accroît de 6,3 % annuellement. Alors qu'en 1963 le commerce des produits de base était égal en valeur à celui des biens manufacturés, il n'en a atteint que la moitié en 1985 (dont 50 % pour les seuls hydrocarbures). La part des produits agricoles dans le commerce mondial est passée de 46 % en 1950 à 13 % en 1987 et ce, malgré l'accroissement de la demande de nombreux pays du tiers monde en produits alimentaires. En réalité, le commerce agricole a augmenté en valeur absolue, mais infiniment plus lentement que celui des autres produits échangés dans le monde.

C'est un fait aujourd'hui : seul le commerce des produits manufacturés ne cesse de s'accroître en volume et en valeur. On comprend dès lors que les seuls pays du tiers monde capables de tirer de substantiels bénéfices de l'évolution actuelle sont les exportateurs de biens industriels. Si, pour la première fois en 1986, l'ensemble des pays en développement a retiré davantage de recettes en devises de ses exportations manufacturières que de ses produits primaires, cette mutation est le fait d'une dizaine de pays à peine qui réalisent à eux seuls plus de 80 % des exportations manufacturières totales du tiers monde.

La place exceptionnelle des dragons asiatiques

Cinq pays seulement (Taïwan, la Corée du Sud, Hong-Kong, Singapour et le Brésil) en réalisent près des trois quarts. Les seuls pays du tiers monde à avoir connu depuis 1980 une croissance globale de leurs exportations sont des pays largement industrialisés : les « quatre dragons » asiatiques (Taïwan, Corée du Sud, Hong-Kong et Singapour) ; le Brésil et le Mexique, qui sont les principales puissances industrielles d'Amérique latine, ont vu leurs recettes d'exportation s'accroître de 40 % entre 1980 et 1986, tandis que celles des autres régions en développement stagnaient durant la même période. Les exportations des quatre dragons asiatiques sont aussi importantes que celles de la totalité des autres pays en développement. C'est que l'équation est de plus en plus simple : plus on exporte de produits transformés, plus on a de chances d'occuper une place confortable dans la dynamique des échanges internationaux. Ainsi, depuis le milieu des années quatre-vingt, l'Europe occidentale et

─── **BIBLIOGRAPHIE** ───

Rapports du GATT (parution tous les deux ans).

«Multinationales et développement, quelles perspectives?», *Revue Tiers-Monde*, n° 113, 1988.

«L'Économie mondiale en mutation», *Cahiers de recherche sociologique*, Université du Québec, vol. 6, n° 1, Montréal, 1988.

L'État du monde, annuaire économique et géopolitique mondial, La Découverte, Paris.

RAINELLI Michel, *Le Commerce international*, La Découverte, «Repères», Paris, 1988.

l'Asie connaissent une croissance commerciale plus soutenue que celle du commerce international, tandis que l'Amérique latine et plus encore l'Afrique et le Moyen-Orient ont vu leurs échanges s'accroître beaucoup plus lentement que les échanges mondiaux.

«Tiers monde» : une notion obsolète

Tous les pronostics tablent sur un renforcement de ces tendances : ce ne sont pas seulement les quatre nations industrielles d'Asie du Sud-Est qui accroîtront leurs parts de marché d'ici la fin du siècle, mais également d'autres pays asiatiques, comme la Chine — dont le commerce extérieur croît de près de 10 % par an —, la Malaisie ou la Thaïlande qui se spécialisent de plus en plus dans la fabrication de produits industriels «de première génération». L'on estime par ailleurs que l'ensemble «Sud-Est asiatique» est en passe de s'affranchir de sa dépendance commerciale vis-à-vis des États-Unis et de l'Europe dans la mesure où les échanges intrarégionaux se développent à un rythme tel qu'ils supplanteront avant l'an 2000 leur commerce intercontinental.

A l'inverse, les autres grandes régions du tiers monde, hormis quelques pays au dynamisme réel mais encore fragile, ont toutes les chances de voir leur marginalisation s'accroître.

La nouvelle structure des échanges mondiaux, qui — malgré quelques poussées de fièvre périodiques sur les marchés des matières premières — a toutes les allures d'un phénomène irréversible, rend donc définitivement obsolète la notion de tiers monde telle qu'elle s'est imposée pendant trente ans. Quelles que soient leurs contradictions internes et les inégalités qui caractérisent leurs sociétés, quelques pays, fort peu nombreux et pour la plupart asiatiques, doivent être rangés désormais parmi les nations développées. Cette mutation d'une partie de l'Asie est sans nul doute un des événements économiques majeurs de la fin du siècle.

Des continents entiers voient en revanche leur marge de manœuvre économique et leur capacité de négociation face au monde industriel se réduire de façon dramatique dans la mesure où ils n'ont plus à lui offrir que des produits vitaux pour eux et de moins en moins importants pour lui. La quasi-exclusion de l'écrasante majorité des nations des circuits les plus porteurs de la croissance est une preuve supplémentaire que la crise économique et financière du monde dit en développement, dont les conséquences politiques et sociales se font plus que jamais sentir, n'est pas près d'être résolue.

Sophie Bessis

Les racines des migrations

Les migrations sont devenues une donnée structurelle des relations internationales. Qu'elles correspondent à des transferts de population entre régions du tiers monde ou entre pays du Sud et pays du Nord ; qu'elles soient motivées par la guerre, par la répression, par des situations économiques déséquilibrées ou par des conditions démographiques exceptionnelles, ces exodes posent problème.

Combien sont-ils ? Selon certaines estimations, la population migrante du monde représenterait quatre-vingts millions de personnes en 1987, soit 1,7 % de la population mondiale. Parmi ces quatre-vingts millions de migrants, vingt millions étaient *légalement employés* (les *familles* de ceux-ci représenteraient vingt autres millions). Ceux qui étaient en *situation irrégulière* avoisinaient aussi vingt millions. Enfin, il fallait compter seize millions de *réfugiés* et quatre millions de *déplacés*.

Pour la seule Communauté européenne, les travailleurs immigrés déclarés et leurs familles représenteraient, à la même date, quinze à seize millions de personnes (7,9 % de la population totale), et les réfugiés reconnus étaient au moins au nombre d'un million.

Les droits humains en cause

Autres chiffres pour prendre la mesure du problème : les pays du tiers monde accueillent environ 83 % des réfugiés (toutes catégories confondues). Les contrastes sont frappants entre certaines situations : avec un produit intérieur brut (PIB) par tête de 329 dollars, la Somalie comptait, en 1988, 137 réfugiés pour 1 000 habitants ; la Suisse, à la même date, avec un PIB moyen de 20 418 dollars par tête comptait 5 réfugiés pour le même nombre d'habitants.

La très grande majorité des déracinés quittent leur pays pour sauver leur vie et échapper aux différentes formes de mort, animés de l'espoir de trouver un refuge, une protection, du travail, la dignité. Dans tous les cas, ce sont les droits humains qui sont en cause, droits civils et politiques, droits économiques et sociaux, ou droits culturels, droits des peuples, enfin. Ce qui fait écrire dans un rapport aux Nations unies à l'ancien haut-commissaire aux réfugiés, Sadruddin Aga Khan : « Si l'on ne trouve pas le moyen de faire obstacle au déni des droits de l'homme ou aux violations flagrantes de ces droits, si l'on ne parvient pas à un partage plus équitable des ressources mondiales (...), le monde devra continuer à vivre avec le problème des exodes massifs... »

La réflexion sur la situation des migrations doit être rapprochée d'un certain nombre de constats :

— la plupart des pays industrialisés ont *stoppé* l'immigration ou cherchent à la *contrôler* étroitement ;

— les sociétés transnationales *diversifient leurs pôles de production*, déplaçant la main-d'œuvre dans les pays du Sud même ;

— le « stock de main-d'œuvre » dans les pays en développement s'accroît, ce qui ne saurait faire oublier la persistance d'un *chômage structurel*, permanent, dans les pays riches ;

— les restructurations brutales des moyens de production et la *concentration des terres* entre les mains de grands propriétaires peuvent déplacer des millions de personnes, comme c'est le cas au Brésil ;

— la poursuite de *conflits armés*, la persistance de certaines

BEAUGÉ Gilbert (sous la dir. de), « Les migrations internationales au Moyen-Orient », *Revue Tiers-Monde*, n° 103, 1985.

BETTATI Mario, *L'Asile politique en question*, PUF, Paris, 1985.

CORDEIRO ALBANO, *L'Immigration*, La Découverte, « Repères », Paris, 1987.

OCDE, *L'Avenir des migrations*, Paris, 1987.

La Forteresse européenne et les réfugiés, Éd. d'en-Bas, Lausanne, 1986.

RUDEL Christian, *Rio Bravo*, L'Encre, 1987.

GILDAS Simon, « La nouvelle donne migratoire en Europe du Sud », *Revue européenne des migrations internationales*, Poitiers, 1986.

JACQUES André, *Les Déracinés. Réfugiés et migrants dans le monde*, La Découverte, Paris, 1985.

« Réfugiés. Indice de conflictualité », *Études polémologiques*, n°s 44 et 45.

situations d'*occupation* gonflent constamment les flux de réfugiés ; de même que la privation des droits nationaux fondamentaux pour certains peuples (Palestiniens, Kurdes...) ;
— les *bouleversements démographiques*, enfin, vont transformer les données économiques et humaines ; on estime à soixante millions par an le nombre d'emplois nouveaux devant être créés dans le tiers monde pour absorber les jeunes arrivant sur le marché du travail.

Les migrations de main-d'œuvre

Les migrations ont une longue histoire. Une migration à fin de peuplement a entraîné quelque 40 millions d'Européens vers le Nouveau Monde. Entre les deux guerres, l'Europe centrale et l'Europe du Nord ont fourni deux millions d'émigrants. Après 1945, plus de dix millions d'Européens ont émigré vers l'Ouest et vers les Amériques. La reconstruction, puis l'essor économique ont cependant provoqué un nouvel appel de main-d'œuvre auquel ont répondu l'Europe méridionale et l'Afrique du Nord, principalement. Mais cette migration était considérée comme temporaire, liée aux besoins immédiats.

La récession liée à la crise pétrolière en 1974 incita les États à arrêter l'immigration. Restait à gérer, voire à intégrer ceux qui n'avaient plus de solutions de retour. Il fallut en même temps faire face au flux constant d'immigrés illégaux, toujours utiles et fortement exploités.

Dans l'axe Sud-Nord, il faut encore souligner d'importants flux migratoires d'Amérique centrale et des Caraïbes vers les États-Unis et le Canada.

Structurellement, comme le soulignait un rapport de l'OCDE en mai 1986, les disparités existant entre les nations riches et les nations pauvres conduisent à un accroissement des flux migratoires en provenance du tiers monde, la plupart illégaux. Il est même des pays d'emploi où l'illégalité est discrètement tolérée parce qu'elle permet une surexploitation.

Depuis deux décennies, d'autres courants migratoires se dirigent vers les pôles de développement économique : d'Asie vers le golfe Persique, d'Afrique australe vers l'Afrique du Sud, d'Asie encore vers les grands centres industriels et commerçants (Hong-Kong, Singapour...), c'est-à-dire là où il y a appel de main-d'œuvre et mise en place de réseaux de trafic. Une fois le courant créé, il a tendance à s'entretenir, même au-delà du « raisonnable ».

Les migrations de réfugiés

Ces exodes ne recouvrent pas que les migrations pour emploi. La Corne de l'Afrique, l'Afghanistan, la Péninsule indochinoise, l'Amérique centrale, le Moyen-Orient, l'Europe de l'Est connaissent des situations qui engendrent un exode politique. Il arrive, cependant, que les conditions soient fort complexes et que les politiques menées se traduisent par une dégradation complète de la situation économique ; que l'on pense à Haïti, au Zaïre, au Vietnam. Dans ces circonstances, les motivations au départ sont, il est vrai, confusément mêlées.

Il est cependant nécessaire d'opérer une nette distinction entre exilés économiques et réfugiés : le réfugié ne peut retourner dans son pays sans danger ; le migrant, lui, n'a pas — *a priori* — intérêt à rompre avec son gouvernement. Le réfugié fuit, d'abord sans autre projet que de se protéger. Le migrant poursuit un objectif, voire un rêve illusoire. Le réfugié est protégé par une Convention internationale (1951). Les migrants dépendent de la législation des pays dits d'« accueil », parfois d'accords bilatéraux.

Malgré la complexité des causes, la migration est toujours liée à un désordre dans le domaine des droits humains. En exerçant une pression sur les pays d'accueil ou d'exploitation, les exilés économiques et les réfugiés sont les témoins de l'*interrelation* existant entre les économies et les politiques. Ne pas avoir aidé le Vietnam à se reconstruire, ne pas réunir une conférence internationale pour régler les problèmes du Proche-Orient, maintenir une dette abusive sur les pays en développement, sont autant de sources constantes de flux de réfugiés et de migrants.

Par ailleurs, tous, par le fait d'être étrangers, sont susceptibles d'engendrer des réactions xénophobes et racistes, des peurs collectives, ou, plus simplement, des difficultés de relation.

Ces deux grands types de migrations affectent donc différemment le tiers monde et les pays industrialisés. Aux uns, ils apportent un peu de devises, voire d'allégement, ou les débarrassent d'opposants politiques ; aux autres, ils ont procuré, en même temps qu'une source de richesse, des difficultés politiques réelles.

Nouvelles populations, nouvelles minorités

Parce que les sociétés d'origine sont maintenues en état de pauvreté et de sous-emploi, elles peuvent difficilement réintégrer les exilés : Haïti, par exemple, peut-il absorber le million d'exilés qui se trouve à l'extérieur ? Les déracinés forment alors des îlots de minorités qui se regroupent. L'habitat concentré favorise souvent la constitution de tels groupes minoritaires ; et c'est au moment où leur insertion devient possible que les immigrés ont besoin de s'adosser à une identité réaffirmée ; cela est aussi vrai pour les Philippins dispersés de par le monde que pour les Mexicains aux États-Unis. Un choix, un risque : soit insérer ces étrangers et s'enrichir de leur apport culturel, donc accepter la diversité, soit prendre la voie qui conduit à l'*apartheid* et à la discrimination.

Aussi longtemps que les pays économiquement sous-développés ne pourront absorber leur propre main-d'œuvre, ils offriront une sorte de réservoir où les pays industrialisés — ou riches — pourront puiser à volonté. Les pays du Golfe ont ainsi importé plus de cinq millions de travailleurs de l'Inde, du Pakistan, de Corée ou des Philippines. Soulignons qu'il n'y a création d'un courant migratoire que lorsque les conditions évoquées sont réunies aux deux bouts de la chaîne.

Les pays à fort niveau de vie semblent par ailleurs peu disposés à accueillir des réfugiés et font même actuellement peser une lourde menace sur le droit d'asile. En schématisant, il est possible de résumer ainsi la pensée de beaucoup : oui aux étrangers, quand on peut les exploiter ; non aux étrangers qui risquent d'être à charge, fussent-ils demandeurs d'asile ! Il y a, certes, une logique, mais ce n'est pas celle de la solidarité et des droits humains.

André Jacques

La montée de l'exigence démocratique

La lutte pour la démocratie constitue aujourd'hui une caractéristique essentielle de la vie politique des pays du tiers monde. Au cours d'un même laps de temps, très bref, à l'automne de 1988, on a pu relever aux quatre coins du « monde en développement » des actions populaires héroïques par lesquelles se sont exprimées de larges couches de populations et notamment les jeunes, et qui traduisaient d'une façon évidente la revendication de la liberté, du pluralisme politique et la fin des régimes autoritaires qui, de surcroît, sont le plus souvent militaires.

C'est ainsi que, en Birmanie, les manifestants sont restés maîtres de la rue pendant plus de deux semaines et ont sérieusement ébranlé le régime des généraux. Au Chili, la bonne coordination de l'action des forces démocratiques a donné ses fruits dans la mesure où, voulant légitimer son maintien au pouvoir, le général Augusto Pinochet a organisé un référendum et essuyé un grave revers. En Algérie, près de deux cents manifestants sont morts et plus d'un millier d'autres ont été blessés au cours d'événements qu'on a qualifiés sur le moment de « révolte de la semoule » mais qui ont été avant tout une protestation contre le système bureaucratique et le régime de parti unique. Ce sont là des échantillons significatifs de grandes lames de fond qui traversent l'Afrique, l'Asie et l'Amérique latine.

La révolte contre l'ordre colonial

Si le phénomène n'a pris cette ampleur qu'au cours du dernier quart de ce siècle, il n'est pas nouveau pour autant. Il est plutôt le mûrissement d'un long processus. Le réveil du tiers monde a commencé avec le choc colonial et la prise de conscience par les populations des pays « sous-développés » de leur état de « sous-développement ». Or ce dernier est multidimensionnel : il est à la fois économique, social, culturel et politique.

La colonisation n'a fait que traduire une grande inégalité de développement entre le Nord et le Sud. La domination étrangère est toujours une agression injustifiable et une injustice inacceptable. Mais il faut déplorer tout autant la volonté de domination par les colonisateurs que le fait, pour les pays du Sud, d'être devenus « colonisables ».

Le réveil du tiers monde s'est donc traduit par une révolte contre cet état de chose à la fois dans ses causes, ses conséquences et dans tous ses aspects. Les revendications formulées par les élites étaient nombreuses et multiformes et pouvaient être groupées en trois catégories. Dans le domaine économique et social, on réclamait l'alphabétisation de la population, le développement de l'agriculture et l'industrialisation. Dans le domaine politique, on réclamait la démocratisation du système de gouvernement. Enfin, sur le plan des relations internationales, il fallait mettre fin au système colonial.

L'étude de la littérature politique des cent dernières années montre clairement que les trois objectifs étaient poursuivis en même temps et perçus comme étant intimement liés. C'est globalement le sens du mouvement de la Nahdha au Moyen-Orient.

Il en est de même des programmes des principaux partis nationalistes algériens qui ont précédé la création du Front de libération nationale (FLN) et le déclenchement de la révolution armée, le 1er novembre 1954. Parmi ces formations, les plus connues, le Mouvement pour le triomphe des libertés démocratiques fondé par Messali Hadj et le Parti du manifeste créé par Ferhat Abbas accordaient une place privilégiée à la revendication démocratique.

En Tunisie, l'action pour l'établissement d'un État de droit fondé sur des institutions constitutionnelles et respectueuses des libertés fondamentales date de la première moitié du XIXe siècle. Elle a abouti au Pacte fondamental de 1857 et à la Constitution de 1861 et est donc largement antérieure à la colonisation qui n'a commencé ici qu'en 1881.

Le préalable
de la libération nationale

Il est vrai que, pendant la période coloniale, la lutte pour la libération nationale a souvent paru être l'objectif primordial des peuples. Mais il n'y a là rien d'étonnant car cela constituait le préalable nécessaire pour le développement économique et social et l'instauration d'un régime démocratique. Par ailleurs cette priorité a pu être un peu amplifiée dans les perceptions à l'étranger parce qu'elle concernait directement l'Occident.

Fidèles à leurs discours et aux objectifs de l'action qu'ils avaient menée, les dirigeants des premiers pays africains et asiatiques qui ont obtenu leur indépendance se sont empressés de construire des régimes aux allures globalement démocratiques avec des parlements assez représentatifs, une presse relativement indépendante et un système qui, dans l'ensemble, était respectueux des libertés fondamentales. Ce fut le cas de l'Inde, de l'Égypte d'avant Nasser, de la Syrie et de la Tunisie au cours des premières années de l'indépendance. C'était même le cas du Zaïre au cours de

la courte période où ce qu'on appelait encore le Congo était dirigé par le regretté leader nationaliste démocrate Patrice Lumumba.

Malheureusement, ces différentes expériences ont rarement duré longtemps. Des dictatures, parfois civiles, souvent militaires, leur ont succédé, donnant ainsi le mauvais exemple aux autres pays africains qui vont accéder postérieurement à l'indépendance. Les raisons de ces déviations sont multiples.

Dans certains pays, notamment en Afrique, la population a été maintenue pendant longtemps dans l'analphabétisme et en marge du monde moderne. La revendication démocratique était exprimée par une élite peu nombreuse et coupée du peuple. L'expérience démocratique était donc vouée à l'échec. Mais cet échec ne peut être que provisoire. Car tous les États construits après l'indépendance, même les plus autoritaires, ont entrepris un effort d'éducation et de scolarisation.

Dictatures
et régimes autoritaires

D'autres pays ont subi l'influence de la culture du Nord et de ses différents débats, dont l'opposition entretenue entre démocratie dite « formelle » et démocratie dite « réelle ». Le système de pensée qui privilégie le pain sur la liberté a pu excercer un certain attrait sur les dirigeants de bon nombre de pays parce que le slogan de l'égalité économique et sociale peut séduire les sociétés composées de majorités démunies et de minorités favorisées. Il en est résulté des expériences qui ont été des caricatures des démocraties populaires européennes.

Et si ces expériences ont eu en Europe une efficacité économique pour le moins réduite, elles ont abouti, dans les pays du Sud où elles ont été tentées, à l'inertie économique doublée de la confiscation des libertés.

Le prix en vies humaines a été particulièrement élevé en Éthiopie et surtout au Cambodge, sous le régime des Khmers rouges.

Sans atteindre ces limites extrêmes, la plupart des pays du tiers monde ont connu, notamment au cours des années soixante, des systèmes autoritaires caractérisés par l'institution d'un parti unique, la mise au pas des syndicats, l'absence de vie associative indépendante ou de presse libre et le culte du chef censé être le « sauveur », le « libérateur », le « rédempteur » ou encore le « combattant suprême ».

Le mirage des messianismes

La dictature est beaucoup plus pesante encore et ses conséquences sur les libertés individuelles plus graves lorsqu'elle est acceptée, voire voulue, par la majorité de la population. La grande popularité dont ont joui l'Égyptien Nasser jusqu'à sa mort ou l'Iranien Khomeyni, surtout à ses débuts, est indéniable.

Le phénomène est d'autant plus remarquable que ces dictatures sont nées dans des sociétés relativement avancées par rapport à l'ensemble du tiers monde. Le réveil de l'Égypte date du début du XIXe siècle avec notamment les efforts méritoires de Mohamed Ali et l'action des Bahlawi depuis le début du XXe siècle pour la construction d'un État moderne est bien connue.

Mais le paradoxe n'est qu'apparent. La marche vers le progrès est en effet rarement linéaire. En France, n'a-t-il pas fallu près d'un siècle, de la Révolution de 1789 à la chute du second Empire, pour arriver à instaurer une démocratie durable ?

La modernisation d'une société n'est pas aisée surtout lorsqu'elle se considère héritière d'une vieille civilisation qui a été brillante en son temps. S'ouvrir vers les cultures étrangères, accepter de se remettre en cause, cela provoque une déchirure et une crise d'identité. La population accepte à contrecœur de payer ce prix quand on lui propose la libération nationale, le développement et la démocratie. Et si, au bout d'un certain temps, les promesses ne sont pas réalisées, la tentation est grande de rejeter la modernité, quitte à verser dans le totalitarisme.

Le monde arabe a échoué dans sa tentative d'empêcher la création d'Israël sur la terre des Palestiniens, cela a donné naissance au nassérisme qui promettait de relever le défi.

La modernisation prônée par le chah n'a pas résolu les problèmes économiques, sociaux et culturels de l'Iran ; cela a favorisé la montée d'un islamisme militant et intransigeant. Le totalitarisme a été à chaque fois le résultat d'un échec. Mais c'est en même temps une fausse solution. L'échec de Nasser, comme celui de Khomeyni le prouvent amplement. Le développement n'est possible que par les efforts conjugués de tous et donc par le respect de la liberté de chacun. L'échec des dictateurs diminue fatalement leur arrogance et augmente les chances de tous ceux qui militent en faveur de la démocratie.

Le combat pour les droits de l'homme prend aujourd'hui de plus en plus d'ampleur dans la plupart des pays du tiers monde. Les idéologies messianiques, fruits d'échecs temporaires, sont fondées sur des mirages. La prise de conscience de cette vérité favorise l'exigence démocratique.

Mohamed Charfi

Les guerres dans le tiers monde et la détente Est-Ouest

Depuis le printemps 1988, une nette évolution s'est manifestée dans les guerres et les conflits du tiers monde. Les changements ont paru concerner l'ensemble des conflits dits régionaux, localisés en Amérique centrale, en Afrique du Nord, de l'Est et du Sud, dans l'Orient proche et moyen, en Asie de l'Ouest et du Sud-Est. Comme, dans le même temps, en 1987 et 1988, les États-Unis et l'Union soviétique ont progressé dans leurs négociations sur la limitation des armements et l'ont fait savoir de manière spectaculaire, l'impression s'est dégagée qu'une nouvelle période de détente s'était ouverte sur la planète et que l'accord entre les deux superpuissances pouvait s'étendre à tous les problèmes majeurs du monde.

Le terme de «conflit régional», employé à Moscou et à Washington, ainsi d'ailleurs qu'en Europe, pour désigner les conflits localisés dans le tiers monde, est assez curieux et impropre parce qu'il semble évoquer un conflit limité dans l'espace et réduit en intensité et en violence. Or, c'est une véritable guerre que se sont livrés Irakiens et Iraniens, y compris avec l'emploi d'armes chimiques contre des populations civiles (au total, un million de morts). De même, dans le sud de l'Angola, les combats entre Sud-Africains, Angolais et Cubains, au départ limités à des opérations de guérilla et contre-guérilla, étaient devenus en 1987 de véritables conflits conventionnels, avec batailles rangées à l'arme lourde, et impliquant tant les blindés que l'aviation la plus moderne.

Cette notion de «conflit régional» montre cependant bien que pour les deux «grands», les conflits et guerres qui ont fait rage dans telle ou telle partie du tiers monde n'avaient qu'une importance seconde, «régionale», par rapport aux enjeux majeurs, représentés par le haut niveau de la menace militaire réciproque. Comme celle-ci bloquait toute modification des rapports de force globaux, les deux «grands» avaient été tentés de déplacer leur confrontation sur d'autres terrains, situés dans des régions du tiers monde où les conflits locaux offraient prise à leur intervention. Mais les temps ont changé.

De la confrontation à la concurrence

A partir du milieu de l'année 1988, les chancelleries se sont activées et les lieux traditionnels de la grande négociation internationale — New York, Genève — n'ont jamais été aussi fréquentés. L'actualité a été riche de processus de règlements :

— *cessez-le-feu* : entre l'Irak et l'Iran, entre l'Afrique du Sud et l'Angola appuyé par Cuba ;

— *négociations* : entre les mêmes ainsi qu'entre Vietnamiens et Cambodgiens ;

— *accords de retrait de troupes étrangères* : armées vietnamiennes au Laos et au Cambodge, forces sud-africaines en Angola et en Namibie et, bien sûr, soviétiques en Afghanistan ;

— *applications* — décidées, envisagées ou promises — *par les parties en conflit des résolutions* adoptées par l'assemblée générale des Nations unies : résolution 435 qui prévoit l'indépendance de la Namibie, résolution 598 qui proposait les modalités de cessez-le-feu sur le front irako-iranien et même résolution 432 qui reconnaît explicitement l'existence de l'État d'Israël et à laquelle l'Organisation de libération de la Palestine

(O L P) se réfère désormais depuis l'importante réunion à Alger du Conseil national palestinien en novembre 1988.

Ce constat appelle deux séries de questions.

1. Pourquoi une telle évolution et quel est le rôle des deux super-puissances dans ce processus ?

En effet, si, depuis 1988, l'heure n'est plus à la confrontation, est-elle vraiment à la détente et à sa version médiatisée, la « paix » ? Ne s'agit-il pas plutôt d'un changement de nature dans la rivalité Est-Ouest, qui reste inchangée : non plus confrontation mais désormais concurrence ?

2. Tous les conflits connaissent-ils le même sort ?

Il convient en réalité de faire la différence entre les conflits en voie de résolution où l'initiative de l'un des deux « grands » a eu un effet de détente — c'est le cas de l'Afghanistan, du Cambodge et de l'Angola —, et ceux où le jeu direct des deux « grands » n'a pas été déterminant, c'est le cas de la guerre Irak-Iran.

Irak-Iran, sans les deux « grands »

Dans ce cas, l'évolution positive n'a pas en effet été une conséquence directe du nouveau climat de détente Est/Ouest, même si la fin de la guerre, annoncée le 20 août 1988, est devenue le symbole le plus manifeste d'un changement réel dans le cours des conflits et guerres du tiers monde. L'acceptation par les gouvernements iranien et irakien du cessez-le-feu, et le début des négociations directes conduites à Genève entre l'Irak et l'Iran, ont mis fin à une cruelle guerre de huit ans. Ce sont *les deux États* qui, épuisés et enfin attentifs aux encouragements des diplomates des Nations unies, menés par son secrétaire général, Javier Perez de Cuellar, ont pris la décision de mettre un terme à une guerre qui aura été un échec pour les deux belligérants.

Certes, le régime iranien a cessé d'être une menace pour ses voisins arabes et le clan qui voulait « exporter » la révolution intégristes chiite a dû céder la place à des forces plus modérées à Téhéran. Celles-ci ont envisagé de renouer avec les États-Unis qui pour leur part en reviennent à leur vision traditionnelle de l'équilibre stratégique au Moyen-Orient et autour du golfe Arabo-Persique : le pays important, vu de Washington, c'est, avant-hier comme demain, l'Iran, à cause de son double voisinage de l'Union soviétique et des eaux et rivages pétroliers du Golfe. Le nationalisme iranien ne peut être qu'antisoviétique et cette option convient aux États-Unis.

Dans ce conflit, l'Irak n'a pas atteint ses buts de guerre, puisque l'Iran s'en tient aux accords d'Alger de 1975 qui fixaient la frontière du Chatt el-Arab sur le *talweg* — milieu — du cours fluvial ; on pouvait présager que les négociations seraient longues. L'Union soviétique, qui a réussi à maintenir des relations avec les deux ennemis durant tout le conflit, peut craindre désormais un rapprochement entre le régime iranien et les États-Unis.

Là où Moscou reconnaît ses échecs

Dans les cas de l'Afghanistan, de l'Angola et du Cambodge, les changements ont été très importants : ils ne sont pas la conséquence de la détente mais de décisions prises à Moscou. On se souvient qu'après l'échec américain au Vietnam en 1975, les dirigeants soviétiques s'étaient engagés massivement dans le tiers monde, au moyen d'opérations militaires très lourdes (ponts aériens vers Addis-Abéba depuis Aden ; vers l'Angola, *via* La Havane). Cette stratégie a culminé avec l'intervention en Afghanistan en décembre 1979, quelques mois après un autre revers américain, en Amérique centrale cette fois, du fait du succès sandiniste au Nicaragua (juillet 1979). Bref, la période 1975-1979 fut celle d'une rupture de la «détente» précédente.

Le fait nouveau fut, à partir de 1987, une réévaluation de la politique extérieure soviétique sous l'égide de la nouvelle équipe dirigeante en place à Moscou. Celle-ci dut faire le constat des échecs, notamment en Afghanistan, des impasses — Éthiopie, Angola — et des coûts financiers et politiques de telles entreprises : environ 20 milliards de dollars par an et une dégradation de l'image de l'Union soviétique auprès des opinions occidentales, surtout américaine et allemande.

C'est pourquoi Moscou a d'abord décidé de mettre fin à la présence militaire massive qui était entretenue au sud de sa frontière de l'Amou Daria, dans les villes et sur les bases et axes routiers de l'Afghanistan utile. Tenues en échec par les résistances afghanes appuyées sur le sanctuaire pakistanais et armées par les États-Unis, la Chine, l'Égypte et l'Arabie saoudite, l'Armée rouge et l'armée afghane se sont repliées sur des villes puissamment fortifiées. La moitié des 120 000 soldats soviétiques avait quitté le territoire afghan six mois après l'annonce du retrait, en mai 1988, et, en dépit d'aléas, il paraissait certain que l'intention du Kremlin était bien d'avoir achevé ce retrait le 15 février 1989. S'agit-il d'un «Vietnam» pour les Soviétiques? Oui, sans doute, en termes politiques. Non, au plan géostratégique car l'Union soviétique demeure frontalière de l'Afghanistan et elle exercera un droit de regard sur ce pays qu'elle souhaite neutre et non aligné. Le retrait soviétique affaiblira l'intérêt américain pour les résistances afghanes.

Détente recherchée avec la Chine

Dans la péninsule indochinoise, l'effort soviétique s'inscrit dans le cadre de l'autre détente recherchée, celle avec la Chine. Paraissant désireux de renouer avec le régime de Pékin, qui soutient, par Thaïlande interposée, les opposants Khmers rouges au régime provietnamien installé à Pnomh Penh, les dirigeants soviétiques ont exercé des pressions sur le Vietnam pour obtenir un engagement précis de retrait des troupes. Celles-ci avaient déjà quitté le Laos en novembre 1988.

Dans le même temps, des pourparlers sérieux étaient menés à propos de l'*Angola* et de la *Namibie* entre négociateurs sud-africains, angolais et cubains, sous les auspices des États-Unis avec l'accord de l'Union soviétique qui n'a pas manqué d'influencer le régime cubain dans le sens d'une plus grande souplesse. Après le cessez-le-feu signé en août 1988, les forces en présence se sont accordées en novembre 1988 sur les principes suivants : retrait progressif des 50 000 soldats cubains alliés du gouvernement angolais sur un délai de deux ans ; replis des forces sud-africaines du sud de l'Angola, puis des bases situées sur la frontière namibo-angolaise et engagement à laisser les Nations unies conduire la dernière colonie d'Afrique, la Namibie, à l'indépendance en 1990.

Le mouvement d'opposition UNITA (Union pour l'indépendance totale de l'Angola), dirigé par Jonas Savimbi, ainsi, qu'en Afrique du Sud, le Congrès national africain — ANC — ont fait les frais de l'accord : le premier a dû trouver refuge au Maroc tandis que le second ne pourra plus utiliser de bases d'entraînement en Angola et ne pourra pas agir à partir de la Namibie. Quant au régime sud-africain, il est sorti diplomatiquement renforcé de cette détente régionale sans que des concessions politiques intérieures aient été consenties.

Les responsabilités de l'autre «grand»

Il reste de nombreux conflits sur lesquels la détente Est/Ouest ne semble pas avoir eu d'effets, parce que l'autre «grand», les États-Unis, s'est abstenu d'agir alors qu'il est, dans ces régions-là, la puissance hégémonique : en Amérique centrale, — le Salvador et le Nicaragua —, les forces en présence continuent de préférer la violence militaire à la voie politique ; de même aussi, mais de manière très différente, au Proche-Orient, région troublée depuis plus de quarante ans et qui est, en dépit de sa proximité relative de l'Union soviétique, celle où les Soviétiques ont le moins d'influence directe et où la nouvelle détente prendra la forme d'une concurrence diplomatique croissante. L'annonce faite en novembre 1988 par l'O L P de la création d'un État palestinien, qui était une proclamation encore théorique faute de contrôle territorial, a représenté un changement diplomatique important et un message adressé à la grande puissance influente dans cette région, les États-Unis. Ceux-ci restent, comme tous les États du Proche-Orient, opposés à la création d'un État palestinien dans l'espace de Cisjordanie et de Gaza. Comme les élections israéliennes de novembre 1988 n'ont pas porté au pouvoir, tant s'en faut, des partisans de la paix et de la négociation, on peut craindre que de nouvelles tensions dramatiques se fassent jour dans ce Proche-Orient où les acteurs avaient, du fait de la guerre Irak-Iran, pu remettre à plus tard la résolution des conflits.

Michel Foucher

La dette du tiers monde, un état de guerre

Dieu fait savoir que chacun des grands dirigeants mondiaux aura le droit de Lui poser une question. Le président George Bush demande : « Le communisme sera-t-il victorieux aux États-Unis ? » Dieu répond : « Pas de votre vivant. » Mikhaïl Gorbatchev demande à son tour : « Le capitalisme prendra-t-il le pouvoir en U R S S ? » Dieu lui répond : « Pas de votre vivant. » Le président Sarney, du Brésil, s'avance alors et demande : « Le Brésil pourra-t-il régler sa dette ? » « Pas de Mon vivant », affirme Dieu.

Comme d'habitude, Dieu a raison. Entre 1982 et fin 1986, le Brésil a versé quelque 70 milliards de dollars à ses créanciers, soit en moyenne plus d'un milliard de dollars chaque mois, et sa seule récompense a été de se trouver de 20 % plus endetté qu'en 1982.

Il en est de même pour les autres pays du Sud. Les chiffres de l'Organisation pour la coopération et le développement économique (O C D E) indiquent qu'entre 1982 et 1987, la dette de l'ensemble des pays du tiers monde s'est accrue d'un tiers, et ce malgré des versements au titre du service de la dette de 839 milliards de dollars. Pendant cette même période, les ressources financières du tiers monde en provenance des pays développés — aide officielle bilatérale ou multilatérale, prêts, investissements, crédits à l'exportation publics et privés — n'ont atteint que 552 milliards de dollars. Ainsi, le gain net pour les pays du Nord aura été de 287 milliards de dollars, soit l'équivalent de quatre fois le coût du plan Marshall !

Malgré ces remboursements massifs, malgré ce financement sans précédent des pays riches pour les pays pauvres, la dette est devenue l'équivalent du rocher de Sisyphe — à cette différence près que

FLUX FINANCIERS DU TIERS MONDE (en milliards de dollars)							
	1982	1983	1984	1985	1986	1987	Total
Rentrées	116	97	88	84	82	85	552
Sorties (Service de la dette)	132	132	132	152	144	147	839
Différence	− 16	− 35	− 44	− 68	− 62	− 62	− 287

Source : OCDE, *Financing and External Debt of Developing Countries, 1987 Survey.*

le rocher devient chaque jour plus lourd et la montagne plus haute. Grâce à ce que l'économiste John Maynard Keynes appelait « la magie des intérêts composés », il est parfaitement possible qu'en ayant contracté jusqu'en 1982 une dette de 866 milliards de dollars et, tout en ayant remboursé 97 % de cette somme (839 milliards de dollars), se retrouver à la fin de 1988 avec plus de 1 200 milliards de dollars sur l'ardoise, sans qu'aucune lumière ne brille au bout du tunnel. Ainsi, lorsqu'on ne peut pas rembourser la totalité du principal et des intérêts, *plus on paie et plus on doit.*

La dette est devenue aussi une fiction mondiale, dans laquelle les emprunts nouveaux ne servent pratiquement qu'à rembourser les anciens. Bien sûr, certains pays sont plus atteints que d'autres : l'Amérique latine et l'Afrique supportent un fardeau particulièrement lourd par rapport à leurs capacités de paiement. L'Amérique latine doit consacrer plus de 40 % de ses recettes d'exportation au service de la dette, et l'Afrique subsaharienne 25 % des siennes.

En revanche, plusieurs pays d'Asie (Corée du Sud, Taïwan) parviennent à rembourser très convenablement leurs dettes, les Philippines étant une exception notable. On constate, toutefois, une croissance inquiétante de la dette de la Chine et de l'Inde. La Chine avait emprunté 3,5 milliards de dollars en 1982, en 1987, ce montant a été de 26 milliards. Pour ces mêmes années, les chiffres res-

pectifs, pour l'Inde, ont été de 25 et de 43 milliards de dollars. Les deux géants asiatiques ont eux aussi l'air de se lancer sur le chemin du non-retour, l'endettement étant en effet lourd de conséquences sociales et politiques.

Des investissements souvent non productifs

Comment en est-on arrivé là ? Les responsabilités sont partagées entre créanciers et débiteurs. Soulignons d'abord qu'une dette publique, quand elle n'est pas excessive, est un phénomène normal. Quand un État emprunte à des fins productives, pour développer son économie, le remboursement ne devrait pas poser de problèmes sérieux.

Malheureusement, une grande partie des emprunts contractés par les gouvernements du tiers monde n'a pas été investie productivement. L'argent a servi, selon le cas :

— *A payer l'énergie.* A deux reprises, en 1973 et 1979, l'Organisation des pays exportateurs de pétrole (O P E P) a fortement augmenté ses prix ; les revenus des pays producteurs ont atteint des niveaux records. Ces pays, dans l'impossibilité d'absorber toute cette manne chez eux, ont placé leurs gains dans les banques du Nord qui, à leur tour, devaient trouver des placements rémunérateurs. Prêter au tiers monde semblait une solution élégante et efficace pour tous, et les banquiers s'y sont livrés à cœur joie. Il n'est toutefois pas exact de ramener l'explication de la crise de la dette à ce recyclage des pétrodollars ; en fait, moins de 30 % des emprunts ont servi à payer l'augmentation du prix de l'énergie.

— Aux *achats militaires*. Quand ils ne sont pas produits dans le pays même, les armements ne sont jamais productifs mais consommation pure car ils n'induisent pas la création d'autres richesses. On peut considérer qu'environ 20 % de la dette a pu servir aux achats d'armes.

— A la *fuite des capitaux*. Les élites fortunées du tiers monde, et parfois les entreprises d'État, ont souvent renvoyé directement les devises empruntées aux banques mêmes d'où elles venaient. Les capitaux qui se sont ainsi échappés du Mexique sont estimés à au moins l'équivalent de la dette publique du pays — soit plus de 100 milliards de dollars. La fortune personnelle du président Mobutu du Zaïre, placée à l'étranger, est estimée à au moins 5 milliards de dollars, soit une somme à peine inférieure à la dette publique de son pays. On remarquera que les banques sont rémunérées deux fois sur ces capitaux : une fois en dépôts, une autre fois en intérêts, car la dette demeure entière sur les livres des comptes, quand bien même les capitaux empruntés sont partis depuis longtemps.

— Aux *projets «pharaoniques»*. Les «pyramides» des temps modernes sont des investissements aussi peu productifs que celles des pharaons : grands barrages en échec, centrales nucléaires, usines clés-en-mains qui ne tournent pas, installations somptuaires de tous ordres, le tout généreusement arrosé de corruption, de bakchichs diverses. Aux Philippines, par exemple, la dette contractée pour construire une centrale nucléaire, à Morong (île de Bataan), qui ne sera finalement jamais mise en service, à cause des dangers qu'elle avait représentés pour la population, coûte néanmoins 500 000 dollars d'intérêts par jour au peuple philippin.

— A la *consommation courante*. De nombreux pays se sont servis des emprunts pour vivre au-dessus de leurs moyens. Par exemple, les Chiliens des classes moyennes et aisées ont pu, pendant de longues années, utiliser leurs pesos surévalués pour acheter des dollars — et donc des marchandises facturées en dollars — à des taux très en dessous de la valeur réelle du dollar. La dette par tête d'habitant du Chili est l'une des plus élevées du continent latino-américain. De surcroît, les entreprises chiliennes ne pouvaient soutenir la concurrence de ces importations massives et elles ont fermé leurs portes par centaines, laissant en héritage un chômage durable et structurel.

Il est donc vrai que les emprunteurs ont beaucoup à se reprocher, mais ils ne sont pas les seuls. Pendant deux décennies, tous les organismes de développement (Banque mondiale, agences de coopération du Nord) les ont encouragés à fonder leur stratégie économique sur les marchés mondiaux, et non pas sur la satisfaction des besoins intérieurs. Cette stratégie était coûteuse en devises, en technologies et en cadres importés, mais les exportations étaient censées rendre possible le remboursement des emprunts.

Toutes les ressources de ces pays étant consacrées au secteur des biens d'exportation, l'agriculture paysanne susceptible de satisfaire aux besoins de la consommation locale était négligée et les industries qui auraient dû pourvoir aux besoins des peuples du tiers monde manquaient de capitaux.

Les responsabilités des États-Unis

De surcroît, les emprunts contractés, pour l'essentiel, l'ont été à des taux d'intérêt variables, c'est-à-dire changeant avec les soubresauts du marché. Pendant les années soixante-dix, cette situation a profité aux emprunteurs, car ces taux étaient de beaucoup inférieurs aux taux d'inflation. Si l'intérêt est de 10 %, et l'inflation de 12 %, le taux *réel* d'intérêt est de − 2 %, et l'emprunteur est gagnant. Mais quand la situation s'inverse, comme cela a été le cas dans les années quatre-vingt, les emprunteurs se sont retrouvés avec des taux réels qui étranglaient leurs économies. Chaque fois que le taux d'intérêt augmente de 1 %, ce sont plusieurs milliards de dollars qui s'ajoutent à la facture collective du tiers monde.

Pourquoi ces taux sont-ils si élevés ? Ce sont surtout les déficits du budget et du commerce extérieur des États-Unis qui sont les grands coupables dans ce domaine. Pour couvrir les coûts de ses importations et de l'immense renforcement de son arsenal militaire, les États-Unis empruntent (surtout au Japon). Pour maintenir ces capitaux nécessaires chez eux, les États-Unis doivent offrir des taux d'intérêt... intéressants. Ce sont ces taux que les pays du Sud doivent acquitter, car le taux américain est en réalité celui du monde entier.

Il est clair que les peuples du tiers monde ont très peu bénéficié du modèle de développement mis en pratique par leurs gouvernants et financés par des emprunts toujours croissants. Aujourd'hui, pourtant, ce sont ces mêmes peuples qui payent la facture, par des sacrifices innombrables.

Quand un pays n'a plus rien en caisse et ne trouve plus de crédit auprès des sources habituelles, il doit faire appel au Fonds monétaire international (FMI) pour combler le déficit de la balance des paiements. Son aide, toutefois, n'est jamais octroyée sans conditions, et plus un pays fait appel au FMI, plus les conditions deviennent draconiennes. Elles sont forcément acceptées, car sans le « sceau d'approbation » du FMI, aucune autre source de crédit

publique ou privée n'acceptera de prêter à son tour.

Un pays sous tutelle du FMI doit donc mettre en œuvre un programme dit « d'ajustement structurel » qui vise deux objectifs : gagner plus, dépenser moins. En théorie, cela paraît raisonnable ; ce l'est moins dans la pratique. « Gagner plus » veut dire en fait « exporter plus », car la monnaie locale du débiteur — cruzados, pesos, etc. — n'est pas acceptable aux yeux des créditeurs. Si quelques pays seulement cherchaient à exporter, ils pourraient espérer rétablir leur balance des paiements et rembourser leurs dettes. Mais lorsque plusieurs douzaines de pays se trouvent dans le même cas, ils se concurrencent les uns les autres. La gamme des produits qu'ils peuvent proposer est relativement limitée : matières premières agricoles ou minières ou, dans le cas d'économies un peu plus développées, textiles, vêtements, petite électronique, etc.

Les effets de l'« ajustement structurel »

La mise en compétition de ces biens provoque fatalement une saturation du marché et chute des prix. Pendant toute la décennie quatre-vingt, les prix des matières premières ont atteint leurs niveaux les plus bas depuis les années trente. Les exportateurs du tiers monde doivent aussi affronter un protectionnisme croissant de la part des pays du Nord. Autre élément à porter au passif de ces politiques : la dévastation de l'environnement : sols épuisés par les cultures d'exportation, ressources minérales non renouvelables exploitées à un rythme accéléré ; déboisement des forêts pour obtenir des devises...

Le FMI insiste aussi pour que ses « élèves » réduisent leurs dépenses. Les secteurs qui subissent des

BIBLIOGRAPHIE

ARNAUD P., *La Dette du tiers monde*, La Découverte, « Repères », Paris, 1988 (édit. mise à jour).

BANQUE MONDIALE, *Rapport annuel 1988*, Washington, 1988.

CRID, *La Dette ou la vie : manuel de campagne*, CETIM, Genève, 1988.

DAUVERGNE A., *Le Fonds monétaire international : un monde sous influence*, A. Moreau, Paris, 1988.

« La dette du tiers monde : un code international de bonne conduite », CRID - Justice et Paix - CSEI - Fédération protestante de France, Paris, 1988.

« La dette extérieure, le développement et la coopération internationale », Conférence des ONG, Lima 1988, L'Harmattan, Paris.

« Dette du tiers monde, crise ou mutations ? », *Économie et humanisme*, n° 297, 1987.

« FMI-Dette, faites passer la bombe », *Archimède et Léonard*, n° 2-3, AITEC, 1986.

GEORGE S., *Jusqu'au cou. Enquête sur la dette du tiers monde*, La Découverte, Paris, 1988.

IKONICOFF M., SALAMA P., « Les politiques d'ajustement : orthodoxie ou hétérodoxie », *Revue Tiers-Monde*, n° 109, 1987.

LAUTIER B., SALAMA P., « Politiques d'ajustement et recompositions sociales en Amérique latine ». *Revue Tiers-Monde*, n° 117, 1989.

NOREL Ph., SAINT-ALARY E., *L'Endettement du tiers monde*, Syros, Paris, 1988.

coupes claires sont systématiquement la santé, l'éducation et, d'une manière générale, toutes les dépenses sociales, alors que les budgets militaires sont maintenus. De même, les prix des services de base — eau, électricité, transports — sont augmentés. Pis encore, les subventions à la consommation sont éliminées ; de ce fait le prix des denrées de base — riz, tortillas, pain, huile, sucre, kérosène — dont les plus pauvres dépendent, peuvent doubler d'un jour à l'autre.

Le chômage devient endémique, car des milliers de fonctionnaires sont licenciés, et les entreprises privées se défont aussi de leur personnel faute de crédits, devenus rares et chers. Les salaires de ceux qui ont la chance d'avoir conservé leur emploi sont officiellement gelés (en fait, ils baissent, trop de personnes recherchant désespérément du travail à n'importe quel prix). Le FMI qualifie toutes ces mesures de « réduction de la demande interne ».

Une dévaluation sévère de la monnaie fait également toujours partie du train de mesures d'ajustement structurel. Ces monnaies étaient souvent artificiellement surévaluées, mais une dévaluation drastique implique que l'épargne des gens ordinaires — ceux qui n'ont pas les moyens de l'avoir placée à New York ou à Paris — ne vaut plus rien. Le pouvoir d'achat se rétrécit comme une peau de chagrin, car tous les biens importés coûtent plus cher après la dévaluation : pour un pays non producteur de pétrole, par exemple, toute marchandise qui doit être transportée augmentera.

La plupart des pays du tiers monde ne produisent pas leurs propres engrais, médicaments, pièces de rechange, etc., et ils doivent soit les importer à des prix prohibitifs, soit s'en passer. Faute de ces produits de base, des industries entières déclinent, les agriculteurs produisent moins, les bus ne marchent plus, les patients ne peuvent plus être transportés vers les hôpitaux, où de toute façon les soins seraient médiocres.

Ces politiques d'ajustement sont mieux connues sous le nom de politiques d'austérité. Au Mexique, entre 1981 et 1984, le chômage (officiel) s'est accru de 70 %, surtout parmi les jeunes. En Argentine, l'augmentation du chômage entre 1983 et 1985 a été de 58 %. L'industrie de la construction de Saõ Paulo, au Brésil, employait en 1984 moins de la moitié de ses effectifs de 1978, à des salaires bien inférieurs.

Fatalement, la perte d'emplois et la hausse des prix alimentaires mènent droit à la malnutrition ; et la montée de la mortalité infantile, comme la chute de l'espérance de vie, suivent inexorablement. Au Brésil, la mortalité infantile a augmenté de 12 % entre 1982 et 1984 ; en Zambie le nombre de morts d'enfants qui peut être attribué à la malnutrition a doublé entre 1980 et 1985. Deux chercheurs américains ont établi un lien mathématique entre le niveau des intérêts payés par tête d'habitant et le déclin de l'espé-

rance de vie. Certains pays endettés versent dans l'économie de la drogue et du crime pour obtenir des devises. La Colombie, la Bolivie et le Pérou sont dans ce cas. La criminalité individuelle (larcins, prostitution) est souvent le seul recours pour survivre.

Face à ces situations, les peuples du tiers monde ne restent pas passifs. Entre 1980 et 1988, on a recensé vingt-trois pays où la population est descendue dans la rue et a participé à ces manifestations de colère qui ont acquis le nom « d'émeutes F M I ». Le bilan officiel, certainement sous-estimé, est lourd : au moins 3 000 tués, 7 000 blessés, 15 000 arrestations. La violence silencieuse de la dette fait qu'en 1989 « l'état du tiers monde » est un état de guerre.

Susan George

La drogue, nouvelle donnée économique et politique mondiale

Depuis le début des années quatre-vingt, l'industrie illicite de la drogue est devenue le secteur économique qui connaît une croissance économique des plus spectaculaires. Ses bénéfices servent notamment à financer, aux quatre coins du globe, soulèvements armés, guerres civiles ou conflits régionaux.

Profits et recyclage de l'argent

Les bénéfices des différents réseaux de la drogue dans le monde étaient estimés à environ 500 milliards de dollars en 1988. Pour les seuls États-Unis, où existe un marché de 25 millions de consommateurs, les profits des trafiquants dépassent 120 milliards de

dollars. En Espagne, ils atteignent 5 milliards de dollars.

Au cours d'une émission de télévision intitulée L'argent de la drogue, diffusée le 17 juin 1986 par la chaîne française Canal + , le directeur de la succursale genevoise d'une banque des États-Unis, la E.F. Hutton, filmé à son insu, a déclaré avoir réussi à soustraire à ses concurrents de la Merry Lynch, également nord-américains, d'importants dépôts provenant du trafic de la drogue et mis à profit le secret bancaire suisse pour blanchir cet argent.

A l'automne 1988, on a beaucoup parlé de l'affaire de la BCCI (Bank of Credit and Commerce International), qui portait sur 32 millions de dollars, mais une autre affaire est rapidement apparue plus sérieuse encore. Début novembre 1988, on apprenait en effet que Ramon Rodriguez, expert-

comptable du cartel de Medellin avait fait à ses juges nord-américains des révélations très compromettantes pour l'Algue-mene Bank Nederland, le plus grand groupe bancaire des Pays-Bas.

Le 4 novembre, la presse suisse révélait une autre affaire, portant, cette fois, sur un milliard de dollars. Parmi les sociétés compromises figurait la Shakarchi Trading de Zurich, dont le vice-président du conseil d'administration était Hans W. Kopp, époux du ministre suisse de la Justice, Elizabeth Kopp. Celle-ci l'avait averti qu'une enquête était en cours, à la suite de quoi il démissionnait.

Les États-Unis sont le seul des grands pays développés où les profits de la drogue proviennent pour partie de cultures locales illicites. Les surfaces plantées de cannabis y occupaient, en 1988, plus de 300 000 hectares, produisant 7 000 tonnes de feuilles (les trois quarts de la consommation nationale), dont la vente représente des profits évalués à 20 milliards de dollars. Par ses revenus, le cannabis était à cette date la troisième production agricole des États-Unis, après le maïs et le soja.

Ballon d'oxygène économique

Si l'argent de la drogue se recycle essentiellement dans les économies des pays développés, ce sont les pays du tiers monde qui sont, là encore, les principaux producteurs des matières premières : les cultures illicites et la fabrication de drogues y ont connu dans les années quatre-vingt une croissance spectaculaire.

Selon le ministre de l'Intérieur de Bolivie, Juan Carlos Duran, la valeur brute de la cocaïne pouvait représenter, en 1988, 53 % à 66 % du P I B de l'économie formelle, et de trois à quatre fois le montant des exportations légales. D'autre part, dans un pays en pleine récession, où le chômage touche plus de 20 % de la population active, ces activités font directement vivre 600 000 personnes, soit 10 % de la population active. Au Pérou, où les cultures de coca représentent près de 200 000 hectares, les revenus de la drogue approchent 2 milliards de dollars, soit l'équivalent des exportations légales. On estime que 600 millions de dollars sont réinvestis dans le pays. La Colombie, pays transformateur du produit fini, qui exporte vers les États-Unis, occupe une place privilégiée sur ce marché. Ses exportations sont estimées entre 4 et 5 milliards de dollars (contre 4 milliards pour les exportations traditionnelles, dont 1,5 milliard pour le café). Il n'est dans ces conditions pas surprenant qu'en 1984, les trafiquants aient très officiellement offert de payer progressivement la dette extérieure. Ils sont en effet en voie de se substituer à la bourgeoisie nationale qui, effrayée par le climat de violence, quitte massivement le pays.

Drogue, guerres civiles et conflits régionaux

Au Liban, la culture du cannabis existe depuis le milieu du siècle dernier dans la plaine de la Bekaa. En 1988, elle y couvrait quelque 15 000 hectares. La culture du pavot a été introduite en 1976 par des ressortissants turcs, mais la production ne s'est vraiment développée qu'en 1982, à la suite de l'invasion israélienne qui coïncida avec la baisse du prix du haschisch sur le marché mondial et la fermeture de l'Égypte aux trafics de drogues. Les surfaces cultivées, qui se concentrent dans la région de Baalbek, dépassent aujourd'hui 500 hectares et permettent de produire 10 tonnes d'opium. Une demi-douzaine de grandes fabriques et des dizaines d'installations artisanales les transforment en morphine-base ou en héroïne. Si l'on estime les revenus annuels du haschisch à 500 millions de dollars, on ignore quels sont ceux de l'héroïne.

Pratiquement toutes les milices libanaises, quelle que soit leur obédience religieuse, financent leurs achats d'armes avec l'argent de la drogue. Leurs différences se situent ailleurs : par exemple, le Jihad islamique en interdit l'usage à ses combattants. Il semble qu'il existe un accord tacite entre les protecteurs étrangers des différents clans pour ne plus financer leurs protégés et fermer les yeux sur le trafic. Au mois de février 1987, les troupes syriennes stationnées dans la plaine de la Bekaa y ont certes détruit une partie des cultures de pavot. Les États-Unis leur auraient versé un milliard de dollars pour cette opération. Mais il semble que les soldats de Damas se sont surtout attaqué aux productions des factions antisyriennes. Après l'invasion israélienne du Liban, en 1982, l'acheminement de la drogue s'était fait, *via* Israël, par l'intermédiaire d'officiers et de soldats israéliens, ainsi que par des miliciens de l'A L S (Armée du Liban du Sud, créée et subventionnée par Israël). De là, la drogue était expédiée vers les pays arabes.

L'argent de la drogue joue également un rôle essentiel dans le financement des interminables guérillas du Triangle d'Or, aux frontières montagneuses de la Birmanie, de la Thaïlande et du Laos. La région produit un million de tonnes d'opium par an, dont le contrôle est assuré par des minorités ethniques combattant pour leur autonomie, des partis politiques non autorisés ou de « simples » armées privées.

En Birmanie, si les Karen, protestants, refusent d'avoir recours au pavot et à ses dérivés, il n'en est pas de même pour l'armée indépendante kachin qui s'est constituée en 1961 lorsque le Premier ministre de l'époque, U'Nu décida de faire du bouddhisme une religion d'État. Quant à l'Armée shan unifiée, dirigée par le célèbre Khun Sa, elle paraît davantage être animée par l'appât du profit que par des motifs idéologiques. Attitude qu'elle partage avec les vestiges de l'armée chinoise nationaliste, repliée en Birmanie et en Thaïlande depuis la prise du pouvoir par les communistes en 1949 et tour à tour utilisée par Taïwan, la C I A ou la Thaïlande.

Quant au Parti communiste birman, c'est après l'interruption de l'aide chinoise qu'il s'est reconverti dans le trafic d'opium dont il contrôle 50 % de la production locale. Le parti assure souvent lui-même la transformation en morphine dans des raffineries clandestines installées en territoire birman, à proximité de la frontière thaïlandaise.

Les plantations de pavot et la fabrication d'héroïne sont également une source de financement

──────── **BIBLIOGRAPHIE** ────────

DEL OLMO ROSA, *La cara oculta de la droga*, Editorial Temis, Bogota, 1988.
DELPIROU Alain, LABROUSSE ALAIN, *Coca Coke*, La Découverte, Paris, 1986.
«Drogue et toxicomanie», *Nouvelles du Liban*, n° 10, SDPI, 1988.
MILLS James, *L'Empire clandestin*, Albin Michel, Paris, 1986.
LAMOUR Catherine, LAMBERTI MICHEL R., *Les grandes manœuvres de l'opium*, Le Seuil, Paris, 1972.

pour la résistance afghane. La principale zone de production se trouve de chaque côté de la frontière qui sépare l'Afghanistan du Pakistan, une région où les frontières sont un héritage artificiel de la colonisation. Elle est peuplée des farouches guerriers pashtounes. Mais le gouvernement communiste de Kaboul n'a pas hésité à plusieurs reprises à envoyer de l'aide aux cultivateurs d'opium pashtounes pakistanais, lorsque les troupes d'Islamabad, avec l'appui des États-Unis, ont tenté d'interrompre la récolte de l'opium. Une grande partie des réfugiés afghans sont également pashtounes. S'ils sont poussés à rentrer rapidement chez eux après le retrait soviétique, il est à craindre que pour survivre ils ne soient amenés à étendre encore la culture du pavot.

Le coca-gate et l'affaire Huanchaca

Ce qui a été appelé par la presse américaine la *coca-connection* est une opération secrète qui a été montée par l'administration Reagan pour tourner le vote du Congrès qui devait, d'octobre 1984 à octobre 1986, interrompre l'aide à la *Contra* du Nicaragua. La plaque tournante du trafic était une immense ferme située près de la frontière nord du Costa Rica, dont le propriétaire, John Hull, appartenait à la C I A. Les avions chargés de cocaïne par le Cartel de Medellin, en Colombie, y faisaient escale avant de repartir vers Miami. L'argent de ce trafic a servi à acheter des centaines de tonnes d'armement et de munitions destinées à l'équipement de la *Contra* du front sud, basée au Costa Rica. Le Département d'État américain a lui-même engagé des trafiquants comme Michael B. Palmer, condamné en Colombie, et dont le passé était notoire, pour mener à bien ces opérations.

Cette politique montre que la croisade engagée par les États-Unis contre le trafic en Amérique latine, notamment à partir de 1986, est un prétexte pour mieux contrôler les États de la région. En 1987, la tentative de déstabilisation du général Manuel Antonio Noriega, l'«homme fort» du Panama et défenseur de la souveraineté panaméenne sur le canal en a été un exemple.

En revanche, en 1986, en Bolivie, 150 *rangers* ont opéré contre les trafiquants, durant cinq mois, sans obtenir de résultats. Ils ont en particulier mis soixante-douze heures à intervenir après qu'un savant de renommée internationale avait été assassiné à Huanchaca, aux abords de la plus grande fabrique de cocaïne jamais découverte dans le pays. De telles opérations ont en réalité pour but de préparer l'opinion à des interventions contre des mouvements de guérilla comme Sentier lumineux qui opère au Pérou et se financent avec l'argent de la drogue.

Alain Labrousse

LE TIERS MONDE TEL QU'IL EST

GÉOPOLITIQUE

Unité et diversité du tiers monde

C'est au lendemain de la Seconde Guerre mondiale, et plus précisément dès les débuts de la « guerre froide », qu'une vaste campagne fut lancée — d'abord aux États-Unis, puis en Europe occidentale — pour faire comprendre à l'opinion la gravité et l'ampleur des problèmes que connaissaient ce que l'on appela les pays « sous-développés ».

Cette campagne, contemporaine du processus de « décolonisation », avait essentiellement pour but de justifier par des raisons morales et humanitaires le financement de politiques d'*aide* qui étaient en fait néo-colonialistes. Il s'agissait surtout (comme le proclama le président américain Harry Truman dans son fameux « Point IV » en 1948) de fournir des moyens financiers, techniques et militaires à des appareils d'État plus ou moins récents et fragiles, de façon à ce qu'ils puissent faire face à la poussée révolutionnaire qui se développait alors dans de nombreux pays d'Amérique latine, d'Asie et bientôt d'Afrique.

D'une vision simpliste...

Dans cette première phase, qui avait pour but de justifier une politique globale d'aide à un très grand nombre d'États menacés — disait-on — par la « subversion communiste », on fit abstraction des particularités de chacun d'eux. Et on souligna leurs caractéristiques communes, c'est-à-dire ce qui les différenciait, considérés globalement, dans leur ensemble, du groupe beaucoup moins nombreux des pays « développés ».

Cette représentation du monde,

très schématique, fondée sur la violence du contraste entre les caractéristiques — surtout économiques de deux ensembles de pays —, fut reprise par les mouvements anti-impérialistes. Ceux-ci dénoncèrent les mécanismes de l'« échange inégal » entre pays développés et pays sous-développés et le fait que l'« aide » fournie par les premiers, loin de contribuer à réduire les facteurs de « sous-développement », tendait en fait à les pérenniser et à les renforcer. Au-delà de leur antagonisme, la thèse « libérale » (ou néo-impérialiste) et la thèse anti-impérialiste se fondaient donc sur le même schéma, très simplifié.

Au bout d'un certain temps toutefois, les tenants de l'une et de l'autre thèse se rendirent compte qu'il ne fallait pas seulement prendre en compte les indicateurs strictement économiques du contraste entre les deux grands ensembles planétaires, mais aussi des caractéristiques sociales, démographiques et même culturelles. On établit alors des listes des principaux critères du « sous-développement », et l'on considéra que chacun d'eux s'appliquait peu ou prou à l'ensemble des pays du *tiers monde*. Cette expression, qui ne fut d'abord qu'un jeu de mots d'Alfred Sauvy en 1952, connut à partir des années soixante un succès considérable et finit par désigner l'ensemble des pays d'Afrique, d'Asie et d'Amérique latine, les uns et les autres continuant d'être considérés en fonction de leurs caractéristiques communes, c'est-à-dire selon ce qui les distinguait globalement en regard des pays développés.

Un certain accord s'établit alors sur une sorte de liste de caractères

communs aux pays du tiers monde :
— insuffisances alimentaires ;
— graves déficiences vécues par les populations : forte proportion d'analphabètes, maladies de masse, forte mortalité infantile ;
— ressources négligées voire gaspillées ;
— forte proportion d'agriculteurs à basse productivité ;
— faible proportion de citadins, faiblesse importante des classes « moyennes » ;
— industrialisation restreinte ou incomplète ;
— hypertrophie et parasitisme du secteur tertiaire ;
— faiblesse du produit national par habitant ;
— ampleur du chômage et du sous-emploi, travail des enfants ;
— situation de subordination économique ;
— très violentes inégalités sociales ;
— structures traditionnelles disloquées ;
— ampleur de la croissance démographique, la natalité restant forte alors que la mortalité diminue ;
— prise de conscience de la misère par l'ensemble de la population.

... à la prise en compte de la diversité

Une telle liste de « critères », qui ne prétendait d'ailleurs pas tenir lieu d'une définition du « sous-développement », n'est plus de mise aujourd'hui. Les différents pays du tiers monde ont connu en effet de profondes transformations depuis une trentaine d'années. Certains États ont enregistré une très forte croissance économique (c'est notamment le cas de certains États d'Amérique latine et des pays gros exportateurs de pétrole), alors que, dans d'autres, le marasme économique continuait de sévir (cas de beaucoup de pays d'Afrique tropicale, mais aussi du Bangladesh, par exemple). Certains États ont connu de puissants phé-

nomènes d'industrialisation, avec souvent le concours des firmes multinationales, alors que d'autres (ceux d'Afrique tropicale) paraissent encore relever du vieux « pacte colonial » (importation de produits manufacturés et exportation de matières premières).

Enfin, le développement des luttes de classes dans la plupart des pays du tiers monde a provoqué d'importantes transformations sociales et politiques, qu'il s'agisse de réformes plus ou moins poussées des structures agraires et des systèmes d'exportation (nationalisation des mines et des plantations) ou de révolutions radicales, comme l'abolition de la propriété privée des moyens de production et la mise en place de structures collectivistes ou étatistes de production (c'est surtout le cas des États communistes, mais ce ne sont pas les seuls). Toutes ces transformations font qu'il n'est plus possible aujourd'hui de se référer à une liste de caractéristiques communes des pays du tiers monde.

Certains auteurs en ont déduit que l'idée de tiers monde n'avait plus de raison d'être, et même qu'elle n'avait été, dès l'origine, qu'une illusion. La différenciation croissante des États du tiers monde ne doit pourtant pas faire oublier, d'une part, que leur évolution historique a été déterminée par un phénomène capital, la *domination coloniale* (ou quasi coloniale), dont les conséquences pèsent encore très lourd aujourd'hui, quelles que puissent être les transformations politiques qui ont été réalisées depuis des indépendances plus ou moins récentes ; d'autre part — et surtout —, que les États du tiers monde, quel que puisse être leur monde, quel que puisse être leur degré d'industrialisation et d'urbanisation, se caractérisent par l'ampleur de leur *croissance démographique*.

C'est non seulement l'une de leurs différences majeures en regard des pays développés, mais aussi ce qui fonde indiscutablement l'exigence d'un développement économique rapide. Au sein de chaque pays du tiers monde, l'effectif de la population a souvent presque doublé durant les trois dernières décennies, et il va encore doubler dans les vingt-cinq prochaines années. Les taux de mortalité ont en effet considérablement diminué, alors que les taux de natalité restent élevés, pour des raisons tout à la fois économiques, sociales et culturelles.

Certes, dans certains États, la natalité a commencé à diminuer (en Chine, elle a été réduite par des méthodes draconiennes de contraintes qui risquent de ne pas être durables), mais la mortalité continuant d'être abaissée, l'excédent naturel restera important pendant encore au moins vingt ans. Il faut aussi tenir compte de la très forte augmentation de la population urbaine : du fait de l'exode rural, elle va tripler ou quadrupler dans les deux prochaines décennies. Tout cela impose la continuation d'un énorme effort de développement, qui exige la prise en compte des particularités de chaque État.

De nombreux facteurs de différenciation

Tant que les problèmes du tiers monde étaient envisagés de l'*extérieur*, à partir des pays développés, dans le cadre d'une stratégie globale d'aide, il était compréhensible que l'on privilégie l'examen des caractéristiques communes aux pays d'Afrique, d'Asie et d'Amérique latine. Mais aussi, tant que l'on a pu penser qu'une solution radicale allait être apportée aux problèmes du « sous-développement », par l'abolition de la propriété privée des moyens de production et la mise en place de structures collectivistes ou étatistes, il était tout autant compréhensible que l'on envisage les différents pays en fonction de leur commune dépendance à l'égard de l'impérialisme.

Mais aujourd'hui, il apparaît que ni l'« aide » fournie par les pays industrialisés, ni la rupture avec le marché mondial, ni les structures du socialisme, ne permettent de faire face à l'ensemble des problèmes, lesquels vont encore s'accroître du fait du nouveau doublement de la population d'ici 2010. Si ces problèmes doivent être évoqués de façon globale pour l'ensemble du tiers monde, c'est-à-dire à un degré relativement poussé de généralisation et d'abstraction, c'est en revanche dans le cadre de chacun des États qu'ils posent concrètement, et c'est dans le cadre de chacun d'eux, et de chacune de leurs régions — qu'il est possible de les affronter réellement.

Le développement agricole, notamment, dépend bien sûr pour une part des mécanismes du marché mondial ; mais il dépend surtout, à la base, de l'effort des paysans qui sont confrontés à des difficultés naturelles, sociales, politiques, etc., qu'il faut à présent envisager avec précision.

Il est désormais indispensable de prendre en considération les caractéristiques particulières de chaque pays du tiers monde, car au-delà de leurs caractéristiques communes, ils sont en fait extrêmement différents les uns des autres. Il faut tenir compte ainsi de la différence considérable entre les tailles de ces États, non seulement en terme de superficie du territoire, mais aussi en terme d'effectifs de population : certains États sont gigantesques et leur population se compte par centaines de millions d'habitants, alors que d'autres — leur nombre s'accroît notamment dans le Pacifique — sont minuscules et ne comptabilisent chacun que quelques dizaines de milliers d'habitants (le record du minuscule est la République de Nue, avec 3 200 habitants !).

Il faut aussi tenir compte des conditions naturelles : le tiers monde déborde largement la zone tropicale : les hivers sont très froids en Chine du Nord et en Corée. La zone aride concerne pour une part les pays d'Afrique et du Moyen-Orient ; et, au sein de la zone tropicale, là où les sols sont dans l'ensemble pauvres et fragiles, il faut faire une radicale distinction entre les pays de l'Asie tropicale — où grâce à d'importants aménagements hydrauliques la population met surtout en valeur des vallées aux alluvions fertiles —, et les pays d'Afrique tropicale où les vallées sont encore désertes et où la population se trouve sur les sols les plus vulnérables dont la dégradation est rapide.

Autre facteur de différenciation, les caractéristiques culturelles et géopolitiques : alors que l'État-nation est une structure ancienne et solidement charpentée dans de nombreux États de l'Asie tropicale (comme le Vietnam, par exemple), elle est encore fragile et assez artificielle dans une grande partie de l'Afrique tropicale où l'héritage de la traite des esclaves (ethnies opprimées par des États négriers africains) continue de peser lourd à l'intérieur des frontières tracées par les colonisateurs.

Au total, la prise en compte de l'extrême diversité des pays du tiers monde est une étape indispensable dans l'effort de développement. Mais cela n'exclut en rien l'évocation de ce qui fait l'unité de cet immense ensemble de quatre milliards d'hommes.

Yves Lacoste

Le monde latino-américain

Amérique latine : l'expression désigne un espace géographique et une zone d'influence culturelle. Mais le mot « Amérique » signifiant spontanément États-Unis, tout se passe comme si les habitants du sous-continent avaient perdu le droit de s'appeler « Américains » et peupleraient une Amérique à l'identité nébuleuse.

Même s'il était convaincu d'être arrivé en Asie par la route de l'ouest, Christophe Colomb aborda les rivages de la Caraïbe en 1492, soit un siècle avant les pionniers du *Mayflower*. La conquête du continent, épopée sanglante réalisée sous la houlette du royaume de Castille dans la foulée de la Reconquête espagnole engagée contre l'islam, fut une suite de campagnes militaires rapides et acharnées. Elle avait pour but de rechercher de nouvelles sources d'approvisionnement en épices et en plantes tropicales, mais, surtout, de se procurer de l'or, car les caisses du Trésor royal espagnol étaient vides après huit siècles de guerre chrétienne contre l'islam. Entre 1498 et 1540, Espagnols et Portugais se partagèrent le nouveau monde : Hernán Cortés avait démantelé l'Empire aztèque au Mexique, Pedro de Alvarado avait conquis l'Amérique centrale, Francisco Pizarre s'était emparé de Cuzco, capitale de l'Empire inca, Pedro de Valdivia avait fondé Santiago du Chili, tandis que les Portugais installaient les ports de Bahia et Rio sur la côte est du continent.

Une poignée d'hommes et de canons avait suffi pour abattre des empires, car le choc entre l'Europe de la Renaissance et l'Amérique précolombienne ne fut pas seulement militaire : les sociétés indigènes étaient composées d'ingénieurs et de savants, mais aussi de peuples de la forêt. Aucune de ces cultures aborigènes ne connaissait la charrue et la poudre. En revanche, des villes comme la capitale aztèque Tenochtitlan étaient deux fois plus peuplées que Séville, la plus importante ville d'Espagne de l'époque.

Le rêve de Simon Bolivar

La *Patria Grande*, le rêve unificateur qui anima l'action politique

ÉTATS-UNIS

OCÉAN ATLANTIQUE

Tropique du Cancer

MEXIQUE

Mexico

Rio Grande

La Havane

CUBA

BELIZE
Belpoman

GUATÉMALA
Guatémala

HAÏTI
Port au Prince

HONDURAS
Tegucigalpa

SALVADOR
Salvador

JAMAÏQUE

RÉP.
DOMINICAINE

Managua

Kingston

St.
Domingue

Porto-Rico
(E.-U.)

NICARAGUA

COSTA
RICA

San José

Panama

PANAMA

ANTILLES

Guadeloupe (F)

Martinique (F)

GRENADE

TRINIDAD ET TOBAGO

Caracas

VÉNÉZUELA

GUYANA
Georgetown

SURINAM
Paramaribo

Bogota

COLOMBIE

ÉQUATEUR

Quito

OCÉAN

PACIFIQUE

Lima

PÉROU

Manaus

Amazone

Madera

Cayenne
(F)

Équateur

BRÉSIL

Recife

Tropique du Capricorne

La Paz

BOLIVIE

Brasilia

PARAGUAY

Salvador

Asuncion

Saõ
Paulo

Santiago

CHILI

ARGENTINE

Parana

Rio de Janeiro

Buenos
Aires

Montevideo

URUGUAY

Iles Falkland
(R.-U.)

Terre de Feu

Climat équatorial à précipitations constantes
(forêt équatoriale)

Climat tropical à précipitations périodiques
(savanes, caatinga)

Climat semi-aride et aride
(steppes et déserts)

Climat tempéré chaud à hiver sec
(chaco)

Climat tempéré à humidité constante
(pampa et moyenne montagne)

Climat de haute montagne
(Andes)

1 000 km

© Éditions La Découverte

et militaire de Simon Bolivar, le « libérateur » du continent, dans la décennie de l'indépendance (1816-1825), ne vit jamais le jour : de la Terre de Feu au Rio Grande, sur la frontière du Mexique, la bourgeoisie créole contruisit une vingtaine d'États concurrents sur le modèle des anciennes puissances coloniales. Puis, dès la fin du XIXe siècle, les États-Unis prirent le relais de l'Espagne et du Portugal pour s'assurer un droit de regard politique sur le sous-continent. Ce fut la fameuse *doctrine Monroe* résumée dans cette formule lapidaire : « L'Amérique aux Américains. » Aujourd'hui, dominée économiquement par les États-Unis, l'Amérique latine est liée à son puissant voisin du nord par l'Organisation des États américains (OEA, 1948) et par un accord de défense mutuelle, le traité de Rio (1947).

Ensemble géographique possédant les traits caractéristiques du tiers monde, l'Amérique latine connaît en particulier une croissance démographique rapide : 132 millions d'habitants en 1945, 300 millions en 1975, et, selon les projections, 600 millions à l'horizon de l'an 2000. A la fin du siècle, la majorité des catholiques dans le monde seront latino-américains : c'est une donnée culturelle, mais aussi géopolitique avec laquelle il faut compter dans cette région du monde où l'Église participe aux débats politiques et sociaux, le plus souvent aux côtés des défavorisés.

L'intégration économique et culturelle, renforcée par un mode de colonisation relativement homogène, ne doit pas masquer les différences régionales ni les disparités culturelles et économiques. Différences régionales d'abord, puisque quatre grands ensembles géographiques se partagent de façon inégale le plateau continental : l'Amérique centrale, les pays andins, les pays du Cône sud et le Brésil. Disparités culturelles ensuite, car la domination de la culture hispanique et portugaise n'a pas entièrement balayé les cul-tures indiennes dans des pays comme le Mexique, le Guatémala, le Pérou ou la Colombie, où vivent de larges communautés. On note aussi la présence de populations noires ou mulâtres au Brésil et dans le bassin des Caraïbes : toutes ces communautés sont largement marginalisées. Disparités économiques, enfin, entre des petits pays pauvres en ressources, comme le Honduras, et, par exemple, le géant brésilien, qui arrive au huitième rang des pays occidentaux pour son PIB.

Le Brésil, puissance régionale

Le *Brésil* est en effet le « poids lourd » de l'Amérique latine, la seule véritable puissance régionale. Disposant d'importantes ressources humaines et économiques, il peut espérer un développement exceptionnel s'il parvient à contrôler son propre espace. Mais les ressources inexploitées considérables dont il dispose ne suffisent pas à assurer définitivement le décollage amorcé depuis quelques années : à preuve, le fait que son potentiel économique est aussi impressionnant que sa dette extérieure (117 milliards de dollars à la fin 1988!), qu'il traîne comme un boulet.

Situé à moins de 3 000 kilomètres des côtes sénégalaises, le Brésil, seul État lusophone du continent, développe une vision du monde largement orientée « Sud-Sud ». Il existe une sorte d'« équateur lusitanien » qui pousse, pour ainsi dire naturellement, la diplomatie brésilienne à resserrer ses liens avec les anciennes colonies portugaises d'Afrique comme l'Angola et le Mozambique, et, plus récemment, avec le Nigéria. Ces ambitions Sud-Sud vont de pair avec un développement qui cherche à s'affirmer notamment dans le domaine des industries d'armement. Malgré son endettement, le Brésil, comme l'Inde ou la Corée du Sud, se montre actif au sein du club des nouveaux pays industriels.

Le leadership brésilien ne peut toutefois éclipser l'existence de trois autres puissances régionales.

L'*Argentine*, avec ses richesses agricoles et son niveau culturel, dispose d'atouts. Mais l'instabilité politique, les séquelles de la dictature militaire (1976-1983), et la défaite des Malouines en 1982 en ont jusqu'alors décidé autrement.

Le *Vénézuela*, jadis Eldorado pétrolier, aujourd'hui puissance régionale modeste, occupe une position géostratégique en direction du bassin des Caraïbes.

Le *Mexique*, enfin, pays lourdement endetté, manifeste sa fragilité économique depuis la fin du « boom » pétrolier. En outre, la faiblesse politique du régime, due au fait que le Parti révolutionnaire institutionnel (P R I) monopolise le pouvoir depuis un demi-siècle, est entrée dans une phase nouvelle en 1988 : les élections ont révélé une large contestation du monopole du P R I. Puissance régionale incontournable en Amérique centrale, la diplomatie mexicaine est obligée de modérer ses ambitions en raison de son puissant voisin du nord, les États-Unis.

Les conflits de l'Amérique centrale, accélérés par la révolution sandiniste au Nicaragua (1979), sont devenus un point de fixation dans le cadre du grand marchandage entre Moscou et Washington. Les États-Unis en ont fait un test de volonté politique, car ils considèrent le bassin des Caraïbes et l'isthme centro-américain comme une région vitale pour leurs intérêts stratégiques. D'une manière générale, la stabilité politique du sous-continent est un élément constitutif de la politique étrangère aux États-Unis. Et pourtant, en dépit des coups d'État militaires, des révolutions de palais, des guérillas endémiques comme au Pérou ou en Colombie, l'Amérique latine connaît une relative stabilité. Deux exceptions seulement sont venues modifier les données géopolitiques du continent au cours des dernières décennies : la révolution cubaine (1959), qui assure à l'Union soviétique une présence dans « l'arrière-cour » des États-Unis et plus récemment celle du Nicaragua.

Pierre Benoit

Le monde noir-africain

Ce n'est qu'en 1487 que le cap de Bonne-Espérance était doublé par le Portugais Dias. Le continent noir ne commencera à être véritablement « découvert » par les Européens que bien après. Leur installation dans la quasi-totalité des colonies sud-sahariennes ne se terminera qu'à la veille de la Première Guerre mondiale. Et c'est au lendemain de la Seconde que débutera la décolonisation, en raison notamment de la participation des tirailleurs noirs à cette guerre qui fut l'un des plus grands massacres de l'histoire contemporaine.

Mais, vue d'Afrique, l'histoire a une tout autre épaisseur. D'abord, c'est en Afrique noire, dans les alentours du lac Turkana, au Kénya, que l'humanité a trouvé son origine, selon le célèbre professeur Leakey. D'après le grand anthropologue sénégalais Cheikh Anta Diop, l'Afrique noire a pour sa part retrouvé son berceau en Égypte. Pygmées, Boshimans et Hottentots, les premiers habitants connus du continent, côtoyaient presque ceux de la Haute-Égypte, avant d'être repoussés, respectivement, vers la forêt équatoriale, le désert du Kalahari et la pointe méridionale, par les Bantous (Afrique centrale et australe), les Soudanais (Afrique occidentale), et les Hamito-Sémitiques (Afrique orientale).

AFRIQUE

SAHARA OCCID.

ILES DU CAP VERT

Oran Alger Tunis
Rabat **TUNISIE**
Casablanca

Le Caire

MAROC

ALGÉRIE **LIBYE** **ÉGYPTE**

Tropique du Cancer

MAURITANIE **MALI**
Nouakchott

Niger

NIGER

TCHAD Khartoum

Nil

Dakar
2 1 Bamako
3 4 Niamey Ndjaména **SOUDAN** **DJIBOUTI**
Conakry 6 **NIGÉRIA**
5 **CÔTE** Ouagadougou
Freetown **D'IVOIRE** Ibadan **CENTRAFRIQUE** **ÉTHIOPIE**
Monrovia Lagos Bangui
LIBÉRIA Abidjan Accra **CAMEROUN**
Lomé Porto Yaoundé Zaïre Kisangani 8 **KENYA** **SOMALIE**
Novo
Équateur **PRINCIPE** 7 Mogadiscio
SÃO TOMÉ Libreville **GABON** 9 Nairobi
ZAÏRE 10
Brazzaville **TANZANIE** Dar-es Salam
Kinshasa
SEYCHELLES
Luanda **COMORES**
11
ANGOLA Mayotte
ZAMBIE (F)
Lusaka
Antananarivo
ZIMBABWE
Harare
NAMIBIE **BOTSWANA**
(AF. DU SUD) Gaborone Prétoria
12 Maputo
13 Durban
AFRIQUE DU SUD
Le Cap

1 - SÉNÉGAL
2 - GAMBIE
3 - GUINÉE BISSAO (Bissao)
4 - GUINÉE
5 - SIERRA LÉONE
6 - BURKINA FASO
7 - GUINÉE ÉQUATORIALE (Malabo)
8 - OUGANDA (Kampala)
9 - RWANDA (Kigali)
10 - BURUNDI (Bujumbura)
11 - MALAWI (Lilongwe)
12 - SWAZILAND (Mbabané)
13 - LESOTHO (Maseru)

Climat équatorial
à précipitations constantes
(forêt équatoriale)

Climat tropical
à précipitations périodiques *(savanes)*

Climat semi-aride
(steppes)

Climat chaud à sécheresse
hivernale *(reliefs)*

Climat aride
(déserts)

Climat méditerranéen
(sécheresse estivale)

1 000 km

© Éditions La Découverte

Les grands empires noirs

Selon le géographe Ptolémée, de puissants royaumes existent déjà au Soudan et en Éthiopie à la fin du premier millénaire avant Jésus-Christ. Mais ce n'est que trois siècles après Jésus-Christ que les grands empires noirs apparaissent : celui du Ghana, celui du Mali, ou celui du Monomotapa, dont la capitale — Zimbabwé —

demeure, grâce à ses imposantes ruines, le témoin d'une civilisation très puissante. D'autres royaumes émergent, avant et après l'arrivée, à partir du VIIᵉ siècle, des Arabes et de l'islam, c'est-à-dire la venue de la première grande traite et de la première religion importée. Seule la frontière de la forêt semble avoir arrêté les cavaliers d'Allah.

Lorsque la colonisation européenne commence, d'autres empires sont en construction. La résistance noire est parfois admirable, mais insuffisante. Même l'islam, fortement adapté, se révèle incapable de stopper l'avancée des soldats, des missionnaires et des commerçants européens. Toute nouvelle migration est ainsi gelée. Des frontières modernes apparaissent, qui souvent ne se fondent pas sur des réalités ethniques ou étatiques. Des travaux forcés qui causent des milliers de morts parmi les «indigènes» permettent la mise en place d'infrastructures étatiques. Mais le modèle européen permet aussi la constitution de nombreux mouvements politiques ou syndicaux, plus tolérés que souhaités par l'administration européenne. Une situation qui changera presque partout au lendemain des indépendances des années soixante.

Celles-ci sont accordées par la Grande-Bretagne à la suite de la guerre des Mau-Mau au Kénya, et par la France, à la suite de la «guerre secrète» de l'Union des populations du Cameroun (UPC). Mais ces indépendances s'accompagnent de la mise en place de contrôles politiques et policiers sans commune mesure avec ce qui existe en Europe. Les États se soucient d'abord de l'ordre. Les responsables locaux, imposés parfois par l'ancienne puissance coloniale, favorisent le renforcement de bourgeoisies directement liées aux anciens maîtres. Des coups d'État militaires viennent souvent mettre en cause cet «ordre».

D'autres régimes s'installent, parfois encore plus violents et plus dictatoriaux. La «caporalisation»

de l'Afrique noire connaît son apogée dans les années soixante-dix, alors qu'apparaît la première «grande famine», dans le Sahel occidental (Mauritanie, Mali, Niger) et oriental (Éthiopie).

Les années quatre-vingt apportent la confirmation de l'ouverture démocratique sénégalaise, la disparition des dictatures les plus outrancières (Idi Amin Dada en Ouganda, Jean Bedel Bokassa en Centrafrique, Macias Nguema en Guinée équatoriale ont été tous trois destitués en 1979) mais aussi d'autres famines et l'inévitable durcissement des conflits en Afrique australe. En Afrique du Sud, le régime d'*apartheid* semble s'autodétruire, incapable qu'il est de comprendre l'évolution réelle d'un continent peu à peu impliqué dans le jeu des grandes puissances issues de la Seconde Guerre mondiale.

Le jeu des grandes puissances

Laissée par les Américains aux Européens, en application de la fameuse doctrine Monroe, la tutelle sur l'Afrique noire ne semble intéresser véritablement que la France de De Gaulle et de ses successeurs, après le départ discret de la Grande-Bretagne et avant l'exclusion violente du colonialisme anachronique du Portugal au milieu des années soixante-dix.

Se croyant investis d'une nouvelle mission au nom de l'Occident, les gouvernements français ont poursuivi leur politique de présence — militaire, économique et culturelle — partout où les finances publiques l'ont permis.

L'URSS compte d'abord quelques pays «amis»: Guinée, Mali... Mais elle les perd à la fin des années soixante.

Quant à ceux des années soixante-dix (Éthiopie, Angola, Mozambique) ils sont tous confrontés à des guérillas antimarxistes ou indépendantistes qui ne permettent pas aux régimes en place de se passer de l'aide militaire soviétique. L'URSS parvient ainsi à s'installer dans ces pays, mais son image de marque n'est guère brillante. Sa coopération relève du troc (armes contre produits alimentaires), et son inexpérience africaine est un handicap presque insurmontable.

Les États-Unis comptent eux aussi des alliés (Zaïre, Somalie, Kénya et Libéria) et voudraient peut-être amoindrir l'influence française — notamment *via* le Canada. Mais ils ne semblent pas convaincus de l'importance du continent africain. Le seul «vrai» partenaire de l'Amérique reaganienne est l'Afrique du Sud, avec ses richesses minières stratégiques. L'enjeu est de taille et conditionne les relations euro-africaines et américano-africaines. Mais il favorise aussi le rapprochement, déjà en cours, entre le monde noir d'Afrique et celui d'Amérique.

De nouveaux pays «leaders», notamment sur le plan culturel, apparaissent : le *Nigéria* du chanteur Fela et du prix Nobel de littérature Wole Soyinka ; l'*Éthiopie* (seul pays à n'avoir pas été colonisé) ; le *Zimbabwé*, qui a su en 1979 arracher le pouvoir à la Rho-

désie «blanche» de Ian Smith ; et l'*Afrique du Sud* du leader nationaliste Nelson Mandela, de la chanteuse Myriam Makeba et du jazzman Dollar Brand. La *Côte-d'Ivoire* fascine d'abord par son développement rapide, mais elle dépend de plus en plus de l'aide française, surtout à partir de 1987, lorsqu'elle connaît une crise profonde. Quant au *Cameroun*, le «printemps de Yaoundé» lié à l'arrivée au pouvoir de Paul Biya, en 1982, est resté sans lendemains.

Aux leaders historiques des années de l'indépendance — Léopold Sedar Senghor (Sénégal), Ahmed Sekou Touré (Guinée), Félix Houphouët-Boigny (Côte-d'Ivoire), Jomo Kenyatta (Kénya), Nyerere (Tanzanie), et Kwane Nkrumah (Ghana) — ont succédé de nouveaux héros comme le Zimbabwéen Robert Mugabe ou le Burkinabé Thomas Sankara, qui sera assassiné en 1987.

L'Afrique noire semble presque vouloir «conquérir» l'Occident, surtout l'Europe, par sa présence culturelle de plus en plus forte (littérature, musique et danse) et par ses exploits sportifs. Mais sa tâche principale reste, presque partout, d'instaurer la démocratie.

Élio Comarin

Le Maghreb

Le premier sommet maghrébin s'est tenu, en Alger, le 9 juin 1988 avec la participation du roi Hassan II (Maroc), des présidents Chadli Bendjedid (Algérie) et Zine el-Abidine Ben Ali (Tunisie) et des colonels Mouamar Kadhafi (Libye) et Maaouya Ould Taya (Mauritanie). Il a pu se réunir grâce à la réconciliation intervenue entre Alger et Rabat après une brouille de douze ans provoquée par le conflit du Sahara occidental opposant le Maroc au Front Polisario soutenu par l'Algérie.

Ce sommet a ouvert la voie à la

coopération inter-maghrébine, première étape vers la constitution du Grand Maghreb arabe. Cet ensemble devrait comprendre un noyau central — Tunisie (7 millions d'habitants), Algérie et Maroc (25 millions chacun) — et deux ailes, la Libye (3 millions) et la Mauritanie (2 millions) qui servent respectivement de trait d'union avec le Proche-Orient et avec l'Afrique noire. Un référendum supervisé par l'ONU devrait décider de l'avenir de la République arabe sahraouie démocratique (ex-Sahara expagnol) proclamée le

27 février 1976 et reconnue par plus de 70 États ; la population aura le choix entre l'indépendance et le rattachement au Maroc avec une certaine autonomie.

La population maghrébine est formée de Berbères islamisés depuis le VIIe siècle. Leur arabisation a été plus lente ; elle s'est accélérée avec l'arrivée, au XIe siècle, des tribus arabes Béni Hilal et Béni Soleim qui se sont mélangées avec les autochtones. Mais il existe encore de vastes régions berbérophones en Algérie (Kabyles, Mozabites, Touaregs) et surtout au Maroc.

L'unité du Maghreb a été réalisée dans le passé par le roi numide Massinissa (238-148) et par les Almohades (1147-1269). Du XVIe au XIXe siècle, le Maghreb, à l'exception du Maroc, a été intégré dans l'Empire ottoman. L'Algérie a été ensuite colonisée par la France de 1830 à 1962, la Tunisie de 1881 à 1956 ; le Maroc l'a été par la France et l'Espagne du début du XXe siècle à 1956 et la Libye par l'Italie de 1911 à 1961. Enfin, la France a contribué à fonder la Mauritanie qui devint indépendante en 1960.

L'idéal unitaire a animé les mouvements de libération des pays du Maghreb central : les chefs du Néo-Destour (Tunisie), du FLN (Front de libération nationale, Algérie) et de l'Istiqlal (Maroc) réunis à Tanger, en avril 1958, proclament leur volonté d'édifier le Grand Maghreb. Toutefois, les égoïsmes nationaux s'affirment avec les indépendances et donnent lieu à des querelles frontalières.

Les États adoptent des régimes politiques et sociaux différents : la monarchie marocaine a une économie libérale, la République algérienne pratique un socialisme étatique et sa sœur tunisienne un socialisme libéral ; la Libye passe en 1969 de la monarchie à la Jamahiriya (État des masses) du colonel Kadhafi et la Mauritanie est dirigée depuis 1978 par un gouvernement militaro-civil.

Aux prises avec des difficultés économiques et sociales (la population double tous les vingt ans et compte 60 % de moins de 20 ans), aiguillonnés par le défi que représente la CEE et la perspective du marché unique européen en 1993, les dirigeants maghrébins semblent avoir pris conscience de la nécessité d'unir leurs efforts et de coopérer en vue de construire le Maghreb.

Une telle réalisation consoliderait la région tout en lui donnant plus de poids, non seulement face à l'Europe et aux autres grands ensembles de la planète, mais encore au sein du monde arabe à l'instar du Conseil de coopération du Golfe qui rassemble l'Arabie saoudite, Bahreïn, les Émirats arabes unis, le Koweït, Oman et le Qatar ; le Grand Maghreb ne manquerait pas d'aiguillonner la coopération entre les pays, très divisés, du Croissant fertile (Syrie, Irak, Liban, Jordanie) et de la vallée du Nil (Égypte, Soudan). Enfin, il devrait intensifier la coopération Sud-Sud, pour le moment très faible, avec l'Afrique noire.

Paul Balta

Le monde moyen-oriental

Le Proche et Moyen-Orient constitue un vaste ensemble géographique de 10,5 millions de kilomètres carrés (soit, approximativement, vingt fois la superficie de la France), s'étirant de la vallée de l'Indus à l'est à la vallée du Nil à l'ouest, et regroupant, en 1989, 260 millions d'habitants, répartis dans dix-huit États. La plupart des États du Proche et Moyen-Orient sont des États arabes, et constituent le Machrek (ou Orient arabe). Ses quatorze États forment trois grandes entités régionales : les États de la péninsule Arabique (Arabie saoudite, Koweït, Bahrein, Qatar, Émirats arabes unis, Oman, Yémen du Nord et Yémen du Sud), les États du Croissant fertile (Liban, Syrie, Jordanie et Irak) et les États de la vallée du Nil (Égypte et Soudan). Font également partie du Proche et Moyen-Orient : Israël et les trois États du monde turco-iranien (Turquie, Iran et Afghanistan).

En fait, les notions de Proche et Moyen-Orient introduites par les Anglo-Saxons sont assez imprécises, et aux États-Unis certains auteurs appellent Moyen-Orient une aire géographique s'étendant du Maroc au Pakistan. Dans la terminologie française, l'Afrique du Nord (ou Maghreb) ne fait jamais partie du Moyen-Orient. Si beaucoup emploient indistinctement les notions de Proche et Moyen-Orient, d'autres réservent le terme de Proche-Orient aux États tournés vers la Méditerranée orientale et celui de Moyen-Orient aux États axés sur le golfe Arabo-Persique. Précisons également que certains excluent du Proche et Moyen-Orient le Soudan (bien que très lié à l'Égypte par son histoire et par les eaux du Nil, mais au sud de Khartoum, il est vrai que le Soudan appartient déjà au monde de l'Afrique noire intertropicale...) et

PROCHE ET MOYEN-ORIENT

Climat méditerranéen (sécheresse estivale)

Climat tempéré chaud sans saison sèche

Climat tempéré chaud à sécheresse hivernale

Climat tempéré froid sans saison sèche (hautes montagnes)

Climat semi-aride (steppes)

Climat aride (déserts)

500 km

la Turquie (rattachée parfois à l'Europe méditerranéenne), alors que d'autres souhaitent y inclure le Pakistan (pourtant traditionnellement lié aux États de l'espace indien).

Le Proche et Moyen-Orient constitue un ensemble géopolitique d'une grande importance stratégique, en raison de sa situation au carrefour de trois continents (Europe, Asie et Afrique) et à la rencontre de deux étendues maritimes primordiales (la Méditerranée et l'océan Idien), ce qui a toujours suscité bien des convoitises étrangères depuis l'Antiquité. En cette fin du XXᵉ siècle, l'importance géostratégique du Proche et Moyen-Orient est renforcée par la richesse pétrolière de la région (56 % des réserves mondiales).

L'effet pétrole

Le pétrole a accentué les différences de niveau de vie parmi les populations et les États du Proche et Moyen-Orient : aux riches monarchies pétrolières du Golfe (Arabie saoudite et Émirats) s'opposent des pays très pauvres (Afghanistan, Soudan, les deux Yémen). Les disparités régionales ainsi provoquées sont à l'origine de puissants flux migratoires entre les États de la région. On distingue donc, à l'intérieur du Proche et Moyen-Orient, des pays exportateurs de main-d'œuvre (Égypte, Soudan, Liban, Syrie, Jordanie, Yémen du Nord, Yémen du Sud et Turquie) et des pays pétroliers importateurs de travailleurs étrangers (Arabie saoudite, Koweït, Bahrein, Qatar, Émirats arabes unis, Oman et Irak). Ces sept pays arabes du Golfe accueillaient, au début des années quatre-vingt, environ six millions d'étrangers, venus des pays de la région, mais aussi du Pakistan, de l'Inde, de la Thaïlande, de la Corée du Sud, etc. Ils étaient 2,5 millions en Arabie saoudite, presque autant dans l'ensemble des émirats et enfin plus d'un million en Irak. Toutefois, le nombre des étrangers, qui avait triplé entre 1970 et 1980 avec l'accroissement spectaculaire des revenus pétroliers, diminue régulièrement depuis 1983, en raison de l'effondrement des recettes pétrolières. A la fin des années quatre-vingt, la prospérité des « pétromonarchies » du Golfe n'est plus ce qu'elle était, et le reflux des travailleurs étrangers a de profondes répercussions dans leurs pays d'origine (Égypte, Yémen, Jordanie, Liban, Turquie, etc.), qui bénéficiaient des envois d'argent des émigrés.

Après le pétrole, les guerres et tensions permanentes qui règnent dans cette région depuis la fin de la Seconde Guerre mondiale et qui pèsent d'un poids très lourd sur l'économie, la société et l'organisation de l'espace des États de la région sont une autre cause de transformations. Le conflit israélo-palestinien qui a débuté en 1948 avec le partage de la Palestine et la création de l'État d'Israël, la guerre Irak-Iran déclenchée par le gouvernement de Bagdad en septembre 1980, la crise libanaise et la crise afghane (deux conflits où les interventions étrangères ont été multiples) sont les manifestations les plus spectaculaires des tensions internes et des conflits régionaux du Proche et Moyen-Orient, et font de cette région celle du tiers monde qui dépense le plus d'argent pour son armement.

Une étonnante diversité humaine

L'étonnante mosaïque humaine du Proche et Moyen-Orient est une autre donnée géopolitique importante, car elle explique un grand nombre de conflits internes et sert de justification à de multiples interventions étrangères. La diversité humaine du Proche et Moyen-Orient est d'abord confessionnelle. Cet ensemble régional, peuplé dès la préhistoire et où sont apparues les plus anciennes et les plus brillantes civilisations de l'Antiquité, a été le berceau des trois grandes religions monothéistes (judaïsme, christianisme et islam). Certes, l'islam sunnite est majoritaire dans la région, mais il faut souligner l'importance grandissante des chiites depuis la révolution islamique iranienne (1979). Les chiites sont non seulement majoritaires en Iran où ils représentent l'essentiel de la population, mais aussi à Bahrein (60 % de la population totale) et en Irak (56 %). Ils constituent aussi d'actives minorités au Liban (30 à 35 % de la population totale), au Koweït (25 à 30 %), en Afghanistan (20 %), en Arabie Saoudite (10 %), etc. Il faut aussi tenir compte de toutes les minorités issues du chiisme : ismaéliens (Syrie et Yémen du Nord), druzes (Liban et Syrie), alaouites (Syrie), zaïdites (Yémen du Nord). Les chrétiens, établis bien avant l'arrivée de l'islam, forment 40 à 45 % de la population libanaise, 10 % de la population égyptienne, 8 % de la population syrienne, 10 % des Palestiniens, 3 % des Irakiens.

Des minorités israélites, nombreuses dans l'Orient arabe avant la création d'Israël, subsistent en Turquie et en Iran.

Il y a également les nombreuses minorités ethno-linguistiques en Afghanistan : Pachtouns, Tadjiks, Hazaras, Baloutches, Ouzbecks, Turkmènes, etc. Les Kurdes, minorité ethno-linguistique victime des bouleversements politiques du XXᵉ siècle qui ont imposé le tracé actuel des frontières, sont 10 millions en Turquie, 6 millions en Iran, 4 millions en Irak, 1 million en Syrie. Les Palestiniens, autre « peuple sans État », sont près de 5 millions, dispersés entre Israël, la Cisjordanie et Gaza, la Jordanie, le Liban, Koweït, la Syrie, l'Arabie Saoudite, etc.

Incontestablement, la géographie humaine du Proche et Moyen-Orient est très complexe, et contribue à rendre précaires les équilibres géopolitiques internes et régionaux.

André Bourgey

Le monde asiatique

Le monde asiatique, le plus grand ensemble humain de la planète, recèle deux de ses plus anciennes civilisations : l'Inde et la Chine. Pourtant, ce monde n'est véritablement né que vers la fin de ce siècle : longtemps, ce qu'il est convenu d'appeler « l'Asie » n'a existé que comme une référence européenne à un ensemble privé d'identité intrinsèque. On serait bien en peine, d'ailleurs, de donner une définition géographique satisfaisante du continent asiatique.

Le phénomène le plus notable des années quatre-vingt aura été une tendance nouvelle, de la part des pays d'Asie, à rechercher une approche commune, sur une base régionale, à leurs problèmes de développement, à leurs échanges et à leurs rapports avec le monde occidental.

L'Inde et la Chine, les deux géants

Trois sous-ensembles forment cette *Asie* : le monde sinisé (Chine, Taïwan, Hong-Kong et Macao, Japon, péninsule coréenne, Indochine) ou semi-sinisé (Thaïlande, Malaisie, Singapour); le sous-continent indien (Inde, Bangladesh, Pakistan, Birmanie, Sri Lanka, les États hymalayens); et enfin, l'Asie du Sud-Est insulaire (Philippines, Indonésie, Papouasie-Nouvelle Guinée, Brunéi),

Un trait est commun à presque tous ces États : la surpopulation. Un milliard d'hommes peuplaient l'Asie après la Seconde Guerre mondiale ; ils étaient près de 3 milliards à la fin des années quatre-vingt et risquaient de dépasser 3,2 milliards en l'an 2000. Les deux géants démographiques que sont l'Inde et la Chine ont longtemps dominé la scène asiatique, en dépit de leur sous-développement commun.

Mais le minuscule Japon, vaincu militairement en 1945, ne s'en est

ASIE DU SUD ET DE L'EST

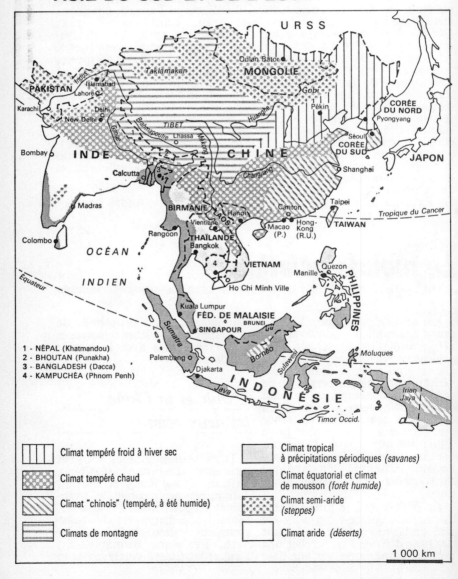

1 - NÉPAL (Khatmandou)
2 - BHOUTAN (Punakha)
3 - BANGLADESH (Dacca)
4 - KAMPUCHÉA (Phnom Penh)

Climat tempéré froid à hiver sec

Climat tempéré chaud

Climat "chinois" (tempéré, à été humide)

Climats de montagne

Climat tropical à précipitations périodiques (savanes)

Climat équatorial et climat de mousson (forêt humide)

Climat semi-aride (steppes)

Climat aride (déserts)

1 000 km

pas moins imposé comme le troisième pôle de cet ensemble, par son formidable dynamisme économique. Un dynamisme qui reste fragile du fait de sa vocation exportatrice, mais dont tous les pays l'Asie, comme le reste de la planète, doivent désormais tenir compte.

Les retombées de la Seconde Guerre mondiale avaient réparti la masse humaine d'Asie en deux camps politico-économiques — celui de la libre entreprise et celui de la planification à la soviétique — d'importance numérique à peu près égale. La fin des années quatre-vingt a vu la remise en cause de ces clivages. L'échec socialiste a bouleversé, ici, la carte de manière profonde et plus précoce qu'ailleurs dans le monde. L'exemple type de cette évolution est la Chine populaire, engagée depuis la mort de son fondateur, Mao Zedong, dans une réforme dont l'aboutissement logique serait la dissolution complète du régime socialiste.

Les disparités des niveaux de développement restent colossales, s'accroissant même avec le temps. Face aux économies rurales comme la Chine et l'Inde, dont les revenus annuels moyens par habitant piétinent dans une fourchette allant de moins de 200 dollars à guère plus de 300, sont apparues des économies d'une prospérité florissante, et d'un dynamisme inégalé ailleurs.

Des inégalités de développement considérables

Depuis la fin de la guerre du Vietnam, en 1975, la plus grande surprise en matière de développement économique est venue de la maturation de ces « pays nouvellement industrialisés » (NPI) (Corée du Sud, Singapour, Taïwan, Thaïlande, Hong-Kong, etc.), dont les revenus par habitant se rapprochent graduellement de celui du Japon (8 136 dollars américains par an en 1986). Dans le même temps, les poches de pauvreté absolue restaient nombreuses, sans pour autant être toujours prises en compte par les statistiques, faute d'un accès réel sur le terrain. L'Organisation des Nations unies pour l'alimentation et l'agriculture (FAO) estime à 300 millions le nombre des Asiatiques mal nourris.

La prospérité des plus chanceux est fragile, soumise aux fluctuations des marchés internationaux, au protectionnisme des nations occidentales, et les richesses y restent mal distribuées, bien que l'émergence d'une classe moyenne soit centrale dans leur réussite. Leur dynamisme a, en tout cas, contraint les pays occidentaux — en particulier les États-Unis — à considérer le périmètre décrit par les rives du Pacifique comme une zone prioritaire de développement, où certains voient le germe de ce qui pourrait être un nouveau carrefour du monde moderne au XXIe siècle.

Si l'antagonisme Est-Ouest a été le principal moteur de l'émergence de ces mini-puissances, le nouveau climat de détente mondiale tendait, à l'aube des années quatre-vingt-dix, à amenuiser rivalités historiques et confrontations régionales. Après le désengagement soviétique d'Afghanistan la logique des rapports de force militait pour un apaisement du conflit du Cambodge, fruit de la double rivalité Est-Ouest et Chine-Vietnam. Le rapprochement sino-soviétique, après trois décennies de brouille, était un des principaux facteurs d'une redistribution des cartes dans l'ensemble du continent : l'Inde et la Chine, par exemple, étaient amenées à faire taire leur hostilité traditionnelle pour passer à la phase alternative de leur histoire commune, celle du commerce.

La cessation complète des manœuvres des grandes puissances autour des voies d'approvisionnement n'était certes pas en vue. Mais le risque de voir exploser d'autres foyers de tension — la péninsule coréenne en particulier — paraissait diminuer. C'est dans cette accalmie naissante, alors que se dissipaient, avec le passage des générations dirigeantes, certains des antagonismes qui ont dominé le siècle, que réside l'espoir des pays secoués par des troubles ethniques récurrents, comme ceux du sous-continent, ou tragiquement sous-développés, comme la Chine continentale. Les problèmes d'environnement se sont faits également de plus en plus pressants. A l'horizon, en outre, de nombreux pays d'Asie ont manifesté la crainte de voir apparaître une nouvelle forme de domination japonaise du continent, économique cette fois.

Francis Deron

Le monde océanien

Au début des années quatre-vingt, le monde océanien semblait encore voué à rester à l'écart de la rivalité des grandes puissances. Trois d'entre elles seulement y étaient matériellement présentes, et toutes trois appartenaient au même camp : les États-Unis de façon massive, la France et, de moins en moins visible, la Grande-Bretagne. Sept ans plus tard, cette rivalité battait son plein dans toute la région. Pour la première fois, l'Union soviétique entreprenait d'y damer le pion aux Occidentaux.

C'est le déséquilibre géographique, humain et économique qui frappe à première vue dans cette région. D'un côté, deux nations industrialisées, assimilables au Vieux Continent, l'Australie et la Nouvelle-Zélande — dont l'une aux dimensions colossales. De l'autre, un ensemble fragmenté à l'extrême, sous-développé : le Pacifique sud — dix mille îles, dont un tiers seulement répertoriées nommément sur les cartes usuelles. On y distingue trois sous-groupes plus ou moins cohérents du fait de leur peuplement ethnique : Micronésie, Mélanésie et Polynésie.

Hormis l'Australie et la Nouvelle-Zélande, qui ont accédé au statut de *dominion* respectivement en 1901 et 1907, il a fallu attendre 1962 pour voir naître le premier État indépendant du Pacifique sud : le Samoa occidental. Une étape a été franchie vers le concept d'identité régionale en 1971 lorsque le Forum du Pacifique sud a été fondé. A l'origine composé de l'Australie, de la Nouvelle-Zélande et des îles Fidji, Nauru, Cook, Tonga et Samoa occidental, il a été rejoint, par la suite, par la Papouasie-Nouvelle-Guinée, Niue, Kiribati, Salomon, Tuvalu et Vanuatu.

Nouveau centre de gravité du monde ?

La constitution du Forum visait, à l'origine, à jeter les bases d'une démarche régionale commune sur les problèmes de développement, tout en traduisant une volonté de l'Australie et de la Nouvelle-Zélande d'assurer une présence économique croissante auprès des micro-États. La vulnérabilité économique de ces derniers, due à l'isolement et à l'absence de ressources terrestres, pourrait en effet se transformer en prospérité si les richesses minérales qu'on prête à leurs eaux étaient exploitées.

Ces perspectives ne peuvent qu'attirer l'Australie, qui, dans les années quatre-vingt, a comblé partiellement le retard technologique pris sur le reste du monde industrialisé au cours de la décennie précédente. Bien différente est la Nouvelle-Zélande, aux proportions plus modestes (3,3 millions d'habitants) et, surtout, à la vocation encore agricole.

Le *statu quo* de l'après-guerre a été remis en cause, au milieu des années quatre-vingt, par plusieurs facteurs, en tête desquels l'opposition à la présence d'armements nucléaires dans la région. Ce fut d'abord la Nouvelle-Zélande qui devait rompre *ipso facto* son engagement dans le traité ANZUS la liant aux États-Unis et à l'Australie, en refusant l'accès de ses ports aux navires américains porteurs d'équipements nucléaires. Puis le Forum du Pacifique sud adoptait, en 1985, un traité de dénucléarisation de la région qui contraignait les pays occidentaux à prendre pour la première fois en compte dans leurs options l'émergence du monde océanien. Au centre des polémiques, se trouvait naturellement la France, vivement critiquée par plusieurs pays de la région pour ses essais nucléaires à Mururoa, ainsi que pour sa présence, de type encore colonial, en Nouvelle-Calédonie.

Ces difficultés nouvelles des Occidentaux dans le Pacifique ne sont pas passées inaperçues à Moscou, à l'heure où l'Union soviétique s'efforce de rénover son économie et se découvre une dimension orientale. Moscou a ainsi multiplié les gestes pour se faire des amis dans le Pacifique, au point de susciter une certaine inquiétude tant chez les Occidentaux qu'au Japon. En effet, si la présence militaire américaine dans la région demeure un élément capital du dispositif de sécurité occidental, c'est là une nécessité absolue pour le Japon, dont les voies d'approvisionnement en énergie pourraient être menacées en cas de progression soviétique marquée.

En fait, le monde océanien dans son ensemble n'en est pas à se détacher du camp occidental. Même sous des gouvernements travaillistes, l'Australie et la Nouvelle-Zélande demeurent des alliés des États-Unis et de l'Europe

OCÉANIE

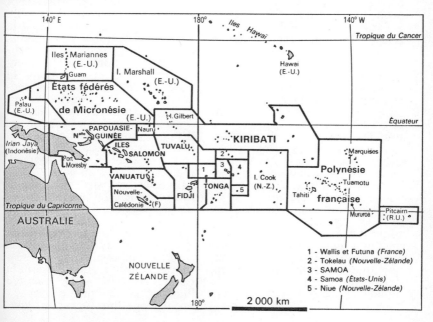

de l'Ouest. Quant aux micro-États, une bonne partie d'entre eux se montrent également très méfiants devant les appels du pied soviétiques. Mais c'est plutôt à l'établissement de nouvelles bases dans les relations économiques et politiques entre la région et le monde capitaliste que ces pays appellent désormais. C'est tout particulièrement le cas pour les micro-États, qui n'ont bénéficié par le passé que d'une assistance réduite pour leur développement et qui entendent bien monnayer auprès des nations occidentales l'exploitation à venir des fonds marins qu'ils contrôlent.

Les perspectives offertes par l'aquaculture, les zones de pêche redéfinies, l'exploitation des nodules polymétalliques figurent parmi les éléments qui ont pu conduire à prévoir l'émergence d'un nouveau « centre de gravité » économique du monde allant d'une rive à l'autre du Pacifique. Il ne prendra peut-être pas la forme d'Eldorado moderne qu'on a voulu imaginer, mais il est certain qu'un développement important de l'activité économique dans cette partie du monde se produira durant la dernière décennie du siècle. L'important, pour les pays du Pacifique sud, est d'y prendre part.

Francis Deron

Non-alignement et nouvelle géopolitique mondiale

Au travers de l'histoire du « non-alignement » apparaît l'évolution géopolitique d'un tiers monde non seulement confronté au jeu des grandes puissances, mais aussi, et de plus en plus, à ses problèmes internes.

Étrange rassemblement que celui de Bandung, en Indonésie, ce 18 avril 1955. Qu'avaient-ils donc à se dire ces représentants de vingt-neuf pays d'Afrique et d'Asie ? Ils portaient le fardeau, sinon l'espoir, d'un milliard cinq cents millions d'hommes et de femmes, et on pouvait croire que presque tout les séparait. D'abord l'histoire, et aussi la géographie : quelle unité pouvait-il y avoir entre des pays aussi distants que la Thaïlande et le Libéria, l'Égypte et la Chine ? Quelle communauté de destin pouvait réunir des pays aux régimes politiques si différents, souvent englués dans des alliances militaires, des stratégies nationales antagonistes ? De quel poids économique, politique et militaire, pouvaient-ils bien peser, dans un monde dominé par la rivalité Est-Ouest ?

L'esprit de Bandung

La plupart des pays présents à Bandung venaient d'accéder à l'indépendance et faisaient l'apprentissage de leur liberté toute neuve. En réalité, Bandung fut la rencontre de plusieurs nationalismes, issus d'un même réflexe anti-colonial, et dont les prémices puisèrent leur source dans la volonté d'émancipation des peuples d'Asie et d'Afrique. Pourtant la plupart des pays d'Afrique, mis à part l'Égypte, le Libéria et l'Éthiopie, étaient encore sous domination coloniale. Quant à l'Amérique latine, dans sa quasi-totalité, elle était absente.

En Asie, il régnait depuis le début du siècle une effervescence culturelle et politique qui débouchera sur une volonté sans cesse affirmée de se débarrasser un jour de la tutelle des puissances européennes. L'exemple japonais en sera l'illustration. La victoire du Japon sur la Russie, en 1905 — la première d'une nation asiatique sur une puissance européenne —, eut un retentissement considérable en Asie.

Le Japon fut alors la première nation d'Asie à brandir le drapeau du panasiatisme. « L'Asie aux Asiatiques » sera le mot d'ordre de l'Association du dragon d'or, créée en 1901, qui influencera même le parti du Congrès indien, né en 1885. Le Premier ministre indien Nehru écrira plus tard : « L'Asie est un vaste continent et pourtant, dans le contexte actuel, malgré les différences qui existent entre les pays qui la composent, il existe un sentiment asiatique. Ce sentiment est peut-être une réaction aux deux cents ou trois cents années de présence de l'Europe en Asie. »

Jusqu'en 1945, toutes les grandes conférences panasiatiques furent dominées par l'Empire du Soleil levant. La grande conférence convoquée par le Japon à Nagasaki en 1926 aboutira à la création de la Ligue des peuples asiatiques. La conférence de Tokyo en 1943 jeta les grandes lignes d'une indépendance future des Philippines, de la Birmanie, de l'Indonésie, de la Malaisie et de Singapour. La conférence s'était proposé comme objectifs l'élimination de l'influence occidentale en Asie et la lutte contre le communisme. Mais dans le contexte troublé de la Seconde Guerre mondiale, et face au spectre de la défaite imminente du Japon, la conférence tournera court.

C'est l'Inde qui, à partir de 1947, prendra le relais et donnera à l'asiatisme une dimension nouvelle. D'abord, du fait de l'accès à l'indépendance de la plupart des pays d'Asie, ensuite par la perte d'influence des pays possesseurs d'empires coloniaux comme la Grande-Bretagne, la France et les Pays-Bas ; mais aussi par la bipolarisation du monde, qui commence avec la guerre froide.

Le réveil des peuples africains

Au Maghreb et au Machrek, il existait une volonté d'émancipation, soutenue par un nationalisme virulent, dont le panarabisme et le panislamisme étaient les supports idéologiques. Les dirigeants nationalistes du Maghreb étaient habités par le souvenir de la grandeur passée des empires musulmans et par la conscience d'appartenir à une vaste aire culturelle s'étendant jusqu'à l'Orient, dont le poids économique et culturel préfigurait un grand dessein politique.

En Afrique noire, le panafricanisme a puisé sa source dans l'acuité du problème racial, du fait de la situation et des conditions d'injustice séculaire imposées aux Noirs dans les territoires du Nouveau Monde et des îles Caraïbes. Les Antillais furent les premiers précurseurs du panafricanisme.

C'est le Ghanéen Nkrumah qui lui donnera une dimension continentale, dans son vœu constant de hâter l'unité du continent africain et de l'accrocher à un vaste ensemble politique rassemblant les « déshérités de la terre ». Sous la colonisation anglaise, portugaise ou française, les futurs dirigeants ont fréquenté les mêmes universités, combattu dans les mêmes partis et syndicats, entretenu les mêmes rêves d'unité dans le cadre des grands ensembles fédéraux que constituaient par exemple l'A O F (Afrique occidentale française) et l'A E F (Afrique équatoriale française) pour les colonies françaises. La relative libéralisation du régime colonial, dans le cadre de la participation des élites locales à la vie politique, les luttes syndicales, vont hâter le processus d'émancipation des peuples africains.

De l'asiatisme à l'afro-asiatisme

Quels liens pouvait-il y avoir entre les pays d'Afrique et d'Asie ? Hormis de lointaines références historiques, les échanges économiques entre la plupart des pays étaient presque nuls. Souvent même, il existait une certaine méfiance due à des particularismes séculaires solidement ancrés dans les inconscients collectifs. Sans compter la situation des nouveaux États, imbriqués dans des positions de dépendance économique et politique qui se maintiendront après les indépendances.

Malgré certaines interférences religieuses, une ligne de démarcation existait en Afrique même, entre l'Afrique blanche et l'Afrique noire, due non seulement à la barrière géographique que constitue le Sahara, mais aussi à la méfiance qu'inspiraient, en Afrique noire, les pays du Maghreb, en souvenir du passé esclavagiste. En dépit de ces obstacles, on pouvait noter cependant de nombreux points de convergence.

D'abord, le sentiment était partagé d'avoir vécu une même domination coloniale, d'avoir subi les mêmes injustices, les mêmes humiliations ; mais surtout, chez certains hommes politiques, existait la conscience aiguë qu'on vivait une époque de fracture historique, prélude d'un monde nouveau. Cette volonté d'émancipation, au-delà des simples rapprochements tactiques, fut peut-être le premier facteur d'unité.

L'afro-asiatisme procède d'une catharsis : sentiment que le monde, qui s'était jusqu'alors bâti sans ces peuples, était injuste, mais aussi qu'il se préparait un monde nouveau dont il fallait identifier les germes. L'afro-asiatisme ne disposa jamais d'un corps de doctrine solidement établi. Il fut la conver-

gence de volontés, au milieu d'intérêts hétéroclites et de rivalités alimentées bien souvent par les grandes puissances aux aguets.

L'afro-asiatisme puisa dans le fonds culturel spécifique de chaque nationalisme. On peut distinguer ainsi cinq courants qui l'ont irrigué : la panasiatisme, le panafricanisme, le panarabisme, le panislamisme et le marxisme. Bandung fut ainsi traversé par des clivages idéologiques.

D'un côté, les États partisans du bloc occidental et impliqués dans des alliances militaires fortement anticommunistes : les Philippines, le Japon, le Sud-Vietnam, le Laos, la Thaïlande, la Turquie, le Pakistan, l'Éthiopie, la Libye, le Libéria, l'Irak et l'Iran.

De l'autre, les neutralistes, conduits par l'Inde, partisans du Plan Shila, et comprenant l'Indonésie, l'Égypte, la Syrie et l'Afghanistan.

Enfin, on pouvait distinguer une troisième catégorie : les États communistes, comme la Chine et le Nord-Vietnam. La politique d'« endiguement » inaugurée par les États-Unis engageant certaines nations afro-asiatiques, et qui impliquait la tentation pour d'autres États de se rapprocher de l'Union soviétique pour contrer l'hégémonie des pays occidentaux, fut un sérieux obstacle à l'évolution du mouvement afro-asiatique. Pourtant celui-ci, conscient de ces périls, va s'élargir par l'entrée en son sein des pays d'Amérique latine et de la Yougoslavie de Tito. Il évoluera alors vers des positions qui préfigurent le futur mouvement des non-alignés. Ce tournant s'amorcera à partir de 1956-1957 avec les conférences de Brioni (1956), du Caire (1957), puis le premier sommet des non-alignés à Belgrade (1961).

Le mouvement va alors réussir à arrêter quelques idées-forces qui serviront de point d'ancrage et aboutiront à l'adoption de cinq critères pour définir le « non-alignement » :

1. Suivre une politique indépendante fondée sur la coexistence

pacifique et le non-alignement, ou adopter une politique favorable à cette politique.

2. Soutenir toujours les mouvements de libération.

3. N'appartenir à aucune alliance militaire collective dans le cadre des conflits entre les grandes puissances.

4. Ne conclure aucune alliance bilatérale avec une grande puissance.

5. Ne pas accepter de plein gré l'établissement sur son territoire de bases militaires appartenant à une puissance militaire.

Les non-alignés et les grandes puissances

Anticolonialisme, volonté d'émancipation, neutralisme, tels furent les facteurs qui présidèrent à l'éclosion du mouvement afroasiatique, plus tard dit des «non-alignés». Il trouvera un terreau fertile au lendemain de la Seconde Guerre mondiale. L'affaiblissement des puissances coloniales européennes, le réveil du sentiment nationaliste, l'affrontement Est-Ouest, autant de facteurs qui vont contribuer à la recherche d'une troisième voie.

La révolution bolchevique de 1917 avait fait naître un certain nombre d'espoirs dans les colonies. Lénine lui-même pensait que les territoires sous domination coloniale étaient un réservoir de potentialités révolutionnaires qui, conjuguées avec le dynamisme du mouvement communiste international, pouvaient ébranler l'édifice du capitalisme. Mais les tactiques erronées du Komintern qui ne voulait considérer et «comprendre» la question coloniale et le fait national que dans une perspective internationaliste, de même que la stratégie européocentriste des partis communistes occidentaux ruina les espoirs placés dans le marxisme comme ferment de libération nationale. La révolte des peuples d'Indochine, conduite certes par des communistes, mais dans une stratégie nationale, suivie du désastre français de Diên Biên Phu, et plus tard la guerre d'Algérie, eurent davantage d'impact dans l'émergence du non-alignement et du tiers-mondisme.

Le mouvement fut d'abord considéré comme un mouvement anti-Blancs par les puissances occidentales, puis comme une émanation du communisme international. Si ses positions ne furent pas toujours claires à l'égard de l'Union soviétique, certains des États membres la considérant comme leur «allié naturel», la volonté de tenir le mouvement à l'abri de la confrontation Est-Ouest apparaissait néanmoins chez certains dirigeants, comme l'Indien Nehru. Lors d'une réunion des non-alignés à Alger (1973), une violente polémique éclatera même entre Fidel Castro, allié de Moscou, et le colonel Kadhafi qui apparaît alors comme le champion d'une «troisième voie» puisant sa force dans les vertus de l'islam.

L'Union soviétique bénéficiait auprès des non-alignés d'un prestige certain, du fait d'abord qu'elle n'était pas une ancienne puissance coloniale, ensuite, aussi, parce qu'elle a su largement tirer parti de l'hostilité, sinon de l'incompréhension, des puissances occidentales à l'égard du non-alignement. L'attitude d'un homme politique français comme Edgar Faure lorsqu'il déclarait : «Je considère que les délégués de Bandung ont violé la charte des Nations unies en s'ingérant dans les affaires intérieures de notre pays» peut être considérée comme significative de celle des dirigeants occidentaux à l'époque. En revanche, Moscou apportait un appui déterminant, alors que les États-Unis faisaient défaut. Ainsi, l'assistance à l'Égypte au moment de la construction du barrage d'Assouan et l'aide militaire octroyée aux mouvements de libération ont incité à considérer l'Union soviétique comme une alliée et une puissance militaire pouvant faire contrepoids à l'hégémonie des pays occidentaux.

En fait, le neutralisme n'impliquait nullement un silence total sur tous les événements qui secouaient le monde. L'anti-impérialisme fait ainsi partie des thèmes constamment traités par le mouvement. Pourtant de la conférence d'Alger (1973) à celle de Harare (1986), ce thème s'est quelque peu émoussé. La lutte contre l'*apartheid* et la situation d'endettement, donc de dépendance — tant à l'égard des pays occidentaux que des grandes institutions financières internationales —, vont peu à peu dominer les débats dans le mouvement des non-alignés. Tout se passera désormais comme si ceux-ci prenaient conscience que les conditions d'une véritable indépendance passent par la maîtrise des systèmes économiques. La lutte pour le désarmement et pour la paix est demeurée certes une préoccupation essentielle, mais l'ère des grandes conférences dominées par de violentes diatribes anti-impérialistes peu suivies d'effets pratiques est révolue.

Non-alignement et géopolitique mondiale

En fait, la puissante charge émotive et historique qui a pris naissance à Bandung et s'est affirmée dans le non-alignement est en passe d'être épuisée. Le mouvement lui-même est devenu une coquille vide à l'intérieur de laquelle s'affrontent des mystiques nationalistes sur fond de crise économique mondiale. La désaffection à l'égard du non-alignement peut s'expliquer de deux manières : par la nouvelle situation géopolitique mondiale et la stratégie des grandes puissances, et par les réalités endogènes des sociétés du tiers monde où s'exacerbent des irrédentismes puisés au cœur des vieilles sociétés traditionnelles et où se développe un fondamentalisme religieux qui ne se contente plus de gérer « le royaume de Dieu » mais veut descendre dans la Cité pour contrôler le temporel.

Le grand schisme du monde communiste qui s'opère au début des années soixante entre Moscou et Pékin a eu des répercussions sur l'évolution des pays non alignés qui ont été souvent tiraillés entre leur alliance tactique avec l'Union soviétique, contrepoids à l'hégémonisme américain, et leur sympathie pour le modèle chinois qui, à bien des égards, semble plus proche des caractéristiques des sociétés du tiers monde. La rivalité entre la Chine et l'URSS, hormis les graves incidents frontaliers de l'Oussouri en 1969, s'est manifestée dans des zones où se mesuraient leurs pouvoirs d'influence : guerre civile au Congo ex-belge, guerre d'Angola avec les rivalités meurtrières entre mouvements de libération et, plus tard encore, au Cambodge. La reconnaissance de la Chine par l'Amérique de Richard Nixon suivie du réchauffement des relations sino-soviétiques et la fin de la guerre du Vietnam (1975), vont profondément modifier les données de la politique internationale. L'ère Kissinger, « le Metternich » de la politique américaine, est caractérisée par une relative hétéronomie. En dépit de son rôle de grande puissance, et de ses multiples interventions extérieures, le caractère prédominant de la politique des États-Unis aura été isolationniste, tant que leurs intérêts n'étaient pas menacés. Européen de naissance et de culture, l'ancien secrétaire d'État américain, à la différence de ses prédécesseurs, possède une vision historique des problèmes qui secouent le monde. Il s'est efforcé de proposer la *pax americana* dans des régions sensibles qui laissaient présager de futures explosions planétaires. L'Égypte, chef de file du monde arabe, l'un des pays clés, depuis sa fondation, du mouvement du non-alignement, a baissé la garde et est passée sous le joug américain, dans l'espoir de rétablir, grâce à l'aide des États-Unis, une illusoire parité militaire avec Israël. Elle finira par signer les accords de Camp David (septembre 1978).

On aurait pu croire, avec la crise du pétrole dans les années soixante-dix, qu'émergerait dans le tiers monde un puissant cartel de pays qui serait en mesure de créer un véritable partenariat avec les pays du Nord et de compenser les graves déséquilibres de l'échange mondial. La récession qui frappe les pays industrialisés va avoir des répercussions durables dans les économies du tiers monde dont les sociétés sont travaillées par des crises internes qui augurent des bouleversements sans précédent.

La fin des monstres sacrés

L'échec des modèles dirigistes de développement, sous leur version socialisante ou libérale, va par ailleurs accentuer et révéler les graves disparités et inégalités sociales existant dans des pays qui, de plus, connaissent une démographie galopante. La plupart des dirigeants du tiers monde savent dès lors que l'ère de la confrontation planétaire est terminée. Leur mépris souvent affiché pour les libertés dites « formelles » et l'absence d'alternatives politiques ou de garde-fous institutionnels puisant leurs vertus dans une tradition nationale, sonnent le glas des gouvernements autoritaires. Les mots d'ordre qui ont servi à mobiliser les masses dans le cadre de la lutte pour l'indépendance sont devenus inopérants. Les « masses » en attendant le « grand soir », ne peuvent plus croire aveuglément en leurs leaders en restant le ventre creux. Elles réclament démocratie et justice sociale. Les pères fondateurs du non-alignement, la plupart monstres sacrés de la politique, ont tous disparu dans la tourmente de leur histoire inachevée, après avoir tenu des décennies leurs peuples en haleine. Les sociétés musulmanes sont travaillées par un fondamentalisme religieux qui réveille par ailleurs de vieilles peurs en Occident.

L'Iran bascule en 1979 sous la férule des irréductibles ayatollahs qui font germer de nouveaux espoirs dans la *Umma*. En Afrique noire, en dépit de leur adhésion massive aux principes du non-alignement, la plupart des pays sont encore prisonniers d'un clientélisme frileux aux relents néo-colonialistes. Des pays souvent qualifiés de sous-développés et aux potentialités immenses préfèrent néanmoins, à l'image du Brésil, goûter aux délices de la société de consommation même si celle-ci n'est accessible qu'à une caste de privilégiés. « Le gouvernement des hommes fait place à l'administration des choses. » Les clivages à l'intérieur même du non-alignement s'intensifient. A partir de 1980, l'Iran et l'Irak ont poursuivi une guerre absurde avant de conclure en 1988 une trêve dictée par la lassitude.

Les pays du tiers monde sont aujourd'hui confrontés au problème de la dette et cherchent un ballon d'oxygène pour redonner un semblant de vie à leurs économies malmenées. En Occident, la reprise économique, si elle arrive, ne modifiera pas pour autant les comportements. Chez les dirigeants occidentaux, elle ne suscitera pas davantage une prise de conscience de l'ampleur des problèmes qui frappent le Sud, ni de la nécessité de procéder à des réajustements structurels et politiques dans les rapports Nord/Sud.

Les dirigeants du tiers monde savent que désormais toute modification de la situation internationale devra tenir compte des données de l'économie mondiale. Ils ne veulent plus, « dans la zone des tempêtes », créer des paradis mythiques, mais réclament plus de justice et de solidarité dans leurs rapports avec le Nord. De nouvelles stratégies qui intègrent cette dimension se dessinent. C'est dans cette voie-là que se préciseront des contours politiques nouveaux et une redistribution des cartes dans le monde.

Macodou Ndiaye

*Trois mondes, une planète**

par Alfred Sauvy

Nous parlons volontiers des deux mondes en présence, de leur guerre possible, de leur coexistence, etc., oubliant trop souvent qu'il en existe un troisième, le plus important et, en somme, le premier dans la chronologie. C'est l'ensemble de ceux que l'on appelle, en style Nations unies, les pays sous-développés.

Nous pouvons voir les choses autrement, en nous plaçant du point de vue du gros de la troupe : pour lui, deux avant-gardes se sont détachées de quelques siècles en avant, l'occidentale et l'orientale. Faut-il suivre l'une d'elles ou essayer une autre voie ?

Sans ce troisième ou ce premier monde, la coexistence des deux autres ne poserait pas de grand problème. Berlin ? Allemagne ? Il y a longtemps qu'aurait été mis en vigueur le système d'occupation invisible, qui laisserait les Allemands libres et que seuls les militaires, épris de vie civile, peuvent condamner. Les Soviétiques ne redoutent rien tant que voir l'Europe occidentale tourner au communisme. Le plus fervent stalinien d'ici est considéré là-bas comme contaminé par l'Occident. Parlez plutôt d'un bon Chinois, d'un Indien ayant fait ses classes à Moscou et ne connaissant la bourgeoisie que par la vision correcte et pure qui est donnée là-bas. Mais les Anglais, les Suédois, les Français, autant d'indésirables recrues.

Ce qui importe à chacun des deux mondes, c'est de conquérir le troisième ou du moins de l'avoir de son côté. Et de là viennent tous les troubles de la coexistence.

Le capitalisme d'Occident et le communisme oriental prennent appui l'un sur l'autre. Si l'un d'eux disparaissait, l'autre subirait une crise sans précédent. La coexistence des deux devrait être une marche vers quelque régime commun aussi lointain que discret. Il suffirait à chacun de nier constamment ce rapprochement futur et de laisser aller le temps et la technique. D'autres problèmes surgiraient, qui occuperaient suffisamment de place. Lesquels ? Gardons-nous de poser la question.

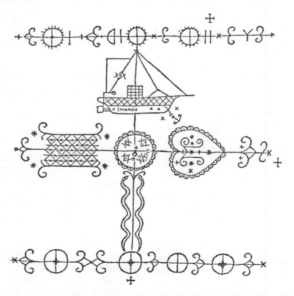

Transportez-vous un peu dans l'histoire : au cœur des guerres de religion, émettez négligemment l'opinion que, peut-être, un jour, catholiques et protestants auront d'autres soucis que l'Immaculée Conception. Vous serez curieusement considéré et sans doute brûlé à un titre ou l'autre, peut-être comme fou.

Malheureusement, la lutte pour la possession du troisième monde ne permet pas aux deux autres de cheminer en chantant, chacun dans sa vallée, la meilleure bien entendu, la seule, la « vraie ». Car la guerre froide a de curieuses conséquences : là-bas, c'est une peur morbide de l'espionnage qui pousse à l'isolement le plus farouche. Chez nous, c'est l'arrêt de l'évolution sociale. A quoi bon se gêner et se priver, du moment que la peur du communisme retient sur la pente ceux qui voudraient aller de l'avant ? Pourquoi considérer quoi que ce soit, puisque la majorité progressiste est coupée en deux ? Jamais période ne fut plus favorable à la législation de classe, nous le voyons bien. Absolvons-nous donc de nos vols, par l'amnistie fiscale, amputons sans crainte les investissements vitaux, les constructions d'écoles et de logements pour doter largement le fonds routier, de façon que se fassent plus aisément les retours du dimanche soir dans les beaux quartiers. Renforçons les privilèges betteraviers et alcooliers les moins défendables. Pourquoi se tourmenter, puisqu'il n'y a pas d'opposition ?

Ainsi l'évolution vers le régime lointain et inconnu a été stoppée dans les deux camps, et cet arrêt n'a pas pour seule cause les dépenses de guerre. Il s'agit de prendre appui sur l'adversaire pour se fixer solidement. Ce sont les durs qui l'emportent dans chaque camp, du moins pour le moment. Il leur suffit de qualifier les autres de traîtres ; bataille facile et classique. Et ainsi ils s'unissent pour une cause en somme commune : la guerre.

Et cependant, il y a un élément qui ne s'arrête pas, c'est le temps. Son action lente permet de prévoir que l'ampleur des ruptures sera, comme toujours, en rapport avec l'artifice des stagnations. Comment s'exerce cette lente action ? De plusieurs façons, mais d'une en particulier, plus implacable que toutes.

Les pays sous-développés, le troisième monde, sont entrés dans une phase nouvelle : certaines techniques médicales s'introduisent assez vite pour une raison majeure : elles coûtent peu. Toute une région de l'Algérie a été traitée au DDT, contre la malaria : coût 68 francs par personne. Ailleurs, à Ceylan, dans l'Inde, etc., des résultats analogues sont enregistrés. Pour quelques cents la vie d'un homme est prolongée de plusieurs années. De ce fait, ces pays ont notre mortalité de 1914 et notre natalité du XVIIIe siècle. Certes, une amélioration économique en résulte : moins de mortalité de jeunes, meilleure productivité des adultes, etc. Néanmoins, on conçoit bien que cet accroissement démographique devrait être accompagné d'importants investissements pour adapter le contenant au contenu. Or ces investissements vitaux coûtent, eux, beaucoup plus de 68 francs par personne. Ils se heurtent alors au mur financier de la guerre froide. Le résultat est éloquent : le cycle millénaire de la vie et de la mort est ouvert, mais c'est un cycle de misère. N'entendez-vous pas sur la Côte d'Azur les cris qui nous parviennent de l'autre bout de la Méditerranée, d'Égypte ou de Tunisie ? Pensez-vous qu'il ne s'agit que de révolution de palais ou de grondement de quelques ambitieux, en quête de place ? Non, non, la pression augmente constamment dans la chaudière humaine.

A ces souffrances d'aujourd'hui, à ces catastrophes de demain, il existe un remède souverain ; vous le connaissez, il s'écoule lentement ici dans les obligations du Pacte atlantique, là-bas dans des constructions fébriles d'armes qui seront démodées dans trois ans.

Il y a dans cette aventure une fatalité mathématique qu'un immense cerveau pourrait se piquer de concevoir. La préparation de la guerre étant le souci n° 1, les soucis secondaires comme la faim du monde ne doivent retenir l'attention que dans la limite juste suffisante pour éviter l'explosion ou plus exactement pour éviter un trouble susceptible de compromettre l'objectif n° 1. Mais quand on songe aux énormes erreurs qu'ont tant de fois commises, en matière de patience humaine, les conservateurs de tout temps, on peut ne nourrir qu'une médiocre confiance dans l'aptitude des Américains à jouer avec le feu populaire. Néophytes de la domination, mystiques de la libre entreprise au point de la concevoir comme une fin, ils n'ont pas nettement perçu encore que le pays sous-développé de type féodal pouvait passer beaucoup plus facilement au régime communiste qu'au capitalisme démocratique. Que l'on se console, si l'on veut, en y voyant la preuve d'une avance plus grande du capitalisme, mais le fait n'est pas niable. Et peut-être, à sa vive lueur, le monde n° 1, pourrait-il, même en dehors de toute solidarité humaine, ne pas rester insensible à une poussée lente et irrésistible, humble et féroce, vers la vie. Car enfin, ce tiers monde ignoré, exploité, méprisé comme le tiers état, veut, lui aussi, être quelque chose.

Alfred Sauvy

* *L'Observateur*, 14 août 1952, p. 5. Nous remercions Alfred Sauvy de nous avoir aimablement autorisé à reproduire cet article.

CIVILISATIONS

Les civilisations, à l'histoire répétitive, ont été fortement bousculées par la modernité occidentale... Celle-ci tend à s'imposer partout, tant bien que mal.

Selon Lucien Fèbvre, c'est en 1766 que l'on trouve imprimé pour la première fois le mot « civilisation », dans l'ouvrage posthume de M. Boulanger, intitulé *L'Antiquité dévoilée par ses usages*. En effet, il y est écrit : « Lorsqu'un peuple sauvage vient à être civilisé, il ne faut jamais mettre fin à l'acte de la civilisation en lui donnant des lois fixes et irrévocables ; il faut lui faire regarder la législation qu'on lui donne comme une *civilisation continuée*. » Quelques années plus tard, Condorcet, dans sa *Vie de Voltaire* (1787), affirme que « plus la civilisation s'étendra sur la terre, plus on verra disparaître la guerre et les conquêtes comme l'esclavage et la misère ».

S'il est vrai que le terme figure, dès 1732, dans le *Dictionnaire universel français et latin* de Trévoux avec la définition suivante : « *Civilisation*, terme de jurisprudence. C'est un jugement qui rend civil le procès criminel », il faudra attendre les années révolutionnaires pour qu'il se popularise à en devenir trivial et acquérir le sens opposé à « barbarie », à « sauvage », etc. Bonaparte ne proclame-t-il pas à ses hommes, à bord de l'*Orient*, juste avant de débarquer en Égypte, le 12 messidor an VI (30 juin 1798) : « Soldats, vous allez entreprendre une conquête dont les effets sur la civilisation et le commerce du monde sont incalculables ».

Il ne croyait pas si bien dire, car l'expédition d'Égypte, non seulement apporta aux autochtones les « bienfaits » de la civilisation française mais, grâce aux travaux de Jean-François Champollion, révé-

lait l'existence d'une société pharaonique étonnamment *civilisée*... Ce dernier terme est largement usité aux XVIe et XVIIe siècles et autorise déjà un premier classement parmi les divers peuples. Pour Lucien Fèbvre, « le mot *civilisation* naît à son heure (...). Il naît surtout lorsque de l'*Encyclopédie* tout entière commence à se dégager la grande idée de la science rationnelle et expérimentale, même dans ses méthodes et dans ses démarches, qu'il s'agisse pour elle, à l'exemple d'un Buffon ignorant la Bible, de conquérir la nature, ou, à la suite d'un Montesquieu, de réduire en catégories les sociétés humaines et leur infinie variété ».

Du singulier au pluriel

Les voyageurs, les aventuriers, les savants du XVIIIe siècle ont minutieusement décrit les mœurs des peuplades qu'ils rencontraient lors de leurs expéditions, de là proviennent à la fois une masse d'informations inestimables et la croyance en un concept universel de civilisation. Quelques années plus tard, le singulier se dote d'un pluriel : « L'esclavage, écrit Pierre Simon Ballanche en 1819 dans *Le vieillard et le jeune homme*, n'existe plus que dans les débuts des civilisations anciennes. » Tous les historiens du XIXe siècle, en Europe, adopteront, peu ou prou, le point de vue de Guizot, pour qui « il y a en effet une destinée générale de l'humanité, une transmission du dépôt de l'humanité et, par conséquent, une histoire universelle de la civilisation à écrire» (*Histoire générale de la civilisation en Europe*, 1828). Ainsi, très vite, l'on se persuade de l'existence d'une dynamique — le progrès — qui fait inexorablement avancer les choses et les institutions, qui fait inexorablement changer les mentalités et évoluer les hommes. C'est une loi historique : une civilisation naît, se développe, impulsée par les progrès tant économiques que culturels, puis elle décline, meurt et disparaît, ce mouvement remplissant des décennies, des siècles, et parfois même des millénaires !

Une telle conception oblige alors les contemporains d'un événement à appréhender autrement leur propre histoire. La répétition à l'identique, le rythme tranquille des saisons se succédant sans heurt et reproduisant la société et ses règles de fonctionnement s'effacent pour laisser la place à un volontarisme actif, à l'idéologie du changement obligé, de l'inéluctable marche en avant de l'humanité. Tout s'éclaire et s'explique à partir d'elle. La colonisation lancée depuis l'Europe au XIXe siècle est une idée de gauche, c'est la mission civilisatrice par excellence qui incombe aux gens généreux voulant exporter l'idéal démocratique et ses nombreux accessoires tels que l'éducation pour tous, les découvertes médicales, l'égalité des citoyens, la liberté de la propriété privée, etc.

S'expatriant, l'Occident rencontre d'autres *cultures* — terme venu d'Allemagne et concurrençant grandement la notion de «civilisation»... — et les jauge, les reconnaît, les admire, les intègre, les renie... selon. Fernand Braudel, dans sa *Grammaire des civilisations* (1963) note judicieusement que «le passé des civilisations n'est d'ailleurs que l'histoire d'emprunts continuels qu'elles se sont faits les unes aux autres, au cours des siècles, sans perdre pour autant leurs particularismes, ni leurs originalités», ce qui lui permet de proposer la définition suivante de ce terme si controversé, aux contresens si nombreux : «Au singulier, civilisation ne serait-ce pas aujourd'hui, avant tout, le bien commun que se partagent, inégalement d'ailleurs, toutes les civilisations, "ce que l'homme n'oublie plus"? Le feu, l'écriture, le calcul, la domestication des plantes et des animaux ne se rattachent plus à aucune origine particulière ; ils sont devenus les biens collectifs de *la* civilisation.»

Est-ce à dire que toutes les innovations se cumulent ; que rien ne s'oublie, ne se perd dans les dédales du temps ? Non. Les sociétés stagnent, régressent, avancent par à-coups, s'évanouissent aussi, rien n'est jamais tout à fait acquis. Quant aux heureuses rencontres, aux contacts fructueux, à la collaboration flamboyante, cela relève davantage du fantasme que de la réalité... Qu'ont retenu de leurs exactions au Nouveau Monde les soldats de Fernand Cortez ? Qu'ont-ils appris, les *conquistadores* devenus héros légendaires, eux qui ont détruit sauvagement toute une population et brisé la fragile architecture cosmologique des Aztèques ? Ces naïfs qui attendaient la venue de dieux vêtus de fer et montés sur des animaux bizarres et qui accueillirent leurs bourreaux avec une rare hospitalité. Qu'ont fait les *Khmers rouges* de toute l'histoire du Cambodge ? L'histoire est intransigeante. L'histoire ne pardonne pas.

Alors, quel critère conserver pour décerner cette appellation de « civilisation » ? La domestication des animaux et les balbutiements de l'agriculture ? L'écriture ? La technologie ? La ville ? « On risque, prévient Lewis Mumford (*La Cité à travers l'histoire*, 1964), en cherchant à distinguer les divers types de civilisation, de ne pas tenir compte des gradations et des interférences. (...) Les civilisations se rattachent cependant l'une à l'autre par leur rapport immatériel, de même que se compose de multiples fibrilles cellulaires le tissu d'un organisme vivant ». Ce même Mumford, historien de la ville, mais aussi des techniques et de la machine, ne cesse dans ses nombreux écrits de souligner la simultanéité de l'agriculture régulière et de la ville. L'une ne va pas sans l'autre. C'est vraisemblablement la possibilité de dégager un surplus agricole qui permet à la ville d'être édifiée et de nourrir toute une population non paysanne : les prêtres, les guerriers, les marchands. Les deux s'épaulent, se complètent, s'opposent, et l'histoire de l'humanité tout entière devient celle de cette opposition féconde entre la ville et la campagne, entre un monde policé et un monde de rustres. Même la culture, l'art, la littérature ne cesseront d'exprimer cette antinomie jusqu'à aujourd'hui où les deux termes disparaissent dans une urbanisation mondiale produisant à son tour une culture et une civilisation.

Des espaces-temps en mouvement

Les premières sociétés agricoles et urbaines naissent, il y a près de 10 000 ans, à proximité des grands fleuves : le fleuve Jaune, la vallée de l'Indus, la Mésopotamie traversée par le Tigre et l'Euphrate et l'Égypte du Nil (le plus long fleuve du monde). Les premiers États et leurs castes de fonctionnaires, les premières conceptions cosmologiques et leurs mythes, les premières

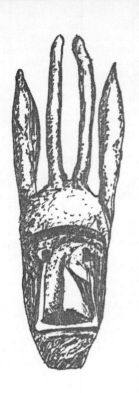

institutions et leurs principes, les premiers marchands et les flux de marchandises, etc., sont contemporains les uns des autres au point qu'il est impossible de discerner lequel de ces éléments entraîne l'apparition et le renforcement des autres, ce qui nous pose la sempiternelle question : qui, de la poule ou de l'œuf, a précédé l'autre ? Ce qui est certain, c'est le mode d'appréhension d'une civilisation. En effet, chacune peut être étudiée à travers son *espace-temps* spécifique. Son espace, c'est-à-dire sa géographie, qui lui donne un certain nombre de contraintes et aussi d'atouts. Il y a des civilisations fluviales, d'autres sont thalassocratiques, d'autres désertiques... La géographie physique et le climat jouent un rôle déterminant dans la cosmologie d'une société et dans l'organisation sociale qu'elle légitime. De même, la temporalité de cette civilisation nous renseigne sur sa capacité à absorber des infiltrations culturelles venues d'ailleurs, à se reproduire, à s'étendre, à se modifier. Un événement historique ne sera pas interprétable pareillement dans une civilisation au rythme accéléré et dans une civilisation à la respiration lente, d'autant plus que tout se complique quand la rythmique elle-même change. Ainsi l'espace-temps n'est pas une donnée figée, mais un cadre qui évolue sans cesse. Son apparente immobilité étant, comparativement à une autre civilisation ayant une autre temporalité, une manifestation d'un *état*. État provisoire, état en attente de changements ou en stagnation momentanée, état d'une société qui se donne les moyens de ses fins.

Questions de méthode

A cet espace-temps il convient, pour parfaire la compréhension des mouvements qui animent une civilisation et en dynamisent les ressorts, d'ajouter au moins deux autres éléments décisifs : l'économie et les idées. Il va de soi que tous ces ingrédients sont intimement dépendants les uns des autres, mais de plus ils se combinent différemment d'une époque à une autre, d'un espace à un autre. C'est par l'étude comparative de ces combinaisons qu'on mesure mieux les forces et les faiblesses

d'une civilisation et qu'on peut expliquer ses réactions lors d'un choc avec une autre aire culturelle, les retournements de situation, les « accidents » de l'histoire, etc. Car il existe toujours la tentation de hiérarchiser les civilisations au regard de certains faits compris comme autant de marques d'une quelconque hégémonie.

Longtemps, la civilisation chinoise s'est perçue si raffinée qu'elle ne pouvait rien apprendre d'une autre, si sûre d'elle qu'elle ne risquait pas d'être contaminée, voire ébranlée dans ses fondements mêmes... Très vite, la civilisation industrielle occidentale, bien arrogante, a été convaincue de sa supériorité sur les autres au point de s'autoproclamer *universelle*. Il est vrai que son économie marchande avait dépassé son cadre spatial d'origine pour s'imposer progressivement partout dans le monde, véhiculant par là même les valeurs de cette civilisation. La toute petite période — à l'échelle de l'histoire du monde — de la colonisation européenne en Afrique, en Asie et en Amérique du Sud, qui va de la conquête de l'Algérie par la France en 1830 à la décolonisation en cascade de la plupart des pays colonisés et à l'effritement des empires dès la fin de la Seconde Guerre mondiale, n'a pas pesé du même poids et n'a pas eu les mêmes répercussions d'un continent à un autre. La confrontation entre deux civilisations est toujours violence, même si elle peut aussi être enrichissante... La Gaule s'est souvenu longtemps de l'occupation romaine ! L'emprise intellectuelle de la Grèce n'a pas fini de se manifester en Europe ! L'islamisation d'une partie de l'Afrique noire a bouleversé totalement des civilisations avant même, pour certaines, qu'elles ne s'épanouissent complètement ! Il faut donc, pour qui tentera la classification nécessairement insatisfaisante des civilisations, le prévenir d'un écueil à éviter : celui du jugement manichéen. Il devra s'imposer le relativisme et offrir une analyse ouverte. Les nostalgiques d'un âge d'or,

BIBLIOGRAPHIE

BRAUDEL, F., *Grammaire des civilisations*, Éd. Arthaud-Flammarion, Paris, 1987.

CARR, E., *Qu'est-ce que l'histoire?*, Éd. La Découverte, Paris, 1988.

FÈBVRE, L., *Pour une histoire à part entière*, Éd. Jean Touzot, Paris, 1962.

ILLICH, I., *Le genre vernaculaire*, Le Seuil, Paris, 1983.

LATOUCHE, S., *L'occidentalisation du monde*, Éd. La Découverte, Paris, 1989.

MUMFORD, L., *Technique et civilisation*, Le Seuil, Paris, 1950.

MUMFORD, L., *La cité à travers l'histoire*, Le Seuil, Paris, 1964.

MUMFORD, L., *Le mythe de la machine*, 2 tomes, Fayard, Paris, 1974.

PIRENNE, H., *Mahomet et Charlemagne*, P U F, Paris, 1970.

ROUPNEL, G., *Histoire et destin*, Grasset, 1943.

VIDAL-NAQUET, Pierre (sous la direction de), *Atlas historique*, Hachette, Paris, 1988.

WEBER, M., *Économie et société*, tome 1, Plon, 1971.

utopique, gâché par l'invasion de la technique prétendument « déshumanisante », tout comme les résolument modernes qui saluent béatement toute avancée technologique, ne peuvent ainsi saisir le *cœur* des civilisations passées et présentes.

Retour au singulier ?

Le cœur d'une civilisation consiste en la représentation qu'elle se fait d'elle-même, ce qu'on appelle parfois « l'ordre des choses », sachant que cet ordre-là ne se constitue que de manière désordonnée... Depuis un siècle l'on a vu, dans le vocabulaire, se succéder les expressions : civilisation industrielle, civilisation de consommation et de loisirs, civilisation urbaine... Que faut-il en penser ? Elles traduisent, en datant tour à tour l'élément moteur d'une dynamique civilisationnelle qui tend à devenir hégémonique au niveau mondial.

L'industrialisation modifie le rapport à l'argent, redéfinit le travail, hiérarchise et discipline différemment la société, élargit la gamme des besoins et des moyens de les satisfaire, dépasse les frontières, valorise une autre conception des temps quotidiens, etc. Elle porte en elle des valeurs précises

(ponctualité, régularité, efficacité) qui se propagent quelle que soit la politique industrielle, libérale ou étatique.

La société de consommation dérive de la précédente et en accentue certaines propriétés : le temps est haché et dirigé par l'économique, la réalisation de soi passe par l'adoption des normes sociales et culturelles, la société du simulacre et de l'artifice privilégie les *choses* à l'être, qui tend à devenir unidimensionnel. Avec l'urbanisation intégrale des pays développés de l'Est comme de l'Ouest, et de certaines régions du tiers monde (Amérique latine, Asie du Sud-Est) et avec l'urbanisation accélérée du reste du monde, on assiste à la diffusion d'un modèle urbain dont la conséquence est l'adoption de comportements-types par les couches moyennes et supérieures des diverses sociétés. De l'alimentation au vestimentaire, de l'affectif à la sexualité, la ville imprime sa marque au point où il n'est pas erroné de parler d'*urbanisation des mœurs*. Celle-ci s'accompagne ouvertement ou souterrainement d'une unisexualisation. Les différences de genre s'estompent au profit d'une égalisation des rôles sociaux qu'on qualifie de « libération ». Ce dernier est d'importance, car comme le constate Fernand Braudel, « le rôle de la femme s'affirme toujours une structure de civilisation, un test, parce qu'il est, dans chaque civilisation, réalité de la *longue durée*, *résistance* aux choses extérieures, *difficilement modifiables* du jour au lendemain» (*Grammaire des civilisations*)... Une laïcisation rampante s'effectue simultanément au point où des excès d'intégrisme apparaissent comme autant de sursauts désespérés d'une situation irrémédiablement dépassée. Ces trois étapes dont les effets s'entremêlent et s'entrechoquent, dont les traits se diffusent et se généralisent à des rythmes différents d'un espace à l'autre, dont les conséquences sur les cultures d'accueil ne sont pas les mêmes ici et là, ont une particularité commune et nouvelle : la transnationalité. A la différence des civilisations égyptienne, inca, grecque ou chinoise, l'industrialisation, la consommation de masse et l'urbanisation contaminent le monde entier. Elles ne peuvent exister qu'à l'échelle mondiale et, ce faisant, s'aliènent des cultures ancestrales, se greffent sur des troncs déjà existants — sans effet de rejet — et s'insinuent dans le corps et l'esprit de tout un chacun et ce partout sur la surface du globe. Dans un article des *Annales* («L'Amérique du Sud devant l'histoire»), Lucien Fèbvre le constate lorsqu'il décrit des nations sud-américaines, ayant «la tête pleine de pensées d'Occident — mais le corps engagé, plus qu'à demi, dans des profondeurs d'humanités colorées de rouge, colorées de noir — qui n'ont pas toujours dit leur dernier mot».

La civilisation envahissante

Le sociologue brésilien Gilberto Freyre remarquait, sans paniquer pour autant, que le Brésil avait reçu pêle-mêle au cours du XIXᵉ siècle : la bière brune de Hambourg, le cottage anglais, la machine à vapeur, le costume d'été en toile blanche, les dents artificielles, le gaz d'éclairage, les sociétés secrètes, le système philosophique d'Auguste Comte et bien d'autres choses encore ! La réception de tel ou tel apanage de *la* civilisation moderne est à chaque fois un cas d'espèce même si le mouvement d'ensemble est le même.

«Certes, s'interroge justement Serge Latouche, il y a encore des cases de boue séchée où des indigènes demi-nus, portant des scarifications, sacrifient aux fétiches ; mais pour combien de temps encore ? Ne rêvent-ils pas de remplacer le pisé par des parpaings, la paille du toit par des tôles ondulées, la lampe à pétrole par l'électricité, les fétiches par des appareils électro-ménagers et des savants ? Le voudraient-ils, peuvent-ils échapper à l'unification de l'univers alors que l'œil des plus puissants satellites peut observer leur moindre mouvement et ses oreilles peuvent enregistrer leurs conversations les plus intimes. Le temps du monde fini a bien commencé et il a commencé comme fin de la pluralité des mondes. Un seul monde, cela tend à être un monde uniforme». (*L'Occidentalisation du monde*). Si, incontestablement, le pluriel est redevenu un singulier, imposé par la *modernité*, il n'est pas définitivement définitif. La civilisation moderne unifie le monde à travers la suprématie de ses certitudes, mais elle ne peut laminer totalement les spécificités résultant d'histoires particulières. Une civilisation mondiale et des cultures locales semblent devoir cohabiter en des rapports de force jamais figés et tranchés. Le «tiers monde» appartient au monde. Et il n'y a qu'un monde.

Thierry Paquot

Inventer des sociétés neuves[*]

par Georges Balandier

Ce texte est paru dans la revue *Arguments** en 1959. Il n'a pas pris de rides et mérite d'être lu et médité trente ans plus tard — ce qui par ailleurs ne peut que renforcer notre trouble et doit nous encourager à *reprendre* notre analyse du tiers monde et à réexaminer notre conception de l'histoire...

Toutes les maîtrises — techniques, économiques et politiques — se sont effondrées en une vingtaine d'années ; au moment où l'homme moderne apparaît de plus en plus maître de la nature, il se révèle de moins en moins maître de ses œuvres, de ses cultures et de ses sociétés. Cette affirmation n'a rien de paradoxal : le dynamisme technique et scientifique, le capitalisme conquérant des inventeurs et premiers bénéficiaires de la « révolution industrielle » ne pouvaient être contenus dans le champ étroit des nations initiatrices. Très vite, le « secret européen » (Paul Valéry) devint le secret de Polichinelle ; il fit naître le besoin de biens nouveaux et permit de mieux évaluer le prix des ressources naturelles. Cependant que l'impérialisme, en exploitant celles-ci et en négociant ceux-là à ses conditions, en imposant sa domination, semait le ressentiment sur les trois quarts de la surface du globe. D'un monde cloisonné, et maîtrisé par les quelques nations équipées qui orientaient l'histoire, est sorti un monde déchiré où se multiplient les partenaires « majeurs » et où toutes les structures sont à l'épreuve.

Ce déchirement, nous le saisissons d'abord sous la forme des larges champs de forces politiques qui orientent les rapports internationaux. Il ne s'agit pas en l'occurrence du seul partage en deux « blocs » par rapport auxquels se situent les pays du tiers monde, plus ou moins engagés, plus ou moins méfiants vis-à-vis des deux puissances rivales qui, selon le mot du pandit Nehru, n'en adorent pas moins le même dieu : la machine. Il faut évoquer les incertitudes d'une Europe qui cherche ses frontières et son commun dénominateur, les mouvements d'une Amérique latine qui renonce à n'être que l'« économie-reflet » des États-Unis, les heurts résultant des poussées nationales et des rivalités internes pour la prééminence en Asie et en Afrique. De nouveaux contours politiques et des solidarités nouvelles tentent de s'affirmer. Pour l'instant, tout est remis en cause alors que le fragile support de l'ancienne (et inéquitable) économie internationale s'est disloqué.

Mais le déchirement n'affecte pas uniquement les entités politiques, il concerne aussi, et plus gravement, la plupart des civilisations et des cultures. Seules deux d'entre ces dernières, la soviétique et l'américaine, ont la certitude de répondre aux exigences du XXᵉ siècle. Les autres, en dépit de leur éclat et de leur susceptibilité, se sentent atteintes par les maladies de vieillesse.

Recréer des civilisations

L'Europe en ayant perdu ses privilèges a perdu sa force de rayonnement ; ses valeurs ne s'imposent plus par contagion et ses incertitudes la conduisent à un repli qui intervient aussi dans l'ordre culturel. L'Asie, mis à part la Chine qui s'efforce d'accomplir le plus total des « refaçonnages », se trouve de même en position de défense ; elle essaie de préserver les valeurs spécifiques de ses anciennes civilisations ; elle veut conquérir le mieux-être sans en accepter l'inéluctable conséquence : l'obligation d'être autrement. Les prises de position de certaines des élites indiennes révèlent l'acuité de ce débat sans issue. En Afrique, notamment dans les régions d'influence française, les intellectuels agissants (et certains responsables politiques) exaltent la volonté de reconstruire la « personnalité africaine » et de « désoccidentaliser » les cultures nègres ; ils suggèrent un pèlerinage aux sources tout en affirmant la nécessité urgente d'équiper le monde noir, d'implanter les techniques productives modernes. C'est, là aussi, un univers de contradictions.

Ces remarques impliquent une première conclusion. Il faut partout recréer des civilisations adaptées aux nécessités du XXᵉ siècle — recréer résolument et non se satisfaire de simples opérations de sauvetage. Ni les États-Unis ni la Russie soviétique n'ont aujourd'hui la civilisation que permet leur niveau de développement tech-

nique. *L'Europe, dont la civilisation à la fois cumulative et dynamique résulta d'une conjonction exceptionnelle d'influences et d'apports très divers, ne retrouvera sa puissance créatrice qu'après s'être retrouvée elle-même et avoir liquidé les dernières séquelles du colonialisme. L'Asie et l'Afrique la recouvreront aussi en se détachant, pour une part, de leur passé, en maîtrisant leur hétérogénéité — cette dernière devenant force et non plus faiblesse.*

La résolution des problèmes techniques et économiques ne suffit pas, même dans les pays sous-équipés où elle s'impose de toute urgence : partout, les hommes du XXe siècle ont autant besoin de raisons d'être que de moyens matériels d'existence. Ils voient que leur avenir est maintenant bouché : ici, par un surplus de techniques au service de la volonté de puissance ; là, par un déficit de techniques qui ne pourrait se corriger que par un aménagement des solidarités mondiales. Mais cet avenir ne sera pas en vue, quels que soient les succès du développement économique, tant que des civilisations nouvelles ne seront pas accouchées afin de redonner un sens à l'existence humaine.

Il reste un autre problème, parent du précédent, qui n'est plus : comment reconstruire les civilisations, mais comment les rendre communicantes ? Les connaissances objectives, les techniques modernes, les produits résultant de ces dernières créent un tissu commun en se généralisant ; elles arment les esprits avec certains langages universels (ceux créés par les sciences pures) ; elles banalisent les paysages et les genres de vie. Cela ne suffit pas. Il faut l'apparition, dans les divers centres de pensée, de ce nouvel humanisme qui permettra aux civilisations et aux cultures d'être en rapport fécond, les exclusives et les orgueils ayant disparu.

Vers un humanisme neuf

Pour la première fois dans l'histoire de l'espèce, des expériences humaines très variées, parce que divergentes depuis un lointain passé, sont totalement confrontées les unes avec les autres. C'est de leur affrontement, puis de leurs adaptations mutuelles aux problèmes de ce temps que doit surgir l'humanisme neuf qui les rendra compréhensibles les unes aux autres — et fera apparaître des valeurs moins particulières.

Le déchirement, évoqué sous les aspects politiques et culturels, atteint aussi et partout les rapports sociaux. Les conflits entre classes sociales, la coupure entre milieu industriel et milieu rural, l'emprise bureaucratique et technocratique, le manque de communautés larges reconstruites au-delà des anciennes communautés agraires, ce sont là autant de «faiblesses» sociologiques qui affectent les nations équipées. La qualité des relations humaines y a cédé le pas devant le système abstrait des règles, des prescriptions, des contrats et des contraintes ; les «personnes» se sont effacées devant les «agents» économiques, politiques et sociaux ; la cohésion sociale ne trouve une vigueur que par le recours aux expédients et par le jeu des passions. Dans les pays en cours de développement économique rapide, les ruptures sont plus brutales, plus graves aussi lorsqu'elles affectent des unités politiques ayant la taille de véritables sous-continents, comme c'est le cas pour l'Union indienne.

Les dominations étrangères d'abord, l'industrialisation ensuite ont dégradé les anciennes structures sociales et rompu des équilibres jusqu'alors efficaces. L'ensemble du paysage sociologique reste bouleversé et l'homme, privé de son vieil équipement social et culturel, se trouve désemparé, disponible. Il est à prendre, et d'autant plus facilement qu'il demeure plus démuni des biens fondamentaux.

La puissance révolutionnaire des paysanneries asiatiques et (à un moindre degré) africaines est aujourd'hui sans commune mesure avec la puissance révolutionnaire du premier prolétariat industriel et des paysanneries pauvres de l'Europe du XIXe siècle. Elle résulte d'un dénuement plus total et, surtout, elle s'impose d'une manière plus massive — concernant presque la moitié de la population mondiale. C'est à la suite d'une telle constatation qu'Abdoulaye Ly — Les masses africaines et l'actuelle condition humaine (Ed. Présence africaine, Paris, 1956) —, essayiste et homme politique sénégalais, a exalté le rôle quasi messianique des paysanneries aujourd'hui révoltées.

Aux attentes et aux révoltes de ce temps, quels buts sont à proposer ? Et quelles doctrines, quels moyens sont à concevoir afin de les viser ? La première tâche s'impose avec la force de l'évidence : il faut assurer à toutes les sociétés du monde les assises matérielles indispensables, les infrastructures sans lesquelles l'œuvre des hommes restera construite sur le sable. Ce qui implique d'abord un recensement et une gestion commune des richesses naturelles, l'acheminement vers une administration mondiale de la production des matières premières. Lorsque celles-ci deviendront l'objet de solidarités inédites et non plus de compétitions et d'échanges inégaux, l'âge archaïque de l'économie internationale sera dépassé. D'autre part, en face d'une huma-

nité en expansion démographique et de mieux en mieux outillée pour mettre à sac la planète, c'est une exploitation plus rationnelle qui s'impose. Plus rationnelle par ses localisations : elle aurait à fonder de grands ensembles régionaux d'activité économique et de développement ; et par son esprit : elle devrait réduire — puis éliminer — les contradictions entre projets nationaux. François Perroux, analysant la coexistence pacifique, vient de le montrer et de le démontrer pathétiquement.

Mais cette réorganisation internationale ne saurait suffire tant qu'une politique démographique n'aura pas prévalu auprès des populations à la fois massives et expansives, tant que n'aura pas été amorti ce mouvement qui conduit à un doublement de la population mondiale aux environs de l'an 2000. Si le malthusianisme est haïssable, on ne peut cependant douter de l'insuffisance de la solution économique pour résoudre le tragique problème posé par la compétition entre expansion démographique et croissance économique. La Chine nouvelle, malgré ses variations, découvre que Marx ne peut totalement éliminer Malthus. La solution interviendrait plus aisément si un accord international se réalisait entre pays équipés et pays sous-développés ; ces derniers seraient moins incités à maintenir leur seule force apparente (qui est d'ailleurs leur faiblesse réelle), celle du nombre des hommes ; ils disposeraient plus rapidement des moyens propres à transformer l'existence humaine, et par là même tous les comportements.

Sommes-nous intellectuellement armés pour concevoir les sociétés neuves (François Perroux) qui restent à construire, et le monde nouveau où elles devront s'ajuster les unes aux autres ? Le capitalisme mitigé et organisé a, par un dynamisme retrouvé, transformé la composition des classes sociales et leurs rapports mutuels ; il bénéficie de l'affaiblissement actuel des mouvements ouvriers ; moins vulnérable à l'intérieur, il reste cependant incapable d'intervenir au-dehors pour contribuer efficacement, et sans se renier, au développement des régions d'économie retardée. Les menaces les plus immédiates se trouvent moins au sein des sociétés qu'il régit qu'à ses frontières. Le socialisme marxiste, parce qu'il ne s'est imposé à aucune des sociétés déjà industrialisées, apparaît d'abord comme une technique de mobilisation des masses et de développement économique rapide (sur la base de la planification centralisée et de l'industrialisation lourde).

Compétition des deux blocs

Ainsi, les deux systèmes s'affrontent-ils surtout au niveau du tiers monde ; l'actualité le révèle suffisamment. Leur lutte, qui fait des pays sous-développés à la fois des enjeux et des arbitres, affaiblit en se prolongeant leurs positions respectives auprès de ceux-ci. Leur affrontement, manifesté par la guerre froide entre les deux blocs que dirigent les deux premières puissances industrielles du monde, apparaît comme une « querelle de riches » et une compétition pour la domination mondiale.

Cette situation explique les tentatives faites pour organiser le tiers monde hors systèmes, les efforts accomplis sous le couvert du neutralisme « actif » ou « positif ». Elle conditionne aussi le renouvellement doctrinal dont quelques Asiatiques et Africains prennent l'initiative ; entreprises que l'on pourrait situer sous le signe du socialisme syncrétique. L'Union indienne a ici valeur exemplaire. La doctrine officiellement acceptée, comme le montre le préambule du second plan quinquennal, révèle la diversité des sources d'inspiration. On y retrouve l'agrarianisme hérité de Gandhi, le social welfare reçu de la pensée économique anglo-saxonne, la passion d'industrialisation (avec ses exigences les plus modernes) et le socialisme conçu sur la base des conditions indiennes : c'est-à-dire un socialisme adopté en tant que nécessité, mais qui se veut respectueux des anciennes valeurs cardinales, qui nie la lutte des classes et rejette même l'analyse dialectique des phénomènes. Ce n'est là qu'une première ébauche, encore très imparfaite, mais significative puisqu'elle comporte des répliques africaines : ainsi, la démarche théorique présentée par Mamadou Dia, président du gouvernement sénégalais, dans son Économie africaine (PUF, 1957).

Ces recherches montrent la bonne voie. Il faut qu'un exceptionnel effort doctrinal, aidé par une imagination mise au service des techniques sociales et non des seules techniques matérielles, contribue à briser les dogmatismes et permette de concevoir des sociétés nouvelles et des rapports internationaux inédits. Celles-là et ceux-ci portant inéluctablement la marque du socialisme, d'un socialisme qui se sera lui-même transformé en se généralisant.

Georges Balandier

* *Arguments*, revue dirigée par Edgar Morin et animée par Kostas Axelos et Jean Duvignaud. Réédition en deux volumes aux éditions Privat, Toulouse, 1983, à l'initiative d'Olivier Corpet. Les intertitres sont de l'éditeur.

COLONISATIONS

Moins d'un siècle après l'expansion coloniale de l'Europe, la décolonisation paraissait déjà inscrite dans l'évolution économique des métropoles.

L'expansion coloniale de l'Europe est sans doute le phénomène le plus important de la seconde moitié du XIXᵉ siècle. Alors qu'en 1815 seule l'Angleterre manifestait de l'intérêt pour l'acquisition de territoires lointains, à partir des années 1870-1880 un mouvement irrésistible emporte les grandes nations européennes à la conquête des terres nouvelles.

Comme l'écrit Charles Faure en 1884, « l'entraînement prenait le caractère d'une vraie *course au clocher*. C'était à qui arriverait le premier à hisser son pavillon sur tel ou tel point de la côte d'Afrique non encore possédé par une des nations de l'Europe ».

Du XVIᵉ au XVIIIᵉ siècle, les rivalités coloniales entre les grandes puissances maritimes de l'Europe occidentale avaient été très vives. Au début du XIXᵉ siècle, en revanche, seule la Grande-Bretagne semble manifester de l'intérêt pour ces possessions lointaines. La France a vendu la Louisiane aux États-Unis en 1803. La Hollande récupère en 1815 des territoires que l'Angleterre a occupés au cours des guerres napoléoniennes, mais n'en voit pas clairement l'intérêt. Une grande puissance coloniale, l'Espagne, perd entre 1810 et 1822 l'essentiel de son empire en Amérique latine. Le peu d'attention accordé à la colonisation par les congressistes de Vienne, en 1815, témoigne du manque d'intérêt de l'opinion et des gouvernants.

C'est que la colonisation est condamnée par les idées libérales qui se développent sous l'influence d'économistes comme Adam Smith, David Ricardo ou Jean-Baptiste Say. Pour ces derniers, les colonies ne présentent aucune utilité économique. Au contraire, les coûts des conquêtes et les privilèges accordés aux compagnies coloniales se font, selon eux, au détriment de l'intérêt général. Enfin, en multipliant les prétextes de guerre, en livrant les indigènes à l'arbitraire et à la violence, la colonisation est accusée de favoriser le maintien du despotisme alors qu'on prétend développer les droits de l'homme. En 1833, sous la pression d'organisations anti-esclavagistes, l'esclavage est aboli dans les colonies anglaises. La France suit l'exemple en mars 1848 sur l'initiative de Victor Schœlcher.

La course au clocher

Jusqu'aux années 1880, c'est surtout l'Angleterre qui affirme sa vocation coloniale. Elle achève en 1857 la conquête de l'Inde, s'installe à Singapour, s'établit en Nouvelle-Zélande, occupe Aden et pénètre en Afrique du Sud.

En France, la reprise de l'expansion se fait dans l'incohérence, comme en témoigne la conquête de l'Algérie amorcée en 1830. Décidé sans enthousiasme, l'envoi d'un corps expéditionnaire se heurte aux réticences de la bourgeoisie libérale au pouvoir. Pourtant, entre 1830 et 1870, sous l'effet d'initiatives multiples mais sans plan préconçu, la France pénètre au Sénégal, prend pied en Côte-d'Ivoire, au Gabon et à Madagascar, annexe en 1853 la Nouvelle-Calédonie, établit sa souveraineté sur la Cochinchine et le Cambodge.

Il faut attendre en fait le début des années 1880 pour que s'accélère la « chasse aux colonies ». Le premier champ d'expansion est la Méditerranée, dont l'importance stratégique est accrue par l'ouverture du canal de Suez, en 1869. Si la Grande-Bretagne poursuit le dessein de contrôler la Méditerranée orientale et la mer Rouge, la France entame la création d'un ensemble maghrébin autour de l'Algérie. Sous l'impulsion de Jules Ferry, elle intervient en 1881 en Tunisie pour y établir son protectorat, laissant l'Angleterre occuper l'Égypte en 1882.

En Afrique noire, la découverte du fleuve Congo par le journaliste américain Stanley ouvre la compétition. L'exploration de John Stanley confirme en effet que le fleuve est la grande voie de pénétration vers l'intérieur de l'Afrique. En 1880, Savorgnan de Brazza signe avec le roi Makoko un traité qui prépare l'occupation française dans cette zone. Proposée par Bismark, une conférence internationale réunie à Berlin du 15 novembre 1884 au 2 février 1885 détermine les zones d'influence en Afrique. Le roi des Belges Léopold II peut réaliser son rêve de créer un État du Congo dont il est le souverain.

En Extrême-Orient, sous l'impulsion de Jules Ferry, la France s'installe au Tonkin. En 1885, l'Indochine est désormais placée sous souveraineté française. Inquiète de ces entreprises, la Grande-Bretagne occupe la Birmanie en 1885. Ces conquêtes des deux grandes puissances coloniales exaspèrent les pays qui ont démarré tardivement dans la « course au clocher », l'Allemagne et l'Italie, en particulier. Cette dernière, en 1890, colonise l'Érythrée puis, en 1911-1912, annexe la Tripolitaine (en Libye) et les îles grecques du Dodécanèse. A la fin du siècle, les États-Unis annexent les Hawaii, Porto Rico et les Philippines. En 1914, les empires coloniaux européens couvrent environ 60 millions de kilomètres carrés et rassemblent plus d'un demi-milliard d'habitants. A lui seul, l'Empire britannique compte 33 millions de kilomètres carrés et 400 millions d'habitants ; l'Empire français 10,6 millions de kilomètres carrés et 56 millions d'habitants.

Des motifs communs

C'est la rupture des années 1870-1880 qui pose encore aujourd'hui question. Si les causes de l'expansion coloniale sont diverses selon les pays, le mouvement est trop général pour ne pas avoir des motifs communs. Entre 1876 et 1884, les dirigeants politiques des grandes nations se convertissent à l'idée coloniale. Pourquoi précisément à partir de cette date ?

Cette expansion a tout d'abord été préparée par de fervents propagateurs de l'idée coloniale. A partir de 1870 se multiplient en France, en Italie, en Allemagne et en Belgique des sociétés de géographie qui encouragent les explorations.

Ouvrant en 1875, à Paris, le Congrès international de géographie, l'amiral La Roncière le Nory déclare : « Messieurs, la providence [...] nous a dicté l'obligation de connaître la terre et d'en faire la conquête. Ce suprême commandement est l'un des devoirs impérieux inscrits dans notre intelligence et dans notre activité. La géographie... est devenue la philosophie de la terre. »

Cette période d'essor de la curiosité géographique coïncide avec une période d'intense activité missionnaire. Qu'elles soient protestantes ou catholiques, les sociétés de missions se multiplient dans la première moitié du XIXe siècle. Réprouvant les procédés des aventuriers et l'âpreté au gain des marchands, elles réclament l'appui des gouvernements pour protéger les populations qu'elles évangélisent. En 1871, Mgr Lavigerie, archevêque d'Alger, appelle les réfugiés

L'EMPIRE BRITANNIQUE
Étapes de la décolonisation depuis 1945

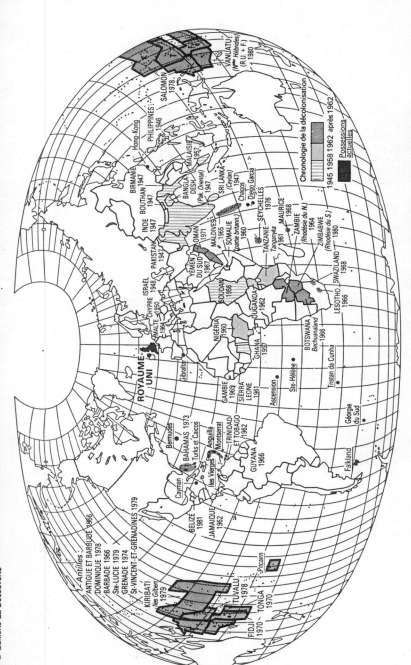

Chronologie de la décolonisation

1945 1958 1962 après 1962

Possessions actuelles

VANUATU! (N^{lles} Hébrides) (R.U. + F.) 1980

SALOMON 1978

Hong-Kong

PHILIPPINES 1946

BIRMANIE 1947

MALAISIE 1957

BANGLA-DESH (Pak. Oriental) 1947

BOUTHAN 1947

INDE 1947

PAKISTAN 1947

SRI LANKA (Ceylan) 1947

Chagos

Diego Garcia

MALDIVES 1965

OMAN 1971

YÉMEN DU SUD 1967

SOMALIE (partie britann.) 1960

SEYCHELLES 1976

MAURICE 1968

ZAMBIE 1964

Tanganyka 1961

TANZANIE 1976

ZIMBABWE (Rhodésie du S.) 1980

Rhodésie du N.

SWAZILAND 1968

SOMALIE 1960

SOUDAN 1956

OUGANDA 1962

LESOTHO 1966

SOMALIE 1964

CHYPRE 1960

ISRAEL 1948

MALTE 1964

ROYAUME-UNI

Gibraltar

NIGERIA 1960

GHANA 1957

GAMBIE 1965

SIERRA LEONE 1961

Ascension

Ste-Hélène

BOTSWANA Bechuanaland 1966

Tristan da Cunha

Géorgie du Sud

Falkland

Bermudes

BAHAMAS 1973

Turks et Caicos

Anguilla

Montserrat

TRINIDAD ET TOBAGO 1962

Îles Vierges

Cayman

BELIZE 1981

JAMAIQUE 1962

GUYANA 1966

Antilles

ANTIGUE ET BARBUDE 1986

DOMINIQUE 1978

BARBADE 1966

Ste-LUCIE 1979

GRENADE 1974

St-VINCENT-ET-GRENADINES 1979

KIRIBATI (Îles Gilbert) 1979

TUVALU 1978

TONGA 1970

FIDJI 1970

Pitcairn

d'Alsace-Lorraine à venir s'installer en Algérie : « Venez donc dans notre France nouvelle, plus riche encore que la première et qui ne demande que des bras pour développer une vie qui doublera celle de la mère patrie. Venez, en contribuant à établir sur ce sol encore infidèle, une population laborieuse, morale, chrétienne ; vous en serez les vrais apôtres, devant Dieu et devant la patrie. »

L'idéologie coloniale est surtout propagée par des associations qui s'efforcent de convaincre l'opinion et de peser sur les gouvernements. Particulièrement nombreuses en Grande-Bretagne et en Allemagne, elles rassemblent des militaires, des intellectuels, des hommes politiques, des hommes d'affaires. Elles s'attachent surtout à travailler l'opinion publique en employant des journalistes et en organisant des manifestations populaires et des banquets.

La « grande dépression »

Autre groupe qui pousse à l'expansion, les milieux économiques liés au commerce international : armateurs et négociants des grands ports, industriels tournés vers l'exportation... A partir des années 1870 en effet, les grands pays industrialisés connaissent une période de difficultés qui va se prolonger jusqu'au milieu des années 1890. La compétition de plus en plus acharnée exige l'ouverture de nouveaux marchés. Les cotonniers du Lancashire réclament en 1879 « l'ouverture au négoce des nouveaux territoires ». « La politique coloniale est fille de la politique industrielle », déclare Jules Ferry en 1885 !

Les colonies sont également un moyen de rentabiliser les capitaux accumulés en Europe occidentale. En 1875, le directeur du Crédit Lyonnais écrit : « Nous avons absolument besoin de trouver des placements, autrement, que faire de l'argent qui nous afflue ? » Quand, à la fin de 1874, sont ouvertes de nouvelles agences à Alexandrie et Constantinople, il écrit : « Notre but en allant dans ces pays est de profiter de l'écart considérable qui existe entre le prix de l'argent qui s'y pratique et le rendement que nous pouvons tirer en France de nos ressources. »

La recherche de matières premières pousse également aux conquêtes coloniales. Après le désastre qui frappe la sériciculture française à partir de 1856, les industriels lyonnais cherchent en Indochine de nouvelles sources d'approvisionnement. Les industriels de Manchester veulent s'assurer le monopole du coton égyptien et Léopold II celui des richesses minières du Congo. Même si les territoires occupés n'ont pas encore révélé leurs richesses, il s'agit de les prendre avant qu'un autre pays ne s'en empare.

Enfin, il existe aussi chez certains promoteurs de l'expansion l'idée qu'elle est un moyen de résoudre la question sociale. En 1858, Engels fait remarquer à Marx que « si le prolétariat anglais s'embourgeoise de plus en plus et devient moins combatif, c'est grâce aux profits des conquêtes coloniales ».

En 1895, Cecil Rhodes — le « père » de la Rhodésie — confie à un journaliste : « L'idée qui me tient le plus à cœur, c'est la solution du problème social, à savoir : pour sauver les quarante millions d'habitants du Royaume-Uni d'une guerre civile meurtrière, nous, les colonisateurs, devons conquérir des terres nouvelles afin d'y installer l'excédent de notre population. »

La force du nationalisme

Toutes ces influences se retrouvent finalement au niveau de l'État. La colonisation coïncide aussi avec l'affirmation du nationalisme. En France, l'expansion coloniale est considérée comme un moyen d'effacer l'humiliation de la défaite de 1871. C'est Jules

L'EMPIRE FRANÇAIS
Étapes de la décolonisation depuis 1945

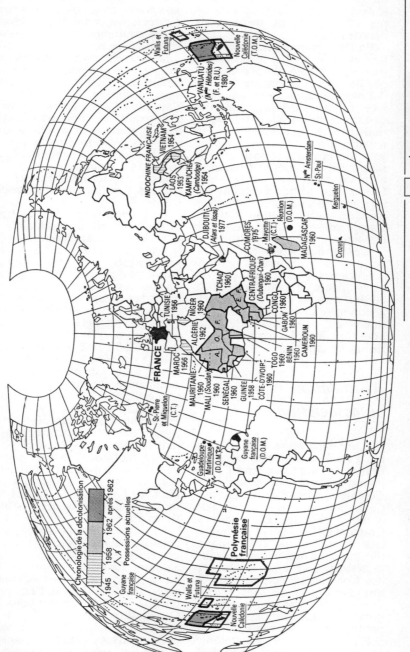

© Éditions La Découverte

Ferry qui écrit en 1882 : « Est-ce le moment pour la France de rester chez elle, de se confiner dans la politique sédentaire, la politique du coin du feu qui marquera dans le siècle prochain les peuples frappés d'infériorité ou menacés de décadence ? »

En Italie et en Allemagne, pays unifiés depuis peu, le sentiment national a besoin d'être consolidé par des succès coloniaux.

En outre, dans un monde bouleversé par l'urbanisation, les mutations industrielles, les migrations rurales, la colonisation fait renaître de nouvelles espérances, le goût de l'évasion, la possibilité de faire carrière, le moyen d'échapper à la vie routinière de la vieille Europe. Ce thème est exploité par les romans d'aventures et des journaux de voyage, comme le succès grandissant de Jules Verne en témoigne.

L'expansion coloniale correspond enfin à des préoccupations stratégiques. L'exemple le plus net est celui de la Grande-Bretagne qui achève dans les années 1850-1900 la conquête de « colonies de position », qui sont autant de bases nouvelles destinées à ravitailler les flottes en charbon.

Assimilation ou association ?

L'administration des colonies fut lente à se mettre en place. En France, il faudra attendre 1894 pour que soit créé un ministère des Colonies. Le recrutement des fonctionnaires coloniaux posait également problème. En 1880, le Colonial Office chargé d'administrer les colonies britanniques n'occupe à Londres que soixante personnes. En France, le ministère des Colonies ne compte en 1896 que 148 agents de tous grades. Dans les territoires coloniaux, le nombre de fonctionnaires métropolitains reste peu élevé.

L'administration des colonies est également l'objet d'un vaste débat. Faut-il mener une *politique d'assimilation*, c'est-à-dire transformer les colonies en départements métropolitains et amener les peuples coloniaux au niveau du pays colonisateur, ou une *politique d'association*, c'est-à-dire respecter les coutumes locales et laisser les indigènes se gouverner ?

Le gouvernement britannique mène plutôt une politique d'association. Les colonies à fort peuplement européen, le Canada, la Nouvelle-Zélande, celles du Cap et d'Australie ont leurs parlements et leurs gouvernements. On trouve aussi des *protectorats* administrés par des chefs indigènes assistés de conseillers britanniques, et des colonies administrées directement par des fonctionnaires métropolitains.

En France, même si la doctrine officielle est celle de l'assimilation, la variété des statuts domine également. La Tunisie et le Cambodge sont des protectorats dépendant du ministère des Affaires étrangères ; les Antilles, Madagascar, le Tonkin et le Sénégal sont des colonies administrées par le ministère des Colonies ; l'Algérie dépend du ministère de l'Intérieur. A noter que de 1860 à 1962, date de l'accession de l'Algérie à l'indépendance, il n'y aura jamais de ministère assumant la direction de l'empire tout entier.

La mise en valeur des empires exige tout d'abord le développement d'une infrastructure permettant les échanges. Ports et voies ferrées mobilisent la plus grande part des investissements qui assurent aux sociétés coloniales des taux de profit très élevés au moment où la croissance s'essouffle en Europe.

Le développement des voies de communication accélère les échanges entre les métropoles et leurs colonies. En 1939, l'empire représente près du tiers des échanges extérieurs de la France. Cette proportion est de 50 % pour la Grande-Bretagne.

La colonisation s'accompagne enfin, dans les colonies peuplées par les Européens, de la mainmise

ITALIE, BELGIQUE, PORTUGAL, ESPAGNE, PAYS-BAS
Décolonisations depuis 1945

Irian Jaya (P.B.)

Timor Oriental (Portugais jusqu'en 1975)

INDONÉSIE (P.B. 1949)

Macao (Port.)

SOMALIE (It. 1960)

Cisjordanie Gaza

ITALIE

RWANDA BURUNDI } (B. 1962)

MOZAMBIQUE (Port. 1975)

PAYS-BAS

BELGIQUE

ESPAGNE

PORTUGAL

Ceuta (Esp.)

Melilla

Sahara occidental (Esp.) 1974

ZAÏRE (B. 1960)

Namibie

Madère (Port.)

SAO TOMÉ ET PRINCIPE (Port. 1975)

GUINÉE ÉQ. (Esp. 1968)

ANGOLA (Port. 1975)

Açores (Port.)

Canaries (Esp.)

CAP VERT (Port. 1975)

GUINÉE BISSAO (Port. 1974)

Aruba (P.B.)

Curaçao (P.B.)

Bonaire (P.B.)

SURINAM (P.B. 1975)

Anciennes possessions :

des Pays-Bas

de la Belgique

du Portugal

de l'Espagne

de l'Italie

Possessions outre-mer actuelles

Autres territoires à souveraineté contestée

Curaçao (P.B.)

© Editions La Découverte

Le Nigéria
face à son histoire coloniale

Le mouvement général de profession-nalisation et d'africanisation des recher-ches sur l'histoire africaine a été particulièrement sensible au Nigéria. Après la fondation de l'université d'Iba-dan, en 1948, la constitution de la Société nigériane des études historiques matéria-lise le dynamisme d'un centre où l'on fait largement appel à la linguistique, à l'archéologie, voire à l'anthropologie, tout en systématisant le recueil des tra-ditions orales. L'école historique d'Iba-dan acquiert ainsi et va conserver un rôle pilote dans la réhabilitation de l'histoire africaine précoloniale et coloniale du Nigéria jusqu'à ce que ses membres essai-ment vers les autres centres universitai-res qui se développent dans les années soixante-dix.

Si les Nigérians ont un regard spécifi-que sur leur histoire coloniale, c'est d'abord parce qu'ils en retiennent des temps forts autres que ceux précédem-ment mis en exergue. Les approches européo-centriques sont délaissées, on s'attache plus aux colonisés qu'aux voya-geurs, fonctionnaires, commerçants, mis-sionnaires et autres agents de l'aventure européenne. Les thèmes de référence qui sont privilégiés ne sont toutefois pas statiques : ils évoluent en fonction de l'environnement et de la conjoncture politique.

Ainsi, dans les années qui précèdent et suivent l'accession du Nigéria à l'indépen-dance — en 1960 — on tend à faire du colonialisme une parenthèse, un «épisode de l'histoire africaine» — c'est là le titre d'un article publié par l'historien J.F.A Ajayi. On cherche à rétablir la continuité entre le passé et le présent du Nigéria nou-vellement indépendant en étudiant les ten-tatives de résistance à la conquête coloniale et l'impact de cette dernière sur les socié-tés qu'elle a dominées. Du même coup, les mythes de la passivité et du primiti-visme des sociétés subjuguées par le colo-nisateur volent en éclats... Si l'action missionnaire suscite un intérêt particulier, c'est d'abord au regard de sa contribution à la formation des futures élites nationa-listes. La confrontation, la rupture avec le passé et l'assimilation que la période coloniale a impliquées sont des thèmes lar-gement repris dans les romans nigérians — le modèle du genre est Le Malaise *de Chinua Achebe (Présence africaine, Paris, 1974).*

Toutefois, au fil des années soixante, alors que les attentes suscitées par l'indé-pendance tardent à se concrétiser, un petit nombre d'historiens rejette cette approche «nationaliste», arguant que l'évolution du Nigéria vers l'indépen-dance n'a pas été un processus de lutte de masse et de rejet fondamental du colo-nialisme. Le transfert du pouvoir, soulignent-ils, est intervenu sans heurts ni remise en cause réelle des rapports de dépendance établis avec l'ancienne métropole coloniale (le Royaume-Uni) et le système international.

La gabegie financière qui accompagne bientôt l'afflux des revenus de la rente pétrolière (1973-1981) tend à élargir l'impact de ce courant.

D'autres préoccupations, celles-ci communes à tous les historiens nigérians, se font également jour à la fin des années soixante. Les dissensions internes à la fédération atteignent alors leur paroxysme avec la tentative de sécession de la partie orientale du Nigéria (le «Bia-fra») et la guerre civile meurtrière qui s'ensuit (1967-1970) dont l'enjeu est, en effet, la préservation des frontières des-sinées par le colonisateur britannique. Les thèmes et l'approche de l'histoire coloniale du Nigéria s'en ressentent désormais.

Cherchant à tracer les origines de la nation nigériane, l'historien J.C. Anene démontre que les frontières coloniales du Nigéria n'ont pas le caractère purement arbitraire qu'on leur prête car elles ont pris en compte les réalités politiques qui existaient à l'époque de leur établisse-ment (The International Boundaries of Nigeria, 1885-1960, Londres, 1970). Nombre d'historiens soulignent égale-ment les rapports de coopération entre les formations précoloniales du Nigéria. Les tensions interrégionales et interethni-ques demeurant fortes dans le pays, le thème des effets de la politique colo-niale d'administration indirecte et de décolonisation sur les équilibres internes suscite toujours une attention constante. Le sujet figure en filigrane dans Just Before Dawn, *le roman historico-politique que l'écrivain Kole Omotoso a publié en 1988 (Ibadan, Spectrum, 1988).*

Daniel C. Bach

sur les meilleures terres. Dans les colonies d'exploitation comme en Afrique noire, on n'hésita pas à recourir au travail forcé sous prétexte que le travail est la forme de participation de l'indigène à l'œuvre de civilisation menée par la métropole !

Le choc des deux cultures

En transformant la vie économique des sociétés qu'elle colonisait, l'Europe a aussi bouleversé leur culture. Technicienne et triomphante, l'Europe considérait qu'elle remplissait une mission civilisatrice. En développant un réseau médical et des instituts d'hygiène, en luttant contre les maladies tropicales et les épidémies, elle se donnait bonne conscience, alors que cette nouvelle démographie brisait l'équilibre traditionnel de certaines sociétés.

Mais surtout, en ignorant l'originalité des peuples dominés, en niant leur culture, en leur imposant de nouvelles valeurs — le travail, l'argent, l'État —, la colonisation provoquait de profonds traumatismes. En développant la propriété foncière, elle mettait fin à des formes de vie communautaire. En introduisant la monnaie, elle faisait disparaître le troc dans de vastes régions où il était la seule forme d'échange depuis des siècles. Mais qui pouvait empêcher les Européens de penser qu'ils étaient porteurs de progrès ?

C'est Jaurès qui, en 1881, s'exclame : « Nous pouvons dire à ces peuples sans les tromper que là où la France est établie, on l'aime ; que là où elle n'a fait que passer, on la regrette ; que partout où sa lumière resplendit, elle est bienfaisante ; que là où elle ne brille pas, elle a laissé derrière elle un long et doux crépuscule où les regards et les cœurs restent attachés. »

En 1925, Léon Blum, secrétaire du Parti socialiste — S F I O —, assume cet héritage colonial en proclamant : « Nous admettons le droit et même le devoir des races supérieures d'attirer à elles celles qui ne sont pas parvenues au même degré de culture et de les appeler aux progrès réalisés grâce aux efforts de la science et de l'industrie. »

C'est pourtant à partir de cette date que se développent les premières forces de contestation. Le cinquième des quatorze points du président des États-Unis, Thomas Woodrow Wilson, énoncés en 1918 préconisait « un règlement librement débattu dans un esprit large et impartial de toutes les revendications coloniales, basé sur la stricte observation du principe que dans un règlement des questions de souveraineté, les intérêts des populations envisagées pèseront d'un poids égal aux équitables revendications du gouvernement dont le titre serait à définir ». Formule prudente qui fut toutefois interprétée comme une affirmation du principe d'autodétermination.

La révolution russe offrait aussi aux peuples colonisés l'exemple d'une révolution réussie contre le capitalisme. Le 1er congrès de l'Internationale communiste appelle le 6 mars 1919 les « esclaves coloniaux » à lutter pour leur libération. En Inde, en Indochine, aux Indes néerlandaises, se fondent des partis communistes.

La fin des empires coloniaux

La Seconde Guerre mondiale élargit les fissures qui lézardaient les empires coloniaux. Le Royaume-Uni et la France sortent épuisés d'une guerre dont les deux grandes puissances victorieuses, les États-Unis et l'Union soviétique, se trouvent d'accord pour favoriser la liquidation de l'héritage colonial dans lequel elles voient un obstacle à leur influence.

Dans les métropoles se développent aussi des courants favorables à la décolonisation. Les Églises protestante et catholique qui

BERQUE Jacques, CHARNAY Jean-Paul, *De l'Impérialisme à la décolonisation*, Minuit, Paris, 1965.

BOUVIER Jean, GIRAULT René, *L'Impérialisme à la française 1914-1960*, La Découverte, Paris, 1986.

BRUNSCHNIG Henri, *Mythes et réalité de l'impérialisme colonial français*, Armand Colin, Paris, 1960.

CEDETIM, *L'impérialisme français*, Maspero, Paris, 1980.

GIRARDET Raoul, *L'Idée coloniale en France*, Hachette, «Pluriel», Paris, 1972.

GRIMAL Henri, *La Décolonisation, 1919-1963*, Armand Colin, Paris, 1965.

LATOUCHE Serge, *Critique de l'impérialisme*, Anthropos, Paris, 1979.

LÉON Pierre (sous la dir. de), *L'histoire économique du monde*, (cinq tomes), Armand Colin, Paris, 1978.

MARSEILLE Jacques, *Empire colonial et capitalisme français. Histoire d'un divorce*, Albin Michel, Paris, 1984.

avaient jusque-là justifié la colonisation évangélisatrice, prêchent désormais l'émancipation, sinon l'indépendance. C'est la même préoccupation qui anime les partis communistes occidentaux.

Mais il faut aussi souligner la volonté de certains milieux d'affaires de se débarrasser d'un «boulet» qui forçait les puissances publiques à «gaspiller» dans l'empire des capitaux considérables. Le développement de la consommation de masse dans les métropoles, la pression de la concurrence internationale, l'ouverture des économies sur l'extérieur exigeaient des restructurations industrielles nécessitant le délestage des marchés coloniaux. Comme l'écrivait, en 1963 l'homme politique français Jean-Marcel Jeanneney : «Dans la mesure où la protection de certains marchés, en assurant un écoulement aisé, permet de vendre des produits médiocres à des prix supérieurs à ceux que pourraient pratiquer d'éventuels concurrents, ces facilités contribuent à élargir les secteurs qui en bénéficient, les rendant moins aptes à la compétition sur d'autres marchés. Une crainte analogue est exprimée en Grande-Bretagne par ceux qui, partisans de l'entrée dans le Marché commun européen, acceptent l'affaiblissement corrélatif de ses liens avec le Commonwealth.»

Bien avant d'être arrachée par les peuples dominés, la décolonisation était inscrite dans l'évolution économique des métropoles. C'est pour cette raison qu'elle n'a en rien affecté leur croissance. Il appartiendra à Charles de Gaulle d'exprimer cruellement cette évolution en déclarant dans une conférence de presse, le 11 avril 1961 : «L'Algérie nous coûte — c'est le moins qu'on puisse dire — plus cher qu'elle ne nous apporte... Voici que notre grande ambition nationale est devenue *notre propre progrès*, source réelle de la puissance et de l'influence. C'est un fait, la décolonisation est notre intérêt et, par conséquent, notre politique.»

Jacques Marseille

500 ans après, la reconquête de l'Amérique ?

«Terre, terre», cria du haut de son mât le matelot de vigie de la caravelle de Christophe Colomb ce jour d'octobre 1492. Ainsi commença la découverte de l'Amérique.

En choisissant, cinq cents ans après, de commémorer cette date, l'Espagne et ses anciennes colonies ont réactualisé les termes d'un débat ancien sur tout ce qui concerne l'histoire, l'identité et les perspectives d'avenir des peuples latino-américains.

Une confusion peu commune règne autour du symbole que constitue cette « découverte ». Les célébrations qui se préparent constituent de fait un étrange mélange de silences et d'ambiguïtés autour de thèmes complexes ou dérangeants. Le « noyau dur » de ce silence officiel, l'élément que l'on veut occulter, évacuer, oublier, c'est incontestablement l'Indien et « l'indianité », et, par extension, les populations qui sont aujourd'hui largement métissées. L'ambiguïté porte sur l'influence respective et la place des trois cultures (blanche, indienne et noire) que l'on a retrouvées dans le creuset latino-américain, une fois la preuve faite qu'une culture spécifiquement indienne se révélait incapable d'assumer seule la construction d'une identité unique à l'échelle du continent.

Mission civilisatrice et évangélisatrice

Décidée à jouer un rôle d'interprète entre l'Europe et l'Amérique latine, l'État espagnol s'adonne à la préparation des célébrations de la découverte. La création de la Commission du Cinquième centenaire, placée sous les auspices de la monarchie, se veut ainsi l'acteur d'une politique de réconciliation entre l'Espagne et ses anciennes colonies. Il s'agit davantage pour l'ancienne métropole de renouer avec la grandeur de son passé historique et de sa mission civilisatrice que de faire entendre la voix « des conquis » (comme en témoigne la médiocre importance de l'unique sous-commission vouée aux affaires « dites » indigènes).

L'Église catholique fait de cette célébration l'occasion d'une nouvelle évangélisation. Le discours du pape Jean-Paul II, prononcé le 12 octobre 1984 à Saint-Domingue — non loin de l'endroit où Colomb jeta l'ancre — a pour titre « Message pour les 500 ans de la découverte et de l'évangélisation de l'Amérique latine ». Il souligne le caractère fondateur, dans la genèse de la civilisation latino-américaine, d'un catholicisme apporté par les conquérants. Telle est la position officielle de la CELAM III (Conférence des évêques latino-américains).

Pour les pouvoirs en place en Amérique latine, la prudence est de rigueur, par souci, le plus souvent, de ménager les équilibres internes ou de calculs de politique extérieure. Au Mexique, pays qui se réclame à la fois de Moctezuma (le dernier roi aztèque) et de Hernán Cortés (le *conquistador*), la position est ambiguë : le culte de l'Indien (« au passé ») et le paternalisme de la politique indigéniste empêchent le régime de célébrer ouvertement la « découverte ». Tout comme au Vénézuela, qui a de son côté érigé en doctrine le métissage entre Blancs, Indiens et Noirs.

A l'opposé de ces nations métissées, les pays « blancs » sont les seuls à chercher leurs racines dans une conquête mythique : la plupart fêtent encore le 12 octobre comme le « jour de la race » (c'est le cas de l'Argentine, les États-Unis célèbrent quant à eux le *Columbus Day* le second lundi d'octobre).

Les mouvements indianistes, soutenus par de nombreux intellectuels (« Lettre ouverte des intellectuels latino-américains à l'occasion du cinquième centenaire », 1988) mettent l'accent sur l'aspect dévastateur d'une conquête qui représente à leurs yeux le plus grand génocide de l'histoire de l'humanité. A les en croire, le silence sera fait au cours de ces célébrations, sur les actes de pillage, la destruction des civilisations indiennes, l'instauration du système colonial et de l'esclavage. Ils ajoutent que, si les formes de domination se renouvellent, le système colonial demeure. Tels de nouveaux conquérants, les rois de la drogue ou le FMI auraient ainsi succédé aux anciennes dynasties du sucre et du café et l'hégémonie nord-américaine aurait relayé dans l'histoire l'occupation espagnole et le commerce anglais.

Inverser le sens du regard?

Silence également sur une figure emblématique, celle de l'Indien résistant — Tupac Amaru — qui reste comme placé en embuscade sur les sentiers de la (re)conquête coloniale. Le silence couvrira également toutes les luttes sociales, culturelles ou politiques (mouvements des Noirs, des femmes, guérillas diverses, révoltes urbaines...).

Dans ce continent où l'histoire bafouille depuis cinq siècles, les fêtes de la commémoration ne vont pas déroger à la loi et elles provoquent un « couac » historique : en 1988, au moment où le gouvernement de la République Dominicaine aménageait le site du « nouveau débarquement » à grand renfort de bulldozers, 300 000 habitants des bidonvilles menacés d'expulsion s'organisaient pour résister à cette nouvelle invasion de leur territoire. Un grand projet populaire de « cité alternative » renouvelle sous une autre forme — urbaine cette fois-ci — le jeu et le symbolisme de la résistance aux colonisateurs.

Mais pourquoi s'arrêter dans cette entreprise de re-découverte de l'Amérique et refuser d'inverser le sens du regard que l'Europe pose sur le continent américain? Pourquoi ne pas célébrer au prix d'un ultime paradoxe, la mission civilisatrice des anciens colonisés?

Graziella Schneier

RELIGIONS

Le monothéisme favorise souvent le totalitarisme; l'islam redevient conquérant. Pourtant, religion rime parfois aussi avec libération.

Les trois grandes religions du monde — christianisme, islam, bouddhisme — sont-elles en train de devenir les nouveaux moteurs du développement du tiers monde?

La réponse ne peut être entièrement objective si elle émane d'un habitant du « premier monde », qui regarde forcément les deux autres à travers ses propres cadres de pensée. La devise inscrite aux frontons des édifices publics français, *Liberté, Égalité, Fraternité*, s'enracine dans un double héritage, gréco-latin et chrétien. Athènes et Rome ont légué à la France l'idéal d'une démocratie établie sur un droit. L'Évangile a semé le germe d'une communauté bâtie sur le partage et sur la désacralisation du pouvoir. Les premiers chrétiens étaient accusés d'athéisme parce qu'ils refusaient de considérer comme sacrés les arbres, les sources, l'argent, la sexualité, l'empereur, etc. Pour eux, Jésus et son Père ne faisaient pas nombre avec tous ces « dieux »-là. Par le fait même, le monde d'ici-bas échappait à l'« enchantement », il devenait profane, il était l'affaire des hommes et des femmes qui, désormais, s'en trouvaient responsables.

Le christianisme, après le judaïsme, a ouvert la possibilité d'une conception laïque de la vie en société. La Révolution française a appliqué ces principes (contre l'Église catholique). La plupart des régimes politiques européens sont issus de cette histoire. Mais il ne faut pas oublier qu'il n'en va pas de même dans le reste du monde! Le cas de l'Amérique du Sud paraît ici exemplaire. Un simple détail permet de s'en rendre compte : la dénomination courante Amérique « latine ». On ignore trop souvent que cet adjectif date du XIXe siècle, quand Napoléon III tentait de rétablir, au Mexique, un pouvoir européen contre l'« usurpation » indigène. La « latinité » de l'Amérique centrale et méridionale est une forme de l'impérialisme colonial. Or, il n'est pas sans intérêt de remarquer que mêmes les textes les plus vigoureux des théologiens de la libération continuent à employer le terme Amérique « latine »...

Les conditions dans lesquelles s'est déroulée l'« évangélisation » de l'Amérique du Sud sont bien connues. Mais les Européens n'ont pas apporté là-bas que l'épée et la croix. Comme partout ailleurs dans le monde, ils ont implanté leur organisation sociale, leur système de valeurs, leur technologie, etc. Or tout cela résulte du christianisme, c'est en quelque sorte une autre face de l'Occident chrétien. Par conséquent, les luttes de libération des peuples d'Amérique du Sud se trouvent prises dans une contradiction capitale : c'est au nom de la Bible que le combat est mené contre une oppression qui, finalement, comme l'a bien montré le discours de Ronald Reagan tout au long des années quatre-vingt, s'identifie à la civilisation occidentalo-chrétienne.

L'essor des « sectes » noires

En Afrique, les problèmes, pour complexes qu'ils soient, n'appa-

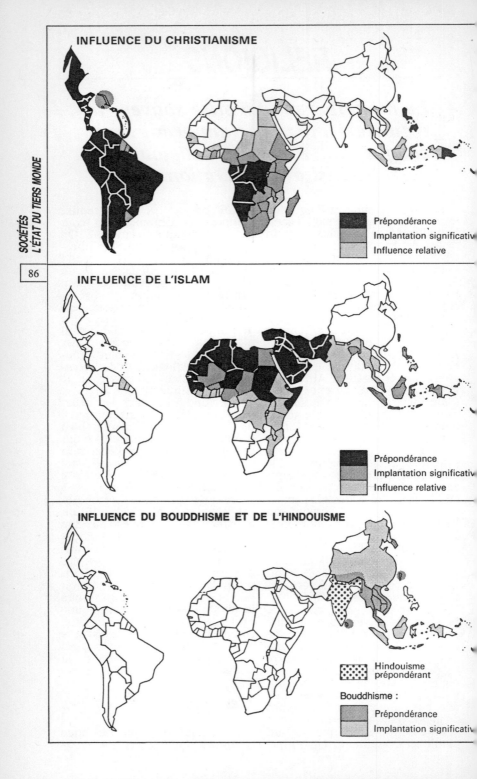

INFLUENCE DU CHRISTIANISME

Prépondérance
Implantation significativ
Influence relative

INFLUENCE DE L'ISLAM

Prépondérance
Implantation significativ
Influence relative

INFLUENCE DU BOUDDHISME ET DE L'HINDOUISME

Hindouisme
prépondérant

Bouddhisme :

Prépondérance
Implantation significativ

ANIMISME (PRÉSENCE SIGNIFICATIVE)

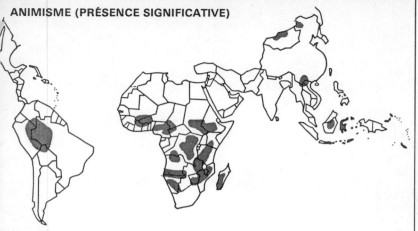

SYNCRÉTISMES

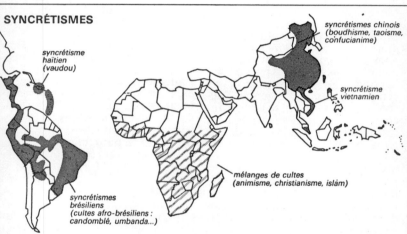

syncrétisme
haïtien
(vaudou)

syncrétismes chinois
(boudhisme, taoisme,
confucianime)

syncrétisme
vietnamien

mélanges de cultes
(animisme, christianisme, islám)

syncrétismes
brésiliens
(cultes afro-brésiliens :
candomblé, umbanda...)

TENSIONS RELIGIEUSES DANS LE MONDE

IRAN
IRAK
LIBAN   AFGHANISTAN   Tibet
ISRAEL   PAKISTAN
ÉGYPTE

INDE

PHILIPPINES

MALAISIE

KOWEIT
ARABIE   SRI
NIGÉRIA   SAOUDITE   LANKA
ÉTHIOPIE   THAÏLANDE
SOUDAN

★   Principales
    zones de tension

    États à religion officielle

    Propagande officielle
    anti-religieuse

raissent pas radicalement différents. Là aussi, les Européens ont destructuré des cultures et des sociétés auxquelles ils ont substitué leurs propres modèles. Si la colonisation s'est passée autrement qu'en Amérique du Sud, elle n'en a pas moins laissé une empreinte profonde. Et d'abord celle de la christianisation. Aujourd'hui, les efforts des Africains pour accéder à une indépendance réelle passent évidemment par une appropriation critique de cet apport forcé.

La forme la plus curieuse de cette inculturation est l'essor extraordinaire des « sectes ». Ce terme péjoratif recouvre en réalité une multitude de syncrétismes, c'est-à-dire de mélanges de christianisme et de croyances et pratiques ancestrales. Le kimbanguisme, fondé au Zaïre par Simon Kimbangu, en est l'exemple le plus connu. Dans la seule Afrique francophone, on compte plus de six cents « sectes » de ce genre. Toutes ont au moins un point commun : l'anticolonialisme. Leur refus du mode de vie et de la religion importés-imposés s'exprime par un « bricolage » original de mythes et de rites divers. Il n'est pas sans intérêt de noter que le même phénomène se produit au Brésil avec l'umbanda, qui est sans doute aujourd'hui la principale « religion » du pays. Des peuples opprimés retrouvent là leurs racines, dans une ambiance magico-festive dont les visiteurs occidentaux ne voient pas toujours le caractère profondément subversif.

De nombreux Africains cherchent à élaborer actuellement une théologie africaine. Bien que leurs bases socio-politiques ne soient pas les mêmes que celles de la théologie sud-américaine de la libération, ils se trouvent affrontés à un problème similaire : leurs cadres de pensée, leurs systèmes d'analyse, leurs lectures de la Bible ont été fabriqués en Europe, avec les mêmes concepts qui ont servi à les exploiter. Par conséquent, leur première tâche consiste à réinventer une manière de penser à partir de leur propre culture. Le « développement » des sociétés africaines (comme de toutes les sociétés du tiers monde) passe par cet effort considérable. On peut battre un adversaire avec les armes qu'il a lui-même forgées, les guerres d'indépendance l'ont prouvé, mais la véritable victoire réside dans la capacité de créer soi-même son destin.

La montée de l'islam

L'un des phénomènes qui frappent le plus les observateurs, en Afrique et en Asie, c'est la montée de l'islam. Pour en comprendre la raison, il n'est pas mauvais de se souvenir de ce qui s'est passé au VIIᵉ siècle... Mahomet est mort en 632 ; cent ans plus tard, Charles Martel arrête les Arabes à Poitiers. L'étendard du Prophète flotte désormais des Pyrénées au Caucase et à l'Indus. Comment expliquer un tel succès ? Notamment par le fait que l'islam est apparu aux populations conquises comme un libérateur. L'Empire byzantin, en particulier, traitait en hérétiques les chrétiens monophysites de Syrie, d'Égypte et d'Afrique du Nord ; en Espagne, les rois wisigoths persécutaient les juifs. A tous ces gens, la loi islamique est apparue plus tolérante que le christianisme intransigeant qui leur était imposé.

Ce n'est pas tant du christianisme que cherchent à se libérer les peuples d'Afrique et d'Asie qui adoptent aujourd'hui l'islam, mais bien plutôt de l'Occident chrétien qui les a si longtemps dominés et asservis. Pourtant, la situation n'est plus la même qu'au VIIᵉ siècle. L'indépendance réelle des pays que les Européens ont contribué à rendre sous-développés peut-elle trouver dans le Coran un élément moteur ? Le premier mouvement, pour un Occidental, serait de répondre négativement. Le fondamentalisme musulman tel qu'on le voit en action en Iran et en bien des pays africains où l'on tente d'imposer la loi coranique dans toute sa rigueur, semble caractérisé

L'engagement chrétien des pobladores de Santiago

La culture des pobladores, des marginaux urbains de Santiago, a toujours été empreinte de catholicisme populaire, d'attachement au culte des saints et de la Vierge manifesté par les rites, les pèlerinages et les processions. La répression qui a suivi le coup d'État de 1973, puis la longue dictature et l'accroissement des difficultés économiques rencontrées par les pobladores paraissent avoir renforcé le christianisme populaire et les mouvements de protestation se sont mêlés aux organisations et aux aspirations religieuses.

La brutalité et la cruauté de la répression de 1973, la disparition de la vie politique et des organisations revendicatives des pobladores, ont fait de l'Église catholique la seule institution légale indépendante du régime et capable de s'y opposer. La Vicaria de la Solidaridad dénonce la répression, les disparitions et les tortures et en appelle à l'opinion. Mais l'influence de l'Église dans les poblaciones repose aussi sur l'implantation déjà ancienne des prêtres dans les quartiers pauvres, surtout à partir de la conférence épiscopale de Medellin en 1968 où a été confirmée l'« option préférentielle pour les pauvres ». Ainsi, l'Église populaire apparaît rapidement comme la seule institution capable d'assurer la lutte pour la survie en organisant des soupes populaires, des centres de soins, en abritant l'essentiel de la vie associative. Bien qu'elle se construise largement autour des prêtres et des femmes qui préservent la solidarité communautaire et assurent les quelques services sociaux, la mobilisation religieuse des pobladores ne se limite pas à cette seule dimension et prend plusieurs significations.

La participation religieuse procède parfois d'une défense de l'ordre moral et de l'intégration face aux menaces de désagrégation et d'anomie qui pèsent sur le groupe. Les sectes pentecôtistes et protestantes dont on dit qu'elles touchent près de 20 % des pobladores peuvent être identifiées à cette orientation conservatrice. Il s'agit de défendre la famille et les rôles traditionnels, d'assurer une surveillance morale des membres du groupe et d'obtenir un salut individuel, souvent mêlé à l'idée de réussite sociale personnelle. Généralement, cette participation professe soit l'indifférence politique, soit le soutien à la dictature militaire.

Mais l'essentiel de la mobilisation religieuse procède de l'Église populaire, des communautés écclésiales de base, dans lesquelles la défense d'une communauté concrète est identifiée à l'affirmation des droits du peuple exclu et humilié. Il faut constituer les pobladores comme des sujets moraux, affirmant leur dignité et leurs droits humains contre un pouvoir et une société qui incarnent la violence et l'injustice. C'est cette Église populaire qui a ses martyrs, comme le père Jarland, et ses témoins, comme cette femme qui interpella le pape en mars 1987 pour dire au monde la situation intolérable des pobladores. Dans une situation où ni les partis ni les syndicats ne peuvent les représenter en tant que citoyens ou travailleurs, c'est l'Église populaire qui devient la voix des pobladores en affirmant leurs droits humains.

Alors que la théologie de la libération n'est pas très influente au Chili, quelques groupes religieux comme les communautés chrétiennes populaires adoptent une tonalité prophétique. Les pobladores sont décrits comme le peuple de Dieu qui doit se replier sur lui-même, contre les institutions — dont la hiérarchie catholique accusée de ne pas aller assez loin dans sa lutte contre le régime —, et contre les rites que le peuple doit se réapproprier, comme dans la communauté chrétienne des origines. Cette orientation religieuse s'efforce de lier salut religieux et libération sociale en interprétant les rapports sociaux en termes religieux et moraux.

L'influence de l'Église, les mouvements et les convictions religieuses se sont développés au Chili durant la dictature militaire. S'agit-il d'une tendance durable, d'un déplacement général des mouvements populistes vers des mouvements religieux, ou d'une réponse aux contraintes économiques et politiques de la dictature ? La période qui s'est ouverte après l'échec du général Pinochet aux élections du 5 octobre 1988 devrait apporter une réponse à cette question.

François Dubet

CLÉVENOT Michel (sous la dir. de), *L'état des religions dans le monde*, La Découverte/Le Cerf, «L'état du monde», 1987 [Cet ouvrage comporte 130 bibliographies thématiques].

COLLECTIF, *Religions*, Encyclopædia Universalis, 1988.

«Religions, Révolution. De l'exode... à la longue marche. Judaïsme, catholicisme, protestantisme, orthodoxie, islam, bouddhisme, hindouisme», *L'Actualité religieuse dans le Monde*, n° 63, janv. 1989.

«Théologies du tiers monde», *Concilium*, n° 219, éd. Beauchesne.

par l'obscurantisme et le fanatisme. Il est probable que le développement économique et l'autonomie politique passent par un obligatoire «désenchantement», une laïcisation, que le tiers monde devra, un jour ou l'autre, entreprendre. Mais, tant que le déséquilibre Nord-Sud entretiendra la faim et le désespoir, les exploités chercheront leur salut dans des idéologies pures et dures.

Sans doute est-ce la cause du peu d'impact du bouddhisme comme utopie mobilisatrice. Certes, il se définit lui-même comme «un chemin de libération»; mais il s'agit d'une libération intérieure, une expérience spirituelle personnelle qui vise à la délivrance du «moi», source de souffrance, d'orgueil et de haine. Supprimer le désir permet d'accéder à la sagesse, au bonheur, à la vérité. La «compassion bienveillante» qui en résulte peut bien être admirable, il n'en reste pas moins qu'elle ne peut se comparer au dynamisme conquérant de l'islam et du christianisme.

Cette dernière constatation nous invite à revenir sur un point commun, capital entre le christianisme et l'islam. Ce sont des religions monothéistes. Or, le monothéisme comporte une double tendance. En premier lieu, il favorise le totalitarisme. Croire en un Dieu unique, c'est automatiquement affirmer que tous les autres dieux sont faux, toutes les autres croyances erronées, par conséquent nuisibles, dangereuses, donc à détruire. Le système politique qui en découle, c'est la théocratie, où toutes les institutions dépendent directement de la loi religieuse. Le judaïsme a connu

cela (et le sionisme prétend le remettre en valeur), les Églises chrétiennes également, au cours de leur histoire, et l'islam s'est toujours présenté comme un État en même temps qu'une religion.

Monothéisme et sécularisation

Cependant, le monothéisme engendre aussi une radicale séparation entre le Créateur et la création. Désacralisée, désenchantée, profane, celle-ci devient l'affaire des hommes, qui sont rendus responsables de son organisation. L'autonomie de la société et la sécularisation sont en germe dans cette conception du monde.

Au XIIᵉ siècle, c'est l'apport de la philosophie grecque (les œuvres d'Aristote, transmises par les Arabes et traduites par des juifs) qui a permis à l'Europe occidentale d'opérer le formidable essor qui la placera pour longtemps dans une situation de pointe par rapport au reste du monde. Grâce à cette greffe, le christianisme a pu, en effet, prendre de la distance vis-à-vis de lui-même; la foi s'est mise «en quête d'intelligence». La pensée des grands théologiens du XIIIᵉ siècle (Thomas d'Aquin, notamment) aurait été impossible sans cela. Or, au même moment, l'islam a refusé Aristote; son plus éminent interprète, Averroès, a été condamné par les théologiens musulmans conservateurs. Ayant manqué ce tournant décisif, l'islam n'a jamais accédé à la modernité. Actuellement encore, il est extrêmement difficile, par exemple, de trouver une lecture du Coran qui s'apparente à celle que l'on fait de la Bible. Le fondamentalisme règne, parce que la pensée moderne n'a pas été assimilée.

La théologie de la libération et la théologie africaine, encourant le même risque, vont-elles échapper aux modèles dominants, européens, masculins, cléricaux ? Ces modèles sont inhérents non seulement à la science et à la technologie que nous importons dans le tiers monde, mais aux idéologies qu'il utilise pour essayer de forger son indépendance. L'islamo-marxisme syrien ou algérien, le christiano-marxisme sud-américain présentent le même risque : celui de tourner le dos à la modernité, supposée incarnée par l'Occident impérialiste, pour tomber dans un fondamentalisme rétrograde.

Le problème, dès lors, paraît clair : le tiers monde ne trouvera sa voie propre qu'en inventant les instruments de sa libération. Qu'il les cherche dans la Bible, dans le Coran ou dans Marx n'est sans doute pas indifférent. L'essentiel, pourtant, sera qu'il les recrée à son usage et en fonction des cultures de chaque peuple. Bien sûr, beaucoup est fait déjà en ce sens, à la base, et l'islam sénégalais ressemble aussi peu à celui pratiqué en Indonésie qu'une paroisse bretonne à une communauté de base brésilienne.

Mais il faut souligner également l'occidentalisation des élites. Pendant que leurs peuples luttent pour leur autonomie, des centaines de milliers de futurs fonctionnaires, médecins, officiers vont se former aux États-Unis et en Europe de l'Ouest ou de l'Est. Comment deviendront-ils des agents d'un développement original, respectueux des multiples différences qui font la spécificité d'une civilisation ?

Aucune religion, aucune idéologie ne constitue automatiquement un moteur pour le progrès. Pour ce qui la concerne, l'histoire de l'Occident a prouvé que le christianisme pouvait être la pire ou la meilleure des choses.

Michel Clévenot

Si sa culture est plurielle, le patrimoine culturel du tiers monde est unique et son accès requiert un apprentissage.

En ce temps-là, Léonard de Vinci n'en finissait pas d'achever *la Joconde*, et les troupes espagnoles entraient à Tenochtitlan, mettant fin à la civilisation aztèque. A quelques siècles de là, une ville nouvelle à l'architecture moderne surgit du cœur du Brésil, Brasilia... Quelques millénaires plus tôt, à Lascaux, des hommes (ou des femmes ?) « préhistoriques » tracent sur les parois d'une grotte la cavalcade magique d'un troupeau de taureaux, cerfs et chevaux, avec même une licorne... Loin de là et à une autre époque, un potier africain fabrique en série des statuettes garanties « antiques » pour des touristes japonais, un petit Brésilien se confectionne un jouet avec quelques boîtes de conserve et, dans une rue de Kaboul, un soldat soviétique boit un Coca-Cola en écoutant sur son walkman une cassette de rock. Tandis qu'à Casablanca, Nabil rêve à l'achat d'un *jean* tout comme Piotr à Gdansk. A Paris, à la messe littéraire du vendredi soir, Bernard Pivot apostrophe des écrivains sur l'amour, l'émotion, la passion. Un tel inventaire à la Prévert serait interminable, et sa conclusion bien banale : la culture est le terme le plus délicat à définir, tant son sens est daté et inscrit dans un espace social et religieux particulier, tant ses manifestations sont variées et parfois contradictoires, tant ses pratiques sont multiples et supplémentaires.

Ainsi la culture est nécessairement plurielle, et nous serions bien présomptueux de déclarer telle ou telle forme d'expression meilleure que telle autre. Comme le remarquait, avec bon sens, Emmanuel Berl : « Dans la jungle des œuvres, on ne peut avancer qu'au coupe-coupe du jugement esthétique. Je ne saurais me fier au mien ; je l'ai trop vu changer pour le croire et pour m'en faire accroire. »

Ainsi la culture, tout en s'enracinant dans une société particulière, en demeure relativement autonome, et nous pouvons toujours être émus par l'Acropole, le Sphinx, le théâtre Nô, ou *Le Jardin des délices* de Jérôme Bosch.

Ainsi une culture circule et en nourrit d'autres qui l'assimilent sélectivement et parfois se l'accaparent entièrement.

Ainsi la culture repose-t-elle sur des croyances, des techniques, des pratiques sociales et des expressions artistiques.

Ainsi la culture des pays du tiers monde est complexe à présenter : il y a de jeunes États avec de vieilles cultures encore très vivantes, de vieux États sans culture nationale et ouverts aux cultures étrangères, des États dont le parti unique instrumentalise la culture à sa seule gloire et rejette autoritairement telle ou telle expression culturelle comme *antirévolutionnaire* (souvenons-nous du caractère « bourgeois et réactionnaire » de la *Neuvième Symphonie* de Beethoven !) ou *impérialiste* (la culture américaine [?])...

Ainsi les principaux thèmes, qu'il faut évoquer en présentant cette planète aux astres si nombreux qu'est la culture, et à la logique si difficile à déceler, sont les suivants : si l'*écriture* n'est pas la garantie de l'éternité culturelle, l'*oralité* ne l'est pas davantage ; le *traditionnel* est un moderne ancien et la *modernité actuelle* appartiendra vraisemblablement au domaine des traditions; l'*étranger* ne doit pas être surestimé, ou censuré, par rapport au *local*, et réciproquement; l'*universalité* est une nécessité en un temps où le monde se mondialise, mais ne doit pas rejeter les cultures à visée plus particulière; la *laïcisation* imposée par l'économie marchande ne peut gommer le sacré qui gît dans l'œuvre d'art; la *tolérance* du public doit être aussi forte que l'*exigence* de l'artiste face à son œuvre. Enfin, si la culture est plurielle, le *patrimoine* culturel du monde est *unique* et son accès requiert un apprentissage. Architecture, littérature, cinéma, musique, peinture, danse, sculpture, etc., sont autant de moyens de communiquer avec l'autre et de se rencontrer soi-même.

La diversité des pratiques culturelles de par le monde est si évidente qu'il faudrait des milliers de pages pour en dresser un inventaire, et encore serait-il incomplet... Le théâtre d'Ariano Suassuna, celui de Kim en Corée et les danses gabonaises qui sont présentés ici, ne font certes voir qu'une toute minuscule partie de ce patrimoine culturel mondial, mais ces articles montrent ces créations dans leur contexte local et leurs répercussions internationales.

Thierry Paquot

Au Gabon, de la danse rituelle au spectacle danse

Si le Gabon compte parmi les pays les mieux «nantis» d'Afrique de l'Ouest, si les motrices électriques du *Transgabonnais* traversent la brousse de part en part, la plupart des gens des campagnes ne connaissent pas la ville. Au travers de ce paradoxe, il faut bien constater l'existence de deux cultures sans point commun : l'une, orientée vers l'Europe de la technologie et du secteur tertiaire et l'autre vers les valeurs traditionnelles. Au centre de ces cultures qui se tournent le dos, la danse liée à la musique constitue un phénomène clef qui permet de comprendre le changement rapide de mentalité qui touche ce peuple africain.

Au sein de la vingtaine de groupes ethniques les plus importants, la danse ne cesse de conserver, en milieu endogène, des fonctions codifiées et précises. La microsociété du moindre village se ressoude en permanence, grâce au complexe danse-musique traditionnelles. La danse demeure un élément de vie indispensable là où le milieu rural (le village, la brousse) demeure inchangé. Cependant,

depuis peu, à cause du mouvement irrésistible de l'urbanisation, ce milieu se trouve bouleversé et ses lois changées; il suffit qu'une piste traverse la forêt, qu'un pont en béton soit jeté sur la rivière ou qu'un ouvrier revienne de Port Gentil ou de Libreville avec une radio à transistor pour faire varier un ordre des choses qui apparaissait jusqu'alors immuable.

Les villes bougent elles aussi, car leur population augmente. Cette population qui travaille exprime le besoin de loisirs et de spectacles. C'est ainsi que le ministère de la Culture a tenté à plusieurs reprises de créer des ballets nationaux. Ces innovations représentent toujours des tournants délicats. Plusieurs essais ont vu le jour en empruntant les mêmes méthodes; la reproduction des formes sous leur aspect extérieur et superficiel, l'édulcoration des gestes, la toilette de la présentation par des élisions ou, au contraire, des enchaînements artificiels et enfin, la priorité donnée à une certaine esthétique, mimétique de l'«harmonie» à l'occidentale. Ces folklorisations, qui ont d'abord provoqué la surprise et l'amusement des populations urbaines, les lassèrent vite, car elles reproduisaient sans cesse les mêmes schémas. Elles ne devinrent bientôt que des moules creux condamnés par les gens des villages. Une véritable évolution eut lieu en 1987, grâce à une jeune femme : Geneviève Issembé. D'origine myéné, initiée, cette excellente danseuse, en même temps que prêtresse dans son ethnie, eut à cœur de préserver au centre de Libreville une mémoire vivante des villages. Elle se mit à étudier avec soin les possibilités de transfert de la danse traditionnelle, depuis la case de brousse ou la clairière, jusqu'à la scène. Plusieurs problèmes se posèrent alors.

Les danseurs de village, initiés, liés par le serment du secret, ne pouvaient ni danser toutes les parties d'un rituel devant un public profane, ni révéler certaines explications, aussi bien à propos des origines et des objectifs de la danse, qu'à propos des techniques gestuelles où le corps semble accomplir des prodiges. Il paraissait en outre impossible de déplacer des membres des peuples de la brousse vers la ville, non pas pour les «produire en spectacle», mais pour qu'ils servent de maîtres. La question de l'enseignement permanent se révélait cruciale.

Des «séminaires ambulants»

La jeune femme eut alors l'idée d'organiser de véritables séminaires ambulants. Elle se déplaça donc de village en village avec un petit groupe d'élèves-danseurs encore vierges de toute éducation chorégraphique. La connaissance des pas vint donc à ces jeunes par la reproduction, telle qu'elle se transmet dans les sociétés traditionnelles. Elle-même donnait ensuite les explications qu'elle jugeait nécessaires. Le cas des musiciens traditionnels fut différent. Geneviève Issembé put sans trop de difficulté inciter plusieurs percussionnistes et chanteurs à former le noyau de son groupe, car ils possédaient déjà un statut de demi-professionnels et avaient pris l'habitude de se déplacer en brousse pour assurer les fêtes saisonnières de leur région.

Les danses qu'elle présente sur une scène ne prétendent pas à la copie de rituels, mais elles constituent des moments signifiants d'un ensemble sacré ou de réjouissances profanes. Elles jouent le rôle de charnière dans une sorte de pédagogie gestuelle, forcément simplifiée.

Restait posée l'importante question de l'environnement pouvant être transposé au théâtre sous forme de décor. Elle la résolut de la meilleure manière qui soit, en présentant les danseurs sur une scène absolument nue. Au début de son expérience, elle imagina un fil conducteur qui lui permettait de passer, par le truchement d'un narrateur, de la danse d'une ethnie à celle d'une autre ethnie, puis elle supprima cette liaison.

Ces spectacles de danse, dépouillés, visant à l'essentiel, dans le geste comme dans la signification, ont rencontré un succès mérité à l'étranger. Le résultat de l'initiative est double : les spectacles dansés de Geneviève Issembé impulsent un nouvel intérêt pour la danse traditionnelle dans son milieu d'origine, mais aussi pour la création chorégraphique en ville. En outre, la danse traditionnelle dramatisée, et nouvellement valorisée, influence maintenant la gestuelle dans les salons et les discothèques. Elle est sur le point de devenir un matériau nouveau de création contemporaine spontanée.

Françoise Gründ

Le «théâtre de la liberté» et la liberté du théâtre en Corée

Révolutionnaire le professeur Kim? Allons donc! Il est loin d'évoquer cet adjectif — même un tant soit peu —, ce quinquagénaire fin lettré, distrait comme son illustre collègue imaginaire Tournesol, habitué des arrière-boutiques du marché aux puces, d'une politesse et d'une discrétion tout orientales, vénéré et adulé par tous ses étudiants, qu'il forme depuis trois décennies à l'art dramatique à l'université de Séoul, en Corée du Sud. Pourtant les faits sont là, tenaces, ils lui collent à la peau et le transfigurent.

Le pays du matin calme a connu, comme tous les autres pays d'Asie après la colonisation, le difficile choix d'une identité culturelle qui lui permette d'assumer son héritage millénaire et de se confronter aux défis d'une évolution culturelle occidentale omniprésente.

La notion de «théâtre», telle qu'elle est répandue depuis quatre siècles en Occident, était inconnue des peuples asiatiques jusqu'au siècle dernier. Seuls les Japonais possédaient des expressions dramatiques pouvant s'identifier à cette forme d'art. Chez les autres, les rituels chamanistes, hindouistes, bouddhistes, les théâtres d'ombres, les conteurs, occupaient avantageusement l'espace scénique.

A la question de savoir s'il fallait ou non imiter l'Occident et pratiquer sciemment un art étranger, Kim Jeong Ok a répondu à sa manière, celle de l'intellectuel formé à l'école occidentale, mais profondément ancré dans la réalité culturelle de son pays. Installé devant l'un des nombreux coffres à pharmacie de son bureau il a, avec minutie et patience, trié, pesé, rangé dans ses petits tiroirs, d'un côté le bon grain et de l'autre l'ivraie.

Le bon grain, il l'a trouvé tout d'abord dans le message littéraire, philosophique, social, politique que pouvait apporter à ses concitoyens la fréquentation d'auteurs dramatiques du patrimoine universel. Il met alors en scène, à tour de bras, en traduction coréenne : Molière, Beaumarchais, Goethe, Pagnol, Tennessee Williams, Ionesco, Dürrenmatt..., quarante-quatre pièces du répertoire international en dix ans!

Il l'a trouvé aussi dans la manière dont les rituels chamanistes, auxquels son peuple était accoutumé, traitaient avec une économie de moyens extrême, les problèmes de l'espace scénique, l'absence de décors permettant de dépasser les notions du temps et de lieux définis. Dans ce dépouillement, l'accessoire prenait alors une dimension extrême et devenait d'autant plus signifiant. Le chant, la musique et la danse apportant au texte une dimension nouvelle.

L'alchimiste mixe alors ces différents ingrédients et les dose de telle sorte qu'en 1978 naît dans son laboratoire le premier spectacle spécifique à la Corée : *Que deviendrons-nous après la mort?* L'élève de Descartes et Valéry formule alors sa *Préface à la méthode*. Il entreprend une profonde transformation passant de l'art théâtral à l'exorcisme, du monde des «autres» à celui des «nous-mêmes», d'un regard extérieur à un regard introspectif.

Kim Jeong Ok, dans un pays où le métier d'acteur n'a existé que sous forme de baladin, réintègre cette notion et transforme les acteurs et actrices qu'il a patiemment formés pendant des années, en bonimenteurs, clowns, acrobates. Il ne met plus en scène, il anime des ateliers au cours desquels la dynamique de groupe permettra au spectacle de se créer en fonction de la complémentarité entre les personnalités de chacun des interprètes. Si le théâtre écrit à l'occidentale est l'œuvre d'un homme de lettres solitaire, celui des baladins coréens de Kim est une création de groupe.

Leur dernier spectacle, *Même par grand vent, la fleur s'ouvre* marque l'entrée dans l'âge adulte du théâtre coréen, tourné vers l'avant-garde tout en étant profondément ancré dans les traditions millénaires du pays. Kim Jeong Ok, le révolutionnaire tranquille, ne se contente pas d'apporter à la Corée une forme dramatique qui lui soit propre, il renoue les échanges culturels avec le Japon, interrompus depuis la Seconde Guerre mondiale. Il invite dans son pays des hommes et des spectacles de théâtre du tiers monde, il organise des colloques internationaux dans lesquels, déjà bien avant les Jeux olympiques de 1988, il fait participer des représentants du théâtre des pays de l'Est.

Exiger l'abolition de la censure, le droit à la liberté d'expression, la libre circulation des hommes et des idées est bien le souci permanent de ce théâtre qui porte le nom de sa mission : *Liberté*.

Chérif Khaznadar

Le mouvement Armorial au Brésil

Parmi les hommes les plus attentifs à la charge émotive de la tradition brésilienne du Pernambuco et qui restent vigilants quant à la force de la création contemporaine, Ariano Suassuna, romancier, homme de théâtre, générateur de visions flamboyantes, animateur d'un groupe de créateurs (poètes, plasticiens, musiciens) se place au tout premier rang. Il vit à Recife, en haut de la ville, dans une grande maison tropicale secrète où se réunissent régulièrement ses amis du groupe Armorial, créé en 1969. Dans ce mouvement se trouvent des artistes jeunes tels que Romero de Andrade Lima, Dantas, Monica Laurenio de Melo, Zelia Suassuna, l'épouse d'Ariano, etc.

Né en 1927 à Nostra Senhora das Nueves, dans l'État de Paraïba, il est âgé de trois ans lorsque son père est assassiné. La mère emmène alors au loin les neuf enfants, et la famille s'installe dans le Sertao. C'est dans ces paysages et avec les hommes rudes du Sertao que naissent les formes et les souffles de l'univers de fiction qui deviendra celui de Suassuna. Il devient le précurseur du théâtre de rue qui se développera en Europe beaucoup plus tard, au cours des années soixante. Ce théâtre de « Barraka » constitué des éléments populaires et spectaculaires locaux, est destiné à favoriser la création du Nordeste brésilien dans le domaine de toutes les expressions. Très inspiré lui-même par les classiques de la péninsule ibérique et par celle du *romenceiro popular*, Suassuna publie en 1947 la pièce *Une femme vêtue de soleil*, puis en 1955, *Le Testament du chien*. Il écrit de grands romans, en particulier *La Pierre du royaume*. Il se livre depuis plusieurs années à un travail mixte d'écriture poétique, de gravure sur bois rehaussée à la main par des couleurs en aplat : l'« enluminogravure ».

Il définit la peinture, l'écriture, la poésie, la musique du mouvement Armorial comme « emblématiques » et présentant une parenté indéniable avec l'esprit magique du *romenceiro* du Nordeste. Héritées de la rudesse populaire et de sa pureté, les expressions ressemblent aux blasons, aux drapeaux, aux étendards des spectacles populaires brésiliens. Elles permettent d'exprimer « la Genèse et l'Apocalypse brésiliennes, en unissant le passé à l'avant-garde ».

SOCIÉTÉS
L'ÉTAT DU TIERS MONDE

La codification du mouvement Armorial est importante car elle contient un glossaire de sous-entendus : « Évidemment, quand nous parlons de "blasons", d'"or", d'"argent" ou même de "pierres précieuses" — écrit Ariano Suassuna — nous nous référons à la verroterie, aux paillettes et aux métaux peu chers dont le peuple brésilien se sert pour orner des habits princiers dans les *autosacramentales* des Guerriers, par exemple. Ces métaux et ces broderies populaires, bien que peu coûteux ont plus de prix que les "vrais", portés par les riches, parce qu'ils sont davantage chargés de rêve humain et que, de la sorte, ils ouvrent à notre peuple les portes de la grandeur...

« Voici l'unité culturelle de toute l'Amérique latine ; la parenté culturelle qui nous unit à l'art de tout le tiers monde. Aucune uniformité culturelle monotone et indésirable ; préserver, au contraire, les particularités nationales et les singularités individuelles de chaque artiste. Les tigres, les serpents, les boucs et les chèvres ou les animaux ailés et mythiques, provenant en même temps d'un art populaire encore vivant au Brésil et à travers ces royaumes et ces empires latino-américains étranges, demeurent dans notre sang comme ils ont été ensevelis dans notre sol. Ils sont là pour être déterrés et ressuscités à chaque instant. Pas seulement par le travail des archéologues, mais encore par la vision créatrice de nos écrivains et de nos artistes. Ce sol, cet humus, cette terre puissante, à la fois étrange et familière, la nôtre, nous lui sommes fidèles et irrémédiablement attachés, peut-être même sans en avoir clairement conscience. »

Françoise Gründ

La poussée démographique des pays pauvres, notamment de l'Afrique, comporte d'énormes risques, mais elle est aussi porteuse d'espoirs, de changements...

Fin 1988, le monde comptait 5,15 milliards d'habitants, dont les trois quarts vivaient dans le tiers monde. Au cours des vingt-cinq dernières années, la population du tiers monde a presque doublé. Serions-nous donc au cœur même de l'implacable arithmétique de Malthus, lorsqu'il énonçait sa fameuse loi de progression géométrique avec doublement des effectifs tous les vingt-cinq ans, précisément ?

Les choses sont, en réalité, moins simples. Le quart de siècle écoulé a été tout à fait exceptionnel : il a correspondu à un maximum historique unique. Lors du prochain quart de siècle, la croissance démographique sera, en valeur relative, nettement moins forte. C'est que, contrairement aux vues de Malthus, au cours de la période moderne, les populations connaissent une loi de croissance non pas exponentielle, mais logistique. Avec l'entrée dans l'ère du développement économique moderne, elles quittent, en effet, leur régime de croissance lente et connaissent une phase d'accélération liée à l'abaissement de la mortalité. Mais un ajustement se produit par diminution de la fécondité, et le rythme de croissance redevient faible, parfois même négatif. Cette loi historique fondamentale est celle de la *transition démographique*.

La transition démographique

Dans la phase de modernisation de ses comportements reproductifs, toute population décrit ainsi un schéma d'évolution analogue. Son taux d'accroissement s'apparente à une courbe en cloche, mais la dimension de cette cloche varie selon les époques et les pays. C'est précisément cette variabilité des poussées démographiques et les décalages temporels qui les séparent qui sont à l'origine des déséquilibres géopolitiques et du remodelage de la carte économique mondiale.

Le profil de transition démographique propre à un continent ou à un pays peut être résumé par une valeur numérique, qu'on appelle *multiplicateur transitionnel de population* ; c'est le coefficient par lequel est multipliée la population pendant la phase de transition entre le régime ancien (forte mortalité, forte fécondité) et le régime moderne (faible mortalité, faible fécondité). Ainsi, pour l'Asie, le multiplicateur ne devrait guère différer de ce qu'il a été pour la sphère de peuplement européen (5 à 7), cependant que pour l'Afrique l'accroissement pourrait être nettement supérieur (multiplication par 12 ou 15, voire par 20). De 1950 à 1985, la population de l'Asie a doublé, passant de 1,41 à 2,85 milliards d'individus ; dès 1990, elle devrait dépasser 3 milliards. La croissance démocraphique est appelée à s'y poursuivre encore pendant plusieurs décennies, si bien que, à l'issue du processus de transition démographique, le nombre d'habitants devrait être compris entre 5 et 7 milliards.

L'Afrique et l'Amérique latine ont connu une augmentation rela-

Cette Amérique indienne qu'on dit latine

En 1988, un groupe d'intellectuels latino-américains parmi lesquels figurent Gabriel Garcia Marquez, Eduardo Galeano, Mario Benedeti, a signé une lettre ouverte pour protester contre la préparation de la célébration par l'Espagne en 1992 du « Cinquième centenaire de la découverte de l'Amérique ». Le gouvernement cubain devait également dénoncer le caractère colonialiste de cet événement et pour la première fois, sans doute, manifester sa solidarité à l'égard des populations indiennes du continent.

Un autre signe de l'évolution des esprits à l'égard de la question indienne en Amérique latine est la reconnaissance par la nouvelle Constitution du Nicaragua, entrée en vigueur le 9 janvier 1987, d'un traitement différencié pour les populations autochtones par l'autonomie accordée à celles de la côte atlantique. Cette Constitution est certainement la plus avancée en Amérique latine à l'égard d'une population indienne et elle a eu pour effet d'en détacher la plus grande partie de la Contra. Mais il faudra attendre le retour de la paix pour mesurer ses effets pratiques.

Ce sont les luttes multiformes menées depuis le début des années soixante-dix par les mouvements indiens dans des pays comme le Guatémala, la Colombie, la Bolivie ou le Chili qui ont amené les élites latino-américaines à prendre conscience de spécificités qui tiennent aux langues — encore parlées par plus de trente millions d'individus —, à la religion — imprégnée d'animisme — et aux formes sociales d'organisation, qui ont souvent conservé un caractère communautaire.

Quelques organisations ont en ce sens joué le rôle de précurseurs. Ainsi, dès 1971, le Conseil régional des Indiens du Cauca (CRIC) menait des luttes dans le sud de la Colombie pour récupérer des terres communautaires. Il a été à l'origine de la création, en 1982, de l'Organisation nationale des indigènes de Colombie (ONIC) et, dans le contexte de guerre civile qui règne dans le pays, s'est doté d'un groupe d'autodéfense armée, le Quintin Lame. De même, les Mapuche du Chili — 7 % de la population nationale — ont été, après le coup d'État de 1973, la première organisation populaire à se reconstituer en 1978 et ils sont devenus le principal mouvement rural mobilisé contre la dictature. En Bolivie, le Mouvement révolutionnaire Tupac Katari de libération (MRTK-L) a perdu, en 1988, le contrôle qu'il exer-

çait depuis 1979 sur la Confédération paysanne au profit de la gauche, dont les représentants à la tête des syndicats revendiquent désormais leurs racines quechuas et aymaras.

Une autre manifestation de cette reconnaissance du droit à la différence a été le changement constaté dans l'attitude des agents du développement, en particulier ceux des organisations non gouvernementales (ONG), qu'elles soient nationales ou étrangères. Non seulement, elles ont commencé à prendre en compte les spécificités culturelles, mais elles en font souvent des leviers du développement, par exemple en remettant en valeur les technologies et l'artisanat traditionnels dans les Andes. Comme le remarque le sociologue Christian Gros, « dans les campagnes de ces différents pays, c'est au sein de la population indienne que l'on trouve les mouvements sociaux les plus fortement organisés, qui proposent des modèles alternatifs de gestion des ressources et des besoins visant à préserver ou assurer au groupe la plus large autonomie de gestion possible ».

Malgré ces progrès, la situation des populations indigènes reste préoccupante, souvent dramatique. Au Guatémala comme au Pérou, sous le prétexte de lutter contre les mouvements de guérilla, l'armée se livre à un véritable génocide. Au Chili, le projet d'une série de barrages dans la région du Bio Bio risque d'aboutir à la disparition des Pehuenche comme entité culturelle.

Dans la plupart des pays, à l'exception du Mexique, lorsqu'il existe un enseignement dans les langues indigènes, il ne dépasse pas le stade expérimental. L'Église, certes, se préoccupe du sort des populations indiennes qu'elle défend contre les excès des gouvernements autoritaires ou des propriétaires terriens, mais c'est le plus souvent avec l'arrière-pensée, comme au Chili, de les évangéliser.

Si le centralisme de la droite est un prétexte pour mieux contrôler et dominer un secteur de la population potentiellement rebelle, le jacobinisme de la gauche est souvent la conséquence aujourd'hui d'un réflexe nationaliste face aux menées de l'impérialisme américain. Mais au contraire, comme le font remarquer les indigènes du CRIC, les peuples qui luttent pour leur libération possèdent dans leur patrimoine un des moyens les plus efficaces pour résister et même vaincre le colonisateur.

Alain Labrousse

RÉPARTITION DE L[
ET PRINCIPALES CO[

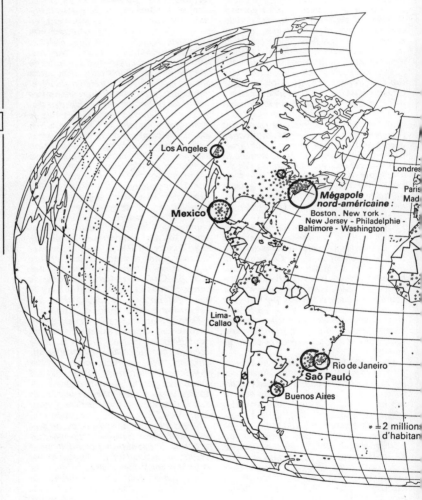

Los Angeles

Londres

Paris
Mad

Mégapole nord-américaine :
Boston . New York -
New Jersey - Philadelphie -
Baltimore - Washington

Mexico

Lima-
Callao

Rio de Janeiro
São Paulo

Buenos Aires

= 2 million[
d'habitan[

© Éditions La Découverte

Mégapole japonaise :
Tokyo - Yokohama -
Kawasaki
Osaka-Kobe

Séoul
Pékin
Tianjin
Shanghaï

ération
ur
Léningrad
Moscou

Istanbul
Téhéran
Delhi
Dacca

Bagdad
Karachi
Bombay
Madras
Calcutta
Bangkok

Le Caire

Jakarta

Agglomérations urbaines
de plus de 5 millions d'habitants

○ 5

◯ 10

◯ 18

◯ 25 millions

PASSÉ ET AVENIR DE LA POPULATION DES DIVERS CONTINENTS (en millions), 1700-2100						
ANNÉE	AFRIQUE	AMÉRIQUE LATINE	ASIE[a]	EUROPE + URSS	AMÉRIQUE DU NORD	MONDE
1700	107	10	436	125	2	680
1800	102	19	633	195	5	954
1850	102	34	792	288	25	1 241
1900	138	75	909	422	90	1 634
1950	219	164	1 406	575	166	2 530
1985	553	406	2 850	770	263	4 842
2000	759-818	563-652	3 376-3 814	881-898	273-333	5 853-6 515
2050	1 412-1 926	1 026-1 409	4 727-6 336	924-1 116	288-440	8 377-11 228
2100	1 587-2 328	1 153-1 608	4 885-6 806	868-1 143	269-448	8 763-12 333

a. Y compris Océanie.
Sources : BIRABEN, J.N., : *Population*, 1979, n° 1, pour le passé. — NATIONS UNIES : *World Population Prospects Beyond the Year 2000*, 1973, E/CONF. 60/BP 3, Add 1, pour l'avenir (variante haute). — CHESNAIS, J.C. : *Journal de la Société de statistique de Paris*, 1980, n° 1, pour l'avenir (variante basse).

tive plus forte encore puisque, entre 1950 et 1985, la population a été multipliée par 2,5 ; mais le poids démographique de ces continents est tout autre, puisqu'il est respectivement cinq et sept fois moindre que celui de l'Asie (Afrique : 550 millions, Amérique latine : 400 millions). A terme, c'est-à-dire d'un demi-siècle à un siècle d'ici, la population devrait se stabiliser à un niveau compris entre 1 et 1,55 milliard en Amérique latine, et entre 1,5 et 2 milliards en Afrique (tableau). Selon ces perspectives — que la bonne qualité des prévisions passées rend vraisemblables —, la population asiatique ne devrait donc plus guère que doubler, cependant qu'elle pourrait tripler en Amérique latine, et quadrupler en Afrique.

Ces continents ne sont en effet pas parvenus au même stade de la transition démographique et ce processus s'y déroule à des rythmes relativement différents. Pour le continent asiatique, l'apogée de la croissance démographique appartient au passé ; le taux d'accroissement a beaucoup fléchi, en raison notamment de l'évolution chinoise (politique autoritaire de limitation des naissances) ; la phase de crois-

sance maximale se situe vers 1970 : 2,5 % par an environ.

En Amérique latine, cette phase est un peu plus précoce, mais la croissance plafonne à un niveau plus élevé, proche de 3 % l'an, et pendant une période plus longue. Le cas de l'Afrique est plus spectaculaire : non seulement sa vitesse de croissance culmine à une hauteur sans précédent, supérieure à 3 %, mais la phase de croissance maximale semble devoir être beaucoup plus longue que sur les autres continents. D'autre part, la poussée démographique de l'Afrique appartient davantage à l'avenir qu'au passé. Ce qui signifie que, d'ici un siècle seulement, ce continent, longtemps sous-peuplé, pourrait être aussi peuplé que l'était l'Asie au milieu des années soixante.

Les vrais enjeux

Cette poussée démographique des pays pauvres, notamment en Afrique, sera à l'origine de défis nouveaux et d'autant plus importants que la fécondité tardera à baisser. Comme telle, cette poussée comporte d'énormes risques

« Périls » démographiques et manipulations idéologiques

S'il est absurde de nier que l'humanité est affrontée à de graves problèmes démographiques, il convient aussi de dénoncer l'utilisation abusive que certains font de ces périls pour justifier leur délire raciste. On connaît bien le discours de ces apprentis-sorciers : « Si demain des dizaines de milliers de Maghrébins affamés faisaient cingler leurs felouques vers les côtes hospitalières de la France, un nouveau Charles Martel se lèverait-il du côté de Poitiers pour préserver le territoire national ? Les vieillards devraient-ils défendre de leurs mains tremblantes les riches plaines où l'envahisseur planterait ses tentes et ferait paître ses chevaux, tel Attila de sinistre mémoire ? Combien de temps encore le fossé méditerranéen réussira-t-il à empêcher que s'applique entre ses deux rives le principe des vases communicants ?

« Il faut que les Français prennent conscience des dangers que fait peser sur leur pays, et sur leurs trop rares descendants, l'explosion démographique. Celle-ci — plus dévastatrice à terme que celle de la bombe atomique — secoue la planète depuis qu'on a cru bon d'exporter vaccinations et soins infantiles dans des pays où la dure, mais nécessaire, loi de la nature compensait la fécondité de femmes prolifiques par une sévère sélection des enfants autorisés à vivre ! »

Ainsi le raciste conséquent dépeint-il le vol de « coucous flingueurs », au teint basané, prêt à s'abattre sur le nid douillet où pépie une progéniture nationale clairsemée ! Lorsque la France fit appel à la main-d'œuvre d'Afrique du Nord, « l'envahisseur » était ainsi présenté faisant des enfants comme font les lapins, et pouvant vivre des seules allocations familiales ; il engrangeait ses provisions de pommes de terre et de charbon dans sa baignoire !

Comme si, dans un monde où l'homme blanc est de plus en plus minoritaire, il ne lui restait qu'à sangloter sur son sort, avant de savoir à quelle sauce il serait mangé, ou dans les bras de quelle peuplade barbare il serait étouffé ! Oui, l'antichambre du racisme est ainsi meublée de projections selon lesquelles la population européenne serait bientôt submergée par la marée démographique d'un tiers monde concevant « à bride abattue ». 80 milliards d'hommes en 2100 ! En arriverons-nous là ?

Mais, voici des années, certains n'annonçaient-ils pas déjà des catastrophes — explosions ou raz de marée — auxquelles jusqu'à présent l'humanité a échappé ? Ainsi les habitants du 13ᵉ arrondissement de Paris pourraient-ils se souvenir du capitaine Danrit, qui aurait certainement vu en Chinatown le repaire d'une hydre chinoise se préparant à étendre ses tentacules à travers la France. C'est en effet sous ce pseudonyme qu'Émile Driant, gendre du fameux général Boulanger, signa au début du siècle des ouvrages de fiction qui alertaient l'opinion sur la montée du « péril jaune ». Les terres sous-peuplées de l'Occident allaient être envahies par un grouillement de fourmis aux yeux bridés, avides de sillons à cultiver et de moissons à dévorer !

Mais les Français n'ont jamais pris ces menaces très au sérieux. La preuve ? Dans le même temps de bonnes âmes récoltaient le papier d'argent qui enveloppait le chocolat, afin de racheter les milliers de petites filles chinoises qui — affirmait-on — étaient jetées sur des tas d'ordures et servaient de pitance aux cochons !

Il serait cependant trop facile, et parfaitement injustifié, de ranger au placard les avertissements des experts en matière de démographie, sous le seul prétexte qu'ils peuvent fournir en armes blanches l'arsenal d'une droite extrême. Il faut les entendre, mais éviter qu'ils soient compris comme une semonce aux seuls pays en développement et qu'ils nourrissent d'autosatisfaction la déjà bonne conscience occidentale. Les responsabilités sont pour le moins partagées. La persistance de dettes abusives ou l'achat à vil prix des matières premières par les pays nantis ne créent pas dans les pays pauvres les meilleures conditions d'une régulation démographique.

… La télévision, ce soir, propose en feuilleton Les envahisseurs. De drôles de gens, venus d'ailleurs. Danger ?

Alain des Mazery

sociaux et politiques, que ce soit en matière d'emploi, de développement urbain, d'équilibre alimentaire, de stabilité politique, ou de relations internationales (tensions, menaces de débordement, émergence de nouveaux impérialismes). Mais, en même temps, pour les sociétés concernées, elle est porteuse d'espoir et de changement. L'histoire n'a-t-elle pas régulièrement démontré que, de par leur capacité technique, les sociétés contemporaines ont des possibilités d'adaptation très supérieures à celles des sociétés passées ?

En outre, la signification économique de l'accroissement démographique est beaucoup plus complexe qu'il n'est dit dans la littérature courante ; elle comporte de multiples faces cachées, souvent plus importantes en définitive, pour la dynamique historique, que ses aspects les plus visibles. Citons notamment l'incidence de l'élévation de la densité sur le progrès technique, sur la valeur du capital et sur la compétitivité des coûts de main-d'œuvre, et celle de l'abaissement de la mortalité (qui produit « l'explosion » démographique) sur l'investissement humain et la productivité du travail. L'échec de la prévision économique relative au devenir des sociétés du tiers monde doit, d'ailleurs, conduire à s'interroger sur les effets supposés de la pression démographique.

Deux données historiques fondamentales doivent être ici rappelées. Tout d'abord, le monde européen a connu, lui aussi, au siècle dernier, une « explosion » démographique (la croissance de la population a culminé — il est vrai — à un niveau de une fois et demie à deux fois moindre que celui des pays peu développés d'aujourd'hui) ; or cette phase de croissance maximale de la population a coïncidé avec le premier boom de l'économie mondiale (1870-1913). C'est aussi durant cette époque que le monde européen a creusé l'essentiel de son écart de niveau de vie par rapport aux pays moins avancés.

D'autre part, dans les pays peu développés, la croissance démographique a connu son maximum (sauf en Afrique) dans les dernières décennies, et, là encore, cette phase s'est inscrite dans un contexte d'essor économique sans précédent : le second boom de l'économie mondiale (1946-1973) a été nettement plus puissant que le premier et, surtout, il a autant touché en moyenne les pays peu développés que les pays développés.

Les différentes « explosions »

Mais la révision des dogmes doit aller plus loin encore, car la réalité est fort éloignée des constats biaisés qu'on trouve encore sous la plume d'experts reconnus. Le diagnostic conventionnel est le suivant : avec 75 % de la population de la planète, le tiers monde ne dispose que du cinquième du produit mondial. Ce qui revient à dire que l'écart de revenu par tête est de 1 à 12 entre les pays développés et les pays du tiers monde ! Or, dans ce genre d'exercice, la précaution la plus élémentaire consiste à tenir compte des distorsions de prix et, accessoirement, à réviser les comptes nationaux des économies socialistes (Chine notamment). Après correction, non seulement l'écart se trouve ramené à un facteur de 1 à 5 ou 1 à 6 (au lieu de 1 à 12), mais son amplitude tend à se réduire sensiblement depuis la fin des années soixante-dix.

C'est sans doute à propos du tiers monde que l'on peut trouver les plus magnifiques exemples de contradiction entre les faits et les doctrines, entre la réalité et les discours. Tant de catastrophes, annoncées à grand renfort de publicité, ne se sont jamais produites : l'explosion démographique n'a pas tué le tiers monde, l'Inde a échappé aux famines. A l'inverse, la Chine et l'Afrique que l'on disait moins vulnérables ont sombré dans de sévères famines régionales (années 1959-1961 en

Chine, période 1975-1985 en Afrique). Mais l'erreur d'appréciation a touché l'évolution démographique elle-même : la baisse de la fécondité a été plus forte que prévu.

La baisse de la fécondité

Contrairement aux pronostics alarmistes des années soixante, le mouvement séculaire de baisse de la fécondité est entamé sur presque toute la surface de la terre. Dans le monde en développement, l'inflexion s'est produite vers 1970, un siècle après le tournant européen. D'après les estimations des Nations Unies, le niveau de fécondité serait passé de 6,04 enfants en moyenne par femme, entre 1965 et 1970, à 4,05 vers 1985. Pour un laps de temps aussi court, la diminution est importante : deux enfants en moins par femme. La distance qui sépare la tradition (six enfants) de la modernité (deux enfants) aurait déjà été parcourue pour moitié. C'est exactement le cheminement qu'a connu un pays comme l'Inde qui épouse précisément le profil moyen.

Pourtant, les politiques de planning familial, lancées dès 1952, s'étaient, jusque vers 1970, traduites par de cuisants échecs. On a donc affaire à un changement majeur. En Chine, la diminution observée va bien au-delà, même si, comme pour la mortalité, il est à craindre, tout au moins pour le milieu rural, que la statistique officielle exagère la baisse réelle. A l'exception du Nigéria, la mutation démographique est générale parmi les pays à forte population, car,

		1988 : LES PAYS LES PLUS PEUPLÉS (en millions d'habitants)			
AFRIQUE		**AMÉRIQUE LATINE**		**ASIE**	
Nigéria[a]	105	Brésil	144	Chine	1 104	Vietnam	64
Égypte	51	Mexique	85	Inde	819	Philippines	55
Éthiopie	45	Argentine	32	Indonésie	175	Thaïlande	54
Zaïre	34	Colombie	31	Pakistan	115	Turquie	54
Afrique du Sud	34	Vénézuela	19	Bangladesh	110		

a. Évaluation, faute de recensement.
Source : Nations Unies.

La moitié des habitants du tiers monde vit en Chine et en Inde. L'autre moitié se partage en deux parts à peu près égales : la première, composée de pays de plus de 50 millions d'habitants, et la seconde, de pays de moins de 50 millions. Si bien que, au total, trois personnes sur quatre vivent dans des nations de plus de 50 millions d'habitants. L'Asie représente 85 % de cet ensemble. Ce fait est lourd de conséquences pour la modification des équilibres planétaires, car la montée démographique s'y accompagne souvent d'un rattrapage économique, cela alors même que, parallèlement, le fléchissement démographique (stagnation et vieillissement) des vieilles nations européennes à population proche de ce seuil — République fédérale d'Allemagne, Italie, Royaume-Uni, France : 55 à 60 millions — coïncide d'ores et déjà avec une perte de dynamisme économique.

BIBLIOGRAPHIE/POPULATIONS

CHESNAIS Jean-Claude, *La Transition démographique, étapes, formes et implications démographiques,* INED, Cahier n° 113, PUF, « Travaux et documents », Paris, 1986.

World Population Prospects, Estimates and Projections Assessed in 1982, Nations unies, New York, 1985.

Estimates and Projections of Urban. Rural and City Populations 1950-2025 : the 1982 Assessment, Nations Unies, New York 1985.

Demographic Indicators of Countries : Estimates and Projections as Assessed in 1980, Nations unies, New York, 1982.

PRESSAT Roland, *L'Analyse démographique,* PUF, 1983.

REINHART, ARMENGAUD et DUPAQUIER, *Histoire générale de la population mondiale,* Monchrestien, 1968.

TAPINOS Georges, *Éléments de démographie,* Armand Colin, 1983.

VALLIN Jacques, *La Population mondiale,* La Découverte, « Repères », Paris, 1988 (nouv. édit.).

Périodiques :
• *Populations et Société,* mensuel, dirigé par Michel-Louis Lévy (INED, 27, rue du Commandeur, 75014 Paris) ;
• *Peuples,* revue trimestrielle de l'IPPF (Fédération internationale pour la planification familiale), P.O. Box 759, Inner Circle, Regent's Park, Londres N W 1 4 NS, Grande-Bretagne.

bien qu'elle y demeure très forte, la fécondité a commencé à baisser dans les grands pays musulmans d'Asie (Pakistan, Bangladesh).

En Indonésie, autre géant asiatique, où la politique du gouvernement a été très ferme, le nombre moyen d'enfants par femme est passé de 5,5 vers 1965 à 3,7 vers 1985. Les seuls pays restés totalement ou presque à l'écart du mouvement sont les pays d'Afrique noire et la plupart des pays arabes. Ce changement de la fécondité traduit, pour l'essentiel, l'incidence des changements structurels (désenclavement rural, hausse de la scolarisation, etc.) liés à la croissance économique et, accessoirement, et sauf en Chine, à l'influence des politiques de planning familial. Les baisses les plus précoces et les plus profondes sont, en effet, celles des pays à croissance économique rapide.

Dans les pays où le mouvement n'est pas encore entamé, la question n'est pas de savoir si la fécondité va fléchir, mais quand et à quel rythme. Compte tenu de la jeunesse de la pyramide des âges et des niveaux actuels de fécondité, la population y est promise à un fort accroissement pour de nombreuses décennies encore.

Peut-on freiner cette croissance ?

Depuis la conférence de Bucarest (1974), les attitudes des gouvernements ont beaucoup changé, en contradiction parfois totale avec leurs comportements : la Chine niant, par exemple, la contrainte démographique, alors même qu'elle avait entamé la politique la plus drastique jamais vue, dépassant largement, en ampleur, les campagnes de stérilisation forcée menées en Inde en 1976-1977.

Même dans les pays catholiques et musulmans, et même en Afrique francophone, le planning familial n'est plus posé comme une alternative, mais comme un complément au développement. Dans la plupart des pays, il est devenu un élément des stratégies de développement et, comme tel, est intégré dans le dispositif de politique sociale et sanitaire ; il bénéficie de crédits budgétaires fort variables et surtout d'aides internationales. Là encore, c'est en Afrique que le retard est le plus grand, cela pour diverses raisons : intégration plus tardive et moins réussie dans l'économie mondiale, faible densité de peuplement, maintien des systèmes de solidarité traditionnels (clanique ou lignagère), pesanteurs de la condition féminine, divisions ethniques, tous facteurs qui rendent moins impérieuse la nécessité de limiter les naissances.

Des politiques de développement et de coopération audacieuses devront être mises en place, sinon les excédents démographiques poseront des problèmes de plus en plus redoutables à la communauté internationale (afflux de réfugiés, migrations clandestines). Les déséquilibres démographiques à venir entre l'Europe et l'Afrique sont gigantesques. Ce défi est immense, sans précédent historique. Il comporte des risques, mais aussi des chances nouvelles, car, pour peu que des politiques adéquates soient mises en œuvre, l'Afrique dispose d'un des plus formidables potentiels de développement qui puisse se concevoir.

Jean-Claude Chesnais

FEMMES

Des avancées vers l'égalité des droits avec les hommes sont observables, mais le modèle culturel — et universel — de l'infériorité et de la subordination des femmes reste vivace.

En instituant des « décennies » — sur le développement, l'enfance, l'habitat, etc. — les Nations unies veulent non seulement focaliser l'attention de la communauté internationale sur un ensemble de problèmes, mais aussi lui accorder un temps suffisamment long pour que des efforts conjugués et cohérents conduisent au renversement ou à la disparition des tendances lourdes responsables de ces problèmes.

C'est dans ce cadre général que la Décennie de la femme, dont les objectifs étaient « égalité, développement, paix », fut décidée en 1975. Mais, notons-le tout de suite, elle ne fut acceptée qu'avec beaucoup de difficultés, de nombreux pays s'élevant, fallacieusement, contre la discrimination sexuelle qu'elle semblait impliquer. Vieil argument utilisé par la plupart des partis politiques et des syndicats, entre autres, qui sous prétexte d'organiser des luttes communes contre l'exploitation refusent de reconnaître la spécificité des exploitations des femmes, exploitations qui appellent des mesures, elles aussi, spécifiques.

Un constat global d'injustice fondait la mise en œuvre de la Décennie : les femmes, la moitié de la population du monde, fournissent les deux-tiers des heures de travail de l'humanité, elles ne reçoivent qu'un dixième des revenus mondiaux et possèdent moins d'un centième des biens matériels. Ces chiffres n'ont pas varié sensiblement. Ils recouvrent, bien sûr, des différences importantes,

notamment entre les pays développés et les pays en développement, provoquées par des décalages historiques. La mise au travail des femmes qui a accompagné, mais aussi permis la révolution industrielle dès le milieu du XVIIIe siècle a entraîné le développement de mouvements féministes fondés sur la prise de conscience, par les femmes, de leur exploitation dans le travail, la famille, la société, et a débouché sur la conquête, ardue, de droits sociaux, économiques, juridiques et politiques.

Bien que les mouvements d'idées se transmettent rapidement, le féminisme n'a pu s'imposer dans les pays colonisés où les conditions matérielles n'étaient pas les mêmes et où les idéologies conservatrices et réactionnaires, présentes chez les colonisateurs comme chez les colonisés, en se renforçant mutuellement, confinaient les femmes dans une situation de subordination extrême.

L'accès de ces pays à l'indépendance nationale s'est accompagné dans certains cas d'un début d'industrialisation créant ainsi de nouvelles bases socio-économiques. Les femmes qui avaient participé aux luttes de l'indépendance ont pu alors lutter de manière plus systématique pour leur indépendance. Des décalages se sont réduits, mais, dans un mouvement contraire, d'autres effets, négatifs, se sont renforcés du fait de la dépendance économique entre le centre et la périphérie entretenue par l'imposition de modèles de développement extravertis. Ces modèles de plus en plus contestés aujourd'hui n'ont cessé, depuis les années cinquante, d'agir négativement sur les populations concernées et plus particulièrement sur les femmes, la croissance de la production s'accompagnant trop souvent de la croissance des inégalités et de la pauvreté.

« Femmes et développement »

C'est dans ce cadre général de tensions opposées qu'il faut analyser l'évolution de la situation des femmes du tiers monde. La Décennie a donc représenté un moment historique important pour elles dans la mesure où elle leur a permis, sous la pression internationale, de conquérir plus rapidement certains droits élémentaires. D'autre part, la Décennie a obligé les agences des Nations unies, les autres organismes intergouvernementaux, comme l'OCDE, la CEE, les agences d'aide bilatérale, et les ONG à prendre des mesures pour essayer de diminuer les conséquences négatives sur les femmes des projets de développement qu'ils finançaient. Soulignons que la plupart de ces organismes n'acceptèrent de se plier à cette exigence qu'avec beaucoup de mauvaise volonté et ne le firent, en définitive, que sous la pression de groupes de femmes convaincues et obstinées. Un exemple : c'est seulement vers 1983 que l'OCDE et la CEE créent les structures adéquates. C'est ainsi que l'expression « Femmes et Développement », WID en anglais, s'est constituée, a gagné de la force, s'est imposée, créant un espace spécifique dans cet autre espace spécifique qu'est le développement. Séparation nécessaire mais qui restait ambiguë. Il n'en est pas moins vrai qu'un mouvement réel de solidarité des femmes les mieux nanties envers celles qui le sont moins est né et que le modèle de développement « au masculin » a perdu un peu de sa crédibilité.

En 1989, quatre ans après la fin de la Décennie, ce qui apparaît comme fondamental est d'analyser la situation des femmes du tiers monde dans ce mouvement de flux et de reflux que la notion même de progrès institue. Cela permet de ne pas considérer les acquis comme définitifs mais seulement comme des étapes d'un long processus soumises à de possibles retours en arrière. Processus unilinéaire sans aucun doute, mais qui connaît et connaîtra des fluctuations dues non seulement aux facteurs structurels mais aussi à d'autres, encore inconnus et dépendants de l'évolution des grands équilibres mondiaux. Les femmes ne sont pas *une partie* de l'humanité, elles *en font partie*, avec les enfants et les hommes.

La révolution la plus importante de l'histoire

Entre la Conférence de Mexico qui ouvre la Décennie en 1975 et la Conférence mondiale qui la clôt à Nairobi, en 1985, en passant par celle de Copenhague en 1980, les bilans se sont multipliés qui ont tous montré ce double mouvement d'avancée et de stagnation. Bilans qui pourraient apparaître négatifs si l'on oubliait que cette revendication fondamentale des femmes pour obtenir l'égalité des droits avec les hommes, et cela non seulement selon les lois mais aussi dans les faits, constitue en réalité la révolution socio-économique et culturelle la plus importante depuis les origines du monde. Ne remet-elle pas en cause ce qui est apparu « naturel » pendant vingt siècles, à savoir la subordination des femmes ?

Dès le début de la Décennie une exigence fut posée : intégrer les femmes dans tous les projets de développement depuis la conception jusqu'à l'évaluation de ces derniers. Exigence logique, évidente, mais qui va rencontrer et rencontre toujours beaucoup d'obstacles à tel point qu'en 1989 elle reste encore une priorité. Mais cette exigence aura des conséquences positives dans les domaines de la recherche, donc de l'information et de la mise en place de structures institutionnelles qui sont les bases de changements profonds.

Cependant, l'appauvrissement continu des populations rurales pousse les femmes à migrer vers les villes. Cette migration, massive en Amérique latine et qui ne cesse de croître sur les autres continents, reste sous-estimée dans sa signification profonde. Elle est pourtant l'une des causes les plus directes de la déstructuration des familles, du nombre toujours plus grand de femmes chefs de famille ne trouvant que des emplois non qualifiés et très mal rémunérés. Malgré ce que ce phénomène recèle de force explosive à moyen terme, on ne s'attaque pas à ses causes structurelles et l'on se contente de faire des projets ponctuels, qualifiés de sociaux.

Développer les connaissances et les recherches

Ce sont les travaux de recherche qui, en apprenant aux femmes à mieux connaître la diversité mais surtout la communauté de leurs situations dans tous les pays et dans toutes les grandes régions du monde, leur permettent de fonder la légitimité de leur lutte.

A partir de 1975, une vigoureuse impulsion a été donnée à la recherche en dégageant des financements, notamment pour que les pays du tiers monde puissent constituer leurs équipes, et, ce faisant, légitiment peu à peu ce nouveau champ du savoir. En effet, il ne faut pas oublier que jusqu'alors les travaux anthropologiques et sociologiques portant sur les sociétés du tiers monde ont été menés principalement par des hommes qui ont tout simplement « oublié » les femmes. Les femmes sortent enfin de l'invisibilité où les diffé-

rents systèmes culturels les reléguaient. Au fur et à mesure que les données sont recueillies, les femmes peuvent diversifier leurs revendications en les fondant sur des bases plus solides. Mais l'oubli va perdurer dans le domaine des statistiques, permettant aux planificateurs de se retrancher derrière cette absence de mesure de l'activité économique des femmes pour ne pas les faire entrer dans les grands projets : le macro-économique reste du ressort des hommes. C'est un bon exemple de la façon dont les idéologies — implicites et explicites — peuvent rendre presque caduques des résolutions, quand bien même elles sont prises et répétées à l'échelon mondial. En 1985, l'Institut français de recherche scientifique pour le développement en coopération (ORSTOM) organisait un séminaire international sur le thème : « Femmes et politiques alimentaires. » Au cours de celui-ci, les résultats de dix ans de recherche dans le monde étaient présentés. La conclusion finale rejoignait les recommandations de la FAO : la crise alimentaire mondiale ne peut être réglée si l'on continue de tenir les femmes à l'écart des projets de développement agricole.

Ce furent, et ce sont des femmes qui effectuent ces recherches sur les femmes, ce qui diminue leur crédibilité aux yeux du monde scientifique dont les maîtres sont majoritairement des hommes. Ce sont les Anglo-Saxonnes qui dominent sans conteste cette nouvelle discipline, directement — avec leurs chercheuses — ou indirectement — par les financements qu'elles accordent aux chercheuses du tiers monde. Cette domination se traduit également dans les publications : seules des maisons d'édition anglaises ou américaines se sont spécialisées dans ce domaine ; dans l'existence de centres de documentation bien fournis ; dans les bourses accordées pour suivre des cours spécialisés sur « Femmes et Développement » dans les universités. Sur tous ces points, les pays européens restent en retrait : en

France, par exemple, c'est en 1985 seulement que l'ORSTOM a créé un fonds documentaire désormais informatisé. On voit combien reste difficile l'accès à ce nouveau champ du savoir au moment où il devient de plus en plus nécessaire d'élaborer des synthèses générales et comparatives. Cette difficulté est accentuée par le manque d'homogénéité des données recueillies. Cela reflète en définitive l'absence d'une politique nationale et, davantage encore, une autre forme de dépendance : les donateurs accordent leurs crédits selon leurs priorités propres, qui ne sont pas forcément celles des femmes des pays concernés.

Des acquis institutionnels

Il est un autre domaine pour lequel la Décennie a également joué un rôle capital : celui des institutions. Dans les années soixante-dix, on a assisté à la création de ministères, de bureaux, ou de départements chargés plus spécialement, au sein de l'État, de prendre des mesures, de faire voter des lois ou de veiller à leur exécution, afin que, peu à peu, le statut des femmes soit égal à celui des hommes. Dans le domaine du développement, le même phénomène se produit : afin d'obtenir que la première exigence de la Décennie soit respectée — l'insertion des femmes à tous les niveaux des projets —, les organismes d'aide, bilatéraux ou multilatéraux, mettent en place des structures spécifiques qui ont pour charge d'élaborer des outils d'évaluation et de veiller à leur utilisation. En 1989, il est rare de trouver un pays dépourvu de ce type d'institution, même si beaucoup d'entre eux ont « renâclé » à le faire. C'est un fait acquis, et il est important. Mais l'on se doit de souligner quelques aspects négatifs : ce sont des structures faibles, sur le plan financier et, le plus souvent, politique ; leur marge de manœuvre est étroite et parfois leur existence remise en question.

Elles produisent néanmoins des effets d'entraînement certains : mise en place de centres de femmes pour la santé, contre la violence par exemple. Dans tous les cas, ce sont des femmes qui sont responsables. Grâce à cet arsenal institutionnel aux mains de femmes qui gardent des relations étroites avec celles de la base, l'appareil juridique se transforme, des lois sont votées, comme celle sur l'égalité des salaires pour un travail égal, une des lois les plus essentielles, mais sans doute la moins respectée.

Femmes en mouvement, femmes en action

L'espace des grands débats internationaux fait désormais une place aux femmes. Mais, fondamentalement, celle-ci reste encore accordée, pourrait-on dire, par politesse, par lassitude, comme pour en finir... Si les femmes sont dans tous les discours, elles ont encore beaucoup à faire pour que leur voix soit, non pas entendue, mais reconnue et acceptée.

Parallèlement à ces conquêtes dont on perçoit la fragilité, historiquement inévitable, un autre phénomène est apparu qui ne cesse de croître et de prendre de la force. Dans toutes les régions du monde, dans les villes comme dans les campagnes, les femmes s'organisent en mouvements, en associations pour revendiquer des droits précis, liés très étroitement à leurs conditions de vie : l'eau, la lumière, des égouts dans les villes, des terres, l'accès au crédit dans les campagnes, partout des soins meilleurs pour elles et leurs enfants. Parfois ces mouvements de quartier se regroupent et réussissent à organiser des actions plus amples. C'est le cas des clubs de mères, à São Paulo, qui se sont unis dans un mouvement puissant, au niveau de toute la ville, pour lutter contre la cherté de la vie et contre le chômage. Ce sont donc des luttes qui, bien souvent, concernent la société

SOCIÉTÉS
L'ÉTAT DU TIERS MONDE

112

BISSILIAT Jeanne, FIELOUX Michèle, *Femmes du tiers monde, travail et quotidien*, Le Sycomore, Paris, 1983.

BOSHUP Ester, *Woman's Role in Economic Development*, Sanit Martin's Press, New York, 1970 (trad. française : *La Femme face au développement économique*, PUF, Paris, 1983).

DANIEL R., *Femmes des villes africaines*, INADES, Abidjan, 1985.

DOMITILIA, *Si on me donne la parole*, Maspero, 1985.

« Les Femmes dans le monde arabe », *Sou'al*, n° 4, 1983.

« Les femmes et le développement », *Revue Tiers-Monde*, n° 105, 1986.

FRAN Hosken, *Les Mutilations sexuelles*, Denoël-Gonthier, Paris, 1983.

LACOSTE-DUJARDIN Camille, *Des mères contre les femmes, maternité et patriarcat au Maghreb*, La Découverte, Paris, 1985.

PAQUOT Élisabeth (sous la dir. de), *Terre des Femmes*, La Découverte, « L'état du monde », Paris, 1982.

PINA M.-P. de, PANTHON B. de, RAMOND, *Les Femmes et le développement*, Économica, Paris, 1987.

SAUREL Renée, *L'Enterrée vive*, Slatkine, 1981.

MIGNOT-LEFEBRE Yvonne (sous la dir. de), « La sortie du travail invisible : les femmes dans le développement », *Revue Tiers-Monde*, n° 102, 1985.

THIAM Awa, *La Parole aux négresses*, Denoël-Gonthier, Paris, 1978.

ZENIE-ZIEGLER Wedad, *La Face voilée des femmes d'Égypte*, Mercure de France, Paris, 1985.

tout entière. Au cours de ces luttes quotidiennes, ces femmes du peuple acquièrent une formation, une conscientisation. Des personnalités fortes, des leaders surgissent qui osent affronter les autorités, quelles qu'elles soient, pour faire valoir leurs droits et obtenir gain de cause. Tout le monde sait que la force, le dynamisme des mouvements populaires viennent principalement des femmes.

Ces regroupements apparaissent comme les plus prometteurs, à moyen et long terme. Les femmes qui les constituent assument leur rôle de mère, de travailleuse et, ce faisant, apprennent leurs droits de citoyennes. Elles connaissent de par leur expérience quotidienne les différences biologiques, sociales, économiques, culturelles, religieuses qui les séparent des hommes, qui fondent l'injustice.

Des conquêtes à élargir

Il est un autre domaine où les femmes, également, sont en train de prendre beaucoup de force : celui de la politique. On les rencontre désormais à tous les niveaux : assemblées, parlements nationaux, régionaux ou municipaux. La désignation d'une femme — Benazir Bhutto — au poste de Premier ministre du Pakistan, fin 1988, a été un signe de plus, mais ce n'était pas la première fois qu'une femme accédait à une charge si élevée : pensons à l'Inde, à Israël. Les syndicats, eux aussi, créent des sections féminines, sous l'impulsion et la pression de militantes convaincues, ce qui représente une avancée importante dans les luttes ouvrières.

Les femmes ont conquis beaucoup d'espaces mais ceux-ci sont encore soumis à des effets pervers provoqués par l'enracinement du modèle culturel — et universel — de leur infériorité et de leur subordination. C'est ainsi que dès qu'elles réussissent à exercer, massivement, une profession, cette dernière en se féminisant se déqualifie. C'est ainsi que leur volonté d'exercer leur liberté sur leur propre corps est une suite de succès et d'échecs, les lois sur l'avortement et l'accès aux anticonceptionnels montrent bien ce mouvement de pendule. Ce domaine est encore régi par des forces qui leur échappent. Elles peuvent devenir chefs d'État mais leur fécondité est devenue, en fait, un enjeu géopolitique.

Jeanne Bisilliat

ENVIRONNEMENT

Les ressources naturelles s'épuisent à un rythme rapide et la pollution contamine l'eau et les sols, menaçant la santé. Un développement fondé sur des principes écologiques s'impose.

L'écologie ne peut plus être une préoccupation de luxe ; la dégradation de l'environnement menace le développement économique et la santé et apparaît de plus en plus comme le problème « numéro un » du tiers monde. Les ressources nationales s'épuisent à un rythme tel que, bientôt, les taux de croissance économique ne pourront plus être maintenus. Par ailleurs, la pollution, les industries toxiques et les technologies non appropriées nuisent à la santé des hommes et perturbent des usages agricoles qui avaient fait leurs preuves.

Jusqu'à une période récente, les « problèmes d'environnement » étaient considérés comme un luxe pour le tiers monde. L'accélération de la croissance économique et l'élimination de la pauvreté figuraient au premier rang des priorités ; ce n'est qu'accessoirement que l'on se souciait d'éventuels effets secondaires négatifs, comme la pollution ou l'insécurité des conditions de travail. Telle était la logique communément admise par les gouvernements, tant des pays riches que des pays pauvres. Ceux qui avaient des doutes étaient considérés comme des rêveurs ou des réactionnaires.

Aujourd'hui, on ne peut plus soutenir que la priorité à la croissance doit primer tout. La pauvreté s'est accrue en dépit de la croissance ; en provoquant la destruction de l'environnement, cette dernière a déséquilibré les sources de subsistance et menacé la santé — quand ce n'est pas la vie — des communautés pauvres du tiers monde.

Modèles occidentaux

Cette destruction provient, pour une large part, de l'étranger. Dans le tiers monde, les catastrophes en matière d'environnement et de santé sont souvent causées par les produits, les technologies et les modèles de développement occidentaux. La tragédie des gaz toxiques de Bhopal, qui a coûté la vie à 3 000 personnes et causé des handicaps physiques à 200 000 autres, est un exemple flagrant de ce qui arrive lorsqu'une compagnie transnationale fixe des normes de sécurité largement en deçà de ce qui est exigé en Occident. Des centaines d'usines ne respectant pas les normes sont ainsi vendues dans le tiers monde (la centrale nucléaire de Bataan aux Philippines que les autorités ont finalement renoncé à mettre en service ne a été un autre exemple) ou ont été transférées par les transnationales afin d'échapper aux règles en matière d'hygiène et de pollution en vigueur dans les pays industrialisés.

Il faut encore compter les effets des projets de développement financés par l'aide étrangère qui sapent à la base les systèmes d'agriculture et d'utilisation des terres en les réorientant vers les intérêts des nations riches. La « révolution verte », par exemple, a fait disparaître des milliers de variétés locales de riz qui avaient résisté à des générations de parasites pour leur substituer un petit nombre de variétés, certes à haut rendement, mais très vulnérables aux attaques parasitaires. L'utilisation toujours croissante de produits chimiques dans la lutte antiparasitaire n'accroît pas seulement la dépendance du tiers monde à l'égard des transnationales de l'agro-industrie, elle cause aussi indirectement, estime-t-on, la mort de 40 000 personnes par an par suite d'empoisonnements dus aux pesticides.

Cependant, avec la disparition des variétés indigènes, les agriculteurs et les gouvernements des pays du tiers monde seront de plus en plus à la merci d'une poignée de transnationales qui ont mis au point et déposé des brevets de semences obtenues par amélioration génétique de variétés issues précisément de leurs pays.

Quant aux pêcheurs, ils voient leurs prises s'amenuiser dans de nombreux pays. L'introduction massive de chalutiers modernes, souvent financés par l'aide étrangère, a rapidement décimé les réserves de poissons des océans. Il s'agit non seulement d'un danger pour ce qui représente l'une des principales sources de protéines du tiers monde, mais aussi d'une menace pour les millions de pêcheurs côtiers traditionnels pour lesquels cette activité est une condition de survie. Les effluents industriels d'usines tuent les poissons des rivières, tandis que, en Asie, les produits chimiques agricoles détruisent les poissons qui vivent dans les rizières.

Les dégâts des méga-projets

Les méga-projets absorbent aujourd'hui une part gigantesque des fonds destinés au développement du tiers monde, qu'il s'agisse de barrages hydro-électriques, de centrales nucléaires ou d'usines. Nombre de ces projets, nuisibles à l'environnement, voient le jour grâce à des dessous-de-table pratiqués par les transnationales et leurs agents. A cela s'ajoutent la myopie de politiciens en quête de popularité qui cherchent la croissance maximale immédiate au détriment de politiques mieux planifiées dans le temps.

En règle générale, de tels projets ne sont pas adaptés à l'objectif d'un développement authentique. Ils se révèlent à la longue utilisés en sous-capacité, gravement inefficients, voire même trop dangereux dans leur conception et leur réalisation pour être mis en service. Parce qu'ils consomment des investissements considérables, ces méga-projets privent les communautés de ressources financières qui pourraient servir à des projets répondant à une véritable politique de développement, sans compter qu'ils aggravent l'endettement de nations déjà débitrices.

En définitive, la tragédie de notre temps, pour l'environnement et la société, c'est que la technologie industrielle, si elle était judicieusement conçue et appliquée, pourrait pourvoir aux besoins matériels de chaque individu. Au lieu de quoi elle sert, dans une large mesure, à priver le tiers monde de ses ressources pour produire des biens superflus ; alors que la majorité de sa population y est de plus en plus marginalisée, parfois aux limites de la survie. Pis encore, les formes mêmes d'exploitation des ressources aboutissent à des désastres pour l'environnement : la déforestation, l'érosion massive des sols, la désertification (voir article suivant), la pollution des réserves d'eau. A cela s'ajoute l'horrible hécatombe humaine due à l'empoisonnement par les substances toxiques, les accidents et les catastrophes technologiques.

Les initiatives et les luttes se multiplient

En dépit de ce bilan, les organisations et mouvements qui militent pour la défense de l'environnement dans de nombreux pays du tiers monde — et les conceptions qu'ils développent — rencontrent encore

Les pollutions industrielles

La pollution de l'eau causée par les déchets industriels, les résidus de pesticides et d'engrais et les eaux usées est un problème majeur. En Inde, plus de 70 % des eaux de surface sont polluées et seulement huit villes indiennes disposaient de l'infrastructure nécessaire pour une épuration complète des eaux usées au début des années quatre-vingt. Cette pollution est d'autant plus grave que la grande majorité des populations n'a d'autre solution que de se servir de ces eaux pour boire, faire la cuisine et se laver. Compte tenu de la gravité des problèmes de santé qui s'ensuivent — 80 % de la mortalité infantile sont dus à des maladies liées à l'eau — l'Organisation mondiale de la santé (OMS) a déclaré les années 1981-1990 «Décennie de l'eau potable et de l'assainissement». L'agro-industrie peut également avoir un impact environnemental négatif, comme en témoigne l'emploi incontrôlé des pesticides.

La pollution industrielle de l'air est parfois plus grave dans le tiers monde que dans les pays dits industrialisés. Une étude du Programme des Nations Unies pour l'environnement (PNUE) en 1980 a démontré que la densité de particules en suspension dans l'air était plus élevée dans les villes des pays en développement : elles émanent de la combustion du bois et du charbon de bois. Les villes les plus touchées sont Bagdad (Irak), Téhéran (Iran), Bombay, Calcutta et New Delhi (Inde).

Le tiers monde souffre aussi de plus en plus des précipitations acides provoquées par les émissions d'anhydride sulfurique et d'autres gaz. Les pays et régions les plus menacés sont l'Inde, la Chine, le Sud-Est asiatique, la Zambie, le Brésil, le Venezuela, le Chili et le Mexique.

Il est évident que seul l'éco-développement — le développement qui respecte l'environnement — aidera véritablement le tiers monde à «décoller». Respecter l'environnement, c'est respecter la vie des hommes, pauvres et riches. Un paysage dévasté permettra peut-être de survivre, mais empêchera le plein développement du potentiel de ces nations.

Dominique Side

des réactions de scepticisme et même de colère. On qualifie leurs militants de «doux rêveurs» ou de plaisantins qui seraient seulement amoureux du ciel bleu et des papillons. Dans certains pays, ils sont dénoncés comme des égoïstes qui, voulant préserver la nature, privent ainsi les pauvres de terres; il arrive même qu'on les taxe de subversifs à cause de leurs activités «antidéveloppement».

Cependant, la prise de conscience environnementaliste gagne toujours plus de terrain dans de nombreuses régions du tiers monde, tant il est évident que la dégradation de la planète et la montée de la pauvreté vont de pair. Les enjeux écologiques ne sont plus un «luxe», mais posent des questions de vie ou de mort.

Au *Brésil*, plusieurs groupes s'efforcent de mettre fin au génocide culturel des Indiens qui progresse avec l'exploitation de la forêt amazonienne. En *Inde*, des douzaines d'organisations ont vu le jour, comme le mouvement Chipko pour la sauvegarde des arbres, ou le People's Science Movement ou encore les groupes créés à la suite de la catastrophe de Bhopal. On y note également une recrudescence de manifestations contre l'énergie nucléaire. En *Thaïlande*, en 1986, 100 000 personnes, que l'installation d'une usine produisant des matières radioactives avait mises en rage, ont incendié l'installation de Phuket. Aux *Philippines*, les protestations des défenseurs de l'environnement ont persuadé le gouvernement de Cory Aquino de fermer la centrale nucléaire de Bataan.

Enfin, en *Malaisie*, des groupes militants comme Sahabat Alam Malaysia (les Amis de la terre) ont aidé des dizaines de communautés à défendre leur environnement contre les chalutiers, la pollution, les risques d'accidents du travail et les projets destructeurs de l'équilibre écologique. Une action judiciaire menée par 3 000 résidents de Bukit Merah a mis fin (du moins temporairement) au fonctionne-

BOUGUERRA Mohamed, *Les Poisons du tiers monde*, La Découverte, Paris, 1985.

COMMISSION DES NATIONS UNIES SUR L'ENVIRONNEMENT ET LE DÉVELOPPEMENT, *Notre avenir à tous*, Éditions du Fleuve, Les publications du Québec, 1988 [traduction française du rapport *Our Common Future*]. Diffusion en France : Éditions Chiron.

CADRE DE VIE
L'ÉTAT DU TIERS MONDE

116

ment d'une usine produisant des déchets nucléaires, tandis qu'au Sarawak, 3 000 habitants ont signé une pétition demandant au gouvernement de renoncer au projet de barrage hydraulique de Bakun dont le coût s'élevait à 8 milliards de dollars.

Une « conscience verte » ?

Ces initiatives communautaires sont essentielles au développement de la « conscience verte » au sein des forces vives du tiers monde. Cependant, une meilleure compréhension des problèmes de l'environnement exigerait qu'ils soient reliés aux dimensions globales du système économique, social et politique. Il n'est pas défendable en effet de prêcher, pour le tiers monde, l'adoption de technologies appropriées ou le maintien de styles de vie modestes alors que les peuples des nations riches continuent de détruire les ressources mondiales en fabriquant des produits de luxe avec des technologies à forte intensité de capital. Pour changer cet état de fait, il faudra restructurer fondamentalement le système industriel et sa stratégie d'expansion dans les pays du Nord, qu'ils soient capitalistes ou socialistes.

Les gouvernements des États du tiers monde doivent aussi accepter de redistribuer les richesses, les ressources et les revenus et d'accroître la demande effective de biens et de services produits localement, afin de réduire la dépendance vis-à-vis des biens importés à prix élevé. Cela permettrait au moins de freiner l'exploitation des ressources du tiers monde sans égard pour l'équilibre écologique et leur bradage sur le marché international.

En renforçant l'autonomie par la redistribution des revenus, et par l'expansion de l'agriculture et de l'industrie locale, le tiers monde se donnerait aussi les moyens d'être plus intransigeant avec les transnationales qui ont fait fi des normes relatives à la santé, à la sécurité du travail et à la pollution. Il pourrait se permettre de refuser les produits, les technologies, les industries et les projets qui seraient jugés non appropriés. Le principe directeur de ce choix de développement devrait reposer sur l'utilisation économe des ressources non renouvelables, et l'adoption de ressources alternatives renouvelables.

Ce type de développement implique également la mise au point de technologies, de pratiques et de produits qui soient à la fois durables et sans danger et qui satisfassent des besoins réels. Ainsi, prendre position en faveur de l'environnement dans le tiers monde signifie se joindre à la lutte pour un ordre mondial juste et durable. C'est la condition de la survie.

Martin Khor Kok Peng

L'Afrique poubelle

Le « terrorisme toxique », la « traite des déchets », le « trafic des marchands de la mort » — tout un champ sémantique s'est ouvert, depuis avril 1988, pour décrire et décrier le dépotoir des pays industrialisés que risque de devenir le continent africain. L'onde de choc a été déclenchée par un « contrat du siècle » en Guinée-Bissao, l'ancienne colonie portugaise au sud du Sénégal. Depuis, la carte de « l'Afrique poubelle » s'est couverte de décharges, réelles ou désignées pour accueillir le trop-plein de déchets toxiques du monde développé. Le scénario est immuable : battant pavillon de complaisance, des trafiquants sans scrupules se débarrassent de produits dangereux dans des sites sans aménagement en soudoyant les responsables locaux, voire tout un régime, désespérément à court d'argent. En somme, l'éternel troc de verroteries sur les plages d'Afrique...

L'enjeu était de taille, en Guinée-Bissao, où le contrat le plus important jamais passé avec un pays du tiers monde pour des déchets industriels devait autoriser deux sociétés de droit britannique à enfouir 15 millions de tonnes sur une période de cinq ans. Gain net escompté pour un État qui se traîne en queue du peloton des pays les moins avancés : 40 dollars la tonne soit, pour l'ensemble de l'opération, 600 millions de dollars, plus de trois fois le produit intérieur brut du pays, deux fois l'encours de sa dette extérieure, vingt-cinq fois ses recettes d'exportations annuelles... Une manne inespérée, certes. Mais est-ce une raison pour prendre des risques incalculables ? Le site d'enfouissement, à Blinta, à neuf kilomètres de la frontière sénégalaise, avait pour seul avantage d'être facilement accessible par voie fluviale. En revanche, le sol y est poreux et acide. Mis devant ses responsabilités par l'opinion publique internationale, le gouvernement de Bissao a fini par abandonner son projet.

Une tempête de protestation s'est levée au 24e sommet de l'Organisation de l'unité africaine (O U A), en mai 1988 à Addis-Abéba. Introduite par le Nigéria, une résolution très ferme a été adoptée à l'unanimité. Déclarant que « le déversement de déchets nucléaires et industriels [est] un crime contre l'Afrique et les populations africaines », elle « somme » les sociétés transnationales de nettoyer les zones infestées et « invite » les pays africains concernés à dénoncer tous les contrats de stockage existants. Mais cette résolution — sans valeur juridique contraignante — a été battue en brèche par toute une avalanche de « révélations » embarrassantes au Bénin, au Congo, en Guinée, au Cap-Vert, en Sierra Leone, en Guinée équatoriale, au Niger et en Centrafrique. A peine rentrée chez elle, la délégation nigériane a été mise devant le fait accompli d'un dépotoir sauvage à Koko, un ancien port négrier dans le sud-est du pays. Pour un modique loyer de 700 francs par mois, l'Italien Gianfranco Raffaelli avait « entreposé » derrière la maison d'un simple d'esprit quelques milliers de fûts dégageant une forte chaleur et des vapeurs nauséabondes : 4 300 tonnes de produits hautement dangereux.

Au Nigéria, les « trafiquants de déchets » risquent désormais le peloton d'exécution. Suivant l'exemple, les seize pays de l'Afrique de l'Ouest ont décidé, fin juin, de se donner les moyens législatifs pour relever le défi. Au Liberia et au Ghana, le dépôt de substances nocives sur le territoire et dans les eaux nationales est depuis lors assimilé à la « haute trahison », susceptible d'entraîner la peine de mort. Au Togo, tout acte relatif à l'achat, la vente, l'importation, le transit et le stockage de déchets toxiques ou nucléaires est passible de peines pouvant aller jusqu'à la réclusion à perpétuité. En Côte-d'Ivoire, le législateur a instauré des sanctions de 15 à 20 ans de prison et de fortes amendes de 2 à 10 millions de francs.

Après la traite des esclaves et le pillage de ses matières premières, le continent africain échappera-t-il à la menace de servir de poubelle au monde industrialisé ? L'incinération d'une tonne de déchets toxiques se facture entre 75 et 300 dollars dans les pays développés, alors que l'enfouissement en Afrique ne coûte que « le salaire de la peur » : 2,5 à 40 dollars. Cependant, loin d'être une réalité du seul tiers monde, les dépôts sauvages existent en grand nombre aussi aux États-Unis et en Europe : selon l'enquête du mensuel Actuel, publiée en octobre 1988, il y aurait dans le seul nord de la « France poubelle » plus de déchets enfouis que sur tout le continent africain. Autant dire que le Nord et le Sud auraient intérêt à relever ensemble le défi écologique. Dans le cadre des Nations Unies, la prochaine signature d'une Convention sur le contrôle des mouvements transfrontaliers de déchets dangereux est censée renforcer leur coopération.

Stephen Smith

Déforestation, érosion, désertification...

S'il est vrai que le climat et les catastrophes naturelles sont particulièrement à risque dans beaucoup de pays du tiers monde, leur impact sur l'environnement est nettement aggravé par l'activité humaine. L'homme devrait être en mesure de limiter sinon de stopper la dégradation écologique.

La forêt est l'écosystème le plus menacé. Entre 1950 et 1982, la surface des forêts tropicales humides, qui se trouvent toutes dans le tiers monde, a été réduite de 25 à 40 %, selon les estimations de l'Organisation des Nations Unies pour l'agriculture et l'alimentation (FAO). La FAO prévoyait qu'entre 1982 et la fin du siècle la Thaïlande aura perdu 60 % de ses forêts, la Guinée 33 %, le Nigéria et la Côte-d'Ivoire 100 %, le Costa Rica 80 %, le Honduras, le Nicaragua et l'Équateur au moins 50 % chacun. La déforestation est causée principalement par le défrichement nécessaire à l'agriculture. La pression démographique et l'extension des exploitations commerciales forcent les petits paysans à cultiver de nouvelles terres. Entre 1976 et 1986, chaque année, presque 12 millions d'hectares de forêt ont cédé la place aux cultures, tandis que l'exploitation commerciale du bois a détruit annuellement de 4 à 5 millions d'hectares de forêt tropicale.

Un « cercle de désolation »

Les paysans profitent de l'abattement sélectif effectué par les entrepreneurs pour défricher les espaces restants et cultiver les clairières, mais généralement ils ne commencent pas eux-mêmes la destruction des forêts. Ils se servent du bois comme bois de chauffe, bois de construction ou fourrage. Les bois disparaissent également à cause du broutement, de la sécheresse (surtout en Afrique), de l'agriculture itinérante, des mouvements forcés de population (notamment en Indonésie), ou de la spéculation foncière associée à l'élevage intensif (Amérique latine).

Les arbres fournissent plus de 90 % de l'énergie totale utilisée dans les pays pauvres, les substituts tels que le kérosène ou le gaz étant trop chers ou indisponibles. Normalement, les ruraux ramassent le bois sans perturber l'équilibre écologique, mais la grande majorité du bois de feu et du charbon de bois est vendue en ville. Autour de presque toutes les villes africaines, le déboisement a créé un « cercle de désolation » sur un rayon de plusieurs kilomètres. Au Sahel, on estime que le rythme de la consommation du bois de feu dépasse de 30 % celui de la repousse des végétaux ligneux. En l'an 2000, selon la FAO, trois milliards de personnes souffriront de pénuries de bois de chauffe, ou seront contraintes de défricher les arbres plus vite qu'ils ne repoussent.

Depuis les années soixante-dix, des projets de reboisement sérieux ont tenté de combler le déficit en bois des populations urbaines et des industries consommatrices. Les plantations communautaires qui visent les ruraux ont connu un succès mitigé pour des raisons juridiques (droit à la terre) et socio-économiques. Il faut cependant noter de nombreux succès au niveau local, notamment parmi les projets gérés par les organisations non gouvernementales : la plantation de « ceintures vertes » autour des villes sahéliennes, par exemple. La Chine détient le record mondial de reboisement : 1 à 3 millions d'hectares par an entre 1980 et

1984, précédant le Brésil (346 000 hectares par an), mais le suivi des plants est mal assuré. Malgré ces efforts, le taux mondial de déforestation est environ dix fois plus élevé que le taux de reboisement.

La déforestation entraîne de graves conséquences écologiques. Les arbres stabilisent les sols, mais le défrichement expose aux érosions éolienne et hydrique. Les sols ne peuvent plus retenir l'eau au moment des pluies ; celles-ci balaient la couche d'humus et les éléments nutritifs (phosphore, potassium, azote, calcium), réduisant la fertilité. Le Guatémala a perdu 40 % de sa productivité agricole à cause de l'érosion. En Haïti, où l'érosion emporte 14 millions de mètres cubes de sol chaque année, il ne reste plus de terres agricoles de bonne qualité. Un rapport publié en 1982 par le Center for Science and Environnement (New Delhi) notait qu'en Inde 13 millions d'hectares sont érodés par le vent et 74 millions par l'eau, soit un quart de la surface du pays.

L'érosion est également due à la surutilisation et au surpâturage. L'exploitation des terres agricoles sans rotation des cultures ou sans jachère épuise les sols et les rend vulnérables aux intempéries. On trouve ces mauvaises pratiques agricoles aussi bien dans le cas des petites exploitations — surtout sur les terres marginales — que dans celui des grandes exploitations orientées vers le marché.

Quant au surpâturage, les causes en sont dues, en Afrique, à une rupture de l'équilibre écologique, provoquée par l'importance du cheptel, elle-même causée par les programmes de vaccination du bétail, la multiplication des points d'eau et la sédentarisation des pasteurs nomades.

En Amérique centrale, on a détruit les forêts, et sur ce sol très fragile, on a introduit l'élevage intensif des bovins : le même phénomène écologique s'est produit. Le broutement et le piétinement des animaux déboisent et enlèvent progressivement le couvert végétal, rendant la terre vulnérable à l'érosion.

La mort de la terre

En amont, donc, l'érosion signifie une perte importante de terres agricoles, mais, en aval, le dépôt de sédiments dans les estuaires peut causer de graves inondations au moment des pluies, comme cela s'est produit au Bangladesh en 1986 et en 1988 (ce pays se trouve en aval du Gange et du Brahmapoutre.) Il faut également noter que le dépôt de sédiments devant les barrages réduit la capacité du tiers monde en hydro-électricité. Le barrage d'Anchicaya en Colombie, par exemple, avait perdu pour cette raison 25 % de sa capacité deux ans seulement après sa construction.

La réduction de la productivité biologique de la terre est appelée *désertification* parce qu'elle peut mener à des conditions désertiques. Ce processus se distingue de la *désertisation* qui est l'expansion des déserts. La désertification ne se produit pas nécessairement à proximité des déserts, mais partout où la dégradation écologique rend la terre stérile. Selon une étude du Programme des Nations Unies pour l'environnement (PNUE), au début des années quatre-vingt, et dans les seuls pays en développement, 1 526 millions d'hectares de pâturages, 366 millions d'hectares de terres agricoles pluviales et 95 millions d'hectares de terres irriguées étaient menacés de désertification. La situation est particulièrement grave dans les zones arides où 61 % des terres agricoles sont menacées, et plus précisément dans la région soudano-sahélienne d'Afrique où ce chiffre atteint 88 %. Les terres irriguées sont touchées de façon paradoxale : en effet, l'irrigation mal conçue ou mal gérée peut entraîner le relèvement de la nappe phréatique, déposant les sels minéraux en surface. Or la plupart des plantes et des arbres ne peuvent pas tolérer cette « salinisation » de la terre. C'est ainsi que chaque année 92 millions d'hectares de terres irriguées deviennent stériles dans le tiers monde.

La lutte contre la désertification se fait de plusieurs manières : le reboisement des bassins versants et des pentes, l'agroforesterie, la plantation d'arbres tels que le leucena qui est fixateur d'azote, la construction de terrasses, les petits barrages en courbes de niveau, la construction ou la plantation de brise-vent.

De tels projets ont pu réussir au niveau local, mais une réunion du PNUE, en 1984, a constaté que la volonté politique nécessaire pour endiguer la désertification n'existe toujours pas. Pour des raisons strictement politiques, la majorité des gouvernements ne s'intéresse pas aux implications à long terme des projets de développement, et préfère satisfaire les besoins des populations urbaines dont dépend leur pouvoir. Le développement rural n'est donc pas une priorité budgétaire.

Écosystèmes menacés

La disparition d'autres écosystèmes menacés dans le tiers monde, les mangroves et les récifs coralliens, entraîne l'érosion côtière.

Il existe 240 000 kilomètres carrés de mangroves en Afrique, en Amérique latine et en Asie. Elles servent d'habitat à plus de deux mille espèces de poissons, d'invertébrés et de plantes, et fournissent à l'homme bois de construction et bois de feu. Ils sont menacés par la coupe du bois, la progression des terres cultivées, le détournement des rivières, les barrages. La destruction des mangroves réduit considérablement les rendements en poissons et supprime la protection naturelle du littoral contre l'érosion par la mer.

Il en est de même pour les récifs coralliens dont la dégradation a réduit le rendement en poisson de 90 % en Indonésie et de 55 % aux Philippines. Parmi les principales causes de détérioration : l'exploitation du corail pour les touristes, les sédiments déposés par l'emploi de la dynamite pour pêcher, la pollution des eaux, et un facteur naturel : les invasions d'étoiles de mer.

D'une façon générale, la mort des écosystèmes menace d'extinction des milliers d'espèces animales et végétales. Le tiers monde est la réserve génétique la plus importante de la planète : 40 % de toutes les espèces existant sur la terre vivent dans les forêts tropicales. D'autres espèces — le rhinocéros, l'éléphant, la baleine — sont menacées par la chasse ; d'autres encore — les orchidées — par le commerce.

Dominique Side

HABITAT

Plus d'un milliard de personnes vivent déjà dans des bidonvilles ou des taudis, c'est-à-dire dans les villes de demain. La poussée des vivants exige un nouvel ordre des choses.

En l'an 2000, près de la moitié de la population du tiers monde sera urbanisée. Avec près de 30 millions d'habitants, Mexico viendra en tête de ces grandes métropoles où la paupérisation des centres, le manque d'eau, la pollution industrielle et l'encombrement automobile dû à l'extension des banlieues résidentielles ont déjà pris d'inquiétantes proportions. Mais de tous les problèmes soulevés par la croissance urbaine, il n'en est pas de plus aigu que la prolifération des bidonvilles.

Un quart peut-être de la population mondiale, soit largement plus d'un milliard de personnes, vit dans des taudis au cœur des villes ou dans d'immenses « zones d'habitat spontané » qu'on appelle ici des « bidonvilles », là des *slums*, des *ranchitos*, des *favelas*, des *barriadas*, des *poblaciones*... Dissimulés à la vue des touristes, tapis derrière des rangées de boutiques, étagés aux flancs des collines, ce sont, par exemple, Santa Mesa à Manille, Klong Toey à Bangkok, Cheetah Camp à Bombay, Orangi à Karachi, Al-Thawra à Bagdad, Ben-Msik à Casablanca, Primera Victoria à Mexico, et tant d'autres où les ressources moyennes des habitants oscillent entre un et trois francs par tête et par jour.

Occupations précaires et illégales du sol

Mais ce n'est pas tant la pauvreté qui fait le bidonville que l'occupation illégale et précaire du sol urbain par des gens que la ville refuse parce qu'ils sont démunis de tout et dont elle force, chaque jour, un peu plus les défenses. A Dharavi (Bombay), un *slum* de 500 000 habitants, l'eau n'est disponible que deux heures par jour aux robinets publics, chacun d'eux alimentant des centaines de personnes. Le manque d'égouts et de latrines dans 90 % des cas, les ordures qui s'entassent, les rats qui mordent les bébés, les rues sans éclairage, les risques d'incendie, l'éloignement des lieux de travail et l'insuffisance des moyens de transport, l'absence d'écoles et de dispensaires, telle est la réalité de la vie quotidienne dans ce bidonville. Sans oublier les mafias de propriétaires et de trafiquants qui règlent leurs différends au cocktail Molotov. Pourtant les habitants s'efforcent sans relâche d'améliorer leurs demeures avec tout ce qui leur tombe sous la main : bidons, planches, lambeaux de plastique, briques chapardées sur les chantiers... L'ingéniosité palliant le manque de moyens, des artisans s'installent, pauvres en outils mais habiles et confiants dans leurs capacités : « L'individu est un trésor ! » nous disait un ouvrier du Caire.

La population de ces zones qui, par immigration puis accroissement naturel, augmente quatre fois plus vite que la population mondiale et, dans certaines métropoles, représente plus de la moitié du total, ne peut plus être considérée comme marginale. C'est commettre un grave contresens que se borner à lui accorder une compassion un peu effarouchée en cherchant à supprimer ces «poches de pauvreté». La ville est là, tout autant que dans les beaux quartiers, dans ces vastes rassemblements qui sont des lieux d'espoir avant d'être des lieux de misère.

Car le bidonville naissant s'organise comme un village. Par le style de ses constructions, la largeur de ses rues, le mode de vie de ses habitants, il est souvent à l'image des communautés villageoises que les plus hardis ont quittées. Bousculés par la pression démographique, attirés par le mirage d'un emploi et l'éclat de la «civilisation» («nous n'avons rien vu de notre vie», disent-ils), les paysans viennent demander à la ville «le pain et l'éducation». Accoutumés à une vie rude, fiers de leur courage et de leur endurance à la faim, soutenus par une foi, ils sont aussi en quête de dignité : «Les conditions de vie des paysans coréens, les avons-nous entendu dire, sont pires que celles des animaux domestiques dans les zones urbaines...» Mais les vieilles *médina* du Maghreb, les *chawls* (immeubles collectifs) de Bombay, le centre historique de Mexico ou du Caire, croulent bientôt, littéralement, sous la masse de ces «arrivistes» analphabètes.

Le bidonville semi-rural

Surpeuplés, les bâtiments se dégradent et s'effondrent lorsque la modicité des loyers (bloqués par mesure sociale) dissuade les propriétaires de les entretenir. Aussi, lorsque l'entassement est devenu intenable — et parfois dès leur arrivée —, les immigrants ou leurs fils, pris à la gorge, se cherchent un terrain libre à la périphént ainsi, pour ces hommes, le couronnement d'un immense effort pour s'arracher au malheur, pour changer la vie. Ils ne veulent pas d'un appartement moderne, ils souhaitent rester là, affermir leurs assises, jouir d'un salaire régulier, envoyer leurs enfants à l'école, vivre en bonne intelligence avec leurs voisins. Mais tous ne parviennent pas à ce stade : on estime que, dans le monde, plus de 100 millions de personnes (dont 20 millions d'enfants en Amérique latine) vivent dans la rue... Et les plus chanceux se félicitent : «On n'est pas toujours sûr de son pain», disait cette mère de famille de Rugenge, quartier en marge de Kigali au Rwanda, «mais au moins nous ne payons pas de loyer ! ».

Généralement peu étendu, le bidonville semi-rural, avec parfois des jardins maraîchers, qui alimentent le centre-ville en produits frais, ne déséquilibre pas la ville : il joue le rôle de ces «franges évolutives» que furent autrefois les faubourgs. Mais trop souvent, les autorités, retranchées derrière le droit de propriété, ne veulent rien entendre, et les abris des «squatters» sont détruits au bulldozer. L'insécurité est le lot des habitants des bidonvilles. Aussi l'angoisse étreint-elle quotidiennement ceux qui travaillent loin de leur domicile, à la pensée que, le soir même, ils peuvent trouver leur maison en ruine et leur famille dispersée... A court terme, les «déguerpis»

Les grandes villes de l'an 2000
(en millions d'habitants)

Ville	Hab.	Ville	Hab.
Mexico (Mexique)	26,3	Rio de Janeiro (Brésil)	13,3
São Paulo (Brésil)	24,0	New Delhi (Inde)	13,3
Tokyo/Yokohama (Japon)	17,1	Buenos Aires (Argentine)	13,2
Calcutta (Inde)	16,6	Le Caire/Gizeh/Imbaba	
Bombey (Inde)	16,0	(Égypte)	13,2
New York/N E New		Djakarta (Indonésie)	12,8
Jersey (USA)	15,5	Bagdad (Irak)	12,8
Séoul (Corée du Sud)	13,5	Téhéran (Iran)	12,7
Shanghaï (Chine)	13,5		

(comme on dit à Dakar) iront reconstruire les mêmes baraques un peu plus loin, avec des moyens amputés, sur un espace plus restreint, et sans plus de garanties qu'avant : « On nous balaie comme des ordures ! » s'exclament parfois les gens. Et le jour viendra où, leur élan initial définitivement brisé par des expulsions successives, ils perdront tout espoir de s'en tirer par eux-mêmes et sombreront dans la déchéance.

Quelles solutions ?

A plus long terme, les enfants ainsi élevés dans l'angoisse et l'illégalité, souvent abandonnés par le père qui s'est créé un autre foyer ailleurs, glissent dans la petite délinquance et tombent sous la coupe des mafias qui recrutent leurs tueurs à gages dans les bidonvilles-pourrissoirs. Pris en tenaille entre le refus de leurs parents de rester à la campagne et le refus de la ville de les accueillir, certains se cherchent aussi des raisons de vivre (et de mourir) dans le fanatisme religieux ou l'extrémisme politique. Des études ont montré qu'une population qui perd l'espoir glisse inconsciemment vers le suicide collectif : réduite et disséminée comme les tribus indiennes d'Amazonie, elle est condamnée à s'éteindre ; importante et concentrée, elle risque d'entraîner dans sa perte le corps social entier.

Depuis trente ans, les autorités urbaines ont, de par le monde, cherché une solution dans trois directions.

• L'expulsion

Dans des pays comme le Maroc ou l'Inde, elle était encore pratiquée en 1988. Or, le rejet des plus pauvres, reconduits dans leurs villages ou déportés à 30 ou 40 kilomètres du centre, ne fait que déplacer le problème sans le résoudre. Les gens reviennent clandestinement et recréent un bidonville ailleurs. Ceux qui parviennent

à s'enraciner dans les zones de relogement hâtivement tracées se voient souvent réclamer, des années plus tard, le prix d'un lot qu'ils croyaient avoir reçu en toute propriété et qui a pris de la valeur grâce à leurs efforts. Il faut payer ou partir encore. Et ce sont des fonctionnaires du régime, des militaires, des policiers, qui jouiront de leur travail d'aménagement non rétribué.

• Le relogement

Préconisé par certains experts, le relogement dans de grands ensembles est une solution coûteuse, imitée des pays riches, qui ne répond pas aux besoins des plus démunis, incapables de payer les loyers exigés, faute de ressources régulières. En outre, les conditions de vie imposées aux locataires sont grosses d'autres difficultés à moyen terme (dépressions, alcoolisme, usage des drogues, violences quotidiennes, etc.). Partout, au contraire, où les autorités sont parvenues à régulariser la situation des « squatters » en leur garantissant la libre occupation du sol qu'ils avaient envahi, le bidonville s'est mué en cité populaire.

• La fixation

Consolidation *in situ* ou sur des sites équipés, « la solution ne consiste pas à démolir les logements, déclare-t-on à la Banque mondiale, mais à améliorer l'environnement ». Les formules juridiques ne manquent pas : attribution gratuite, vente à bas prix, location-vente, bail à long terme, etc. Les autorités locales prennent enfin en compte cette population et lui fournissent les équipements de première nécessité. Les habitants, libérés de la hantise de l'expulsion, mobilisent toutes leurs ressources pour améliorer leurs conditions de vie. On a même vu certains bidonvilles acquérir cette reconnaissance à l'usure, par la négligence (plus ou moins monnayée) des autorités, qui hésitaient à prendre le risque de déclencher une émeute.

BIBLIOGRAPHIE/HABITAT

BAIROCH Paul, *De Jéricho à Mexico*, Gallimard, Paris, 1985.

BATAILLON Claude (sous la dir. de), *État, pouvoir et espace dans le tiers monde*, 1979.

BATAILLON Claude, PANEBIÈRE Louis, *Mexico aujourd'hui*, Publisud, 1988.

BERRIEN Véronique, «Un milliard de sans-abri», *Croissance des jeunes Nations*, n° 305, 1988.

BIAU Daniel, «L'Explosion urbaine dans le tiers monde : un défi planétaire», *La Revue de l'Économie Sociale*, n° 13, 1988.

BUGNICOURT Jacques (sous la dir. de), «Environnement et aménagement de l'espace», *Revue Tiers-Monde*, n° 73, 1978.

DEBLÉ Isabelle, HUGON Philippe, *Vivre et survivre dans les villes africaines*, PUF, Paris, 1982.

DRUMMOND D., *Architectes des favellas*, Dunod, Paris, 1981.

DURAND-LASSERVE Alain, *L'exclusion des pauvres dans les villes du tiers monde*, L'Harmattan, Paris, 1986.

ELA J.-M., *La Ville en Afrique noire*, Karthala, Paris, 1983.

LIAUZU Claude (sous la dir. de), *Enjeux urbains du Maghreb*, L'Harmattan, Paris, 1985.

La revue *Hérodote* (Éditions La Découverte) a abordé plusieurs fois la question urbaine : numéros 11 (*Jean Dresch*) ; 17 (*Villes éclatées*) ; 19 (*L'habitat sous-intégré*-épuisé) ; 31 (*L'implosion urbaine*) ; 36 (*Islams*).

MAC AUSLAN P., *Les mal-logés du tiers monde*, L'Harmattan, Paris, 1986.

MASSIAH Gustave, TRIBILLON Jean-François, *Villes en développement*, La Découverte, Paris, 1988.

ROCHEFORT Michel (sous la dir. de), «Le logement des pauvres dans les grandes villes du tiers monde», *Revue Tiers-Monde*, n° 116, 1988.

«L'urbanisation dans le monde», *Problèmes politiques et sociaux*, n° 572, 1987.

L'exemple de Calcutta

Depuis une dizaine d'années, dans les grandes villes d'Asie et d'Amérique latine, le *pouvoir des gens* s'organise face aux pouvoirs publics débordés et s'emploie à sa manière à reconstituer le tissu social. Issu dans de très nombreux cas de l'action démocratique et caritative des organisations non gouvernementales, ce pouvoir manifeste la volonté des exclus de reprendre leurs affaires en main, en vue d'une confrontation raisonnable et mesurée avec les autorités. Encore faut-il bien sûr qu'en face d'eux les responsables soient conscients de la gravité des enjeux et ne tentent pas de perpétuer à tout prix des situations d'injustice. Dans cette perspective, rappelons l'exemple du Bengale occidental, un État indien de 50 millions d'habitants qui, depuis 1978, a su mener de front un effort de réhabilitation des *slums* de Calcutta et une réforme agraire qui a pratiquement stoppé l'exode rural. Il nous permet d'entrevoir les mesures à prendre pour rééquilibrer les rapports ville-campagne et relancer la dynamique urbaine sur des bases assainies. Dans les villages : ni le *statu quo* ni le collectivisme (ou la «villagisation forcée» à l'éthiopienne), mais la petite propriété familiale soutenue par des prêts à faible intérêt, avec des pôles d'entraînement coopératifs. Dans les zones urbaines défavorisées : ni le laisser-faire, ni le «déguerpissement», ni les «HLM» (habitations à loyer modéré), mais des mesures légales donnant aux habitants la sécurité foncière, des travaux d'aménagement élémentaire (eau, égouts, latrines, revêtement des rues), et la formation d'équipes d'urgence pour le conseil à domicile (une assistante sociale, un médecin ou infirmier, un architecte-urbaniste).

Dans les situations de crise où la poussée populaire remet en cause les plans des autorités, la solution peut passer par la reconnaissance ponctuelle de la priorité du droit d'usage sur le droit de propriété. Dans tous les cas, la non-violence assortie d'un dialogue serré entre *squatters*, pêcheurs ou paysans, et propriétaires fonciers ou responsables municipaux, est la seule solution humaine au conflit latent de deux mondes qui vivent côte à côte et ne peuvent plus continuer à s'ignorer.

Noël Cannat

SANTÉ

Le tiers monde « va globalement mieux ». Mais on y meurt toujours de maladies que des méthodes simples permettraient de soigner.

Depuis la fin de la Seconde Guerre mondiale, l'état de santé du tiers monde s'était — globalement — nettement amélioré, en particulier du fait de la découverte et de l'utilisation massive des antibiotiques et de puissants insecticides, ainsi que de l'amélioration des techniques vaccinales. Grâce au DDT et aux médicaments antimalariens, par exemple, on crut le paludisme vaincu ou en voie de l'être ; grâce à la pénicilline, à la streptomycine, bon nombre de maladies infectieuses jadis uniformément mortelles déclinèrent et, grâce à la vaccination, on se persuada de l'éradication prochaine de certaines affections virales. Les grandes famines semblaient se faire plus rares, et le progrès paraissait assuré.

Il est de fait qu'en vingt ans les améliorations furent spectaculaires. L'espérance de vie s'allongea nettement dans certaines parties du monde, la mortalité infantile régressa et la démographie mondiale, de ce fait, adopta un rythme de croissance qu'elle n'avait jamais connu, provoquant, d'ailleurs, de nouvelles préoccupations.

Une pathologie multiforme

Or, depuis quelques années, dans le domaine de la santé, le tiers monde — mis à part les pays où le « décollage » économique autorise aussi le « décollage » sanitaire — est sur la voie de la stagnation, voire dans certains cas de la régression pure et simple. D'abord, parce que la récession interdit la poursuite des investissements indispensables ; d'autre part, parce que des résistances sont apparues : résistances aux insecticides, aux antibiotiques, aux antiparasitaires, etc., qui supposeraient un effort de recherche décuplé. Enfin, le nombre des affamés, sur la terre, n'a cessé de croître, et la malnutrition creuse le lit de quantité d'affections parasitaires, microbiennes et virales.

Il est devenu d'usage courant de dire que les populations vieillissantes des pays industrialisés souffrent et meurent de maladies de surcharge (affections cardio-vasculaires) et dégénératives (cancers), tandis que les populations du Sud meurent d'états de carence et de maladies infectieuses que des méthodes simples permettraient d'endiguer. Pour simple qu'il paraisse, ce schéma n'en est pas moins exact. Les maladies du tiers monde sont à la fois :
— les affections liées à la malnutrition ;
— les maladies infectieuses et parasitaires ;
— les états pathologiques liés à l'environnement (eau).

A ceux-ci s'ajoutent, dans les villes surtout, les maladies dites « de civilisation », proches de celles que l'on rencontre au Nord.

● *Les maladies liées à la malnutrition*

Selon les données fournies à la fin de 1986 par la F A O (Organisation des Nations Unies pour l'alimentation et l'agriculture), l'effectif total de la population mal nourrie ou sous-alimentée dépasse les 450 millions d'individus. Cet effectif ne régresse pas. Dans certains pays, les disponibilités alimentaires globales diminuent alors que la population augmente.

Les besoins alimentaires quotidiens sont connus : 3 000 calories pour un homme adulte d'activité musculaire moyenne ; 2 200 pour une femme (plus 350 si elle est enceinte, et 550 si elle allaite) ; 2 900 pour un adolescent (2 200 pour une adolescente) ; 2 200 entre sept et neuf ans. Or la moyenne d'ingestion calorique des adultes dans le tiers monde est inférieure à 2 000 calories, voire à 1 500 dans certains pays.

A ce besoin exprimé en quantité s'ajoutent des exigences qualitatives. Il faut à un homme adulte, par exemple, environ 100 grammes de protéines quotidiennes, alors que dans le tiers monde cette dose est souvent inférieure à 40 grammes. Il existe également souvent des carences en lipides (quoique le besoin quotidien ne soit que de quelques grammes) et, surtout, en vitamines et en sels minéraux indispensables.

Les « maladies de la faim » sont donc d'abord des maladies de carence : pour ne citer que quelques exemples, les déficiences en fer (les anémies) frappent quelque 700 millions d'individus dans le monde, les déficiences en iode (qui donnent le goitre), environ 200 millions. Le manque de vitamine B1 provoque le béri-béri, la carence en vitamine A entraîne la cécité, le manque de vitamine D provoque le rachitisme, etc.

Plus spectaculaires peut-être sont les très grands états de carence : le manque prolongé de protéines chez un enfant entraîne le kwashiorkor qui le gonfle d'œdèmes, lui décolore la peau et les cheveux et le conduit rapidement à la mort, faute d'une alimentation forcée, hyperprotéinée. Deuxième état de carence massive : le « marasme », dénutrition calorique globale qui donne à l'enfant l'aspect d'un petit vieillard squelettique, à la peau plissée et aux yeux immenses, et qui ne tarde pas, elle non plus, à entraîner la mort. Reste la combinaison de ces deux états extrêmes : la malnutrition protéino-calorique (M P C) ou malnutrition protéino-énergétique (M P E), elle aussi mortelle à bref délai faute d'une action rapide.

Enfin, nombre de chercheurs estiment que ces états de carences graves et précoces, s'ils ne tuent pas l'enfant, lèsent durablement son cerveau et ce, éventuellement, dès la vie intra-utérine. Surtout, ces carences — partielles ou globales — creusent le lit de toutes les maladies infectieuses et parasitaires. C'est sur un fond de malnutrition précoce, par exemple, que la rougeole est fréquemment mortelle ou invalidante chez les enfants du tiers monde, de même que le paludisme, ou les multiples maladies diarrhéiques, responsables de déshydratations aiguës et mortelles.

• *Les maladies infectieuses et parasitaires*

Elles sont, dans le tiers monde, en quantité innombrable, aggravées non seulement par la malnutrition mais aussi par des conditions écologiques et climatiques favorables à la pullulation des microorganismes. L'Organisation mondiale de la santé (O M S) a mis au point un programme de lutte contre les maladies tropicales qui vise essentiellement six d'entre elles, considérées comme les plus préoccupantes.

Le *paludisme*. Il menace 40 % de la population mondiale : deux milliards d'êtres humains vivent en zones impaludées. Du fait de la résistance du parasite aux médicaments (dans l'être humain) et aux insecticides (dans le milieu), résistance qui s'aggrave en Asie et a gagné de larges régions de l'Afrique (à l'est) et de l'Amérique latine, la lutte contre le paludisme marque le pas. Tous les espoirs se tournent à présent vers la mise au point d'un vaccin, qui serait le premier vaccin antiparasitaire humain.

La *lèpre*. Son extension est bien moindre (le monde compte 15 à

20 millions de lépreux), mais le problème est comparable : la résistance aux antibiotiques reporte l'espoir sur la mise au point d'un vaccin.

La *filariose*. Il s'agit en fait d'un groupe de maladies dues à des parasites (des filaires) qui vivent dans l'organisme, où ils provoquent notamment de graves problèmes circulatoires (la filaire de Bancroft, qui affecte plusieurs centaines de millions d'individus) ou la cécité (l'onchocercose). Contre cette dernière, le très important programme de lutte (extermination de la mouche vectrice) mis en œuvre dans sept pays du Sahel a donné de remarquables résultats.

La *maladie du sommeil* — et son équivalent latino-américain, la *maladie de Chagas*. La maladie du sommeil, répandue en Afrique par la mouche tsé-tsé, couvre une zone de 10 millions de kilomètres carrés, soit le tiers du continent, et elle menace 35 millions de personnes. On ne dispose contre cette maladie, mortelle, que d'un type de traitement, relativement toxique. La meilleure arme serait en réalité l'extermination de la mouche vectrice, extermination qui, aujourd'hui, marque le pas.

La *bilharziose*. Maladie parasitaire affectant l'appareil digestif ou le système urinaire, la bilharziose frappe plus de 200 millions de personnes dans le monde. Véhiculée par le parasite même d'un escargot aquatique, elle se répand dans le tiers monde à la faveur des travaux d'irrigation, grands et petits. Les médicaments antibilharziens actuels ne sont pas dénués de toxicité. Aussi la recherche porte-t-elle sur de nouvelles formules.

La *leishmaniose*. Maladie parasitaire transmise par une piqûre d'insecte, elle laisse la médecine désarmée devant ses formes les plus graves, fréquentes en Afrique noire et en Afrique du Nord. L'effectif total des malades est mal connu, mais l'OMS estime à 400 000 le nombre annuel de cas nouveaux de leishmaniose dans le monde.

• *Les maladies liées à l'eau*

Près de la moitié de l'humanité, soit deux milliards de personnes, n'a pas accès à l'eau potable. La pathologie liée à cette situation, à la pollution, est donc massive. Selon l'OMS, pour 80 %, la pathologie du tiers monde est liée à l'eau. On distingue :
— les maladies directement véhiculées en milieu hydrique. Il s'agit essentiellement de la typhoïde, des dysenteries virales et bactériennes, du choléra, de l'hépatite, de la poliomyélite, et des gastro-entérites qui tuent chaque année quelque 25 millions de personnes, dont la majorité sont des enfants ;
— les maladies dues à un « hôte intermédiaire » vivant dans l'eau. L'exemple de choix est constitué par la bilharziose, mais il en est d'autres, moins répandues ;
— les maladies dues à un manque d'hygiène consécutif à la pénurie d'eau. Ce sont gale, typhus, maladies parasitaires intestinales diverses, lèpre, conjonctivites, trachome. Celui-ci, dû à un microorganisme — pourtant vulnérable à l'eau, au savon et à une simple pommade — provoque la cécité, et affecte quelque 500 millions de personnes dans le monde.

Vers les soins de santé primaires ?

Devant l'immensité des problèmes sanitaires du tiers monde, deux organisations internationales, l'OMS et l'UNICEF (Fonds des Nations unies pour l'enfance) ont remis en cause les stratégies de type classique, axées sur la médecine curative, pour adopter la stratégie dite des « soins de santé primaires », décentralisée, préventive, plus « sociale ». Cette stratégie fut définitivement mise en forme à la conférence convoquée par les deux organisations à Alma Ata (URSS), en 1978. Cette stratégie repose en particulier sur les points suivants.

La «planète» SIDA

L'épidémie de SIDA progresse de façon ininterrompue dans le monde entier. Depuis le début des années quatre-vingt, elle ne cesse non seulement de faire de nouvelles victimes, mais aussi de toucher de nouveaux pays. C'est pour sensibiliser l'opinion internationale que l'Organisation mondiale de la santé (OMS) a organisé, le premier décembre 1988, dans l'ensemble de ses pays membres, une «Journée mondiale du SIDA» au cours de laquelle elle a fourni les dernières données chiffrées concernant l'extension de l'épidémie.

Ainsi, remarque l'OMS, à la fin de 1988, le nombre de cas notifiés officiellement au «programme global de lutte contre le SIDA» mis en place à Genève par l'Organisation, atteignait 130 000. Mais l'OMS estime que, du fait d'une sous-déclaration considérable, le nombre réel serait de plus du double, soit environ 300 000.

Certes, c'est en Amérique du Nord et en Europe occidentale que le nombre de cas déclarés est le plus élevé puisque 80 000 l'ont été par les seuls États-Unis, et 16 000 en Europe. Sur le Vieux Continent, c'est la France qui détient le nombre de cas le plus élevé pour 100 000 habitants.

Mais le SIDA n'est pas, loin de là, un fléau réservé aux pays occidentaux, aux homosexuels, aux toxicomanes, comme on l'a parfois abruptement déclaré. Les chiffres le démontrent en effet, et plus même que les chiffres, les observations de ceux qui travaillent et vivent dans le tiers monde.

Ainsi, le Brésil et la zone caraïbe sont aujourd'hui fortement touchés, souligne l'OMS, la transmission hétérosexuelle ne cesse de s'y accentuer. Mais c'est en Afrique subsaharienne que la situation est sans aucun doute la plus grave. Certes, les pays africains n'ont officiellement notifié «que 21 000 cas», soit environ 16 % du total mondial. Mais comment reconnaître et déclarer les cas là où les moyens diagnostiques font défaut, là où les registres sanitaires manquent, là où l'utilité d'une telle déclaration paraît dérisoire? D'autre part, selon les estimations de l'OMS, le nombre de personnes infectées par le virus et non encore malades est considérable dans certaines parties du continent : «Dans certaines zones urbaines de l'Afrique subsaharienne, entre 20 et 30 % des adultes sexuellement actifs sont déjà infectés, ainsi que la majorité des prostituées dans ces mêmes régions».

En Afrique noire, les zones les plus touchées sont l'est du continent (Ouganda, Tanzanie, Kénya, Malawi, Zambie) et le centre (Rwanda, Burundi, Zaïre, Congo). Mais l'épidémie progresse dans le Sahel et sur les côtes, Dakar et Abidjan en particulier deviennent des foyers de dissémination. D'ailleurs, un «deuxième» virus a été identifié dans cette partie de l'Afrique, en Guinée Bissao et au Sénégal notamment. Quoique légèrement différent du premier dans sa structure moléculaire, ce deuxième virus n'en est pas moins meurtrier.

En Afrique, la transmission du virus est essentiellement hétérosexuelle; de ce fait, un nombre croissant de femmes contaminent l'enfant qu'elles attendent, qui naîtra porteur du virus dans un cas sur deux environ. Un enfant infecté dès la naissance meurt généralement avant son deuxième anniversaire. Selon l'UNICEF (Fonds des Nations unies pour l'enfance), dans certains pays africains, une femme en âge de procréer sur quatre est atteinte du virus du SIDA.

L'Asie enfin, que l'on avait cru à tort préservée de l'épidémie — pourquoi l'aurait-elle été? — commence à être touchée, elle aussi, de plein fouet. Certes, les chiffres demeurent relativement bas. Mais, là aussi, la sous-déclaration est considérable — seulement 300 cas ont été déclarés — pour les mêmes raisons qu'en Afrique. Cette sous-déclaration est même délibérée dans certains pays où l'«industrie» du tourisme est florissante, en particulier en Thaïlande. C'est pourtant Bangkok qui devient en Asie le principal foyer de dissémination du virus, prostitution et toxicomanie y joignant leurs effets.

Faut-il donc se résoudre à l'idée que l'épidémie de SIDA progresse, mondialement, sans entraves? Pour le moment la recherche n'est encore parvenue qu'à la mise au point d'un médicament, l'AZT, qui retarde les effets de la maladie. Trouvera-t-on un vaccin avant un médicament réellement efficace? Tel est l'espoir de tous.

Claire Brisset

Augé Marc et al., *Prophétisme et thérapeutique. Albert Atcho et la communauté de Bregbo*, Hermann, Paris, 1975.

Brisset Claire, Stoufflet Jacques (sous la dir. de), *Santé et médecine. L'état des connaissances et des recherches*, La Découverte/INSERM/ORSTOM, Paris 1988 [Cet ouvrage comporte une centaine de bibliographies thématiques].

Djemo Jean-Baptiste, *Le Regard de l'autre. Médecine traditionnelle africaine*, Silex, Paris, 1982.

Gibbal Michel, *Guérisseurs et magiciens du Sahel*, A.M. Métailié, Paris, 1984.

Nathan Tobie, *La Folie des autres*, Dunod, Paris, 1986.

Sow Ibrahim, *Psychiatrie dynamique africaine*, Payot, Paris, 1977.

« Santé. Les leçons du terrain », *Dossier Faim-Développement*, numéro spécial, CCFD, n° 10, 1987.

• *Des « médecins aux pieds nus »* ?

Faut-il au tiers monde des médecins, des infirmières, formés « à l'occidentale » ou des travailleurs de la santé « aux pieds nus », sur le modèle chinois ? Les pays développés comptent un médecin pour 500 habitants, les pays les plus pauvres un pour... 50 000 (en zones rurales), ou même moins. En outre, les pays pauvres, en particulier l'Inde, le Pakistan, les Philippines, sont devenus de très grands « exportateurs » de médecins. D'où l'idée de former des agents de santé adaptés à la pathologie locale, mais non « exportables ». Pourtant, jusqu'à présent, malgré leur adhésion verbale à ce projet, très rares sont les pays du tiers monde à avoir adopté cette pratique.

• *Renoncer à l'hôpital*

Les budgets hospitaliers, dans le tiers monde, peuvent absorber jusqu'à la moitié des ressources affectées à la santé, pour ne soigner que de petites minorités urbaines. D'où l'idée de construire des unités dispersées dans le pays et non plus de vastes centres universitaires dispendieux. Si le rythme des constructions hospitalières s'est ralenti, faute de liquidités, on n'a assisté nulle part à la fermeture de grands centres hospitalo-universitaires.

• *Briser la dépendance pharmaceutique*

Les pays industrialisés, qui comptent environ 15 % de la population mondiale, absorbent à eux seuls plus de la moitié des médicaments produits dans le monde. Ils produisent aussi 90 % des produits pharmaceutiques. Tels sont les éléments chiffrés de la dépendance. De plus, les pays riches exportent vers le tiers monde des médicaments dont ils n'ont plus l'usage. Ainsi, la CEE envoie dans les pays pauvres des produits non autorisés sur le marché communautaire, parfois nocifs et toujours distribués sans l'information indispensable. Moins du tiers des habitants du tiers monde ont accès aux médicaments ou aux vaccins essentiels.

C'est précisément pour créer cet accès que l'OMS et l'ONUDI (Organisation des Nations Unies pour le développement industriel) ont conçu la stratégie dite « des médicaments essentiels », selon laquelle tous les pays du tiers monde devraient disposer de 230 médicaments et vaccins de base (selon l'OMS), voire de 26 seulement (selon l'ONUDI). Pour ce faire, ils devraient réduire considérablement l'entrée des produits pharmaceutiques sur leur territoire, centraliser les achats, conditionner sur place à partir du matériau brut et, à terme, produire eux-mêmes les produits nécessaires. Jusqu'à présent, très peu de pays se sont engagés sur cette voie : le pionnier en est incontestablement le Bangladesh, suivi, dans une moindre mesure, de l'Algérie.

• *Concentrer l'effort sur des action préventives*

Dans le domaine de la prévention, l'UNICEF a mis au point une stratégie, qui est appliquée, en liaison avec l'OMS, dans différents pays depuis plusieurs années. L'effort est concentré sur quatre points :

— *vacciner.* L'objectif était de parvenir, d'ici à 1990, à la vaccination universelle des enfants contre six grandes maladies : poliomyélite, diphtérie, tétanos, rougeole, tuberculose, coqueluche ;

— *surveiller la croissance.* L'objectif est d'établir des courbes pour détecter et rectifier toutes les «ruptures» dans une croissance normale ;

— *encourager l'allaitement au sein.* Il s'agit de décourager le recours au couple biberon-lait en poudre, responsable de malnutrition et d'accidents infectieux ;

— *réhydrater par la voie orale.* Il s'agit de diffuser dans l'ensemble du tiers monde des sels de réhydratation d'usage très simple, pouvant être fabriqués localement, qui évitent le recours à la réhydratation par voie intraveineuse.

Les quatre éléments de cette stratégie, qui s'insèrent dans les soins de santé primaires, sont appliqués par un nombre croissant de pays du tiers monde.

La stratégie des soins de santé primaires n'exclut évidemment pas une action sur le contrôle des naissances : mais sur ce chapitre, les institutions internationales s'effacent devant l'autorité des États, qui mènent des politiques très diversifiées.

Toujours est-il que, plus de dix ans après la conférence d'Alma Ata, l'application de la stratégie des soins de santé primaires est très inégale selon les éléments, et selon les pays, lesquels ont marqué plus ou moins d'empressement à l'adopter.

Claire Brisset

L'Afrique noire entre tradition et acculturation

Sur le continent noir, en matière de médecine et de santé, la «coutume», la «tradition» restent les références obligées et cela malgré l'exode rural, l'urbanisation et les phénomènes d'acculturation. La réalité physique d'un trouble y est connue ; un individu est supposé avoir des désirs personnels ; cependant, le concept de maladie mentale n'existe pas, et toute maladie est d'abord vue comme un désordre dans l'organisation familiale et sociale. Ainsi, si quelqu'un se blesse, il existe des médicaments appropriés pour le guérir ; mais si la plaie ne guérit pas assez vite, le blessé et son entourage vont vouloir expliquer pourquoi cette personne, de cette famille, dans ces circonstances, est victime de cette plaie. Ses parents vont chercher quelle entité, extérieure au malade, lui fait du mal, quelle faute volontaire ou involontaire a semé la perturbation.

Sont alors mises en jeu les lois et les règles, à l'intérieur de la communauté, entre les vivants et les morts, entre la communauté et le cosmos ; et non pas les désirs de la personne. L'accident, la blessure, sont reliés à d'autres événements de la vie communautaire, de diverses manières et au ressenti du blessé lui-même ; l'ensemble de ces faits sera, par exemple, attribué à l'action d'un(e) «sorcier (sorcière) anthropophage». La stratégie thérapeutique tiendra compte de l'ensemble de ces faits et d'ailleurs sa réussite peut dépasser la simple guérison de la plaie, et parvenir à restaurer l'homéostasie intra-psychique, intra-familiale, voire clanique.

Possession et transe

En outre, une thérapeutique peut s'adresser à d'autres qu'à des « malades ». Prenons l'exemple de la possession. Comme dans tout système traditionnel, le diagnostic de la possession est fait d'abord par l'entourage, puis confirmé par le devin-guérisseur à partir des signes que montre la personne concernée : il, ou elle, présente dans un premier temps un corps « contenu », ses fonctions vitales sont bloquées (ne mange pas depuis plusieurs jours, n'urine pas, ne défèque pas, refuse tout contact). La possession n'est pas seulement le moment de la transe (souvent appréhendée comme « hystérique » ou « folklorique »), c'est l'ensemble du processus — corps contenu, discussions diagnostiques de l'entourage, propositions thérapeutiques, et rites de possession — qui constitue le système de soins, un système où le « malade » — ou le « guérisseur » — entre en transe.

Dans la pensée africaine, la possession est l'occupation d'un individu par un être culturel, génie, djinn, rab, ancêtre... La transe n'est qu'un moment particulier où le génie peut être reconnu à travers l'expression du possédé. La possession n'est pas réservée au seul « malade ». Toute personne qui a été possédée (lors d'une maladie par exemple) peut de nouveau entrer en transe et ne sera pas considérée alors comme malade. La possession peut également être un moyen d'expression, dans une situation d'oppression sociale, moyen largement utilisé par les femmes. Lorsqu'il y a effondrement du socle socio-culturel qui soutenait ces systèmes d'explication traditionnelle de la maladie, ils tendent à perdre leur efficacité. D'autres systèmes de soins, de type syncrétique sont un recours possible, tel le mouvement de prophétisme (tel le prophète Albert Atcho et sa communauté de Bregbo en Côte-d'Ivoire). Ces mouvements organisent de véritables centres de soins intermédiaires, où les gens vont recréer une sorte de communauté villageoise et se soigner selon des techniques totalement inspirées des techniques traditionnelles : utilisation des objets, de la musique, de la danse, voire de la possession, auxquels s'ajoutent la Bible, l'eau bénite et les prières. Il existe aussi un prophétisme d'inspiration islamique tout aussi syncrétique.

Le « maquillage », symptôme d'acculturation

L'acculturation entraîne l'éclosion de symptômes nouveaux qui, eux aussi, sont syncrétiques. Ainsi, depuis les années soixante-dix, s'est développée chez les Africains une pratique de dépigmentation volontaire de la peau : « blanchissement », « Xessal » ou « maquillage » ; phénomène socio-culturel de grande envergure, en pleine expansion, qui correspond cependant à une pratique extrêmement individuelle et ritualisée. A l'aide de produits pharmaceutiques (en particulier la cortisone), de produits de beauté (à base d'hydroquinone) et de toutes sortes d'autres produits (javel, ciment, mercure, lessives, shampooings...) des Africains obtiennent une peau éclaircie, ni noire ni blanche, « jaune moutarde » (comme le chanteur Michael Jackson). Cette pratique est dangereuse : elle entraîne à terme une baisse des défenses immunitaires, des complications rénales, des cancers de la peau ; en outre, l'interrompre expose à divers troubles ; le « maquillage » cause des brûlures et des dermatoses très difficiles à traiter, dont certaines sont atypiques. Or, il est possible de soigner des « maquillés » en recourant à la thérapeutique traditionnelle du *mouandza* (foudre en kouyou, langue congolaise), qui correspond à ce que la médecine occidentale nomme « dermatoses diverses » ou encore « dermatoses atypiques » et qui est bien identifiable pour le guérisseur. Le *mouandza* n'est pas causé par le maquillage, mais de par quelques symptômes il y ressemble et, de fait, les techniques de soins peuvent être transposées chez les « maquillés ».

L'exode rural et l'acculturation bousculent ou anéantissent les réseaux de transmission des techniques thérapeutiques traditionnelles ; bon nombre d'individus s'installent et se déclarent « guérisseurs » ou « marabouts » sans qu'un savoir véritable leur ait été transmis. La médecine occidentale n'est pas toujours efficace, même servie par de bons professionnels. Les malades et leur famille sont désemparés ; abandons et suicides se sont multipliés dans les années soixante-dix et quatre-vingt. Les systèmes traditionnels ne sont pas qu'un folklore passéiste et obscurantiste, ils possèdent leur logique et leur efficacité propres. Leur étude est susceptible d'aider à créer des cadres techniques de soins mieux adaptés à des populations africaines en pleine mutation.

Joseph Ondongo

ÉDUCATION

Des transformations ont lieu dans tous les pays, mais le poids démographique des jeunes reste partout écrasant et obère l'avenir. En dépit des efforts réalisés, l'univers des non-scolarisés a tendance à s'accroître.

Les pays dits du tiers monde rassemblent plus des trois quarts de la population mondiale dont les jeunes de moins de vingt-cinq ans représentent plus de 57 %. En l'an 2000, le poids démographique de ces pays aura augmenté jusqu'à atteindre presque 79 %, mais la part des jeunes devrait avoir régressé à 50 ou 51 %. C'est une grande foule de filles et de garçons qui se trouve à l'âge d'être en relation avec ce que l'on appelle l'école, un lieu où l'on enseigne de manière systématisée et organisée. Mais l'éducation est aussi transmise par la société, la communauté, la famille. Elle prend des formes très diverses, selon que les modes de vie sont ceux de régions plus ou moins fortement rurales ou urbaines, continentales ou insulaires, forestières ou désertiques, côtières ou montagneuses. Ces formes sont influencées par des valeurs culturelles, religieuses et politiques, elles aussi diverses et différentes et, selon le cas, plus ou moins subies ou plus ou moins choisies.

Les jeunes sont donc très nombreux et ils vivent dans le tiers monde des situations extrêmement différenciées. Leur relation avec l'école est peut-être un facteur d'homogénéité, même si les systèmes d'enseignement varient de par leurs réglementations et leurs structures. Les scolarisés forment un univers le plus souvent envié par ceux qui en sont exclus.

Qui fréquente l'école ?

Qui fréquente l'école ou plutôt qui y est inscrit ? En plus grand nombre, les enfants de 6 à 11 ans environ : presque 80 % des garçons, 68 % des filles ; à partir de 12 ans et jusqu'à 17 ans, moins d'un garçon sur deux et moins de deux filles sur cinq ; après 18 ans la rupture s'accuse, respectivement : 17 % et 10 % des jeunes garçons et des jeunes filles. Ces moyennes peuvent se comparer à celles des pays développés : plus de 90 % des 6-11 ans, plus de 85 % des 12-17 ans et plus d'un tiers des 18-23 ans y sont inscrits (populations féminine et masculine confondues). Ces chiffres, quoique abstraits, conduisent à un constat irréfutable : il existe, sur la planète, deux univers quant à la relation qu'entretiennent les populations avec l'école. La séparation de ces deux univers est très liée à leurs différences de niveaux de vie et de revenus.

La prépondérance du premier degré

Dans la première tranche d'âge, c'est en Afrique que l'on accède le moins à l'école et c'est dans l'ensemble formé par l'Amérique latine et les Caraïbes qu'on y accède le plus. Dès douze ans, c'est l'Asie qui scolarise le moins, puis l'Afrique, les pays en développement du continent américain étant, quant à eux, les plus favorisés... De fortes différenciations existent entre pays et, dans chacun d'entre eux (selon le sexe, mais aussi selon les régions, le caractère rural ou urbain, les ethnies, etc.). Ces pourcentages de classe d'âge correspondent à des moments différents du processus d'enseignement. Le *premier degré*, ou enseignement élémentaire, de base, fondamental, formation initiale... a pour objectif de doter chaque enfant des mécanismes d'acquisition et de maîtrise de la lecture, de l'écriture et du calcul et des fondements de l'observation, du classement, de l'analyse. Le *second degré*, qui se diversifie plus ou moins tôt, permet d'aller plus avant dans les savoirs et les savoir-faire, pouvant ainsi conduire à l'entrée dans la vie sociale et professionnelle, mais aussi aux études supérieures.

Les mesures de la présence à ces différents degrés se font en observant des taux d'inscription, reliant scolarisation et démographie, bruts — ou nets si l'âge déclaré de l'élève est connu et exact. Ces mesures font apparaître que l'on peut entrer à l'école plus ou moins tôt mais y rester tard : dans presque chaque pays, on trouve des élèves de quinze à seize ans dans le primaire, de vingt à vingt-cinq ans dans le secondaire. Cela est dû à un ensemble de facteurs : falsification des âges, complicité entre enseignants et parents, etc. Cette tolérance est renforcée dès lors que la scolarisation est peu développée : on se précipite quand s'ouvre une école, et les réglementations ne résistent pas à l'insistance — qui a des accents de revendication légitime —, au pourboire,... D'autre part, les stratégies familiales déterminent qui sera inscrit du garçon ou de la fille, de tel rang dans la fratrie, de tel groupe social.

Aussi imparfaits soient-ils, ces taux traduisent des capacités d'accueil du réseau scolaire et ils représentent un indicateur des efforts réalisés par différents partenaires pour que des élèves soient assis dans une salle devant un maître censé disposer de matériel didactique et maîtriser ce qu'il doit enseigner. En moyenne, dans le tiers monde, le plus grand nombre d'élèves se concentre pour 69,4 %

au niveau primaire, pour 27 % au niveau du secondaire et pour 3,6 % seulement au niveau supérieur, alors que, dans l'autre partie du monde, la structure des inscriptions selon les trois degrés est respectivement de 46,9 %, de 39,3 % et de 13,9 %. La prépondérance du premier degré est la plus élevée en Afrique, continent qui se classe en dernier pour l'importance des deuxième et troisième degrés (19,2 % et 0,9 %).

Inégalités garçons/filles et villes/campagnes

Dans la plupart des régions du monde, et même dans le groupe des 6-11 ans, l'écart entre garçons et filles est grand dans l'accès à l'école, au détriment des secondes évidemment. L'inégalité s'accentue encore à partir de 12 ans. Combiné à la rupture d'intensité de la scolarisation que l'on observe lorsque l'on passe de degré en degré, cet écart illustre, pour les filles, et les difficultés d'accès et les moindres chances de progresser dans les études. Dans certains pays africains ou asiatiques, les taux moyens par sexe vont du simple au double dans le primaire, du simple au triple dans le second degré. Ce phénomène de différenciation intervient indépendamment du degré et de la durée de l'enseignement : il peut être fort dès l'entrée à l'école, que le pays soit peu (Burkina Faso) ou moyennement scolarisé (Inde). Dans les pays très scolarisés, la différenciation peut intervenir tard, mais être faible (Suède) ou relativement importante (Japon) ; elle se manifeste à l'âge de 8 ans dans la plupart des pays en voie de développement et de 15 à 18 ans dans les pays industrialisés.

Au sein d'un même pays, les disparités entre régions peuvent aussi être très fortes et accuser encore les écarts déjà existant en matière de scolarisation entre filles et garçons. La situation des zones rurales est particulièrement préoccupante : constructions délabrées — quand elles existent —, équipement sommaire, pénurie criante de l'objet écrit alors qu'on prétend enseigner la lecture, pénurie de tableaux noirs et de papier alors qu'on veut enseigner l'écriture ; des enfants en guenilles aux yeux qui disent la faim ou la maladie, des maîtres trop fréquemment jeunes, mobiles, étrangers à la région et à l'ethnie ou bien des femmes dévouées mais peu compétentes, dont il faut aller dénicher le salaire — problématique et faible — au chef-lieu sans la moindre certitude de succès. Et si l'école n'existe pas au village, on va la chercher aux périphéries des villes. Le manque d'espace et l'insalubrité s'ajoutent alors aux problèmes que posent des effectifs si élevés que la rotation de groupes dans un même local frise l'absurdité. Dans une grande ville du Brésil, jusqu'à cinq *turnos* par jour accueillent les élèves pendant 2 h 30 à 3 h au maximum, incluant le salut au drapeau et l'ingestion d'un goûter. Dans ces conditions, l'école est devenue une structure formelle, accueillant des flux d'écoliers sans la moindre concrétisation éducative sérieuse. Au sein de certaines zones privilégiées en revanche, l'école est riante, gaie, pourvue de télévisions, voire d'ordinateurs.

Mais accéder à l'école ne signifie pas y rester ! Qui achève sa scolarité primaire dans le tiers monde ? Pas toujours 50 % des entrants, parfois plus, souvent moins... reste à élucider si c'est une fille ou un garçon, un rural ou un urbain, un fils de fonctionnaire ou de paysan. Quant à passer dans le secondaire, à entrer à l'Université, c'est une course d'obstacles aux règles fréquemment biaisées. Dans ces conditions, l'utilité des calculs de rendement interne, promus par la mode de la planification, apparaît bien aléatoire...

Des efforts gigantesques

Depuis 1965, une mobilisation sans précédent a pourtant permis de doubler au moins les effectifs du 1er degré, de tripler voire de quadrupler le nombre de collégiens et lycéens et de quintupler les promotions d'étudiants. Au total 4,1 % de croissance par an de 1950 à 1970, 2,6 % dans les années quatre-vingt. Le nombre d'enseignants a suivi un rythme analogue et les ressources publiques pour l'enseignement se sont maintenues en pourcentage du P N B, même si le produit intérieur brut par tête a ralenti sa croissance.

Qui donc pourrait renier la somme d'espérances mises dans l'expansion de l'école pour mieux vivre, pour mieux s'insérer dans un monde entrevu comme fascinant dans les mirages audiovisuels, les cars sur les routes, les avions dans le ciel, l'imagination permet de les appréhender ; la foi dans l'investissement scolaire pour ne pas être le « laissé-pour-compte » du développement ?

La crise mondiale de l'éducation, dénoncée il y a plus de vingt ans, est toujours là et les déceptions ne datent pas d'aujourd'hui. Le refrain « c'est trop cher », « ça ne conduit pas à l'emploi », « la formation dispensée n'est pas de bonne qualité », « il faut des alternatives » est devenu monotone ; on pourrait dire en contrepoint « enseigner, c'est mal payé », « sans formation, pas d'emploi », « quelles merveilleuses avancées scientifiques depuis plus d'un demi-siècle ! », « maintenons ferme le cap sur l'école sans croire aux substitutions miraculeuses ».

La montée rapide des effectifs scolarisés exigeant maîtres, salles, équipements et matériel d'enseignement comme besoins prioritaires s'est accompagnée d'un prodigieux essor d'idéologies pédagogiques presque toujours nées dans les pays riches et propagées dans le tiers monde sans généralement tenir compte des expériences qui y avaient été accumulées. Ce « terrain » apparaissait en effet plus ouvert et ses marchés plus vulnérables : on a entrepris d'y engager des actions d'éducation des adultes et d'alphabétisation en lan-

L'héritage de Paulo Freire

Depuis les années soixante, l'éducation populaire est devenue, en Amérique latine, une référence fondamentale de l'action éducative « informelle ». Elle est assurée principalement par des organisations non gouvernementales (ONG) et par des institutions ou réseaux représentant les secteurs socialement engagés des Églises.

Sur ce continent, l'éducation populaire a été caractérisée dès son origine par une perspective politique de transformation sociale, en réaction aux programmes d'éducation des adultes qui répondaient à des politiques de simple modernisation. Elle combine des efforts d'organisations des citoyens, une critique de l'ordre social existant, et elle s'efforce de développer l'acquisition des connaissances. Il s'agit par là de favoriser et valoriser le rôle d'acteur des couches populaires.

L'influence du Brésilien Paulo Freire a été considérable. L'écho de son œuvre fut démultiplié après la répression qu'il eut à subir de la part des militaires lors du coup d'État de 1964 qui le força à l'exil. Il avait entrepris une critique du système éducatif classique en révélant son caractère autoritaire, affirmant l'importance d'un rapport dynamique entre les partenaires du processus éducatif (éducateurs et élèves) et la nécessité d'une interaction dans l'acte de la connaissance.

Le nombre et la diversité des expériences éducatives réalisées sous l'influence des idées de Paulo Freire et se réclamant de « l'éducation libératrice » sont aujourd'hui impressionnants. De même qu'est impressionnante la variété d'appartenance et de sensibilité des groupes qui se réfèrent à lui. Il est à la fois le symbole et le catalyseur d'une certaine conception de l'éducation, et il reste le théoricien d'une pratique pédagogique socialement engagée qui a pour la suite été enrichie de nombreux autres apports et autres expériences, en Amérique latine et dans le monde entier.

Les programmes d'éducation populaire ont été développés, avec plus ou moins d'ampleur, dans toute l'Amérique latine, sous les régimes de dictatures — comme formes de résistance — aussi bien que dans les processus de démocratisation — comme moyen de participation sociale.

Livres, articles et synthèses de débats ou comptes rendus d'expériences sont innombrables et de nouveaux et nombreux praticiens et auteurs ont renouvelé les approches et la réflexion à partir des sciences sociales ou d'une critique de leur propre pratique. Cependant, ce sont dans des pays comme le Brésil, le Chili, le Pérou et le Mexique que la production théorique et pratique s'est davantage développée.

L'éducation populaire se trouve aujourd'hui, selon les contextes et les conjonctures nationales et locales, face à de nouveaux défis et doit répondre à des questions de fond. Quels peuvent en effet être son rôle et sa portée au sein de la société civile, sur les grandes questions politiques liées aux enjeux de pouvoir alors que les messages transmis par les médias ont désormais un impact de masse ? Déjà le contenu de l'éducation populaire s'est enrichi des luttes pour le respect des droits fondamentaux, individuels et collectifs : liberté, droit à la santé, au travail, à la culture. En matière d'éducation civique, deux expériences menées en 1988 ont été significatives : au Brésil, à l'occasion de l'élaboration de la nouvelle Constitution, et au Chili à l'occasion du plébiscite du 5 octobre 1988 qui a vu la victoire du « non ». Dans les deux cas il ne s'est pas seulement agi d'une information civique : un travail de fond a été mené sur le fonctionnement de la société, les rapports de pouvoirs, l'idéologie et la prise de conscience de la force potentielle que représentent, dans un processus de démocratisation, les secteurs populaires organisés pour faire valoir leurs droits et leurs opinions.

Dans les années quatre-vingt, d'autres questions sont apparues de plus en plus importantes dans les débats sur l'éducation populaire :

— quel type de rapport établir entre les systèmes de connaissance des milieux populaires et ceux qui ont accès à l'information technique et scientifique et en maîtrisent l'évolution ? Comment ce rapport peut-il être le plus profitable pour le changement ?

— quel devenir pour la multitude d'expériences de développement local qui ont fleuri sous forme associative et qui impliquent souvent des actions économiques et techniques en s'appuyant sur la valorisation des savoirs traditionnels et l'appropriation de nouvelles techniques ?

— quelles nouvelles synthèses opérer entre des démarches politiques de transformation sociale et les compétences pratiques nécessaires pour construire d'autres alternatives ? Quelles méthodes peuvent faciliter cet élargissement de l'éducation populaire ?

Le message le plus constant de Paulo Freire reste le refus de s'enfermer dans un système ou un modèle, la nécessité d'opter pour la cause des classes dominées, de toujours raisonner les questions posées par les pratiques sociales dans le cadre de leur contexte culturel et historique.

L'éducation populaire n'a certes pas toujours échappé aux dangers de la suridéologisation et de l'idéalisation. Mais elle n'en continue pas moins de représenter un réel espace de participation sociale et d'action politique qui contribue concrètement, dans les actes, à l'établissement de nouveaux rapports sociaux.

Henryane De Chaponay

Coombs Philip H., *La crise mondiale de l'éducation*, PUF, Paris, 1968.

Deblé Isabelle, *La scolarité des filles*, UNESCO, Paris, 1980.

UNESCO, *Annuaire statistiques* 1981, 1986 et 1987.

Deblé Isabelle, «L'école et le tiers monde», *Revue Tiers-Monde*, n° 59-60, 1974.

Deblé Isabelle, «Populations et besoins scolaires», *Revue Tiers-Monde*, n° 94, 1983.

Vinokur Annie, «La Banque mondiale et les politiques d'ajustement scolaire dans les pays en voie de développement», *Revue Tiers-Monde*, n° 112, 1987.

gues vernaculaires encore mal maîtrisées, formations multiples pour les jeunes ruraux, travail productif à l'école, professionnalisation des enseignements du second degré, enseignement programmé, enseignement télévisuel, réforme des programmes, rénovation des systèmes, mythes de l'école professionnelle, romantisme du développement rural avec des analphabètes... Du changement, du changement à tout prix!

Le prix du «changement à tout prix»

On sait aujourd'hui qu'alphabétiser, c'est cher si l'on ne doit pas redevenir analphabète, que les enseignements techniques et professionnels s'avèrent coûteux et pas nécessairement efficaces, que des technologies éducatives peuvent être irrationnelles et inopérantes...

L'explosion parallèle de tous ces besoins — réels ou suscités — non hiérarchisés, la concurrence des coopérations — bilatérales ou multilatérales —, gouvernementales ou non gouvernementales, les opérations lancées à la légère par des experts en mal de réformes et d'expérimentations font partie du bilan de la situation éducative dans le tiers monde.

Nouveaux pays industrialisés, pays intermédiaires, pays les moins avancés : des classements s'opèrent dans le tiers monde, même si l'imagerie du plus misérable reste de mise. Les savoirs scolaires ont débouché sur des réussites de développement dont on exalte plus la dimension économique que la qualité indéniable de la main-d'œuvre. En dépit des efforts réalisés, l'univers des non-scolarisés a tendance à s'accroître, les élèves et étudiants constituant une population désordonnée, hétérogène, alourdie d'éléments venus de classes d'âge élargies : le vieillissement rapide des effectifs par la promotion au profit des plus âgés — «les plus jeunes auront leur chance plus tard» — est courant.

Les conséquences de cette situation peuvent être de deux ordres : la marginalisation de certaines couches de la population au sein même des pays et des risques de désordres et de conflits.

Isabelle Deblé

DÉVELOPPEMENT

Adopter une stratégie de développement, c'est d'abord choisir entre divers objectifs et divers moyens. Il n'existe pas de modèle unique de développement qu'il suffirait d'imiter.

Le contexte est surprenant : il y a quarante ans, le terme de développement était pratiquement inconnu dans la théorie des sciences sociales, comme dans la pratique de la politique économique ; aujourd'hui son usage est celui d'un lieu commun, et toutes les classifications internationales admettent la division entre pays développés et pays en développement. Il n'y a cependant guère de consensus sur la définition, ou même simplement, sur le contenu de la notion ; et l'économie du développement est sans doute l'une des branches les plus pauvres de la science économique.

Dans ce contexte marqué par une incertitude considérable des approches théoriques et pratiques, on peut difficilement proposer un inventaire systématique des principales stratégies de développement qui ont été conçues et mises en œuvre dans les pays du tiers monde depuis trois ou quatre décennies. Et il est encore plus malaisé de dégager des « modèles » qui puissent servir d'instruments de référence pour la compréhension du passé et du présent, et surtout pour la préparation des stratégies de l'avenir.

Les repères proposés ci-dessous sont plus modestes, mais peut-être plus utiles dans l'état actuel de nos connaissances et de nos expériences. Ce que l'on peut identifier, c'est un certain nombre de *thèmes*, ou si l'on veut de préoccupations, qui constituent l'architecture de la plupart des stratégies nationales de développement observables depuis trente ou quarante ans. L'émergence de ces thèmes s'explique, on le verra, parce qu'ils correspondent à des problèmes réels et concrets qui s'imposent à l'attention des responsables, mais aussi, parfois, parce qu'ils peuvent faire l'objet de modes changeantes dans les doctrines politiques ou intellectuelles. La présence de ces préoccupations a été permanente durant la période récente (ce qui suggère la réalité des problèmes soulevés), mais elle s'accompagne, selon les époques, de propositions qui peuvent aller en sens diamétralement opposés, ce qui résulte, au mieux, de l'analyse de l'expérience passée et, au pis, du conformisme à l'égard d'une mode.

Les quatre thèmes proposés ci-après comme les plus courants sont ceux de la croissance et du rôle du capital, de l'industrialisation, des fonctions respectives de l'État et des forces du marché, et enfin de l'extraversion ou de l'intraversion.

La croissance

La croissance est le thème central de toutes les stratégies s'il en est. Et avec de bonnes raisons : lorsque tant de besoins demeurent insatisfaits — ce qui est la définition de départ du sous-développement —, toute amélioration passe nécessairement par l'augmentation des quantités produites et l'accroissement correspondant des revenus. L'exigence est encore plus évidente si l'on tient compte du rythme exceptionnellement rapide de la croissance de la population dans la plupart des pays du tiers monde : pour éviter la dégradation supplémentaire d'un niveau de vie moyen déjà insupportablement bas, la croissance du revenu doit déjà atteindre 2 % ou 3 % l'an...

Mais ce « choix » — ou ce prétendu choix, car on peut se demander s'il est prononcé en tenant compte des leviers dont dispose réellement le planificateur — va se révéler doublement limité. D'abord, parce qu'il prétend résumer tous les objectifs de développement : le taux de croissance est censé synthétiser la satisfaction de tous les besoins, puisque c'est le revenu moyen qui s'accroît, que tout est supposé s'acheter, et que cette croissance finit par produire des « retombées » pour l'ensemble de la population. On s'apercevra bientôt que de nombreux besoins y échappent, ne serait-ce que parce que le revenu est inégalement réparti.

La seconde limitation est un peu plus complexe : elle concerne la nature des moyens nécessaires pour obtenir cette croissance. On distingue bien sûr différents facteurs de croissance (ressources naturelles, ressources humaines, équipements, etc.), mais l'un d'eux paraît résumer toutes les exigences puisqu'il permet de tout acheter : c'est le capital financier. On élabore ainsi des « modèles de croissance » où l'augmentation de la production est fonction du capital investi : la seule véritable contrainte à desserrer paraît donc financière, et l'on bâtit sur cette base des plans ambitieux de mobilisation de l'épargne interne ou de transferts internationaux de ressources. Il faudra longtemps, cette fois, pour que l'on comprenne l'insuffisance de cette approche ; et, même après l'aventure des deux premiers chocs pétroliers — au cours desquels les pays de l'OPEP ont accumulé des surplus financiers gigantesques sans parvenir, pour la plupart, à les investir productivement —, le problème central des pays du tiers monde demeure, aux yeux de beaucoup d'observateurs ou de responsables,

un problème financier. On assiste même parfois à une déviation supplémentaire, qui s'explique par des intérêts évidents : le problème du tiers monde se ramène tout simplement, pour certains, au paiement de sa dette.

L'industrialisation

Elle est un second exemple de ces préoccupations dominantes des stratégies de développement, avec ce même mélange d'exigences réelles et de limitations mal perçues.

Au départ, une évidence en rapport avec la croissance : l'industrialisation n'est rien d'autre qu'un moyen extraordinairement puissant d'accroître la productivité de l'effort humain, donc d'augmenter les quantités produites, mais aussi leur diversité et leur qualité. Les pays dits développés ne se distinguent-ils pas des autres précisément parce qu'ils sont industrialisés ?

L'industrialisation apparaît ainsi comme la clé du développement, et les premières stratégies de grande envergure vont être axées sur cette exigence : l'Inde oriente ses premiers plans vers la construction d'une industrie lourde ; la C E P A L (Commission économique des Nations Unies pour l'Amérique latine) se fait le prophète de l'industrialisation latino-américaine ; l'Algérie lance un plan d'industrialisation intégrée à partir de la notion d'« industries industrialisantes » ; les pays les plus pauvres eux-mêmes donnent la priorité au rassemblement de projets industriels. Et les succès de certains pays sont remarquables, au point que l'on s'inquiète aujourd'hui de la concurrence de « nouveaux pays industriels » : le Brésil exporte des avions et des armes, la Corée du Sud s'impose dans des secteurs comme le textile, l'habillement ou l'électronique grand public, mais aussi la sidérurgie et la construction navale...

Mais ces succès ne sont pas donnés à tout le monde, pour de multiples raisons qui vont des soucis

TAUX DE CROISSANCE DU PRODUIT NATIONAL BRUT
PAR HABITANT (1980-1987)

Taux moyen de croissance,
en % annuel (1980-1987)

0
1
2
3

Absence de données

Source : Banque mondiale

© Éditions La Découverte

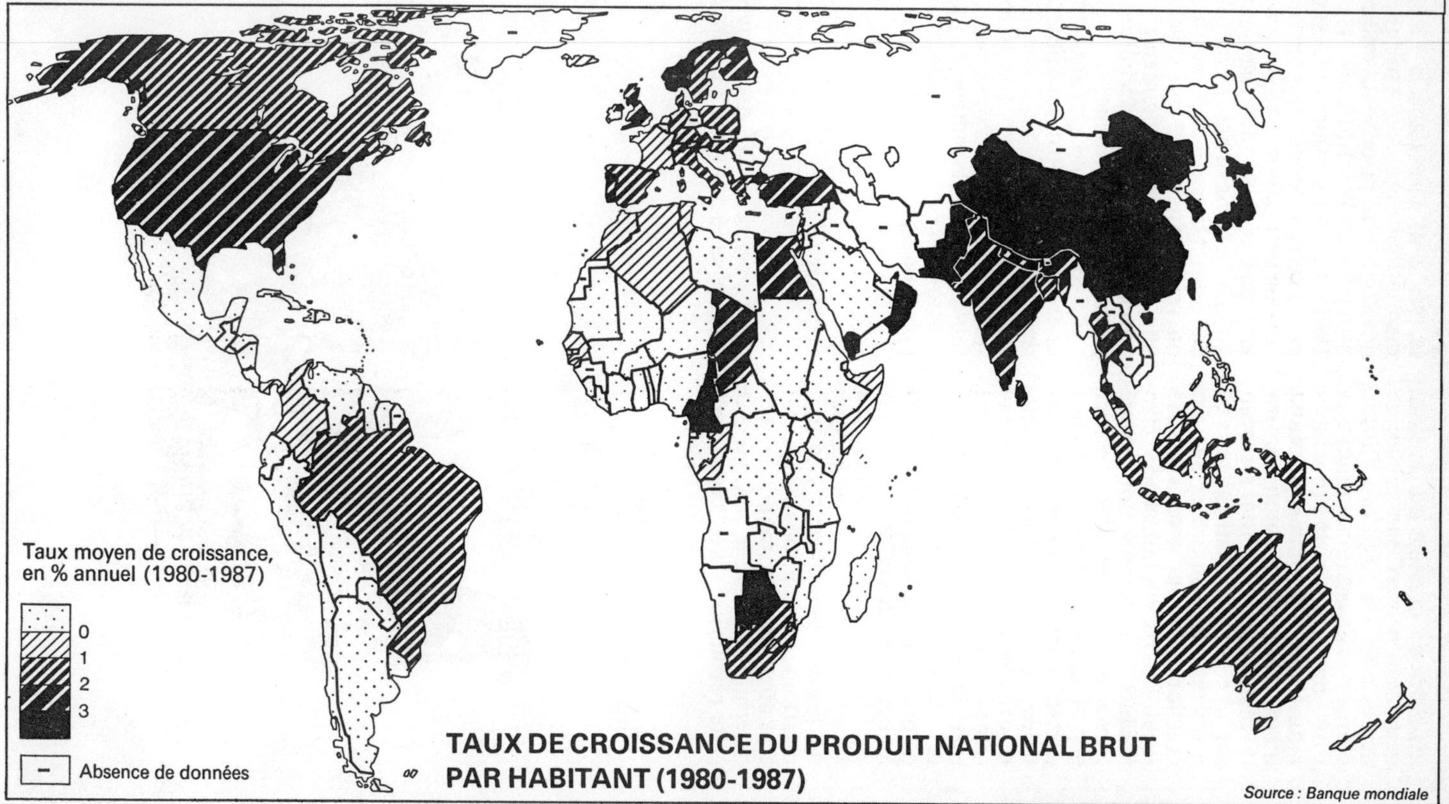

excessifs de prestige ou de grandeur, aux protections douanières démesurées et à l'insuffisante dimension des marchés intérieurs. Plus important : la révolution industrielle n'a jamais pu réussir qu'en s'appuyant sinon sur une révolution agricole, tout au moins sur une solution satisfaisante du problème alimentaire et sur une amélioration du niveau de vie rural. Des échecs industriels retentissants — industries non compétitives ou non rentables, projets gigantesques mort-nés, multiplication des capacités industrielles installées mais sous-utilisées ou même désaffectées — vont provoquer un retour d'attention vers l'agriculture. D'où notamment l'effort de la révolution verte — introduction de nouvelles variétés et de nouvelles méthodes de culture —, comme en Inde à partir du milieu des années soixante. Mais la pression des grandes puissances et des organisations internationales qu'elles dominent (Banque mondiale) a été déterminante dans le lancement de cette révolution verte, comme elle le sera plus tard dans la recommandation faite à l'Afrique de développer en priorité ses cultures d'exportation (Rapport Berg, 1981). Les implications et le contenu de cette stratégie, qui apparaît comme anti-industrielle, sont trop ambigus et trop incertains pour qu'elle ne soulève pas, à son tour, de fortes réticences chez ceux à qui on veut l'imposer et qui y voient une pression pour maintenir leur économie dans la spécialisation primaire traditionnelle.

Au total, ni l'industrialisation ni la croissance agricole n'apparaissent plus maintenant, à elles seules, comme des conditions suffisantes du développement. Il faut en étudier davantage les interrelations, et surtout les critères plus précis de spécialisation.

État/marché

Le rôle respectif des pouvoirs publics et des forces du marché

constitue un troisième domaine d'options des stratégies de développement. Là encore, les pays en développement vont partir d'une position, très affirmée, en faveur d'un rôle central à donner à l'État. Le contexte de cette option est celui des accessions à l'indépendance, c'est-à-dire d'une affirmation de la souveraineté des États nouveaux et de leur émancipation de la tutelle coloniale, ce qui entraîne aussi émancipation par rapport à l'ensemble des forces capitalistes qui appuyaient et bénéficiaient de cette colonisation.

A cette ambition s'ajoute, au moins pour certaines régions (l'Afrique noire plus que l'Amérique latine et l'Asie), l'absence ou l'insuffisance d'une classe d'entrepreneurs autochtones. L'État se voit donc normalement investi d'une responsabilité globale du développement : non seulement des fonctions traditionnelles de l'État libéral (que les pouvoirs coloniaux eux-mêmes avaient largement outrepassées), mais aussi des pouvoirs de conception, d'impulsion et de réglementation très larges, la prise en charge d'un secteur public productif considérablement étendu par les nationalisations d'entreprises étrangères, et enfin les prétentions démesurées d'une planification centralisée, autoritaire et détaillée du développement.

Les illusions de l'étatisme vont cependant se heurter à deux séries d'obstacles. L'une est politique : c'est la découverte progressive mais douloureuse de ce qu'un État n'incarne pas nécessairement l'intérêt général ou celui de la majorité, que certains autoritarismes peuvent être d'autant plus inacceptables qu'ils ne visent qu'au maintien de privilèges illégitimes, qu'enfin l'État peut être le Léviathan qui s'oppose à l'épanouissement et au développement de la société civile. Cette objection politique, dont le sérieux ne fait pas de doute, va malheureusement permettre la résurgence de tous les particularismes avec les appuis économiques dont ils bénéficient.

Car la seconde série d'obstacles, elle, est d'ordre économique : que l'on admette ou non les objectifs qu'elles poursuivent, les stratégies de développement étatiques se révèlent profondément inefficaces : lourdeur bureaucratique, irresponsabilité, absence d'incitation à la productivité, étranglement de la liberté d'initiative « entrepreneuriale », distorsions irrationnelles ou arbitraires dans les rapports de prix, protections excessives, et ainsi de suite.

D'où un retour en force, à nouveau sous l'impulsion des économies capitalistes dominantes et des organisations multilatérales qu'elles contrôlent, des pressions en faveur du libéralisme, c'est-à-dire du libre jeu du marché, de la vérité des prix, de la liberté d'entreprendre, mais aussi de la privatisation, de la déréglementation, d'un rôle aussi large que possible à l'entreprise et aux capitaux privés, y compris étrangers, ainsi qu'une référence déterminante au critère de la compétitivité sur les marchés mondiaux. C'est bien cet ensemble qui domine aujourd'hui les politiques et stratégies des acteurs dominants sur la scène internationale. Mais ce qu'on va gagner en efficacité, on risque de le perdre, bien sûr, sur le terrain des autres objectifs que pouvait poursuivre une stratégie nationale : emploi, autonomie, équilibre régional, etc. Les recettes simplistes ont fait long feu, l'équilibre reste à trouver, et une nouvelle synthèse à construire.

Les relations extérieures

Le degré et le mode d'ouverture des économies vers l'extérieur constituent une quatrième préoccupation centrale des stratégies de développement. De ce point de vue, on peut distinguer schématiquement deux modèles de relation. Bien entendu, les expériences concrètes ne sont jamais entièrement conformes à l'un de ces modèles et elles reposent toujours sur des combinaisons d'éléments empruntés à chacun d'entre eux.

Le premier modèle est celui de l'ouverture et de l'intégration dans l'économie mondiale, fût-ce en position dominée. Il est associé à la confiance dans les forces du marché : pas seulement le marché national, souvent de dimensions trop restreintes (parce que le pays est lui-même de faible dimension, ou parce que le pouvoir d'achat y est encore bas), mais aussi et surtout les marchés internationaux, dont on attend l'impulsion qui permettra la croissance interne.

L'objectif sera de vendre à l'extérieur des produits agricoles, des produits miniers, voire des produits manufacturés ou de la force de travail émigrée ; on pourra ainsi importer les équipements, les technologies, le savoir-faire, les capitaux nécessaires à l'expansion interne.

Ce schéma de croissance fondé sur l'exportation est largement adopté par les pays les moins avancés, en Afrique notamment, parce qu'ils pensent ne pas avoir d'autre choix. C'est aussi la voie suivie, avec les succès que l'on sait, par les nouveaux pays industriels en Asie du Sud-Est ; pour des raisons évidentes, la plupart des pays pétroliers se sont également rapprochés de ce schéma. Les traits dominants de ce type de stratégie sont la référence à la demande mondiale plutôt qu'aux besoins internes pour choisir ce que l'on va produire, et donc aussi la référence au critère de la compétitivité internationale, indispensable pour pouvoir répondre à cette demande : si elle n'est pas rentable sur les marchés internationaux, une production doit être abandonnée, quelle que soit son utilité interne.

La contrepartie de cette orientation vers l'exportation, c'est l'accès aux ressources extérieures, mais aussi la dépendance à leur égard : rôle dominant des firmes multinationales, des capitaux extérieurs (investissements ou crédits), des techniciens étrangers, et aussi influence critique de la conjoncture sur les marchés mondiaux, principalement dans les pays industrialisés.

Plus largement, ce modèle d'ouverture conduit les pays en développement qui le choisissent sans discrimination vers un type d'économie, mais aussi vers un type de société et de culture, qui se rapprochent du modèle de développement des pays dominants. Parmi les caractéristiques de ce modèle, on verra s'imposer en particulier le rôle du profit, et la tendance à l'expansion, pour ceux qui peuvent se le permettre, de la « société de consommation » à l'occidentale.

C'est en réaction à cette dépendance et à cette aliénation qu'un schéma aux caractéristiques opposées va être préconisé par certains, insistant sur la priorité de la satisfaction des besoins internes et sur l'ambition légitime des pays en développement à sauvegarder leur souveraineté, leur autonomie économique, leur spécificité culturelle. Réaction qui peut être, au départ, le produit des circonstances : ainsi, les pays latino-américains découvrent la possibilité d'une industrialisation moins dépendante de l'extérieur, lorsque la grande crise et la guerre réduisent leurs échanges avec les pays industrialisés.

Mais c'est aussi une option naturelle de développement pour des économies de très grandes dimensions telles que celle du Brésil, ou plus encore de l'Inde et de la Chine, dont les populations constituent de gigantesques marchés intérieurs potentiels. Au-delà de ces expériences bien réelles, sinon entièrement réussies, de développement « vers l'intérieur », on verra aussi émerger de multiples formes de protestation contre la tyrannie économique et culturelle de l'extérieur, et naître l'ambition correspondante d'un développement « autocentré », ou « endogène » ; celui-ci est souvent associé à diverses formes de « déconnexion » (*delinking*) par rapport à l'ensemble des réseaux d'échanges internationaux. Ces ambitions légitimes rencontrent cependant des obstacles tellement considérables qu'elles ne parviennent pas à déboucher sur de véritables succès : ainsi en est-il de la Tanzanie de Nyerere dont la revendication de *self-reliance* forçait le respect, mais qui est actuellement l'un des pays les plus aidés du monde.

Des choix bien politiques

Les quatre thèmes évoqués ci-dessus ne sont que des exemples particulièrement significatifs, ils ne

constituent pas une liste exhaustive. Il faudrait y ajouter un ensemble de choix qui est, lui, le plus souvent négligé dans la formulation explicite des stratégies de développement : c'est celui qui concerne le partage des avantages et des coûts de ces stratégies entre les divers acteurs et groupes sociaux en présence ou, si l'on veut, l'arbitrage entre les divers intérêts en jeu (ruraux et urbains, fonctionnaires et paysans, salariés et non salariés, hauts et bas revenus, groupes ethniques ou régionaux, etc.) ; on a beaucoup trop tendance à raisonner comme si le développement profitait toujours à l'ensemble de la population.

Les exemples cités suffisent, cependant, à évoquer la nécessité des *options* qu'implique toute stratégie de développement, et donc l'impossibilité pour celle-ci de se référer à un modèle unique qu'il suffirait d'imiter pour la seule raison qu'il aurait éventuellement réussi ailleurs. Chacune des options alternatives que l'on vient de passer en revue peut s'appuyer, on l'a constaté, sur des arguments défendables : en définitive, il n'est certainement pas légitime d'invoquer de prétendues normes universelles de rationalité et d'organisation, et donc le passage obligatoire par des « stades » de développement ou des règles imitées d'expériences antérieures. La raison de cette impossibilité doit être bien comprise : elle provient essentiellement de ce que le développement admet lui-même *divers objectifs*, entre lesquels on ne peut choisir qu'en fonction de jugements de valeurs, c'est-à-dire de *choix politiques*. Aucun argument économique ne permet d'affirmer, par exemple, qu'une stratégie privilégiant la croissance au détriment de l'équité ou de l'autonomie, soit intrinsèquement préférable à une stratégie fondée sur les options inverses. C'est sans doute le reproche central qui peut être fait à l'encontre des principes de conditionnalité édictés par des organisations internationales, telles que la Banque mondiale ou le Fonds monétaire international, dans les interventions qu'elles imposent aux pays du tiers monde, notamment au travers des *plans d'ajustement structurels*.

On peut donc conclure ce trop rapide examen des choix de stratégies de développement par trois propositions :
— il faut admettre le *pluralisme* des objectifs du développement, et donc respecter et sauvegarder la liberté de choix des responsables nationaux du développement ; cette liberté concerne aussi bien le choix des objectifs que la réponse aux contraintes ;

— si cette liberté de choisir a un sens, il faut abandonner l'idée de se référer à un *modèle* de développement qu'il s'agirait de respecter ou d'imiter ; ni le mimétisme ni l'imposition de normes universelles ne paraissent défendables en la matière ;

— cependant, pour que ces choix se traduisent concrètement en stratégies réalistes et opérationnelles, il faut les *détailler* progressivement et confronter systématiquement les objectifs et les contraintes à chaque niveau de décision : c'est la fonction essentielle de la planification du développement et des relations qu'elle doit garder avec le jeu du marché.

Christian Coméliau

François Perroux ou la coopération conflictuelle

Au cours des années cinquante et au début des années soixante, Henri Bartoli, Raymond Barre, Gérard de Bernis, Pierre Uri, moi-même et bien d'autres, avons cru pouvoir apporter notre concours à une œuvre qui apparaissait alors des plus diversifiées — bien avant qu'on puisse saisir ce fil conducteur d'une théorie et d'une politique renouvelée autour de l'idée de « nouveau développement ».

Relisons ce qu'écrivait François Perroux (1903-1987), au tournant de cette seconde moitié des années cinquante, à un moment décisif de sa réflexion personnelle. Les plus graves problèmes de l'époque apparaissaient être ceux de la reprise d'une croissance générale, mais d'abord, pour des pays à peine sortis de la phase d'« immé-

diat après-guerre », ceux de *déséquilibre structurel*.

Il ne fallait pas s'étonner que Perroux n'ait pas été prêt à suivre les consignes néo-libérales d'économistes comme W. Roepke ou Jacques Rueff, qui avaient été anxieux de voir mettre fin à tout « dirigisme », même bien avant la fin de la période transitoire reconnue nécessaire par les organisations internationales (FMI, GATT).

Il ne s'agissait pas davantage d'accepter pour les pays d'Europe occidentale, les projets s'inspirant des doctrines néo-classiques qui, « *pour le capitalisme en plein développement comme pour le capitalisme naissant* », avaient supposé que la lutte se poursuivait « *entre un grand nombre d'unités de dimension et de forces égales, d'activités économiques comparables».* Il n'était surtout pas question d'oublier le «dynamisme de la domination» et les «effets de domination» — dont les rapports entre les firmes (micro-unités de production) comme dans les relations (macro-unités) entre les économies nationales de *forces inégales.*

«Croissance harmonisée» et «économie généralisée»

C'est donc à ce moment historiquement décisif où le sort des nations européennes était encore en jeu, d'abord face à une économie dominante — incontestablement les États-Unis —, mais aussi en présence d'un «autre impérialisme» redoutable pour d'autres raisons, celui de l'URSS que, dans les controverses de l'époque, François Perroux tient une place de plus en plus importante. Ses thèses sont présentées comme le refus d'une acceptation banale ou d'une simple appréciation nuancée. Avec *L'Europe sans rivages* (PUF, 1954) et, un peu après, *La Coexistence pacifique* (PUF, 1959), la reconstruction théorique prend décidément en compte l'inégalité des nations.

Par la suite, *L'Économie des jeunes nations* (PUF, 1962) ne fera que suivre et confirmer pour les pays dits «sous-développés» ce qui est ainsi déjà acquis quant à la «croissance harmonisée» et à l'«économie généralisée» — ce qui n'empêche pas de mettre l'accent de façon différente sur les manifestations de l'«emprise de structure». L'essentiel aura bien été dégagé avec les explications concernant la croissance harmonisée et les «pôles de croissance», avant celles consacrées aux «pôles de développement».

Très importante déjà de ce dernier point de vue, cette déclaration au début de sa leçon de réception au Collège de France (1956) qu'il

place, d'entrée, à l'appui d'une large vision du «projet humain» et de «l'économie généralisée» : elle concerne «la recette de progrès» que proposent les aînés de «deux mondes» (ceux de l'Est et de l'Ouest) «aux nations économiquement retardées — et ils n'ont pas, hélas! à souhaiter d'être impérialistes pour l'être en effet»... alors que la moitié de l'humanité «crie dans les affres de la faim et d'une misère repoussante»..., «les rébellions de la périphérie contestent les ordres lancés du centre...» (repris dans *L'Économie du XXe siècle*).

Comme beaucoup d'économistes à ce moment, François Perroux eût sans doute été prêt à tenter de se lancer directement — et comme d'un seul élan — dans la présentation d'une théorie de développement, à partir de ses réflexions sur les pays du tiers monde. C'est lui-même qui avait fait très largement admettre la distinction tranchée entre croissance et développement.

Croissance, développement, progrès...

Cependant, la méthode à suivre ne devait-elle pas être d'autant plus fructueuse si l'on ne se refusait pas tout d'abord à rassembler les résultats de ses précédentes critiques des théories néo-classiques de l'équilibre? A partir d'exemples significatifs longuement étudiés devait se dégager une sorte de dialectique «croissance», «progrès» et «développement». Mais une telle dialectique serait restée plus ou moins implicite sans la lecture attentive des explications concernant les «composants» et le «cheminement» des progrès...

Le titre des deux *Cahiers* qu'il avait tenu à publier en 1967 (*Économies et Sociétés*) annonce bien, au singulier : *Le Progrès*. Mais alors — et dans l'acception la plus généralement accepté du terme — les opinions généralement admises sont à récuser.

Un projet d'industrialisation concertée

Reportons-nous à-présent à un *Cahiers de l'ISEA* paru dès juillet 1955 : « Trois outils d'analyse pour l'étude du sous-développement ». Ces trois « outils » (et nous étions alors à une date où Joan Robinson avait insisté sur le rôle à attribuer aux *tools of analysis*) devaient être : économie inarticulée, coûts de l'homme, développement induit.

François Perroux tenait d'abord à montrer que le sous-développement n'est pas un problème qui puisse être traité par les nations prises isolément. Il fallait ensuite rappeler que, dans de tels pays, on ne pouvait concevoir que se produisent « les enchaînements spontanés et, à la limite, mécaniques de la demande de capital à l'accroissement de la consommation », tandis que les innovations induites par le capitalisme étranger ne s'y propagent pas spontanément.

En distinguant avec Perroux les différents types de « couplages au monde extérieur » et les sortes de périodes à distinguer, les contrastes se précisent, pour les importations comme pour les exportations. Mais comment ne pas retrouver incessamment la dépendance « à l'égard de la demande mondiale et de la demande de l'économie dominante... », ainsi que les « raisons ethniques ou religieuses » mais aussi une « hostilité d'instinct » conduisant des élites et groupes d'hommes étrangers à la mentalité capitaliste au refus de l'aide sous forme de capitaux et de techniciens et au refus d'instaurer (ou de restaurer) la discipline économique du marché international ?

En définitive, en rejetant d'avance le reproche d'utopie, sa recherche devrait s'orienter vers un projet commun d'industrialisation concertée impliquant dépassement de la nation et dépassement du capitalisme. Ce serait là « une chance, un possible, rien de plus ».

Un développement global, endogène et intégré

Gérard de Bernis a souligné, dans sa postface à l'ouvrage *Dialogue des monopoles et des nations* (PUG, 1982), le mouvement qui conduisait, après rupture avec la conceptualisation et l'interprétation économique dominante, à faire application d'une théorie générale à un champ précis de l'économie. François Perroux, quant à lui, attribuait une importance décisive au message livré dans *Unités actives et mathématiques* (Dunod, 1975). D'autres auteurs, comme Daniel Dufourt, ont bien souligné, au-delà de la critique des « carences de l'orthodoxie économique », le passage de la notion de progrès à celle du développement global, endogène et intégré.

Ainsi, Perroux croyait-il pouvoir déranger les certitudes confortables de l'orthodoxie « qui nient l'existence d'effets négatifs imputables à l'activité des firmes transnationales ». Et même, plus généralement, n'était-ce pas un véritable « choix de civilisation » auquel nous étions conviés ?

Mais c'est peut-être l'ouvrage *Pour une philosophie du nouveau développement* (Aubier - Presses de l'UNESCO, 1982) qui révèle le fil conducteur nécessaire à la bonne compréhension de son œuvre. On y retrouve l'insatisfaction profonde d'une personnalité qui tenait à s'exprimer par de violents contrastes. Ainsi sa volonté de coopération était-elle très sincère et fut souvent reconnue dans le travail en commun notamment à l'Institut de sciences économiques appliquées (ISEA), créé en 1945 et devenu en 1972 seulement, au moment de sa retraite du Collège de France, Institut de sciences mathématiques et économiques appliquées (ISMEA) — ce qui ne tenait pas seulement à un renouvellement administratif. Mais, aussi bien à cet égard que dans la conclusion même de ses travaux sur le développement, il ne pouvait s'agir que de *coopération conflictuelle*, ou de *concurrence-concours*, et c'est bien ce qui vient à l'esprit quand on s'efforce de dégager avec lui les voies et moyens du nouveau développement.

Jean Weiller

Gunnar Myrdal : «La pauvreté est injuste»

« Je suis devenu économiste un peu par hasard, confiait souvent Gunnar Myrdal. Je m'étais lancé dans des études de droit pour voir comment la société fonctionnait, à la manière d'un petit garçon qui démonte une montre pour en examiner le mécanisme, et ces analyses me déprimèrent profondément. »

La lecture de nombreux ouvrages d'économie le persuade des mérites de cette discipline : en expliquant les ressorts de l'injustice, elle permettra certainement d'en corriger les méfaits. Né en 1898 à Sovarbo (Suède), il rédige une thèse sur *La Formation des prix en économie incertaine* en 1927 et publie en 1931 *L'Équilibre monétaire* qui le démarque de la tradition néoclassique et plus particulièrement des enseignements de Wicksell. Avec Bertil Ohlin (prix Nobel d'économie en 1977), Eric Lindhal et Dag Hammarskjöld il constitue l'École de Stockholm préconisant l'intervention de l'État par une politique financière et une politique monétaire audacieuse. Cette école sera de fait assez proche des positions de lord Maynard Keynes...

De 1935 à 1938 il est député social-démocrate au Parlement, puis il réside aux États-Unis. Il devient en 1944 conseiller du ministre suédois des Finances, puis président de la Commission du plan, enfin ministre du Commerce. A partir de 1947 il s'engage dans l'étude du développement — car il s'agit là d'un véritable engagement — d'abord au sein de la Commission économique des Nations unies pour l'Europe, puis comme enseignant, chercheur ou conseiller...

De son séjour américain il a ramené *American Dilemna* qui étudie la ségrégation raciale aux États-Unis, et révèle cette pauvreté instituée dans le pays le plus riche du monde. Après dix ans d'études et d'enquêtes il rédigera son plus célèbre ouvrage, *Asian Drama* (*Le Drame asiatique*) qui reste une remarquable présentation concrète du non-développement, du sous-développement. Il n'hésite pas à soutenir le nationalisme comme facteur de libération et il condamne les thèses libérales qui présupposent pour se réaliser tant de conditions idéales, qu'elles paraissent bien déconnectées de la réalité.

Favorable au protectionnisme des industries naissantes, à la planification, à l'intervention de l'État, à la protection sociale, Gunnar Myrdal se veut un économiste de gauche dont l'action est guidée par un constant souci de justice et d'équité.

Une approche dépassant l'économie

Dans un autre texte, *Théorie économique et pays sous-développés* (1955) il précise son projet : « L'idée que je veux exprimer dans ce livre est [...] qu'il n'existe pas dans l'économie normale, de telles tendances à la stabilisation spontanée et automatique du système social. Le système, par lui-même, n'évolue point vers une sortie d'équilibre des forces ; il ne cesse, au contraire, de s'écarter d'une telle position » et plus loin : « L'idée qu'il existe certains éléments de la réalité sociale qui peuvent être qualifiés de facteurs économiques et qu'une analyse théorique peut rationnellement se restreindre aux interactions de ces facteurs est un autre postulat dénué de réalisme. Elle est étroitement liée au postulat de l'équilibre car c'est précisément dans cette vaste partie de la réalité sociale, que l'analyse économique laisse à l'écart en s'abstrayant de facteurs non économiques, que le postulat de l'équilibre s'effondre. L'on ne peut considérer ces facteurs non économiques comme donnés et statiques ; leurs réactions, quand il y en a, jouent normalement dans le sens du déséquilibre. »

Ainsi délimitée, la question du développement sort du cadre strict des experts « économistes » et s'inscrit dans une approche culturaliste et anthropologique dans laquelle l'économie n'est qu'un élément parmi d'autres. On peut aisément mesurer le décalage qui existe entre cette pensée hétérodoxe et le b a ba des spécialistes travaillant dans les diverses institutions internationales.

« Les mesures les plus importantes, précise-t-il dans *Le Défi du monde pauvre* (1970), sont de loin les réformes politiques internes. Mais les difficultés rencontrées par les pays sous-développés sont souvent telles que la plupart d'entre eux auraient bien peu de chances de rencontrer la réussite s'ils ne recevaient pas une aide accrue de la part des pays développés. »

Renouveler la pensée économique

Financée par les organisations internationales, la recherche économique en matière de développement s'élabore au cours des années cinquante et soixante à partir d'études empiriques. Les « pionniers » de ces études sont tous issus du monde développé, ce qui fait dire à Gunnar Myrdal qu'« il serait pathétique que les jeunes économistes des pays sous-développés se laissent enfermer dans les sujets de prédilection de la pensée économique des pays avancés ». Il appelle donc ces jeunes économistes à s'émanciper des dogmes et à renouveler complètement la science économique...

Trente-cinq ans plus tard, ce message n'a été compris qu'à moitié : il y a de nombreux et brillants économistes originaires des pays en voie de développement, mais peu se sont mis en dissidence de la pensée orthodoxe en la matière... L'accumulation de capital résultant d'un surplus agricole, l'industrialisation visant dans un premier temps à réduire les importations, la planification, destinée à coordonner les actions intersectorielles et à répartir de façon optimale les moyens disponibles, et l'aide étrangère, ont été les quatre clés définies pour un développement harmonieux.

Ces conceptions déterminent alors des politiques économiques volontaristes visant à doter le pays d'une agriculture d'exportation finançant une industrialisation qui, à son tour, entraîne une modernisation de l'ensemble de la société. Les diverses mesures adoptées sont à peu près les mêmes d'un État à l'autre et se traduisent par des « modes » se succédant dans le temps.

Ainsi, après le « tout-planifié », le « tout-pour-l'exportation », le « tout-nationalisé », la réforme agraire etc., on a vu apparaître la « libre entreprise », la « déréglementation », le « moins d'État », les « technologies appropriées » ...

L'économie du développement n'est pas une science exacte, mais un ensemble de recettes plus ou moins fiables correspondant à des exigences politiques qui, bien souvent, échappent aux décideurs nationaux.

Ce sont ces recettes, et les grands principes qui les permettent, que Gunnar Myrdal (prix Nobel d'économie en 1974), s'efforce de rassembler et de concilier aux divers ingrédients locaux. Si le développement est une drôle de salade, les conseils d'un « cuisto » aussi imaginatif ne peuvent qu'être appréciables et appréciés...

Thierry Paquot

Samir Amin : « Choisir la déconnexion »

Samir Amin est né en 1931, en Égypte, dans une famille copte aisée. Il se rend en France à seize ans pour y poursuivre des études de mathématiques, mais s'oriente vite, au grand dam de ses parents, vers les sciences économiques, plus facilement conciliables avec une activité politique... De 1960 à 1963, il est conseiller du gouvernement du jeune État malien. Puis il enseigne aux universités de Poitiers, Paris et Dakar. A Dakar, où il réside une partie de l'année, il a animé, durant dix ans, *l'Institut africain du développement et de la planification*, avant de se consacrer à un programme de recherches intitulé « *Stratégies pour le futur de l'Afrique* ».

C'est en 1970 qu'il publie *L'Accumulation à l'échelle mondiale* (éd. Anthropos, rééd. 10/18). Ce livre deviendra vite, chez les tiers-mondistes marxistes, un ouvrage de référence obligé. *Le Développement inégal*, en 1973, (éd. de Minuit) donnera à ses thèses une audience encore plus large. D'autant que son œuvre qui comprend une vingtaine d'ouvrages est largement traduite (en une quinzaine de langues pour certains titres).

Une large audience dans le tiers monde

Samir Amin considère que le mode de production capitaliste se mondialise et impose sa logique économique à l'ensemble du tiers monde. Cette intégration forcée au marché mondial ne fait qu'aggraver les disparités économiques régionales, car elle repose largement sur un échange inégal entre le Nord et le Sud, au détriment de ce dernier. Mais le capitalisme, en pénétrant des sociétés qui ont une histoire et une culture propres, s'insère dans ce qu'il nomme « *une formation sociale concrète* », c'est-à-dire une combinaison de plusieurs modes de production. La diversité de ces formations sociales exprime la diversité des situations actuelles et, par conséquent, des futurs possibles.

On a souvent reproché à Samir Amin d'appliquer aux sociétés du tiers monde l'analyse de classe que des penseurs socialistes ont élaborée en Europe au XIXᵉ siècle et de croire en la révolution — ou, plus exactement, à l'établissement d'une société totalement différente du capitalisme mondial. Si l'on peut — et l'on doit — discuter les arguments et les analyses de Samir Amin, on ne peut en ignorer le contenu et l'étonnante cohérence.

Son dernier ouvrage, *La Déconnexion* (éd. La Découverte) qui récapitule, actualise et développe ses conceptions du sous-développement et d'un développement non capitaliste, ne peut laisser indifférent, alors même que ses idées ont une large audience, dans les pays africains et arabes, en particulier. L'histoire, le dynamisme social, les transformations culturelles et religieuses, la mise en place d'un système économique mondial, etc., sont des thèmes incontournables. Les travaux de Samir Amin constituent incontestablement un élément important de ce débat.

La fausse rationalité du marché mondial

Pour Samir Amin, la « déconnexion » c'est, pour un pays, construire son propre système de références et de critères présidant aux décisions (économiques, politiques, sociales et culturelles) à prendre pour réaliser ses objectifs politiques. Il ne s'agit absolument pas d'un repli autarcique, mais d'un refus de ce qu'il nomme la fausse rationalité du marché mondial. Bien entendu, il y a entre l'exigence de la déconnexion et le poids des contraintes extérieures un rapport à la fois conflictuel et complémentaire. Mais, selon lui, il ne s'agit pas de se « retirer du monde », mais de mettre en œuvre une autre politique.

Pour son théoricien, la déconnexion n'est pas non plus synonyme de développement autocentré. Ce dernier concept a un sens précis : soumettre ses relations extérieures aux exigences de l'accumulation interne et non — à l'inverse — s'ajuster aux exigences de l'accumulation dans les centres du système capitaliste. C'est précisément cette inégalité constitutive à l'expansion du capitalisme que l'auteur souhaite entraver et réduire en déconnectant, pour ensuite assurer un développement autocentré.

Mais peut-on vraiment, réellement, se dégager des contraintes du marché mondial ? Un historien comme Fernand Braudel ne le pensait pas, par exemple ! Mais, pour Samir Amin, on *doit* se libérer, autant que possible, de ces contraintes. C'est le prix à payer si l'on veut une *autre* société. Il conserve la conviction que le capitalisme n'est pas un système éternel et qu'il existe des forces réelles — ou potentielles — capables de le

remettre en cause. Bien entendu, on ne peut s'en libérer magiquement et facilement du jour au lendemain. Tout cela implique de nombreux compromis. Zigzaguer ? oui, mais sans perdre de vue le cap que l'on s'est fixé.

Ainsi, pour Samir Amin, la déconnexion est à la fois un concept global et une action autant extra-économique qu'économique. Elle possède une dimension économique importante (par exemple, la construction d'un système de prix nationaux autonome par rapport au marché mondial), mais elle a aussi des dimensions politique et culturelle. Sur ce plan l'auteur se défend de militer pour un quelconque retour en arrière ou pour une « sauvegarde » du passé, mais défend au contraire une ouverture sur un avenir mondial qu'il souhaite délibérément moderne et socialiste d'une part, et enrichi par sa diversification d'autre part.

Il a du reste précisé sa pensée concernant l'Islam dans plusieurs ouvrages édités en arabe au Caire. Pour lui, le renouveau fondamentaliste contribue à faire reculer la conscience nationale arabe. De plus en plus intéressé par la confrontation d'aires culturelles, Samir Amin tente de mesurer les résistances à la modernité occidentale telles qu'elles se manifestent dans le monde islamique, par exemple. Dans son dernier ouvrage, *La Méditerranée dans le monde, les enjeux de la transnationalisation* (en collaboration avec Fayçal Yachir, La Découverte, 1989), il retrace l'histoire de ce système cohérent — de cette « économie-monde » qu'est le bassin méditerranéen de l'Antiquité au XVe siècle — qui perd selon lui son unité avec le développement des échanges marchands internationaux et avec la généralisation des flux (migrations, technologie, devises, etc.) de moins en moins faciles à contrôler localement. Là encore la déconnexion est pour Samir Amin le choix à faire.

Thierry Paquot

MATIÈRES PREMIÈRES

« Le tiers monde n'est pas important pour les matières premières, mais les matières premières sont importantes pour le tiers monde. »

Cette réflexion du professeur Philippe Chalmin illustre d'emblée la spécificité des pays du Sud sur l'échiquier mondial des ressources naturelles.

Contrairement aux idées reçues, c'est dans le monde développé que gisent les plus grandes réserves connues de matières premières minérales, de l'Amérique du Nord (États-Unis, Canada) à l'Australie et l'Afrique du Sud, pays lui-même atypique, rattaché au tiers monde par sa position géographique, mais intégré au Nord prospère par sa dimension économique. L'Union soviétique et la Chine, autres détenteurs majeurs de ressources minières, appartiennent au « bloc communiste » que les évolutions internes et divergentes ne permettent pas de ranger simplement, il s'en faut, sous l'étiquette du tiers monde.

Il en va de même pour les matières premières agricoles : si on exclut les denrées purement tropicales (café, cacao, thé), on retrouve dans le domaine des exportations céréalières la même primauté du Nord. Dans le club des cinq géants exportateurs de blé figurent ainsi les États-Unis et le Canada, la CEE et l'Australie ; l'Argentine représentant seule le Sud. Le rapport de force s'inverse seulement pour le riz — exception qui confirme la règle — les États-Unis côtoyant la Thaïlande, la Birmanie et le Pakistan. Au total, l'Occident assure plus de 60 % des exportations mondiales de métaux et céréales, le reliquat se partageant entre les pays de l'Est et les pays en voie de développement, dont la part varie selon les produits de 20 à 30 % (produits tropicaux exclus).

La règle des « deux tiers »

Mais cette relative marginalité est compensée, éclipsée même, par le solide enchaînement du tiers monde aux matières premières. Cette ultradépendance peut être mesurée selon une règle des « deux tiers » : deux pays pauvres sur trois sont tributaires de deux ou trois produits de base pour les deux tiers de leurs recettes d'exportation. La relation est si forte qu'il est d'usage d'associer un État à un produit, comme si son destin et son identité étaient tout entiers enfermés dans la matière : café de Colombie (et d'Éthiopie), cacao de Côte-d'Ivoire, sucre de Cuba, bauxite de Guinée, étain de Bolivie, gomme naturelle de Malaisie, arachide du Sénégal...

Cette forte spécialisation n'a pas été tempérée — au contraire — par l'accession des pays du tiers monde à l'indépendance, notamment en Afrique. Aujourd'hui, au moment où les économies occidentales apprennent à faire l'impasse sur la consommation de matières premières (la Banque mondiale a calculé que sur 1 000 dollars de PIB au Nord, les métaux comptent pour 5 dollars), le Sud subit de plein fouet la crise des produits de base. Pour des raisons souvent conjoncturelles (intempéries ; grèves de mineurs) les prix des matières premières ont connu un net redressement au premier semestre 1988 qui s'est interrompu ensuite. Mais cette éclaircie est survenue dans un ciel plombé : en valeur réelle, les cours n'ont pas retrouvé leur niveau de 1980. Les prix des denrées tropicales, le « pain du tiers monde », sont comparables à leur niveau de l'époque de la grande crise des années trente.

Cette déconvenue a brisé le rêve des chefs d'État d'Afrique, d'Asie ou d'Amérique du Sud, qui croyaient aux richesses naturelles pour assurer le développement de leurs pays. Les nationalisations des mines de fer de Mauritanie, en 1972, ou des mines de cuivre chiliennes par Salvador Allende, l'année suivante, paraissent avec le recul bien illusoires. Les États ont pris en main leurs ressources quand l'Occident apprenait — vite — à les économiser, voire à les remplacer. Les deux chocs pétroliers de 1973 et 1979 allaient renforcer cette tendance. La course à la substitution donnait l'avantage aux erzatz de laboratoires sur les produits de la mine et de culture. Le plastique, la gomme et les fibres synthétiques, les matières grasses végétales ou les édulcorants de synthèse ont fait beaucoup dans la déchéance accélérée des métaux, du caoutchouc naturel ou du coton, du cacao et du sucre.

Fuite en avant

Mais le tiers monde n'avait pas les moyens matériels — ni sans doute politiques — et il ne pouvait échapper à sa condition de fournisseur de matières premières. Au contraire, la chute des prix des années 1981-1985 l'a poussé à une fuite en avant dont il ne cesse de payer la facture. Pour compenser le manque à gagner né de l'effondrement durable des cours, les pays en voie de développement n'ont eu d'autre choix que d'accroître leur production, cher-

chant ainsi à compenser en volume ce qu'ils perdaient sur les prix.

L'endettement croissant des pays du Sud n'a pu qu'aggraver cette descente aux enfers. Tenus d'honorer le remboursement — au moins partiel — de leur dette, nombre d'entre eux n'avaient à court terme qu'une issue : produire, toujours plus. A mesure que sa dette s'aggravait, le tiers monde a paradoxalement été conduit à brader ses matières premières auprès de l'Occident. En 1985, la revue *The Economist* calculait que le cadeau du Sud au Nord avait coûté, cette année-là, 65 milliards de dollars.

Les matières premières collent ainsi au tiers monde comme une tunique de Nessus dont il ne peut se défaire. Impossible de les rejeter comme le ferait un entrepreneur du Nord d'un placement qu'il jugerait désormais désastreux et dangereux pour la survie de son affaire. Mis en demeure de produire pour honorer une fraction de leur dette, les pays du Sud cherchent en vain l'autre voie qui leur permettrait de gagner rapidement autant de devises que les matières premières.

« L'effondrement des prix des produits de base a assombri les perspectives de progrès économique et social de la plupart des pays en développement, soulignait au début de 1986 l'hebdomadaire américain *Newsweek*. Il est devenu aussi dangereux et non moins explosif que la bombe de la dette du tiers monde. » L'analyse reste vraie. La Côte-d'Ivoire, longtemps citée en exemple comme modèle de développement en Afrique, compte désormais parmi les pays les plus endettés du continent noir. Elle n'en serait pas là si son économie avait pu à temps se soustraire à l'emprise du cacao et du café.

Des prix fixés
à Londres ou à Chicago...

L'impuissance du tiers monde face à l'évolution des prix des matières premières est une autre

Siglo XX, c'est fini !

Avec une production de 30 000 tonnes d'étain, la Bolivie était encore, en 1978, le deuxième exportateur mondial de ce métal. En 1987, elle était passée au cinquième rang avec moins de 10 000 tonnes. L'épuisement des gisements exploités depuis le début du siècle, des coûts de production exagérément élevés, et surtout, l'effondrement du marché mondial de l'étain à partir d'octobre 1985 ont fait leur œuvre. Une page de l'histoire du pays le plus haut du monde vient d'être tournée, entraînant une série de mutations sur le plan social et politique.

C'est Simon Patiño, un prospecteur métis, qui, à la fin du siècle dernier, découvrit la veine d'étain la plus riche du monde et édifia sur elle un fabuleux empire. Après le coup d'État militaire qui évinça Paz Estenssoro, représentant des classes moyennes, le leader des mineurs Juan Lechin, lança, le 8 avril 1952 un appel à l'insurrection qui mit fin au règne des barons de l'étain. Le 31 octobre suivant était proclamée la nationalisation des mines par le Mouvement nationaliste révolutionnaire (MNR).

Mais au moment où fut prise cette mesure, les veines les plus riches et les plus accessibles avaient déjà été exploitées. La teneur en minerai oscillait encore entre 1,5 % et 2,5 %. Elle n'est plus aujourd'hui que de 0,3 %. On estime en outre que, dans les années quatre-vingt, moins de 5 % des revenus de l'étain auront été réinvestis dans le secteur minier. Le reste aura servi au développement de l'agriculture tropicale, de la recherche pétrolière et, d'une manière plus générale, à financer les dépenses de l'État. Une bureaucratie pléthorique, le détournement d'une partie non négligeable de la production par les ouvriers, un endettement croissant, l'utilisation d'une technologie dépassée, ont précipité l'effondrement de la Corporation minière de Bolivie (COMIBOL) dès que la conjoncture internationale s'est révélée défavorable.

Le coup de grâce lui a été donné lorsque, le Conseil mondial de l'étain (CIE) s'étant déclaré incapable de soutenir le marché, la Bourse des métaux de Londres suspendit les cotations. Depuis cette date la livre fine du métal s'est maintenue au-dessous de 5 dollars, alors que son prix de revient en Bolivie oscille entre 10 et 30 dollars selon les cas.

Le gouvernement de Paz Estenssoro, élu en août 1985, a donc décidé le démantèlement de la COMIBOL dans le contexte d'une politique ultralibérale. Par la même occasion, il liquidait un puissant mouvement syndical qui, depuis trente ans, avait été le fer de lance des luttes sociales et du mouvement démocratique.

Le 26 août 1986, les grandes mines Siglo XX et Catavi étaient fermées. Elles seront transformées quelques mois plus tard, comme neuf autres mines de moindre importance, en coopératives ouvrières qui devront fonctionner sans soutien de l'État. Cette restructuration a signifié la mise à pied de 23 000 mineurs sur les 26 000 qu'employait la COMIBOL. Dans un pays où le plan de stabilisation économique a provoqué une récession sans précédent et mis au chômage 20 % de la population active, il a été impossible à la plus grande majorité de ces mineurs de retrouver un emploi « officiel ». Malgré grèves de la faim et marches de protestation, les syndicats, affaiblis par l'expérience désastreuse de l'Unité populaire du président Siles Zuazo (1982-1985) ne sont pas parvenus à s'opposer à la politique brutale de lock out menée par le gouvernement. Des indemnités dérisoires, la perte des droits sociaux, ont provoqué l'exode et la dispersion dans tous le pays de ceux que le gouvernement appelle les relocalisés. Quelques-uns se sont transformés en chercheurs d'or. Le plus grand nombre s'adonne au petit commerce, à la contrebande, ou a migré dans la région tropicale du Chapare pour cultiver la coca.

Cependant, petit à petit certains sont revenus à Siglo XX où se sont formées sept coopératives qui exploitent la mine de façon sauvage : sans aération, sans perforatrice, les travailleurs s'attaquent, par exemple, aux veines d'étain par qui assurent le soutainement des galeries... D'autres reconcentrent en famille et de façon artisanale les déchets qui forment les terrils. Au prix d'un surtravail considérable, dans des conditions de totale insécurité, et sans couverture sociale, ils gagnent l'équivalent de deux ou trois fois le minimum vital. Cela permet à la ville minière de Llallaga de reprendre le visage qui était le sien à l'époque du boom de l'étain.

Mais cette apparence est trompeuse. Dans quelques années ce sera un nouvel exode, définitif celui-là. A moins qu'une catastrophe ne force le gouvernement à mettre, un peu plus tôt, un point final à près d'un siècle de l'histoire sociale de la Bolivie.

Alain Labrousse

BERTRAND Jean-Pierre, LAURENT Catherine, LECLERCQ Vincent, *Le Monde du soja*, La Découverte, « Repères », Paris.

CHALMIN Philippe, *Les Marchés mondiaux des matières premières*, PUF, « Que sais-je ? », Paris, 1984.

CHALMIN Philippe, *Négociants et chargeurs*, Économica, Paris, 1985.

CHALMIN Philippe, GOMBEAUD Jean-Louis, *Cyclope 87-88. Les marchés mondiaux*, Economica, Paris, 1988.

CHEVALLIER Agnès, *Le Pétrole*, La Découverte, « Repères », Paris, 1986.

FAYCAL Y., *Enjeux miniers en Afrique*, Karthala, Paris, 1987.

FOTTORINO Éric, *1972-1987 : Les années folles des matières premières*, Hatier, Paris, 1988.

FOTTORINO Éric, *Le Festin de la terre*, Lieu Commun, Paris, 1988.

GIRAUD Pierre-Noël, *Les Matières premières dans l'économie mondiale*, La Découverte, « Repères », Paris, 1989.

« Les matières premières minérales : de la vie quotidienne aux rapports Nord/Sud », CDTM de Paris/CEDIDELP, 1987.

MORGAN Dan, *Les Géants du grain*, Fayard, Paris, 1988.

particularité — on pourrait dire un handicap — des pays du Sud. Fixés dans leur écrasante majorité sur des places occidentales — Londres, New York, Chicago, Paris, Sydney —, les cours des produits de base échappent largement aux producteurs africains, asiatiques ou sud-américains. Pour un planteur de cacao ivoirien ou un producteur de soja brésilien, les prix de New York ou Chicago sont plus étrangers que ceux affichés à Bruxelles, par la Commission européenne, aux yeux d'un agriculteur grec. Pis encore, les mécanismes qui régissent les marchés à terme sont, par leur technicité, difficilement utilisables par les opérateurs des pays pauvres. Concrètement, ces grandes institutions sont investies par des négociants internationaux européens et anglo-saxons, auxquels s'ajoutent des industriels du Nord et un bataillon de spéculateurs.

C'est précisément comme spéculateurs que les opérateurs du tiers monde ont tenté au cours des années quatre-vingt de renverser les lois du marché à leur profit. Ils n'ont essuyé que des revers. Mais loin de rechercher les sécurités qu'offrent les marchés à terme, les opérateurs du tiers monde ont toujours préféré manipuler les cours, en définitive à leurs dépens. Ainsi en 1977, à la suite d'une forte gelée des caféiers brésiliens qui enflamma les prix de l'arabica, une association de pays connue sous le nom de groupe de Bogota tenta de prolonger artificiellement le mouvement de hausse. Composé des principaux producteurs du globe (Brésil, Colombie, Vénézuela, Costa Rica), le « cartel » décida… d'acheter du café sur le marché de New York. Près de 500 millions de dollars furent ainsi dépensés dans cette spéculation. L'effet sur les cours fut instantané mais bref. A court de fonds, le groupe de Bogota renonça à son action et le marché rechuta vivement. En 1987, le Brésil renouvela seul ce numéro d'apprenti sorcier en achetant à Londres 1,5 million de sacs de soixante kilos de robusta. Brasilia perdit dans l'opération 150 millions de dollars, pour une hausse de prix sans lendemain. La Malaisie avait tenté un « coup » similaire en 1981, en confiant à un spéculateur de haute volée, Marc Rich, le soin d'acheter discrètement de l'étain sur les marchés de Londres et de Kuala Lumpur. Cette manipulation qui devait déclencher une flambée sur l'étain tourna court. Les Malais « brûlèrent » 190 millions de dollars pour rien.

Concurrences et divisions au Sud

Faute d'avoir réussi à domestiquer les marchés du Nord, les pays du tiers monde ont alors porté le fer dans leur sein. Les matières premières sont apparues comme le détonateur de leur division. L'accumulation tous azimuts d'excédents a ainsi donné naissance à des conflits triangulaires, l'Amérique du Sud multipliant les coups de boutoir à l'adresse de l'Afrique et de l'Asie du Sud-Est. La crise des produits de base aura révélé au grand jour l'absence de solidarités dans les rangs du tiers monde, chacun cherchant à se sauver au détriment des autres. En pratiquant des tarifs ultra-concurrentiels sur le cuivre, le Chili a mis en difficulté l'industrie cuprifère américaine aux équipements vétustes. Mais il a surtout précipité l'étranglement des producteurs zambiens en exerçant, au milieu des années quatre-vingt, une forte pression à la baisse sur les prix. Il s'agit là d'une stratégie d'élimination classique de la concurrence. Le Brésil a lui aussi usé de cette arme en 1985-1986 en inondant le marché de l'étain afin d'écouler sa production qui avait progressé de plus de 200 % en cinq ans! L'étain symbolisa les luttes fratricides du tiers monde sur le «ring» des matières premières. La victime immédiate de l'offensive de Brasilia fut... la Bolivie qui jeta des milliers de mineurs à la rue, sans autre avenir que le chômage ou le travail précaire dans les champs de coca. La Malaisie, premier producteur mondial d'étain dut à son tour fermer des mines par centaines. Les ventes intempestives du Brésil avaient trop pesé sur les prix de l'étain qui, le 24 octobre 1986, tombèrent de 8 500 livres à moins de 3 500 livres la tonne.

En Afrique, la Côte-d'Ivoire est victime de la vive poussée de la Malaisie sur le marché du cacao. Tirant parti de coûts de production très bas, Kuala Lumpur a développé rapidement ses plantations, avec pour ambition de produire plus de 200 000 tonnes de fèves d'ici à 1990, contre 10 000 tonnes au début des années soixante-dix... Au moment où la consommation mondiale de cacao montre ses limites, l'intrusion d'un nouvel exportateur très agressif sur les prix est considérée à Abidjan comme une catastrophe nationale.

La faillite des accords sur les produits de base

Cet antagonisme Sud-Sud est d'autant plus aigu que la crise des matières premières est profonde. Selon la CNUCED, (Conférence des Nations Unies pour le commerce et le développement), les recettes d'exportations tirées des produits de base par le tiers monde entre 1980 et 1984 ont accusé une baisse annuelle de 15 milliards de dollars, tandis que les financements compensatoires du FMI n'atteignaient sur la même période que 1,5 milliard de francs par an... Si on exclut le pétrole, le pouvoir d'achat des matières premières a baissé de 1,3 % par an depuis 1950, soit de moitié en trente ans. Le tiers monde fait ainsi les frais de la faillite d'un système de régulation des prix auquel il a longtemps adhéré : les accords sur les produits de base, assortis de stocks régulateurs (accord cacao, étain, caoutchouc) ou de quotas (café).

L'aspiration du Sud à obtenir des prix «justes et rémunérateurs» a volé en éclats. Seul l'accord sur le caoutchouc résiste. Tous les autres arrangements n'ont pas survécu à la chute des prix et aux dissensions apparues entre consommateurs et producteurs, et entre producteurs eux-mêmes. Certains experts estiment même que les cours des matières premières à long terme n'auraient pas été pires sans l'existence des accords... Un constat très dur, qui remet en cause l'action internationale menée dans le cadre de la CNUCED pour enrayer la dégradation des termes de l'échange entre les producteurs de matières premières du Sud et les fournisseurs de biens manufacturés du Nord. Dans l'adversité, le tiers monde s'interroge. Comment se soustraire aux fluctuations erratiques des matières premières qui lui interdisent un ancrage solide pour son développement ?

De tremplins, les produits de base se sont transformés en chausse-trape. Plus que jamais les pays pauvres doivent faire l'inventaire de leurs ressources en matière grise pour se défaire de la dépendance trop forte qui les lie à la mine et à la plantation où la condition humaine s'est figée, dans l'hémisphère Sud, à son degré zéro.

Éric Fottorino

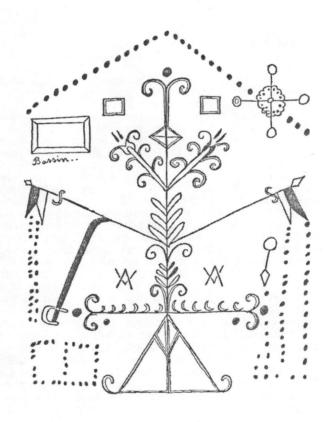

Bassin...

AGRICULTURE

Les pays riches produisent trop. Mais ils pillent les autres pays et ils démolissent les climats. Le tiers monde ne peut « s'en sortir » qu'en ralentissant sa démographie.

Le passage de la cueillette, de la chasse et de la pêche (d'une humanité sortant ainsi de son animalité) à la culture artificielle des aliments et à l'élevage des animaux, s'est produit environ 7 000 ans avant notre ère. Cette révolution transforma radicalement les modes de vie et provoqua la première croissance démographique de l'humanité qui passa de 15 millions à 150 millions en un millénaire.

L'agriculture se développa d'abord en Mésopotamie et en Égypte, avant de gagner le pourtour de la Méditerranée, puis l'Europe, sans oublier quatre autres foyers principaux : la Chine, l'Inde, l'Afrique tropicale et l'Amérique précolombienne. La forte mortalité, les guerres et les épidémies freinent la croissance de la population. Celle-ci dispose de l'énergie animale, de l'araire et de la charrette : et la production agricole suit aisément une population qui croît très lentement : on n'atteindra les 2°/oo de croissance annuelle qu'à partir de la Renaissance.

Avec les grandes découvertes, voici l'Europe partie à la conquête du monde : ses colonies préfigurent le tiers monde. L'Amérique y envoie le sucre, le coton et le cacao, plus tard le café et le caoutchouc ; cultivés par les esclaves, eux-mêmes en grande partie venus d'une Afrique ainsi déstabilisée. La Chine développe une agriculture assez intensive pour nourrir sa forte population, mais elle s'attarde ensuite en une économie semi-féodale qui, à partir du XIXe siècle, ne pourra plus subvenir aux besoins d'une population à forte croissance. Les Anglais pillent l'Inde, démolissent son artisanat textile et introduisent la propriété privée qui facilite l'exploitation des paysans sans terre. En Afrique subsaharienne, les Européens qui sont venus l'exploiter, puis la conquérir, ont oublié de lui apporter la roue et la charrette qui font encore défaut dans la grande majorité des villages du Sahel : aussi, les femmes y sont encore considérées comme de véritables « bêtes de somme ».

Entre-temps, en Europe, la révolution agricole des XVIIe et XVIIIe siècles, d'Italie du Nord à la Flandre, puis en Angleterre, celle du fourrage et du fumier, accélère les progrès de l'agriculture, enrichit les paysanneries européennes, ce qui facilitera ultérieurement la révolution industrielle. L'Europe, avec ses appendices « blancs », devient maîtresse du monde par ses colonies. Celles-ci fournissent les cultures d'exportation : l'Asie donnera le thé, le coton, le coprah, puis le caoutchouc et l'huile de palme.

De 1750 à 1950, l'Europe (en comptant les territoires s'étendant jusqu'à l'Oural) passe de 146 à 572 millions d'habitants et sa production agricole suit très largement. A part l'Irlande, en 1847, et hormis les guerres, on ne connaît plus, au XIXe siècle, de grandes famines. Au XXe siècle, les deux grandes guerres font perdre à l'Europe sa place dominante dans le monde.

C'est vers 1945, au lendemain de la Seconde Guerre mondiale, que se déclenche la grande explosion démographique des colonies, au moment où elles vont accéder à l'indépendance dans des conditions déjà difficiles.

Dans ce « tiers monde », qui se constitue, la malnutrition s'aggrave. Car la courbe de production agricole est presque partout rejointe, et plus souvent dépassée, par celle de la population. La croissance démographique prend l'allure d'une véritable catastrophe, menaçant la survie même de l'humanité. Résumons la situation des principaux grands ensembles.

Démographie et agriculture

En *Chine*, la Révolution a lieu en 1949, avec la prise du pouvoir par les communistes. Aux yeux de beaucoup, elle était largement justifiée par l'exploitation éhontée des paysans par les propriétaires-usuriers-spéculateurs associés aux mandarins, sinon aux seigneurs de la guerre. De 1949 à 1953, grâce à la réforme agraire qui donne « la terre aux paysans », la production s'accroît rapidement. Mais bientôt cette terre leur est reprise par une collectivisation forcée, suivie de la politique dite du « grand bond en avant » (en 1958) et de la « révolution culturelle » (dans les années soixante).

Mais les Chinois reprochent plus encore à leur grand leader Mao Zedong d'avoir refusé le contrôle de la démographie dès 1955. Ce qui les oblige depuis 1976 à subir de féroces contraintes (un enfant par couple, etc.) pour ralentir la croissance démographique. En même temps, la décollectivisation amorcée depuis 1978, généralisée vers 1981, imposée au Parti par les paysans, fait que la production agricole augmente rapidement : la

malnutrition est donc en régression, même si elle n'a pas complètement disparu.

Mais les inégalités augmentent et le décalage avec Taïwan continue de croître ; car, dans cette île, une paysannerie éduquée par la colonisation japonaise a réalisé une réforme agraire qui a donné, sans la lui reprendre, « la terre au paysan ». Ce dernier a reçu de plus tous les moyens de généraliser la révolution verte (variétés améliorées, maîtrise de l'eau, engrais et pesticides...), équivalent tropical de la seconde révolution agricole européenne, bien qu'on ait moins insisté, à Taïwan, sur la mécanisation.

L'*Inde* indépendante avait bien promis une réforme agraire, mais elle s'est vite arrêtée, au quart du chemin. Les « féodaux », là où ils ont été dépossédés, l'ont été au profit d'une sorte de bourgeoisie agraire, confortée dans sa situation dominante par le système des castes. Le gouvernement a favorisé l'industrie et négligé l'agriculture, mais les semi-famines de 1965-1966 l'ont incité à impulser la révolution verte.

On a cru qu'avec celle-ci on pourrait se dispenser de la réforme agraire. Certes du Pendjab à l'Haryana (Nord-Ouest) et aux deltas rizicoles du Sud-Est, cette « révolution » a permis un fort accroissement de production. Mais en l'absence de réforme agraire, le nombre et même la proportion de paysans sans terre qui sont aussi trop souvent sans travail ne cessent de s'accroître.

L'Inde n'a jamais été autosuffisante, même quand elle a cessé d'importer, car 300 millions d'Indiens ne mangeaient pas à leur faim. La sécheresse provoquée par le retard de la mousson, en 1987, a obligé à utiliser les stocks ; et les importations ont repris. Par ailleurs, l'écosystème de l'Inde ne cesse de se dégrader : les forêts et les arbres isolés se raréfient partout, on brûle de plus en plus de bouses pour cuire les aliments, ce qui réduit la fumure, et l'érosion du sol s'aggrave.

Porcs rustiques
et choix de développement

La peste porcine africaine, maladie infectieuse du porc, apparaît en Haïti en 1978. Inquiets d'une possible contamination accidentelle de leurs élevages, les Nord-Américains décident alors de financer un programme d'éradication de la maladie. Le troupeau porcin haïtien — évalué à 1,5 million de têtes, dont 95 % de type créole — est abattu en totalité entre 1982 et 1983 ; les autorités refusant même la constitution d'un troupeau témoin sain qui aurait permis de conserver une souche génétique de la race rustique créole.

Quatre familles paysannes sur cinq élèvent au moins un porc. Pour elles, cet abattage est un coup dur. Plus encore que le manque à gagner, c'est la disparition du type d'élevage jusqu'alors pratiqué qui sème le désespoir dans les campagnes. Rustique, le porc créole haïtien était bien adapté à ses conditions de production. Peu exigeant, il se nourrissait des déchets de cultures ou des fruits trop mûrs disponibles autour des habitations. Sa vente permettait de faire face lorsque se présentaient des dépenses : médicaments, semences, école... D'où son surnom de « tirelire à quatre pattes ».

Une fois tous les cochons abattus, comment reconstituer le troupeau ? Deux voies de repeuplement sont proposées aux autorités haïtiennes. Les Nord-Américains misent sur le développement d'un élevage de type industriel avec introduction de races génétiquement améliorées. Plusieurs projets vont financer un réseau de centres de sélection et de multiplication qui permettront de proposer aux paysans des porcs réputés performants.

La pleine productivité de ce type d'élevage suppose cependant que soient réunies plusieurs conditions : alimentation à base de concentrés (notamment de soja, importé), bâtiments d'élevage en dur, suivi vétérinaire... toutes conditions que seule une minorité de producteurs haïtiens, disposant d'une trésorerie suffisante, est capable de réunir. Chez les autres, les performances d'élevage sont vite décevantes : faible taux de mise bas, mortalité des porcelets proche de 50 %...

Ce constat va favoriser la mise en place d'une autre voie de repeuplement, privilégiant cette fois-ci l'introduction de races rustiques. Cette option est défendue par les groupements paysans, des scientifiques et des organisations non gouvernementales. Elle sera finalement soutenue par le ministère français de la Coopération.

Parmi les diverses origines possibles, deux sont finalement choisies : la race créole guadeloupéenne et un croisement gascon x chinois. Les animaux retenus ont un potentiel productif certes inférieur à celui de leurs concurrents américains, mais ils apparaissent mieux adaptés aux conditions d'élevage préexistantes en Haïti.

Pour respecter les normes sanitaires internationales (qui exigent des animaux exempts de tout organisme pathogène spécifique), 182 porcelets créoles et gascon x chinois sont prélevés par hystérectomie directement dans l'utérus des truies mères. Délicate, l'opération est réalisée dans deux stations de recherche françaises avant que les porcelets ne soient envoyés en Haïti durant l'été 1986. Regroupés dans des centres de multiplication, ils fourniront chaque année à partir de 1988 2 000 jeunes reproducteurs, impatiemment attendus par les paysans haïtiens.

Seul le recul de plusieurs années de diffusion en milieu paysan permettra d'évaluer le succès de ce repeuplement en porcs rustiques. Mais, parce qu'il a exigé de repartir de zéro, le cas haïtien est particulièrement exemplaire. En choisissant de s'adapter à des conditions de production maîtrisables par l'ensemble des petits paysans plutôt que de parier sur une situation optimale réservée à quelques-uns, cette expérience haïtienne pourrait bien montrer la voie à d'autres pays.

Les productions végétales aussi sont concernées par de tels enjeux. L'Inde repense désormais ses priorités agricoles et redécouvre, après l'euphorie de la révolution verte, l'importance de variétés mieux adaptées aux conditions de culture de la grande majorité des paysans : irrigation absente ou limitée, faible capital disponible pour l'achat d'engrais... En réorientant leurs priorités, les grands centres internationaux de recherche agronomique ne renoncent pas à augmenter les rendements mais cherchent à rendre leurs travaux utilisables par le plus grand nombre de paysans. Races et variétés rustiques troquent leur image de « technologies au rabais » pour celle de formidables réservoirs de potentialités, bien adaptées à la diversité des conditions de la production agricole dans le monde.

Bertrand Delpeuch

La réforme agraire

Cette érosion domine aussi les pentes des sierras andines d'Amérique du Sud, où les colons d'origine ibérique, en accaparant les plaines et les plateaux, ont chassé les Indiens. Au *Brésil*, les latifundiaires ne cessent d'accroître leurs domaines dont un bon quart est laissé en friches, dans l'attente d'une plus-value foncière. Près de la moitié du reste est en pacages extensifs, en prairies dégradées, qui nourrissent du bétail à viande, mais connaissent un rendement très faible (20 kilos par hectare, poids vif) et offrent moins d'emplois encore (jusqu'à un travailleur pour 1 000 hectares, soit 10 kilomètres carrés). Quand ils sont labourés, les grands domaines accueillent alors en priorité les cultures d'exportation. Dans ces pays étranglés par leurs dettes, les banques ne financent que ces dernières pour les devises qu'elles rapportent. Mais cela ne permet pas de produire assez de vivres pour les pauvres. Le soja du Brésil exporté en Europe nous permet de produire des excédents de viande et surtout de lait. Mais quand les excédents de beurre de la Communauté européenne stockés à grands frais commencent à rancir dans les frigos, on les brade à l'Union soviétique ! Le potentiel agricole du Brésil est huit à dix fois plus élevé que la production actuelle, aussi la malnutrition (bien plus difficile à combattre en Asie surpeuplée ou au Sahel semi-aride) y est un véritable crime social.

La nécessité d'une réforme agraire s'y impose, car les fermes paysannes produisent et emploient beaucoup plus d'hommes que les latifundia. Mais le lobby des propriétaires n'hésitent pas à recourir au crime pour défendre le *statu quo*.

Des réformes agraires, ce continent en a déjà connu au moins trois qui ont été vite sabotées par les pouvoirs en place. Au Mexique, après une atroce guerre civile (1911-1921) ; en Bolivie, en 1952,

et, au Chili d'Allende, en 1970-1973. Elle reste l'arme la plus puissante pour faire démarrer les progrès agricoles et par là venir à bout de la malnutrition. Nous savons déjà que, dans le tiers monde, la révolution verte peut s'y ajouter, mais non la remplacer.

La dérive africaine

Toute différente est la situation en Afrique subsaharienne, et plus difficile encore celle du Sahel au sud du Sahara, du Sénégal au Tchad. Le recul — et, à terme rapproché, la disparition — de la forêt côtière a déjà contribué à l'aggravation de la sécheresse, nettement plus marquée depuis 1968. Au Sahel même, la forêt claire recule — tout comme les arbres dispersés dans les champs qui étaient les protecteurs de la fertilité — sous les coups d'une explosion démographique ici plus terrifiante qu'ailleurs. Elle atteint des sommets au Kénya.

Depuis les indépendances des années soixante, la population du Sahel a largement doublé, mais la production céréalière n'y a guère progressé que de quatre à cinq millions de tonnes. Cela s'est produit par l'accroissement des surfaces, mais non par celui des rendements que la dégradation des sols et des pâturages fait plutôt reculer. Faute d'énergie animale, faute de charrettes, on n'a pu faire la révolution des fourrages et du fumier et les tentatives de motorisation ont échoué.

Paysans et paysannes ne pourront investir, faire progresser et protéger leurs villages, donc reboiser, faire des jardins de contre-saison, avec de multiples retenues d'eau, etc., que si on leur donne accès à une instruction et des ressources minimales. L'école en français n'a pu être généralisée au Sahel rural ; cependant l'alphabétisation fonctionnelle en langues africaines pourrait être développée. Mais la bureaucratie ne tient pas toujours à avoir en face d'elle

Le « miracle » des Cerrados au Brésil

Malgré la crise économique, l'endettement extérieur et les politiques d'ajustement structurel, une région agricole brésilienne aura connu, dans les années quatre-vingt, une phase de grande prospérité et d'expansion. Il s'agit de la vaste région dite des Cerrados. En 1975, cette région fournissait environ 6 % de la production brésilienne de soja. En 1982 ce taux était déjà passé à 22 % et, en 1987-1988, avec une récolte de 8 millions de tonnes, la production des Cerrados a représenté 44,5 % du total de la production nationale.

Cette rapide expansion du soja a eu d'importantes répercussions sur l'économie brésilienne, du fait de ses implications agro-industrielles. D'autre part l'insertion du Brésil dans le marché mondial des oléagineux et de leurs dérivés s'en est trouvée fort accrue. Mais les Cerrados sont aussi grands producteurs de riz (un tiers de la production brésilienne), de maïs (environ un quart de la récolte de 1987-1988), de blé, de haricots noirs et aussi, de manière plus localisée, de tomates, d'ananas, de café et d'oranges.

Le nom de Cerrados — sorte de savane brésilienne — évoque la végétation qu'on y trouve : arbres et arbustes bas, tordus, à écorce épaisse, espacés les uns des autres, sur un sol couvert de graminées : autant de caractéristiques dues à l'acidité des sols et à leur pauvreté en matière organique et en minéraux. Le climat est marqué par deux saisons bien définies, la saison des pluies et la saison sèche. Les Cerrados se trouvent au centre du Brésil. Au total, environ 180 millions d'hectares sont ainsi couverts de ce type de végétation, soit 21 % du territoire brésilien. Sur ce total, 50 à 60 millions d'hectares présentent un relief et des sols adaptés à une agriculture intensive qui utilise de nouvelles technologies.

Jusqu'en 1970 environ, la région des Cerrados était insignifiante au plan économique. Depuis le XXᵉ siècle, après l'arrivée des mineurs et des chercheurs d'or, l'élevage en avait été la principale activité économique. Mais il s'agissait d'élevage très extensif (une tête pour trois hectares). La culture pluviale du riz s'est étendue, elle aussi, surtout à partir des années cinquante.

La mise en valeur des terres des Cerrados dans les années 1970-1980 tient à plusieurs facteurs. Au départ, il y eut le projet de développement économique de l'intérieur du pays, avec la construction de la ville de Brasilia (inaugurée en 1961), et l'ouverture des voies de communication qui traversent le Brésil central dans toutes les directions et le relient aux principaux centres économiques et aux ports. A partir de 1975, le Polocentro (Programme de développement des Cerrados), engagé par le gouvernement fédéral, a créé les conditions économiques, financières et politiques qui ont permis la mise au point du modèle de développement agricole des Cerrados. Le Polocentro fut le précurseur du « Grand projet Cerrados », qui s'en est inspiré et qui a vu la participation de grandes firmes industrielles, nationales et multinationales, et particulièrement japonaises.

Le secret du développement agricole des Cerrados réside en grande partie dans l'adaptation des variétés végétales et des technologies de la fameuse « révolution verte » aux conditions spécifiques du climat et des sols de la région. Il s'agit donc d'un processus tardif de modernisation et d'intensification de l'agriculture, dans un contexte où le modèle de développement, le mode de régulation, et l'organisation du secteur agro-alimentaire établis après la Seconde Guerre mondiale sont en crise et en cours de restructuration.

Sur le plan interne au Brésil, en termes de structures sociales de production, la région des Cerrados est le paradis de ce qu'on appelle l'agriculture d'entreprise. Les points forts de l'expansion agricole de la région sont des exploitations de plus de 500 hectares (environ 20 % de la production de soja provient de propriétés de 2 000 à 5 000 hectares), fortement capitalisées, avec usage intensif de machines et de produits industriels et recours au travail salarié.

Par bien des aspects, les problèmes liés au développement agricole brésilien — fondé sur la recherche de profits immédiats et faciles — apparaissent s'être reproduits et même aggravés dans la région des Cerrados. C'est pourquoi on retrouve, dans les Cerrados, de façon particulièrement rapide et accentuée à la fois les problèmes écologiques et de destruction des ressources naturelles, et les problèmes économiques et politiques d'exclusion et de marginalisation des plus faibles (petits producteurs, paysans sans terre, métayers, « posseiros » — paysans sans titre de propriété de leurs terres —, ouvriers agricoles, etc.)

Cândido Grzybowski

ALAUX Jean-Pierre, NOREL Philippe, *Faim au Sud, crise au Nord*, L'Harmattan, Paris, 1985.

BOISGALLAIS A.S., CONDAMINES Charles, *Le Sucre : le Nord contre le Sud?* Syros Alternatives, Paris, 1988.

BESSIS Sophie, *L'Arme alimentaire*, La Découverte, Paris, 1985 (nouv. édit.) ; «Le tiers monde et la nouvelle donne agricole mondiale», *Problèmes politiques et sociaux*, n° 527, 1988.

CARFANTAN Jean-Yves, CONDAMINES Charles, *Vaincre la faim, c'est possible*, Le Seuil, «Points», Paris, 1983.

CHONCHOL Jacques, *Le Défi alimentaire*, Larousse, Paris, 1987.

CHONCHOL Jacques, *Paysans à venir. Les sociétés rurales du tiers monde*, La Découverte, Paris, 1986.

DELPEUCH Bertrand, *L'enjeu alimentaire Nord-Sud*, Syros Alternatives, Paris, 1987.

DUFUMIER Marc, *Politiques agraires*, PUF, «Que sais-je?», Paris, 1986.

DUMONT René, *L'Afrique noire est mal partie*, Le Seuil, 1960 ; *Nous allons à la famine* (en collaboration avec Bernard Rosier), Le Seuil, 1966 ; *La Croissance... de la famine! Une agriculture repensée*, Le Seuil, 1981 ; *Pour l'Afrique, j'accuse*, Plon, «Terre humaine», 1986.

DUPRIEZ Hugues, *Paysans d'Afrique noire*, Terre et Vie, 1980.

ERARD Pascal, MOUNIER Frédéric, *Les Marchés de la faim*, La Découverte, Paris, 1984.

GOUROU Pierre, *Terres de bonne espérance*, Plon, «Terre humaine», Paris, 1982 ; *La Civilisation du riz*, Fayard, Paris, 1984.

GRALL Jacques, LEVY Bertrand-Roger, *La Guerre des semences*, Fayard, Paris, 1985.

KLATZMANN Joseph, *Nourrir dix milliards d'hommes*, PUF, Paris, 1983 (nouv. édit.)

LINHART Robert, *Le Sucre et la faim*, Minuit, Paris, 1980.

LENOIR René, *Le Tiers Monde peut se nourrir*, Fayard, Paris, 1984.

RAVIGNAN, François de, *La faim, pourquoi?* Syros, «Alternatives économiques», Paris, 1983.

SOLAGRAL, *L'aide alimentaire*, Syros, «Alternatives économiques», Paris, 1984.

SPITZ Pierre (coordinateur de la traduction), *Famine, mieux comprendre, mieux aider*, Berger-Levrault, Paris, 1986.

des paysans un peu instruits, donc moins «exploitables» à merci.

Le tiers monde n'est pas sans ressources, mais le système économique dominant applique deux poids, deux mesures : il fait jouer la loi du marché pour les productions agricoles et minérales des pays pauvres et « protège » les agriculteurs des pays riches par des mesures douanières. C'est alors le pillage du tiers monde, la dégradation des termes de l'échange... Et l'endettement, qui «étrangle» surtout l'Amérique latine, mais tout autant l'Afrique. Car cette dernière, débitrice de 275 milliards de dollars en 1988, est plus endettée encore que le Mexique ou le Brésil, comparativement à sa production et à ses exportations.

L'endettement bloque les progrès agricoles et industriels. Ainsi, on a construit deux énormes barrages sur le fleuve Sénégal, à Diama et à Manantali, qui vont accroître cet endettement sans aboutir à une augmentation assez forte de la production pour les justifier, comme nous le prouve à l'avance l'échec de l'Office du Niger au Mali.

La démographie, à long terme, menace l'Afrique, plus encore que l'Asie. Ceux qui comparent l'évolution de ces deux continents et n'attribuent le retard de l'Afrique qu'à des considérations politiques oublient que celle-ci compte seulement 8 millions d'hectares irrigués, contre 133 millions à l'Asie. Dans ce continent, on possède une longue pratique de l'irrigation, de vastes deltas très fertiles et des potentialités très supérieures — ne serait-ce que par l'ancienneté de sa culture technique —, autant d'éléments qui font défaut en Afrique.

La malnutrition risque d'être de plus en plus catastrophique en Afrique, si celle-ci ne réussit pas à ralentir très vite son explosion démographique. On ne semble pas vouloir comprendre qu'un accroissement de population de 3 % l'an, calculé « à intérêt composé », multiplie par 20 la population en un siècle... Les Africains du XXIe siècle, qui en pâtiront jugeront sévèrement l'attitude de leurs aînés, comme les Chinois le font pour le Mao de 1955 qui refusait alors le contrôle des naissances.

Le devenir de l'environnement

Cela n'atténue en rien la responsabilité de l'Occident qui continue à dominer le tiers monde et qui y a accumulé les échecs. Certes, les communistes n'ont pas mieux réussi, surtout dans le domaine politique. Il nous faut donc rechercher une « troisième voie » : comment mieux partager, à travers le monde, les richesses et le travail ? Si nous laissons s'accroître l'écart des revenus riches-pauvres et, à l'inverse, si nous laissons se creuser l'écart démographique entre le tiers monde et les pays riches, où irons-nous ?

Un fait nouveau, de la plus extrême gravité, est relevé par l'étude de la Commission mondiale des Nations unies pour l'environnement et le développement (*Our Common Future*), édité en français à Montréal sous le titre *Notre Avenir à tous* (Ed. du Fleuve, les Publications du Québec, Montréal, 1988. Distrib. en France : Éd. Chiron). La couche d'ozone qui nous protège des rayons ultraviolets mortels est menacée par nos gaz d'aérosols. Et la combustion excessive de combustibles fossiles, charbon et pétrole, ne cesse d'augmenter la teneur de l'atmosphère en gaz carbonique, en CO_2 ; ce qui produit un effet de serre, les rayons réfléchis par la terre étant bloqués par ces gaz. Le réchauffement global de la planète, nous dit la communauté scientifique mondiale, est désormais incontesté : sur les six années les plus chaudes depuis un siècle et demi, quatre se situent entre 1980 et 1987. Ce réchauffement a commencé à altérer nos climats. Accentué par le recul dramatique des forêts tropicales, les sécheresses s'aggravent partout, de l'Inde au Sahel et au Nordeste. Les niveaux des fleuves sont au plus bas, du Mississippi au Niger : l'Égypte n'a pu être sauvée de sept années de « pluies maigres » que par la réserve du barrage d'Assouan, mais au printemps 1988 celle-ci avait été épuisée. Ce réchauffement va accélérer le relèvement du niveau des mers par dilatation d'une eau plus chaude et par la fonte des glaces polaires...

La société de consommation des pays riches n'a pu élever son niveau de vie qu'en sous-payant au tiers monde ses produits agricoles, ses minerais non protégés, et son pétrole, encore bien trop bon marché, compte tenu de sa rareté à l'échelle historique. Ce niveau de gaspillage n'a pu être atteint que parce qu'il n'a pas été généralisé dans le monde. Si cela se réalisait, la fin de l'humanité serait proche.

L'avenir de notre espèce est menacé par deux explosions : la démographie dans les pays pauvres, le productivisme dans les pays riches. Avec la prolongation des tendances actuelles, nous irions à la mort, comme je le montre dans mon livre *Un monde intolérable, le libéralisme en question* (Ed. du Seuil, Paris, 1988). Il nous faut donc remettre en cause tous nos gaspillages.

René Dumont

INDUSTRIALISATION

Du textile à l'électronique, l'industrialisation — inégale — du tiers monde bouscule les hiérarchies établies.

En 1964, les jeux Olympiques de Tokyo avaient marqué l'entrée du Japon dans le concert des pays industriels les plus avancés. En 1988, les jeux Olympiques de Séoul confirment à travers le dynamisme coréen la réalité et le poids de *nouveaux pays industriels* (N P I) que l'on ne peut plus désormais classer dans une catégorie « sous-développés » ou « sous-industrialisés ».

Redoutables concurrents dans le textile, la chaussure et les industries légères, les NPI ont fait leur entrée dans la production d'automobiles (Corée du Sud, Inde, Brésil), de biens électroniques (Corée du Sud, Taïwan, Brésil, Chine) et aéronautiques (Brésil, Chine, Inde, Corée du Sud). Cinq d'entre eux figuraient en 1987 parmi les vingt premiers exportateurs mondiaux. Plusieurs ont rapidement élargi leurs réseaux d'investissements commerciaux et industriels à l'étranger : Coréens et Taïwanais en Amérique du Nord, dans l'électronique, l'automobile, les plastiques et la sidérurgie ; Coréens, Taïwanais et Thaïlandais en Europe de l'Ouest dans l'électronique et l'agro-alimentaire. Les nouveaux pays industriels appartiennent à une catégorie ouverte comme en témoigne la montée des taux de croissance de la production industrielle chez ceux qu'on appelle les « candidats » : Thaïlande, Malaisie, Turquie, Tunisie, Indonésie.

La conférence de Lima

Au plus fort de la revendication pour un nouvel ordre économique international, la deuxième conférence de l'Organisation des Nations unies pour le développement industriel (O N U D I), réunie à Lima en mars 1975, avait fixé un objectif d'industrialisation accélérée du tiers monde : il fallait que la contribution des pays sous-développés à la valeur ajoutée manufacturière mondiale atteigne 25 % d'ici l'an 2000. En 1988, cet objectif était loin d'être atteint puisque, selon la Banque mondiale et l'ONUDI, cette contribution est passée de quelque 10 % en 1975 à environ 13-14 %. Cette moyenne résulte, il est vrai, d'évolutions contrastées selon les régions et les continents.

En Asie du Sud-Est et en Asie orientale, les taux de croissance industrielle ont été soutenus en Inde ; élevés à Singapour (12,2 % de 1965 à 1980 et plus de 6 % de 1980 à 1987), très élevés en Corée (16,6 % par an entre 1965 et 1980, et plus de 10 % de 1980 à 1985). En revanche, en Amérique latine touchée par la crise, seuls le Mexique, la Colombie, le Vénézuela et le Brésil ont connu après 1980 des taux de croissance positifs. En Afrique subsaharienne, ainsi que dans plusieurs pays de l'Asie du Sud, l'activité industrielle a stagné ou décliné. Le Nigéria avec ses cent millions d'habitants compte deux fois moins de travailleurs industriels que la Corée du Sud qui est moins peuplée. Alors que les manufactures de Hong-Kong comptent un million de travailleurs, l'emploi industriel a régressé entre 1982 et 1986, passant de 3 000 à 2 000 personnes au Niger, un

La technologie, entre Nord et Sud

Le transfert de technologie, doctrine économico-politique élaborée dans les années soixante, avait pour but d'éviter aux pays qui n'avaient pas de tradition industrielle les siècles d'efforts et de souffrances par lesquels était passé l'Occident. Il fallait aller vite pour rattraper le « retard » en une génération, et en finir avec la misère. Pour réaliser ce but, on voulait transférer, c'est-à-dire transporter du Nord vers le Sud la technologie, concept mystérieux, fait de connaissances et d'outils produisant du bien-être.

Chaque pays eut bientôt sa méthode : certains se lancèrent dans des fabrications légères, incontrôlées, réalisées en contrefaçon : c'est ce que l'on peut appeler le modèle du Sud-Est asiatique, efficace, mais chargé de misère. D'autres choisirent l'investissement direct ; ils attirèrent les multinationales par des avantages fiscaux et les laissèrent gouverner l'entreprise comme elles l'entendaient. Cela ne coûtait pas cher, mais tout le profit revenait à la multinationale. D'autres, enfin, entreprirent d'acheter cette fameuse technologie pour en devenir les maîtres en toute légalité. Mais où, et comment pouvait-on acheter de la technologie ?

On peut, quand on est un industriel confirmé, baignant dans un environnement technique, acquérir une licence de brevet ou de savoir-faire, et l'intégrer à son propre système de production ; c'est la solution la moins onéreuse pour acheter une technologie. Mais ce n'est concevable qu'à l'intérieur d'un espace industriel construit. Ce n'était donc pas possible dans le tiers monde. Il fallait acheter des usines entières puisqu'il n'y avait rien ; et l'on se disait que, au cœur de l'usine, était nichée la technologie. Le contrat qui permet de réaliser cette opération est le contrat clé-en-main. On achète alors à un seul partenaire les plans, la technologie, les bâtiments, les équipements. Quand tout est fini, le vendeur met l'usine en route et démontre qu'en une journée il obtient effectivement 1/365ᵉ de la production annuelle promise. Il peut alors partir, déchargé de toute obligation. Effectivement, il partait... et l'usine, confiée à l'acheteur, généralement, s'arrêtait. Les débuts des grands contrats clé-en-main furent désastreux, et les acheteurs conclurent qu'il fallait passer à autre chose.

Il fallait bien admettre — on était au milieu des années soixante-dix — que les belles usines s'arrêtaient de tourner parce qu'on ne savait pas les faire marcher. Le transfert de technologie devint alors un problème de formation. On demanda au constructeur d'ajouter à la vente de l'usine des contrats de formation du personnel et des contrats d'assistance technique. Le constructeur s'engageait à laisser dans l'usine des équipes chargées de la faire tourner avec le personnel local. Mais les contrats de formation et d'assistance se perdirent, eux aussi, dans les sables, reconduits d'année en année, au milieu des pannes et d'une amertume réciproque. Peu efficace, le système était aussi beaucoup trop cher, et les usines ainsi construites ne pouvaient pas dégager de profit : on améliorait certes un peu le niveau industriel, mais on s'acheminait à grands pas vers la crise de la dette internationale.

Devant l'échec des formules précédentes, l'acheteur se prit à penser qu'il y avait, dans l'art de la production, un secret que le constructeur lui avait toujours caché. L'idée vint alors de l'obliger à s'investir dans la production en lui imposant de souscrire une part de capital dans la future entreprise : c'est la naissance de l'entreprise conjointe. Non content de vendre l'usine, le constructeur devra encore la financer en partie, s'investir dans la production, et participera en retour, aux bénéfices ou aux pertes. Dans une première phase, les entreprises conjointes ont été encore un échec. En effet, les acheteurs s'adressaient à des constructeurs, dont le métier n'était pas d'investir. La réaction à cette contrainte fut d'augmenter subrepticement le prix de l'usine de manière à financer la part de capital. L'usine, dont ils ne contrôlaient d'ailleurs pas le mode de gestion, pouvait donc perdre de l'argent sans que cela les atteigne.

Le tableau est sombre ; mais on peut espérer, la crise aidant à devenir raisonnable, que les positions idéologiques ou crispées des parties en présence s'atténueront. De nouvelles entreprises conjointes sont en cours de négociation un peu partout dans le monde ; elles devraient fonctionner sur des bases plus compatibles avec les règles du capitalisme, et laissent espérer des réussites industrielles, bénéfiques à terme, même si l'on ne peut plus aujourd'hui rêver l'industrialisation sans souffrances. D'autre part, dans certains pays, le désert professionnel régresse ; les nouvelles générations, bien qu'incertaines et mal formées, existent. Le temps de la technologie commence à s'écouler.

Marie-Angèle Hermitte

pays aussi peuplé que Hong-Kong ! En Amérique latine et en Asie, on fabrique des automobiles, des avions et des composants électroniques sophistiqués au moment où, ailleurs, des femmes, ignorant l'existence du tour, continuent à tourner autour de l'argile pour modeler leurs poteries. Dans un tiers monde en voie de différenciation rapide, la survivance des techniques les plus archaïques coexiste avec la maîtrise de techniques avancées : en matière de composants électroniques, l'exemple du groupe SAMSUNG, en Corée, montre qu'il peut suffire de quelques années pour passer de la fabrication du 64 au 256 puis au 1 000 KDRAM. Ni les archaïsmes, ni les stagnations, ni les industrialisations bloquées ou déformées ne peuvent permettre de passer sous silence les progrès des systèmes industriels qui se construisent sur des rythmes variables mais ne cessent de se déployer au-delà de frontières dont on avait prématurément proclamé le caractère infranchissable. Après l'Inde, la Chine, le Brésil, la Corée du Sud, le Mexique, Taïwan et la Thaïlande, les observateurs attentifs découvrent des noyaux industriels en cours de constitution à Sfax en Tunisie, chez les Soussi du Maroc ou chez les Bamiléké du Cameroun, dans des régions longtemps réputées sans avenir industriel.

Une greffe qui prend

Telle est la réalité : en Asie, en Amérique latine, au Moyen-Orient et en Afrique, la greffe prend ; greffe technique, greffe gestionnaire et d'entreprise. Certes, les « éléphants blancs » et les « cathédrales dans le désert » existent, mais elles ne sont pas l'apanage des pays du Sud.

La greffe technique prend à partir de technologies et de savoir-faire transférés et assimilés : il n'y a pas de techniques interdites, contrairement à ce qu'on prétendait.

La concurrence est telle que pratiquement toutes les techniques, aussi élaborées soient-elles, sont actuellement disponibles pour ceux qui savent les identifier et qui ont la volonté de les maîtriser. Imitation et copie jalonnent la première étape du processus d'assimilation et d'appropriation. L'expérience du Japon et de l'Asie orientale enseigne qu'on passe ensuite à l'adaptation et à la création beaucoup plus vite qu'on ne s'y attendait. C'est pourquoi les Occidentaux, imbus de leur position prééminente et n'ayant pas prêté attention aux maturations en cours au sein de ces sociétés, ont tendance à parler de « miracle » : miracle japonais, brésilien, coréen, taïwanais en attendant les prochains. On criera de nouveau au miracle lorsque le tissu industriel prendra forme au grand jour ici et là, en Afrique ou bien dans le Golfe, où les « rentiers du pétrole » se mettent à construire sans bruit des systèmes industriels qui fonctionnent et qui emploient des nationaux de plus en plus nombreux.

Le rôle marginal des zones franches

On a proposé des explications rassurantes pour les détenteurs anciens de la puissance industrielle : l'industrialisation du tiers monde serait le produit de stratégies de délocalisation manipulées depuis le « Centre » et mises en œuvre par le bras séculier des sociétés transnationales. Les zones franches étaient présentées comme le symbole de la précarité et de l'exotisme du processus.

En réalité, la contribution des zones franches à l'industrialisation est marginale, en particulier en Asie où elles emploient (à l'exclusion de la Chine, du Japon et de l'Inde) moins de 3 % de la main-d'œuvre industrielle totale. De plus, les zones franches les plus prospères sont implantées dans des

« Klöckner contre Cameroun »

L'histoire se passe au Cameroun, où l'on s'interroge sur la possibilité de construire une usine d'engrais; il s'agirait de produire sur place plutôt que d'importer. Klöckner, une grande entreprise allemande, assure qu'elle fera son affaire de tout, depuis la première étude économique et technique décidant de l'intérêt du projet, jusqu'à une campagne de vulgarisation destinée aux agriculteurs pour les inciter à recourir à l'utilisation d'engrais. L'accord est conclu et donne lieu à sept contrats principaux : une convention d'établissement entre l'État camerounais et Klöckner qui reçoit ainsi un certain nombre d'avantages; une étude de faisabilité technique et économique de l'usine, qui démontre que le projet est rentable, compte tenu du prix des matières premières et du pétrole; une entreprise conjointe entre l'industriel allemand et son homologue camerounais, la SOCAME; un contrat clé-en-main par lequel la SOCAME achète l'usine à Klöckner, un contrat de formation du personnel et un contrat d'assistance technique. La construction commence à peine lorsque éclate la crise pétrolière; avec l'augmentation des prix du pétrole, il est très clair que la future usine, obligée d'importer le pétrole, cesse de pouvoir être rentable. Au lieu d'informer la SOCAME des conséquences concrètes de ce changement des données économiques, Klöckner poursuit la construction de l'usine qui, une fois terminée, connaît rapidement des défaillances techniques et s'arrête. Le Cameroun fait alors venir un autre constructeur, qui modifie la conception de l'usine, répare et remet en route. Pendant ce temps, le pétrole a encore augmenté, et il faut bientôt fermer l'usine, définitivement, pour des raisons économiques cette fois.

La première sentence arbitrale rendue dans l'affaire Klöckner eut un retentissement extraordinaire dans le tiers monde. Pour la première fois, dans des circonstances aussi topiques, le constructeur fut sévèrement condamné, à la fois sur un plan juridico-moral et sur un plan financier. Sur le plan financier, les choses peuvent être dites en deux mots : l'arbitre considéra que le Cameroun, qui n'avait versé qu'une partie du prix demandé, pouvait être tenu quitte de toute autre dette. Mais l'arbitre fit porter l'essentiel de son effort sur l'analyse qu'il convenait de donner au comportement de Klöckner, cachant une information essentielle à son partenaire dans l'entreprise conjointe. Il expliqua la position de force du constructeur qui connaissait tous les éléments du dossier; il montra la situation de dépendance de l'acheteur qui importe une technologie dont il ignore tout, qui n'a aucune expérience de la production d'engrais, production d'importance capitale pour l'agriculture nationale, elle-même à la base des aspirations économiques du Cameroun. Il constata que, dans ces conditions, le gouvernement du Cameroun s'était fié à Klöckner qui lui devait en retour une loyauté très grande, s'exprimant ici en une « obligation de tout révéler » à son partenaire. C'est ce manque de loyauté qui fut, juridiquement, analysé comme une faute.

C'est probablement le caractère moral et solennel de cette analyse qui fit se lever un grand espoir dans un tiers monde trouvant dans cette sentence une sorte de reconnaissance. Malheureusement, l'arbitre resta sur un plan très général, au lieu d'accrocher la solution au droit français, applicable en l'espèce, qui se serait parfaitement prêté à la justifier. Cela ne lui fut pas pardonné; la sentence fut annulée en des termes qui n'étaient pas toujours courtois.

La deuxième sentence, très neutre, a réduit la condamnation financière et surtout supprimé la condamnation morale. Le Cameroun en a, à son tour demandé l'annulation. Qui se souviendra de ce que disait Aristote : « L'exercice de la justice consiste à rendre à chacun ce qui lui revient » ? Ici, c'était la condamnation morale qui était la plus essentielle, d'autant plus essentielle que le Cameroun est plus pauvre.

Marie-Angèle Hermitte

pays qui affirment par ailleurs un dynamisme industriel multiforme : en Corée du Sud, à Taïwan, en Malaisie et à Maurice, alors qu'elles sont un échec au Sénégal et au Zaïre.

Quant aux investissements étrangers, leur volume et leur importance varient selon pays et périodes : très large ouverture à Singapour, à Hong-Kong, au Brésil et au Mexique; en revanche, contrôle très strict en Corée du Sud où les investissements étrangers directs n'ont représenté, jusqu'en 1985, que moins de 2 % de la formation brute de capital fixe. Car les nouveaux pays industriels et, plus largement, les pays dits intermédiaires se caractérisent d'abord

ANDREFF Wladimir, *Les multinationales*, La Découverte, «Repères», Paris, 1987.

ARGHIRI Emmanuel, *Technologies appropriées ou technologie sous-développée?*, PUF, Paris, 1981.

BAIROCH Paul, *Révolution industrielle et sous-développement*, SEDES, Paris 1963.

BERTHELOT Yves, TARDY G., *Le Défi économique du tiers monde*, La Documentation française, (2 vol.), Paris, 1978.

BOUGUERRA Mohamed, *Les Poisons du tiers monde*, La Découverte, Paris, 1985.

CHAPONNIÈRE Jean-Raphaël, *La Puce et le riz : croissance dans le Sud-Est asiatique*, Armand Colin, Paris, 1985.

DUMONT René, *Taïwan, le prix de la réussite*, La Découverte, Paris, 1987.

FOUQUIN M. (sous la direction de), *Les Nouveaux Pays industrialisés d'Extrême-Orient*, La Documentation française, «Problèmes politiques et sociaux», n° 523.

IKONIKOFF Moïses (sous la dir. de), «La nouvelle industrialisation du tiers monde», *Revue Tiers-Monde*, n° 107, 1986.

JUDET Pierre, *Les Nouveaux Pays industrialisés*, Éditions ouvrières, Paris, 1981.

LIPIETZ Alain, *Mirages et Miracles, problèmes de l'industrialisation dans le tiers monde*, La Découverte, Paris, 1986 (seconde édit.).

MADEUF Bernadette, *L'Ordre technologique international*, La Documentation française, «Notes et études documentaires», 1981.

MICHALET Charles-Albert, *Le Défi du développement indépendant*, Rochevignes, 1983.

OMINAMI Carlos, *Le Tiers Monde dans la crise*, La Découverte, Paris, 1986.

PERRIN Jacques, *Les Transferts de technologie*, La Découverte, «Repères», Paris, 1984.

SALAMA Pierre, TISSIER Patrick, *L'Industrialisation dans le sous-développement*, Maspero, Paris, 1982.

SID AHMED Abdelkader, VALETTE Alain (sous la dir. de), «Industrialisation et développement. Modèles, expériences, perspectives», *Revue Tiers-Monde*, n° 115, 1988.

par le progrès rapide de l'épargne nationale et de l'accumulation interne du capital. Entre 1965 et 1985, le taux d'accumulation est passé de 15 à 30 % en Corée du Sud ; de 22 à 43 % à Singapour ; de 28 à 29 % en Tunisie.

Dans ce contexte, le mouvement d'industrialisation ne semble découler ni de l'exploitation d'avantages comparatifs fondés sur des salaires bas ni de l'abondance des ressources naturelles. Industrialisation veut dire au contraire construction progressive de nouveaux avantages comparatifs, en jouant pendant un temps sur de bas salaires mais surtout en accumulant l'expérience technique, commerciale, et de management, de sorte que la productivité du travail et la productivité du capital, liée au niveau de maîtrise

technique s'élèvent plus vite que les salaires. Lorsque la première vague d'avantages comparatifs fondée sur les bas salaires et les techniques banales a épuisé ses effets, on voit l'Indonésie, la Thaïlande, la Chine, Maurice, prendre le relais de Hong-Kong, Singapour, Taïwan et de la Corée. Le coût élevé d'apports techniques externes intensifiés ne peut faire oublier que la dynamique d'apprentissage a joué, relancée et multipliée par l'intervention des acteurs nationaux. Les avantages comparatifs se construisent depuis la vente au kilo des montres japonaises en 1930 jusqu'au lancement de l'électronique de pointe taïwanaise, brésilienne ou coréenne de la décennie quatre-vingt.

Il est vrai que de larges disponibilités en matières premières, en énergie et en espace avaient été pendant longtemps présentées comme des conditions préalables à tout développement industriel. En fait, le paradoxe veut que Corée du Sud, Taïwan comme Japon, pratiquement dépourvus de fer et de charbon, ont construit les sidérurgies les plus dynamiques du monde, alors qu'ailleurs l'existence de montagnes de fer (Libéria, Guinée) ou de charbon à coke (Colombie) n'a déclenché jusqu'à maintenant aucune opération industrielle majeure.

A l'époque des logiciels et de la prolifération des réseaux d'information, le dynamisme industriel se fonde d'abord sur la promotion des ressources humaines et sur la valorisation des enracinements culturels plutôt que sur l'abondance des ressources naturelles. On constate, en effet, que l'augmentation du prix des hydrocarbures a plus stimulé que pénalisé les économies d'Asie orientale. Pour reprendre une expression de Pierre Gourou, on peut ainsi identifier quelques-uns des « encadrements » propices à l'essor du développement industriel : homogénéité nationale, habitude de vivre en groupes structurés, fluidité des relations sociales, large diffusion de l'instruction, fortes institutions d'État. Par-dessus tout comptent les visions longues ainsi qu'une volonté de relever les défis capables de mobiliser pour « construire un grand Brésil », pour « rattraper le Japon », ou pour affirmer les solidarités sfaxienne ou bamiléké.

Les « tard venus »

Selon Paul Bairoch, les pays du tiers monde souffrent d'un lourd handicap : il devient difficile de monter dans le train des pays avancés dont la vitesse ne cesse de s'accélérer. Selon Simon Kuznetz, au contraire, les « tard venus » sont avantagés car ils peuvent choisir parmi une gamme de techniques de plus en plus large. Le Japon qui cumulait tous les obstacles à l'industrialisation a ouvert une brèche dans laquelle s'engouffrent les tard venus. Quand l'information se substitue à l'énergie, l'appropriation des techniques industrielles et des marchés passe par la maîtrise préalable et « prédatrice » de l'information. Certaines sociétés marquent une préférence pour des actions compactes conduisant à la création de grands groupes étatiques ou privés ; d'autres manifestent leur penchant pour la multiplication d'entreprises petites ou moyennes. De toute façon, aucun système industriel en construction ne peut se couper des foisonnements de base où se fabriquent le terreau et le tissu de l'industrie.

Les mouvements d'industrialisation nourris d'informations et de stimulations externes s'enracinent dans une histoire et une culture autochtones ; ils procèdent à la fois du changement et de la continuité. Dans ce contexte, une opposition tranchée entre secteur moderne et secteur traditionnel n'a pas de signification.

Groupes ethniques pionniers ou marginaux jouent un rôle important dans la promotion de l'industrie moderne. D'anciens *samourai* comptent parmi les premiers industriels japonais et ce sont leurs filles qui ont accepté les premières de devenir ouvrières de fabriques (de soie). Des sociétés longtemps considérées comme archaïques sont à la source de l'essor industriel : des guerriers japonais aux clans coréens, des confréries chinoises aux tribus du M'zab et aux sociétés traditionnelles du Sud tunisien (Sfax, Djerba...). Ici et là, commerçants et hommes d'affaires sont les personnages clés car ils sont parfaitement capables d'acheter les services des ingénieurs et des techniciens dont ont besoin leurs entreprises industrielles.

Dans tous les cas, au-delà des couplets sur « le libre jeu des forces du marché », l'État, très voyant ou plus discret, est activement présent : État programmeur, prospecteur, parfois directement producteur.

On avait oublié, en Occident, que la supériorité technique n'est jamais acquise une fois pour toutes. On avait sous-estimé le dynamisme du Japon produisant quatre fois moins d'automobiles que la Grande-Bretagne en 1960 et... sept fois plus en 1987. Sous-estimer est malsain : cela conduit à dénoncer des concurrences sauvages au lieu de rechercher, de promouvoir et de se concilier des partenaires. Il est temps de s'intéresser aux histoires à succès au lieu de dénoncer les cathédrales dans le désert.

Pierre Judet

TRAVAIL ET EMPLOI

A moins d'un miracle, les chômeurs se compteront par centaines de millions à l'aube de l'an 2000.

Quelque part au Sahel, une paysanne penchée sur sa houe gratte la terre trop sèche. Dans les faubourgs de Karachi, une fillette tisse patiemment le tapis qu'on vendra cher puisqu'il est « fait main ». A Sào Paulo, les ouvriers s'affairent autour des chaînes d'une des plus grosses usines Volkswagen du monde. A Tunis, Abidjan ou Séoul, le cadre cravaté dicte une lettre à une secrétaire impeccablement stylée.

Rien n'est plus difficile que de tenter de définir en quoi consiste le monde du travail dans ce qu'il est convenu d'appeler le tiers monde. Il prend des formes infiniment plus variées que dans que dans les pays industriels, allant de l'ancestral nomadisme pastoral à la conception du logiciel le plus performant. Le salariat étant en outre beaucoup moins généralisé que dans les pays du Nord, le travail fourni dans le tiers monde est difficilement quantifiable, d'autant que les statistiques mondiales ou nationales ne fournissent que de vagues approximations sur la situation des pays considérés.

Deux choses sont sûres cependant : on travaille plus et plus durement dans les nations sous-développées que dans les États nantis, en même temps qu'on y produit beaucoup moins de richesses, et le chômage y est un fléau autrement plus grave. A en croire les oracles, l'avenir est sombre et constituera l'un des plus grands risques d'explosion sociale au cours des prochaines décennies.

500 millions de chômeurs

La population d'âge actif du tiers monde frise les 2,5 milliards d'individus. En 1985, selon les estimations les moins pessimistes, 600 millions d'entre eux étaient au chômage, sans compter ceux qui subsistent à peine grâce à la multiplication des petits métiers urbains. Chiffres effrayants ? Ils sont modestes en regard des prévisions : du fait de l'ampleur de la croissance démographique dans les pays les plus peuplés du monde — Chine exceptée —, il faudrait créer un milliard d'emplois d'ici l'an 2000 et 500 millions encore d'ici 2025. De 1985 à 2025, la population active du tiers monde aura augmenté d'environ 1,4 milliard de personnes. Pour faire face à la demande nouvelle et résorber le chômage actuel, les pays du tiers

En Colombie, l'«autre» économie

Deuxième producteur mondial de café, producteur de pétrole (146 000 barils par jour), de sucre, de charbon, de cacao, d'or (40 tonnes par an), de nickel et d'émeraudes, la Colombie est riche. Pourtant, l'immense majorité de ses habitants est pauvre, le quart d'entre eux (soit huit millions) vivant dans la misère la plus totale.

Huit millions d'hommes, de femmes et d'enfants qui doivent se débrouiller pour survivre. Dans cet immense vivier, tous les contrebandiers (autrefois, ceux des émeraudes et, toujours maintenant, ceux du bétail vers le Vénézuela) ainsi que les trafiquants de drogue trouvent ample main-d'œuvre.

Car la Colombie, c'est aujourd'hui la drogue. Cela avait commencé, dans les années soixante, par la marijuana, cultivée en de nombreuses régions du pays. Puis vint la cocaïne, traitée et raffinée en Colombie à partir de la coca du Pérou et de la Bolivie. Plus récemment, la culture du pavot, pour la production de l'héroïne, est venue s'ajouter à une panoplie déjà riche.

Le trafic de la drogue, selon certains experts économiques, porte chaque année sur plus de 300 tonnes de cocaïne (une cinquantaine seulement étant interceptées) et rapporte aux Colombiens plus de 4 milliards de dollars. Les narcotrafiquants s'approprient les trois quarts de ce pactole; en quelques années, ils ont bâti des fortunes colossales : la revue américaine Fortune a classé Pablo Escobar Gaviria et José Luis Ochoa Vasquez (tous deux du «cartel de Medellin») parmi les plus riches du monde.

Mais si les narcotrafiquants ont mis une grande partie de leur fortune à l'abri dans divers «paradis fiscaux» à l'étranger, ils ont aussi investi en Colombie et participent ainsi à l'économie du pays. Déjà, aux temps du «boom» de la marijuana, ils s'étaient signalé par la construction de résidences de rêve et par l'achat de grandes propriétés foncières. Les «rois de la coca» ont suivi l'exemple : désormais, ce sont eux les grands propriétaires terriens de Colombie — certains s'étant fait une spécialité de l'élevage de chevaux de course ou de taureaux de combat.

Ils contrôlent aussi, de manière plus ou moins directe, des banques et des établissements financiers (jusqu'aux États-Unis et en Europe), des usines, des laboratoires pharmaceutiques, des chaînes de grands magasins, des lignes aériennes, des ensembles urbains de luxe, etc. De plus, ils s'intéressent grandement au sport. De nombreuses équipes de football, parmi les plus importantes du pays — Atletico Nacional, Deportivo Independiente de Medellin, America, de Cali, Union Magdalena, etc. — sont liées aux «cartels» de la drogue et, à plusieurs reprises, Pablo Escobar a financé l'équipe cycliste colombienne engagée sur le Tour de France.

Pour toutes ces activités — et pour d'autres, philanthropiques, telles que la construction d'habitations populaires — les «tsars» de la drogue emploient, au sens le plus classique du terme, des dizaines de milliers de personnes, sans oublier leurs gardes du corps, leurs hommes de main et leurs pistoleros, rassemblés en équipes nombreuses, bien armées et bien payées.

Luttes politiques, luttes économiques, luttes entre clans de la drogue rivaux, la Colombie est, depuis des décennies, la terre des règlements de comptes et de la mort violente. A titre d'exemple, en 1987, on a dénombré quelque 15 000 morts violentes. Il existe une industrie du crime, visible au grand jour, avec ses «entrepreneurs», ses «ouvriers» et même ses écoles professionnelles. Les salaires des tueurs? Cela dépend de l'exécutant et aussi du rang de la personne à abattre, mais il est souvent assez bas : de sept à huit dollars, en moyenne, à Medellin, en 1988, selon le président de la Commission des droits de l'homme de cette ville. Les tueurs «mensualisés» peuvent percevoir 150 dollars par mois. Mais il existe aussi des spécialistes des enlèvements; il s'agit souvent de vengeance politique, et c'est une source non négligeable de rançons... L'industrie du crime, qui emploie des milliers de professionnels — entre autres quelque 150 «escadrons de la mort» plus ou moins politiques — est souvent le seul débouché pour survivre que trouvent de jeunes chômeurs qui n'ont jamais connu qu'un climat de violence et d'impitoyable lutte pour la vie.

Quant à l'immense majorité des chômeurs et des miséreux, elle survit, comme partout en Amérique latine, grâce à une multitude de petits métiers, revendeurs de pacotille, artisans de bricole, et grâce au produit de vols de tous calibres et de la prostitution des deux sexes.

Christian Rudel

monde pris ensemble devront créer 47 millions d'emplois par an au cours des quarante prochaines années. Partout les jeunes vont arriver massivement sur le marché du travail : au nombre de 800 millions aujourd'hui, ils seront 160 millions de plus d'ici quinze ans et, comme ailleurs, le chômage les touche davantage que leurs aînés.

En *Afrique*, la population active passera de 115 millions en 1985 à 436 millions en 2025 ; le continent économiquement le moins dynamique du globe abritera 30 % de la population active mondiale. L'*Asie* verra en revanche sa part dans la population active mondiale baisser de près de 10 points pour atteindre 54,7 % en 2025 ; en chiffres absolus toutefois, la population d'âge actif aura augmenté de 193 millions de personnes. Elle aura doublé en *Amérique latine*, passant de 82 millions en 1985 à 167 millions en 2025.

La situation semble toutefois moins alarmante qu'il y a quelques années : presque partout, le taux d'accroissement annuel de la population active sera moins rapide d'ici 2025 qu'au cours des trente-cinq ans qui viennent de s'écouler. Seule l'Afrique fait exception : l'augmentation y sera de près de 3 % par an contre 2,2 % de 1950 à aujourd'hui (voir le chapitre « démographie »).

Le couple
surtravail et sous-emploi

Sans nul doute, le travail constituera au cours des prochaines décennies le problème majeur des pays les plus démunis du monde. Or, depuis le début des années quatre-vingt, la situation a tendance à empirer du fait de la récession qui frappe nombre d'entre eux et des politiques d'ajustement économique mises en place sous l'égide des organisations financières internationales.

En Afrique, la diminution des investissements, le coup d'arrêt donné aux importations de biens d'équipement et au recrutement dans la fonction publique ont fait chuter l'offre d'emplois, déjà faible, dans le secteur moderne : celle-ci a décru de 55 % en Zambie de 1979 à 1983, et de 18 % au Zimbabwé de 1975 à 1982.

En Tanzanie, 500 000 fonctionnaires ont été licenciés depuis 1986 à la suite des accords signés avec le FMI. Le chômage s'est également aggravé dans de nombreux pays d'Amérique latine, passant de 9,8 à 13,4 % au Venezuela de 1983 à 1984 et augmentant de 58 % en Argentine de 1983 à 1985. Les pays industrialisés d'Asie du Sud-Est, comme la Corée du Sud, Singapour ou Hong-Kong ont vu en revanche leur taux de chômage décroître légèrement depuis 1983 grâce au développement de nouvelles branches industrielles.

Comment expliquer qu'il soit si difficile de créer du travail dans les zones de la planète où l'on « trime » le plus, où la notion de loisirs est à peu près totalement inconnue, où le sort de milliards d'individus est de se lever avant le soleil pour subvenir à leurs besoins fondamentaux ? La notion de population active est en fait plus large dans le tiers monde que dans les pays riches : les lois et les structures sociales y étant ce qu'elles sont, la vie active commence plus tôt et ne se termine souvent qu'avec la mort.

Les femmes et les enfants participent en outre beaucoup plus largement à la production. Comme ailleurs, seul l'emploi féminin salarié ou procurant d'une façon ou d'une autre des revenus monétaires est comptabilisé. On l'estime à 34 % de la population active totale en Asie, à 32 % en Afrique et à 24 % en Amérique latine, chiffres, on s'en doute, inférieurs à la réalité. Ainsi, en Afrique subsaharienne, le travail des femmes fournit 60 à 80 % de la production vivrière totale ; dans les pays de l'Afrique côtière, le commerce est une activité féminine ; partout ailleurs les femmes fournissent une

« Bourgeoisie » et « prolétariat »...

Le mot « bourgeoisie » remonte au XIe siècle. Le mot « prolétariat » provient de l'Antiquité, bien que ce ne soit qu'au XVIIIe siècle qu'il ait trouvé une application moderne. Toutefois, le couple « bourgeoisie/prolétariat » renvoie aujourd'hui surtout à la pensée marxiste élaborée au XIXe siècle, ce qui explique pourquoi la plupart des auteurs non marxistes hésitent ou même répugnent à utiliser cette terminologie, de peur de se laisser prendre à un piège marxiste.

Pourtant, personne n'ignore ce que signifient ces concepts. Traditionnellement, le bourgeois est défini avant tout comme un entrepreneur (de préférence industriel) qui organise sa production en embauchant des ouvriers, eux-mêmes payés sous forme de salaires. Ces ouvriers sont appelés prolétaires, lorsque l'emploi salarié est leur gagne-pain principal. Normalement ce « rapport de production » prend place dans une usine. Et ces rapports de production sont présentés comme la clef de voûte de la structure économique et sociale d'un pays industriel capitaliste.

A l'évidence, l'utilisation d'un tel couple — du moins défini de cette façon — pour décrire les réalités contemporaines dans le tiers monde, relève d'un certain défi. Le pourcentage des populations travaillant dans une usine comme industriels bourgeois ou comme prolétaires y est en règle générale bas. Du côté des couches supérieures, il existe aussi d'autres catégories plus nombreuses et plus puissantes que celle des bourgeois industriels ; de même pour les couches opprimées et les ouvriers. C'est pourquoi beaucoup d'analystes renoncent à employer ce langage pour parler du tiers monde et proclament qu'il est inutilisable dans ce contexte. De là à conclure que les théories applicables à l'analyse des sociétés du tiers monde sont profondément différentes de celles qui s'appliquent au monde dit industrialisé, il n'y a pas loin.

Tout cela suppose toutefois que le couple bourgeoisie/prolétariat puisse continuer d'être utilisé, avec sa définition « traditionnelle », dans les pays de l'OCDE eux-mêmes. Or, ce n'est pas vrai, ou ce n'est plus vrai. De plus en plus clairement, en effet, il apparaît que le pourcentage des individus relevant des catégories « bourgeois industriel » et « ouvrier spécialisé » de l'industrie a atteint un plafond historique, et que, depuis un certain temps déjà, c'est un phénomène de reflux de ces catégories. Cela vaut même pour les ouvriers industriels de la plupart des pays dits socialistes.

Par contraste, dans la grande majorité des pays du tiers monde, ce pourcentage est toujours en hausse, et surtout dans les pays ou l'industrialisation connaît actuellement une certaine expansion (notamment au Brésil, en Algérie, au Nigéria, en Inde, en Corée du Sud...). En ce sens, il semble que ces pays parcourent à leur tour la voie que les pays industriels du XIXe siècle avaient suivie en matière de structure d'emplois, cependant que ces derniers en élaborent aujourd'hui une nouvelle : ils tentent de cette manière (avec succès) de maintenir leur écart structurel avec les pays du tiers monde, et donc leur supériorité économique. Ainsi, l'axe centre-périphérie est-il entièrement préservé en dépit de l'évolution des structures nationales de la population active.

Il nous faut donc soit renoncer à placer le couple bourgeoisie/prolétariat au centre de nos analyses soit le reconceptualiser. De la conceptualisation marxiste du XIXe siècle on peut retirer deux éléments essentiels. L'un est son rapport au concept de survaleur : les bourgeois s'accaparent une survaleur créée par les prolétaires. L'autre renvoie à la notion du choix forcé, ou l'absence d'alternatives : les prolétaires sont ceux qui ne sont plus ni des paysans ni des artisans, ni ne possèdent plus leurs instruments de production. Donc ils n'ont plus le choix : ils ne peuvent plus reproduire leur force de travail qu'en l'offrant sur le marché. Ils sont forcés d'accepter un emploi salarié.

Analogiquement, on pourrait concevoir les bourgeois comme ceux qui ne sont pas aristocrates terriens, ni même rentiers. Ils ne possèdent ni rentes ni actions héritées du passé, en tout cas en quantité suffisante pour en vivre « bourgeoisement ». Donc eux aussi n'ont plus de choix. Ils devraient s'offrir sur le marché comme cadres, managers, experts, chercheurs, scientifiques... Eux aussi sont obligés de tirer un revenu courant d'un emploi courant qui, de plus en plus, a la forme d'un salaire, mais d'un salaire élevé.

Le couple bourgeoisie/prolétaire, étant ainsi reconceptualisé, de telles catégories existent-elles dans le tiers monde ? Sans doute, mais dans une proportion inférieure à celle des pays de l'OCDE. Pourtant, ce qui en résulte n'est pas que la prévision de Karl Marx selon laquelle l'histoire du capitalisme doit accentuer la polarisation entre ces catégories sociales, la bourgeoisie et le prolétariat, s'en trouve infirmée : au contraire, elle est plutôt confirmée par l'évolution globale des structures socio-économiques au XXe siècle, en incluant bien entendu celles du tiers monde.

Immanuel Wallerstein

ARCHAMBAULT E., GREFFE X. (sous la dir. de), *Les Économies non officielles*, La Découverte, Paris, 1985.

CHARMES J., « Les contradictions du développement du secteur non structuré », *Revue Tiers-Monde*, n° 82-1980.

KAYSER Bernard, « Classe moyenne : La montée et la crise », *Revue Tiers-Monde*, n° 101, 1985.

« Industrialisation, salarisation, secteurs informel », *Revue Tiers-Monde*, n° 110, 1987.

MIGNOT-LEFEBRE Y. (sous la dir. de), « La sortie du travail invisible : les femmes dans l'économie », *Revue Tiers-Monde*, n° 102, 1985.

SETHURAMAN S.V., « Le secteur urbain non structuré, concept, mesure et action », *Revue internationale du travail*, 1976.

VAN DIJK M.P., *Le Secteur informel*, L'Harmattan, (2 vol.), Paris, 1987.

part prépondérante du travail dans les zones rurales.

Il en est de même pour les enfants dont le travail, le plus souvent clandestin, est rarement comptabilisé dans les statistiques. Or, l'O I T estime qu'au bas mot 55 millions d'enfants de moins de quinze ans *travaillent* dans le tiers monde ; d'autres sources paraissant plus proches de la réalité avancent le chiffre de 145 millions.

Hormis les conséquences de la crise mondiale qui aggravent le phénomène plus qu'elles ne l'ont créé, l'étonnante concomitance du surtravail et du sous-emploi est de nos jours une des caractéristiques majeures du sous-développement, transcendant les clivages économiques qui tendent par ailleurs à faire éclater le tiers monde. La plupart des nouveaux pays industriels n'échappent pas en effet à cette contradiction : si le Brésil ou l'Inde sont devenus de véritables géants industriels, il n'en reste pas moins que la structure du monde du travail, l'importance du sous-emploi, les conditions de vie de la main-d'œuvre rurale et urbaine y sont à peu près semblables à ce qu'on peut observer ailleurs. Souvent même, les pays en phase de croissance rapide comme la Corée du Sud, la Malaisie ou le Brésil sont ceux où le statut de la main-d'œuvre salariée est le plus précaire.

Ceux des campagnes, les plus mal lotis

Si les travailleurs du tiers monde sont « les damnés de la terre », parmi eux, ceux de la campagne apparaissent dans bien des régions comme les plus mal lotis. Globalement, et malgré la rapidité de l'urbanisation, la population rurale est encore majoritaire dans le tiers monde : elle représente près des trois quarts de la population active totale dans les pays les plus peuplés de la planète — Chine et Inde — et dans les plus pauvres, du Bangladesh au Zaïre et du Mozambique au Soudan. Elle en représente encore la moitié, parfois davantage, dans les États ayant un P N B supérieur à celui de la catégorie précédente : les deux tiers, en Côte-d'Ivoire, la moitié en Égypte, 45 % aux Philippines.

Or, c'est dans les campagnes que le sous-emploi frappe le plus tragiquement, dépassant 50 % dans bien des pays. On estime qu'en Afrique subsaharienne le sous-emploi touchera dans vingt-cinq ans plus des deux tiers de la population rurale. Le manque de terre en Asie, le système latifundiaire en Amérique latine, la dérisoire productivité de la terre et du travail en Afrique, l'accroissement démographique partout ne permettent pas à l'agriculture d'offrir suffisamment d'emplois pour freiner l'exode rural.

Ce serait moins tragique si le secteur dit moderne offrait des débouchés en nombre suffisant aux immigrants qui envahissent les villes du Sud. Il n'en est rien. Rares sont les pays qui ont privilégié les activités fortement consommatrices de main-d'œuvre et, dans la plupart d'entre eux, le secteur secondaire emploie péniblement entre 10 et 20 % de la population active totale. Dans une dizaine seulement de ces États, l'industrie occupe environ 30 % de la population active.

Les services offrent souvent des débouchés plus nombreux. Mais les pourcentages sont trompeurs, car le sous-emploi est une donnée structurelle du secteur tertiaire du tiers monde : dans de nombreux pays, l'État recrute au-delà de ses besoins réels la majeure partie des jeunes sortis de l'Université, mais cette fonction publique souvent pléthorique est sous-payée et ne tire qu'une partie de ses revenus de ses activités officielles.

Le gonflement du secteur informel

L'importance de la population en quête d'emploi, l'absence de protection sociale contraignante qui garantisse une sécurité minimale aux travailleurs, l'étroitesse du marché officiel du travail ont partout gonflé l'importance du secteur « informel » qui recouvre des réalités très différentes — du travail manufacturier non déclaré, entrant pour une part non négligeable dans le produit intérieur brut des pays concernés, aux petits métiers urbains de revendeurs de cigarettes au détail ou de cireurs de chaussures. On estime actuellement à un milliard le nombre de citadins du tiers monde tirant l'essentiel de leur subsistance du secteur non structuré, dont les activités fournissent un quart à un tiers du revenu total de l'ensemble des citoyens. En Afrique, ce secteur absorbe près des deux tiers de l'emploi urbain total.

Jouant le rôle d'une véritable soupape de sécurité en matière sociale, cette immense économie souterraine pourrait offrir davantage de travail si elle faisait l'objet d'une réelle préoccupation de la part des pouvoirs publics. On y trouve souvent en effet les activités les plus fortement consommatrices de main-d'œuvre, les plus adaptées à l'environnement local et les moins dévoreuses de capital. Mais l'absence totale de règles qui la caractérise peut aussi être un facteur aggravant le chômage : ainsi, le recours au travail des enfants, encore moins bien payés que leurs aînés et corvéables à merci, accroît dans bien des cas le chômage des adultes.

Enfin, dans une grande partie du tiers monde, le travail ne crée pas de travail : les rémunérations moyennes sont si dérisoires qu'elles sont incapables de créer un marché intérieur solvable, générateur d'activités productives. La surexploitation de la main-d'œuvre devient un facteur limitant de la croissance économique elle-même : en Inde, le marché consommateur de produits industriels durables est estimé à une centaine de millions de personnes sur près de 750 millions d'habitants ; au Brésil, il n'excède pas 40 millions sur une population totale de 130 millions. Et la tendance actuelle est plutôt à l'aggravation puisque, sous l'effet des politiques déflationnistes mises en œuvre un peu partout, les salaires réels ont diminué depuis le début des années quatre-vingt : de 15 % depuis 1984 en Tunisie, et davantage au Maroc, où les rémunérations n'ont progressé que de 53 % entre 1979 et 1986 tandis que les prix des produits de base accusaient, eux, une hausse de 133 %.

La situation se débloquera-t-elle avant de ne plus pouvoir être gérée ? Les sociétés du tiers monde qui, quelle que soit leur diversité, sont confrontées à ce problème sauront-elles offrir à leurs peuples un travail sans lequel aucune vie digne n'est possible ? La question doit être posée différemment :

seuls de profonds changements dans la distribution des outils de production, dans le choix des stratégies économiques, dans les politiques sociales, mais aussi dans l'actuelle division internationale du travail permettront de valoriser l'énorme potentiel humain du tiers monde. Mais il ne faut pas se leurrer : à moins d'un improbable miracle, les sans-travail du tiers monde se compteront encore par centaines de millions à l'aube du millénaire qui s'annonce.

Sophie Bessis

Les «zones économiques spéciales» en Chine

Dans le cadre de sa nouvelle politique d'ouverture économique, le gouvernement chinois a décidé, au cours de l'année 1979, de créer quatre zones économiques spéciales (ZES) pour servir de laboratoires aux opérations de coopération avec l'étranger. Elles sont toutes situées sur la façade maritime du pays, trois d'entre elles se trouvant dans la province de Canton, à proximité de Hong-Kong, la quatrième en face de Taïwan. Pour les mettre en situation d'attirer de l'étranger des capitaux et des technologies industrielles, pour les inciter à développer des activités exportatrices, les autorités ont pris une série de dispositions qui en ont fait des enclaves en territoire chinois : l'appareil administratif y a été allégé, la marge d'action des autorités locales accrue, et il y existe des possibilités étendues de dérogation par rapport aux réglementations en usage dans le reste de la Chine en matière d'embauche, de licenciement, de fixation des prix, etc. Les entreprises étrangères et les sociétés à capital mixte y jouissent d'avantages fiscaux. Les produits importés dans le cadre d'opérations internationales d'assemblage et de sous-traitance sont exemptés de droits de douane ; en outre, le gouvernement central laisse aux zones l'entière disposition de leurs revenus en devises.

L'activité de ces ZES a connu des débuts difficiles et, malgré des évolutions plus encourageantes, leurs résultats demeurent très en retrait des attentes des autorités chinoises. Éloignées des grands centres économiques du pays, dépourvues des bases industrielles et des infrastructures nécessaires, ces enclaves ont nécessité d'énormes investissements, accaparant, de 1979 à 1986, jusqu'au quart du budget d'investissement de l'État. Ces coûts sont loin d'avoir été compensés par les entrées de capitaux étrangers. Au cours de cette période, les ZES ont accueilli pour environ 1,3 milliard de dollars d'investissements étrangers (leur montant total en Chine a été de 4,5 milliards) ; leur contribution à l'équilibre extérieur du pays demeure encore négative : bien que leurs exportations aient doublé entre 1986 et 1987, les ZES représentent moins de 4 % des exportations du pays et enregistrent un déficit commercial de 400 millions de dollars. Leurs activités, dominées par le commerce d'entrepôt entre la Chine et les pays étrangers, par les opérations immobilières et touristiques, l'assemblage de produits électroniques, engendrent une forte demande d'importation.

L'essentiel (les trois quarts) de l'activité industrielle et commerciale des ZES est en fait assuré par celle de Shenzhen, la plus grande en superficie et surtout la plus proche de Hong-Kong dont elle constitue l'arrière-pays. Ce sont en effet les sociétés de Hong-Kong qui sont à l'origine des trois quarts des investissements étrangers dans les zones économiques spéciales, comme dans l'ensemble de la Chine. Attirées par l'espace disponible et le bas coût de la main-d'œuvre, elles ont ainsi délocalisé dans la province limitrophe (celle de Canton) divers stades de fabrication de leurs industries manufacturières.

Un banc d'essai

Mais, pour les investisseurs étrangers, les conditions d'implantation se révèlent moins attractives que prévu : la main-d'œuvre y est peu qualifiée, alors que les salaires versés, rehaussés par des coûts cachés (assurances sociales et allocations diverses) atteignent deux à trois fois le niveau de ceux des régions voisines de Chine. Quant aux pesanteurs bureaucratiques, elles ont plutôt tourné au désavantage des ZES où se retrouvent les antennes des multiples administrations locales et nationales.

En outre, les concessions fiscales et douanières offertes aux investisseurs étrangers dans ces zones tendent à devenir de moins en moins spécifiques. En effet, les zones économiques spéciales ont fait partie de la phase initiale d'ouverture de la Chine, et elles s'intègrent désormais à un dispositif plus vaste. Les autorités chinoises ont en effet multiplié les zones à statut spécial : en 1984 quatorze villes côtières (dont les plus grands centres industriels du pays comme Tientsin, Pékin, Shanghaï) ont été « ouvertes » et ont elles-mêmes créé leurs propres

« zones de développement économiques et techniques » qui offrent aussi des conditions privilégiées aux investissements étrangers. Nombre d'entre elles ont l'avantage de disposer d'infrastructures industrielles, urbaines.

En février 1985, la décision a été prise d'« ouvrir » encore trois grandes régions (dont celle du delta du Yangtsé autour de Shanghaï, et du delta de la rivière des Perles autour de Canton). Après l'île de Hainan (août 1987), c'est en fait toute la façade maritime de la Chine qui est appelée, à terme, à fonder l'accélération de sa croissance économique sur l'intensification de ses relations commerciales et financières avec les pays étrangers, notamment ceux de la zone Asie-Pacifique.

Les quatre ZES créées en 1979 ont amorcé l'ouverture. Elles ont en outre servi de bancs d'essais à des innovations, notamment dans la gestion des entreprises et la réforme foncière, qui ont ensuite été reprises au plan national.

Leur évolution rappelle ainsi celle qu'ont connue les zones franches d'exportation en Corée du Sud ou à Taïwan, qui ont eu un rôle marginal dans l'industrialisation mais qui ont constitué une expérience de libre-échange pour ces économies initialement très protégées ; elles ont perdu de leur dynamisme au fur et à mesure que le marché intérieur s'est développé et que l'économie s'est libéralisée. Un double processus dans lequel la Chine s'est engagée.

Françoise Lemoine

INFORMATION

La décolonisation de l'information est loin d'être terminée. A quelques exceptions près, le tiers monde est absent de toutes les grandes batailles qui se livrent sur le terrain de la communication.

Rien de commun, en apparence, entre l'Inde, qui lance ses propres satellites de communication et la Centrafrique, dont la télévision en est à ses balbutiements; entre le Brésil qui inonde les autres continents de ses feuilletons de télévision et le Mozambique qui doit paradoxalement se contenter des programmes — et des informations — de son ennemi héréditaire, l'Afrique du Sud; entre les pays arabes qui ont fait lancer par *Ariane* leur satellite *Arabsat* et les pays africains du Sahel, dont les salles de rédaction ne comptent que quelques rares — et très vieilles — machines à écrire. Tout semble opposer les pays du Sud. Les différences entre certains d'entre eux sont en effet considérables, et il est indispensable de tenir compte des «régions» ou groupe d'Etats qui composent le tiers monde, pour comprendre ses médias. Car si globalement l'Afrique, au nord comme au sud, semble très en retard par rapport aux autres continents, l'Amérique latine et l'Asie ont une tout autre tradition, y compris dans le domaine de la presse écrite et audiovisuelle.

Pourtant, l'histoire récente de la colonisation et de la décolonisation a concerné pratiquement tous les pays du tiers monde. Mais les puissances coloniales n'ont pas eu les mêmes attitudes vis-à-vis des peuples concernés. Cela est frappant notamment en Afrique et en Asie, où les anciennes colonies britanniques, contrairement aux françaises, sont toutes dotées d'un réseau de médias très solides et qui échappent en partie au contrôle direct du pouvoir politique. C'est le cas notamment de l'Inde, et en partie du Nigéria et du Kenya.

La radio, médium-roi

La radio est le médium le plus répandu, sur tous les continents, car c'est le moyen le moins coûteux et le plus aisé de communiquer avec les masses, notamment en zone rurale où l'analphabétisme est très élevé. Le paysan du tiers monde «allume» le plus souvent son poste de radio tôt le matin, et ne l'éteint que la nuit tombée. Les transistors sont souvent accrochés à un arbre, dans la brousse tropicale.

Cela n'a pas échappé à de nombreux gouvernants du tiers monde. La radio est alors devenue le principal moyen de contrôle des masses, partout dans le pays. Parfois elle remplace même le téléphone ou le télégramme. C'est le cas, par exemple, en Afrique, où de nombreuses nouvelles ainsi que des messages personnels (à commencer par les remplacements et les mutations dans la fonction publique) sont parfois communiqués par la radio, qui devient ainsi une sorte de «journal officiel» parlé. Ce médium peut aussi avoir une influence directe sur les événe-

Journaliste dans le tiers monde

Le débat sur le nouvel ordre mondial de l'information (NOMIC) a quelque peu éclipsé celui sur les conditions d'exercice du métier de journaliste dans les pays du tiers monde. En évoquant la situation de ces pays en matière d'information, on met souvent en avant le dénuement médiatique, source de dépendance et de déséquilibre dans le domaine de la circulation de l'information.

Ici comme ailleurs, le journaliste se heurte à un arsenal juridique, à des pressions de toutes sortes qui restreignent sa liberté d'expression et font peser une lourde hypothèque sur la valeur de l'information qu'il fait circuler. Le sens de l'ostentation, l'argent facile, la course aux privilèges font que la vénalité est un mal qui gangrène le métier de journaliste dans les pays du tiers monde. D'Abidjan à Pékin, de Caracas à Séoul, les pressions politiques ne peuvent être tenues pour seule pesanteur s'exerçant sur le travail du journaliste. D'autres facteurs peuvent le pousser à la compromission, à une certaine entente avec les détenteurs du pouvoir politique et économique.

La vénalité n'a pas le même caractère selon le contexte politique considéré. Tout comme au plan économique, on note une réelle diversité dans les conditions d'exercice du métier de journaliste dans les pays du tiers monde. Dans les pays relevant de la sphère d'influence de l'Est ou ayant adopté une option marxiste ou socialiste étatique, les journalistes, « fonctionnaires de la vérité » pour reprendre l'expression de Paul Lendvai, ont pour mission de porter la bonne parole au peuple. Leur rôle est un rôle d'« agitation politique ». Les moyens d'information relèvent du monopole d'État, les journalistes sont alors des agents de la fonction publique. Dans un tel contexte, « le secteur de l'information est un des secteurs de souveraineté nationale », lit-on à l'article 1er du Code de la presse de l'Algérie. Les nominations ou autres formes de promotion restent la prérogative exclusive de l'État. Dans un contexte de parti unique, cette prérogative permet aux responsables de l'État, responsables également du Parti, de sanctionner l'engagement politique des journalistes.

Cependant, cette situation transcende l'appartenance idéologique des différents pays. Des pays comme la Côte-d'Ivoire ou la Corée du Sud, dotés d'un système politique à orientation plutôt libérale, ont un système médiatique soumis à une forte influence étatique. Le résultat est le même : le journaliste n'a d'autre choix que de se soumettre au diktat de l'État et du parti unique pour prétendre à la moindre promotion.

Le pluralisme politique engendre souvent un paysage médiatique relativement étoffé, surtout dans le domaine de la presse écrite. L'Inde, le Sénégal ou l'île Maurice, pour ne citer que ces pays, se singularisent par ces deux caractéristiques. Dans ce contexte précis, les mœurs journalistiques s'apparentent à celles qu'on rencontre en Occident. Mais il reste évident que, plus qu'en Occident, le niveau économique de ces pays est un facteur de vénalité. En effet, le coût de la vie et les bas niveaux de rémunération aidant, les journalistes de ces pays ont tendance à rechercher des avantages matériels. Que ne ferait-on pas pour avoir un billet d'avion ou de banque, ou d'autres largesses en échange d'un article élogieux ?

Ces pratiques s'intègrent de plus en plus dans la vie du journaliste. Toutefois, si la vénalité suscite indignation et condamnation en Occident, elle apparaît quasi normale dans un tiers monde caractérisé par un certain penchant à la corruption, et le domaine de l'information n'échappe pas à cette généralité. Le journaliste du tiers monde jouit de ces avantages sans trop se gêner — tout comme son collègue occidental jouit des abattements fiscaux qui lui sont gracieusement accordés par l'État.

Mais, s'agissant de la valeur de l'information produite, le pluralisme — et son corollaire la concurrence — reste un facteur important d'objectivité et de sérieux. Et cela explique l'existence d'une atmosphère médiatique plus saine, des moyens d'information plus crédibles, dans les pays connaissant un certain niveau de démocratie.

Les différentes stratégies élaborées ou en cours d'élaboration gagneraient à tenir compte largement du statut réel des journalistes pour mettre en place un système d'information crédible.

Abdelkader Dansoko

ments, par sa rapidité et par le fait que tout le monde, pratiquement, y a accès. Ainsi, *Radio France Internationale*, en 1984 (RFI) a été à l'origine, sans le vouloir, d'un échec militaire : informés par RFI de l'imminence de la chute de la ville d'Abéché, à l'est du Tchad, une colonne de soldats fidèles au président Hissène Habré, envoyée en renfort, a préféré faire demi-tour à quelques kilomètres seulement de cette ville.

Cet épisode illustre aussi un autre aspect : la soif d'information véritable qui traverse le tiers monde. Et la radio permet, à peu de frais, d'avoir accès à une voix différente. Les grandes radios mondiales restent très écoutées dans ces pays, car elles sont souvent les seules à donner des informations sur ces mêmes pays, où la liberté de la presse reste à conquérir. La *Voix de l'Amérique* et *Radio-Moscou* dominent ce secteur, mais sont suivies de près par la *BBC* (Royaume-Uni), la *Deutsche Welle* (RFA) et *RFI* (France). Toutes ces radios appartenant à des pays du Nord, un déséquilibre profond persiste entre ces pays et ceux du tiers monde, dans ce domaine comme dans d'autres. L'information est en effet conçue le plus souvent par des journalistes culturellement enracinés dans des pays occidentaux, qui ne reflètent pas nécessairement les attentes et les besoins ressentis par les habitants des pays du Sud qui sont à l'écoute. D'où un conflit presque permanent et l'accusation de « domination culturelle et médiatique » formulée par le Sud vis-à-vis du Nord. Ce conflit ne semble pas près de s'estomper, du moins tant que les radios du Sud demeureront presque toutes des voix officielles de régimes qui ne durent parfois que quelques années. Les radios privées sont en effet très rares, et souvent liées à des communautés ou sectes religieuses.

Mais c'est à la source même de l'information — à savoir l'agence de presse ou la « banque d'images » ou de sons — que se joue principalement le destin des médias du tiers monde. Or, force est de constater que ce domaine est plus dominé encore par les grandes agences du Nord.

Des agences mondiales en accusation

Pour ce qui est de la presse, les quatre « sœurs » occidentales — *Associated Press* (*AP*), *United Press International* (*UPI*), *Reuter* et *Agence France Presse* (*AFP*) auxquelles il faudrait ajouter l'agence soviétique *Tass* et, dans une moindre mesure, l'*Agence Chine Nouvelle* — continuent de contrôler la presque totalité des sources d'information dans le monde. Le tiers monde, en déséquilibre chronique à la fois en son sein et par rapport aux pays occidentaux, a cherché depuis les années soixante-dix à rétablir l'équilibre, en créant d'abord un pool qui, derrière l'agence yougoslave *Tanyug*, aurait dû casser la domination des agences mondiales du Nord. Dix ans auparavant, une autre agence avait vu le jour : *IPS* (*Inter Press Service*), basée à Rome, qui se veut au service du tiers monde.

En Amérique latine, des regroupements d'agences ont également vu le jour, comme *Prensa Latina*, basée à La Havane (Cuba). De même, en Afrique, a été mise sur pied l'*Agence panafricaine de nouvelles* (*PANA*), basée à Dakar (Sénégal), qui regroupe, du moins sur le papier, les agences nationales de plus de cinquante pays. Ces efforts ont souvent bénéficié de l'aide de l'UNESCO, engagée elle-même dans une bataille pour ce qu'on a appelé le Nouvel ordre mondial de l'information et de la communication (NOMIC). Une bataille qui a été vite politisée et qui a contribué au remplacement du directeur général de l'UNESCO, le Sénégalais Amadou Mahtar M'Bow par l'Espagnol Federico Mayor. Cette bataille s'est aussi soldée par un affaiblissement de cette organisation et, surtout, par une stagnation de la situation des médias dans le tiers monde, notamment dans le domaine fondamental des sources de l'information.

Censure de la presse écrite

Un Américain « consommait » pour sa lecture, en 1983, 45,6 kg de papier journal, tandis qu'un Ougandais n'en consommait que 14. C'est ce que révèle le dernier rapport de l'UNESCO sur les médias dans le monde, publié en 1989. Cette organisation a par ailleurs annoncé que la presse audiovisuelle du tiers monde s'était développée rapidement, mais qu'en revanche, en ce qui concerne la presse écrite, trois pays africains seulement ont enregistré une progression, alors que dans treize autres il y a eu stagnation et dans douze autres une régression.

Si les premiers journaux ont vu le jour en Chine, force est de constater aujourd'hui que rares sont les pays en voie de développement qui accordent une totale liberté de la presse. Cela semble découler directement de la période de colonisation. L'arrivée de colons européens dans les trois continents dits « vierges » — Amérique latine, Afrique, Asie — s'est vite accompagnée de la naissance de feuilles locales, organes d'information embryonnaires produits par et pour les expatriés. En Afrique noire francophone, par exemple, la famille de Breteuil a vite implanté, dans chaque comptoir devenu ensuite « capitale », un chapelet de quotidiens allant de Dakar à Libreville, qui ne pouvaient trop déplaire au gouverneur français d'abord, et ensuite au chef de l'État nouvellement indépendant. C'est ce même réseau qui existe aujourd'hui, même s'il ne dépend plus de la famille de Breteuil. L'agence *Havas* (ancêtre de l'*AFP*), ainsi que la britannique *Reuter*, avaient fait de même et contrôlaient pratiquement toute l'information en Afrique et en Asie, l'Amérique latine demeurant l'« arrière-cour » des États-Unis.

Mais les conséquences, dans le domaine de la presse écrite, n'ont pas été les mêmes. La quasi-totalité des anciennes colonies françaises a instauré un système de contrôle direct, par la censure, de toute publication écrite. Dans ces pays il n'existe pratiquement aucune forme de presse d'opposition, à l'exception du Sénégal. Au Cameroun *Le Messager* de Douala témoigne de la volonté des journalistes locaux d'exister et faire entendre une autre voix, en dépit de la censure et des tracasseries de tout ordre auxquelles ils sont soumis. Mais il s'agit d'exceptions. « Le » quotidien de chaque capitale est devenu pratiquement le journal officiel du régime, et il est ainsi perçu par ses lecteurs, qui ont souvent appris à lire entre les lignes, à remarquer la disparition d'une signature ou de la photo d'un dignitaire, à compter le nombre d'interviews d'un ministre en vue. Il s'agit là d'autant d'« informations » non écrites mais bien réelles. C'est pour échapper à tout cela que des magazines tels que *Jeune Afrique* ou *Afrique-Asie* (aujourd'hui disparu) ont préféré être basés en Europe.

Un panorama contrasté

En Afrique anglophone, et dans de nombreux pays d'Asie, il en va autrement, même si une régression bien inquiétante a été remarquée. Au Ghana, au Nigéria, au Kenya, en Ouganda, en Zambie, au Zimbabwé, une véritable presse écrite a existé, avant et après l'indépendance de ces pays, bien que les pouvoirs publics aient, là aussi, tenté d'imposer leur contrôle. Un pays a su sauvegarder presque totalement sa liberté de presse : l'Inde, en dépit de ses dramatiques contradictions et des affrontements qui secouent ses différentes communautés. Des quotidiens fidèles à la tradition démocratique britannique sont publiés dans chaque ville, des grands quotidiens nationaux (comme *Times of India*) jouissent d'une certaine indépendance, et la presse magazine d'information générale (comme *India To-day*) connaît un certain essor.

Parmi les pays arabes, seuls la Tunisie, le Liban et, dans une certaine mesure, le Maroc peuvent revendiquer une certaine liberté face au pouvoir politique. Partout ailleurs, aucune critique, aucune opposition n'est tolérée. En Algérie, à l'automne 1988, le « printemps d'octobre » a été vite mis à profit par des journalistes pour réclamer un statut différent et dénoncer le contrôle direct exercé par le pouvoir militaire. Ces journalistes, comme ceux de l'Inde, du Cameroun ou du Brésil, savent que la liberté de la presse est d'abord leur affaire, et donc une conquête de tous les jours, qui comporte de graves risques personnels.

En Amérique latine une véritable tradition démocratique a existé dans la plupart des pays, surtout lorsque ceux-ci n'ont pas été soumis à des régimes militaires. Le retour à la démocratie de deux pays aussi importants que l'Argentine et le Brésil a été accompagné d'une progression notable de l'ensemble des médias. Dans le domaine de la presse écrite, les pays latino-américains ont su mieux sauvegarder une certaine liberté, par rapport aux pays d'Asie et d'Afrique, tout en s'engageant dans un lent processus d'indépendance vis-à-vis des États-Unis.

Selon l'U N E S C O, la répartition des quotidiens par continent s'établissait en 1988 de la façon suivante : Europe (50 %), Asie (25 %), Amérique du Nord (14 %), Amérique latine (8 %), Océanie (2 %), Afrique (1 %). Le tiers monde, qui représente près des trois quarts de la population de la planète, ne compte qu'un peu plus d'un tiers des quotidiens du monde. En Afrique, aucun pays n'avait atteint le seuil des 100 exemplaires de presse quotidienne pour 1 000 habitants. L'Égypte y arrivait néanmoins en tête avec 78 exemplaires pour 1 000 habitants devant l'île Maurice (74), la Tunisie (39), le Ghana (35), l'Algérie (27). On retrouvait en queue de liste : le Bénin (0,3), le Burkina Faso (0,2) et le Rwanda (0,1), alors que la Malaisie atteignait le score de 323, Singapour 277, Koweït 197, la Corée du Sud 192, l'Uruguay 189, le Venezuela 176, Cuba 144, le Mexique 120, le Chili 117, l'Argentine 115, la Chine 29, l'Inde 19 et le Bangladesh 6.

Ces statistiques ne tiennent pas compte néanmoins d'un secteur de la presse écrite qui joue un rôle déterminant dans le tiers monde : la presse rurale (alors que, dans certains pays, la population vivant en dehors des villes est voisine de 70 %).

L'explosion de la télévision

C'est bien entendu l'arrivée de la télévision qui semble pouvoir bouleverser le paysage des médias des pays en voie de développement. Alors que des télévisions du Sud rivalisent déjà ouvertement avec celles des pays occidentaux sur le terrain des programmes, le secteur de l'information reste étroitement sous contrôle politique dans la plupart des pays qui ne comptent pas de télévisions privées, c'est-à-dire la quasi-totalité du tiers monde. D'ailleurs, certains pays d'Afrique n'ont toujours pas de télévision, et le tiers monde dépend presque totalement des images en provenance de l'étranger, en grande majorité des États-Unis, du Royaume-Uni et de la France.

Ces « échanges », très inégaux car ils sont à sens unique, permettent souvent aux régimes en place d'assurer à leurs « sujets » une télévision avec des tranches entières de rediffusion de programmes étrangers. Même sur le terrain du divertissement et de la fiction, ces télévisions dépendent de l'étranger. L'arrivée de la télévision a néanmoins déjà bouleversé la vie de certaines villes du tiers monde. Nul doute que l'arrivée prochaine des satellites de télévision directe permettra aux habitants de Lagos, de Pékin ou de Santiago du Chili de voir d'autres images, d'entendre d'autres sons de cloche, de s'intéresser à d'autres styles de vie.

Selon les statistiques fournies par l'UNESCO, le tiers monde est pour l'heure bon dernier dans ce domaine, même si des progrès considérables ont été effectués. En Amérique latine une huitaine de pays disposent de plus de 100 téléviseurs pour 1 000 habitants (Argentine, Cuba, Venezuela, Brésil, Uruguay, Panama, Chili, Mexique), alors qu'en Afrique, aucun pays ne dépasse ce seuil (Maurice : 96, Libye : 66, Algérie : 65, Tunisie : 54, Afrique du Sud :

42, Côte-d'Ivoire : 41, Maroc : 39). De plus, une vingtaine de pays africains comptent moins d'un téléviseur pour mille habitants. Quant à l'Asie, les disparités sont également énormes : Hong-Kong (229 téléviseurs pour 1 000 habitants), Singapour (188), Corée du Sud (175) forment le peloton de tête, tandis que la Chine (7), l'Inde (4), le Bangladesh (moins d'un pour mille) et d'autres pays qui approchent du niveau zéro sont bons derniers.

Le tiers monde est absent — à quelques exceptions près — de toutes les grandes batailles qui se livrent sur le terrain de la communication. Il n'y participe qu'en tant que client potentiel et pauvre. C'est sans doute à partir du moment où il aura conquis sa liberté tout court qu'il aura la possibilité de se faire entendre.

Elio Comarin

GUERRE ET PAIX

La nouvelle détente Est-Ouest a permis de progresser vers le règlement de plusieurs conflits « régionaux ». Mais la guerre reste présente sur tous les continents : insurrections armées, conflits interethniques, rébellions nationalistes, litiges frontaliers...

Amorcée en 1987, la nouvelle donne dans les relations Est-Ouest a eu de telles répercussions sur les conflits régionaux qu'une impression de détente généralisée dominait au début de l'année 1989. Pourtant, en dehors des « gros conflits » d'Afrique australe, du Cambodge, d'Afghanistan et Iran-Irak, la guerre est restée presque partout présente. Le cours nouveau des relations entre Moscou et Washington n'a pas affecté, en effet, tous les conflits localisés dans le tiers monde. Certains d'entre eux ne répondent pas directement aux impératifs de la détente : d'autres, par leur origine et leur logique propre, n'ont jamais vraiment donné prise aux interventions des deux super-grands.

C'est sans doute le désengagement progressif de l'URSS de Gorbatchev, jusque-là impliquée dans de nombreux conflits du tiers monde, qui est à l'origine de cette nouvelle détente. Le chef de l'État soviétique est visiblement convaincu que *perestroïka* et *glasnost* lui imposent de privilégier le « front intérieur » et de mettre entre parenthèses les « fronts extérieurs » entretenus par ses prédécesseurs. Ce retrait n'est pas sans conséquences directes sur tous les mouvements (politiques ou armés) d'opposition qui pouvaient jusque-

là compter sur l'aide éventuelle de Moscou pour espérer conquérir le pouvoir. Une phase « militante » semble ainsi prendre fin, dans la politique soviétique, pour faire place à une période plus réaliste, qui ne peut profiter qu'au système soviétique lui-même, à l'intérieur des frontières traditionnelles de l'URSS.

Amérique latine

Avec la détente, le conflit en *Amérique centrale* est revenu à de plus justes dimensions. Point sensible dans les relations Est-Ouest au début des années quatre-vingt, cette crise a semblé se replier doucement sur elle-même. La suspension de l'aide américaine aux maquisards antisandinistes du *Nicaragua* a laissé entrevoir, sinon une solution politique, du moins l'abandon par l'administration Bush de l'option militaire. Au *Salvador*, en revanche, la guerre civile qui dure depuis la fin des années soixante-dix ne semblait pas près de s'éteindre avec, à nouveau, le retour en force de l'extrême droite.

Les chances de dialogues se sont éloignées aussi en *Colombie* où les forces de la guérilla ne menaçaient pas le pouvoir dans l'immédiat. Le vrai danger, dans ce pays, c'est la

Dépenses militaires : la décrue ?

Au cours des années quatre-vingt, le marché mondial des armements a connu une expansion jamais égalée. A l'origine de ce boom spectaculaire des ventes d'armes : le formidable accroissement des achats effectués par les pays en développement. Une comparaison rapide donne la mesure de cette évolution. De 1967 à 1976, le montant total des ventes d'armes dans le monde atteignait 79 milliards de dollars. Avec 58 milliards contre 21 pour les pays développés, le tiers monde était déjà le plus gros acheteur. De 1977 à 1986, le montant total des ventes est passé à 381 milliards de dollars, alors que les importations des pays développés atteignaient 73 milliards et celles des pays en développement 308 milliards.

Au hit parade des fournisseurs de matériels militaires aux pays du tiers monde, l'Union soviétique occupe largement la première place, devant les États-Unis. A elles deux, les superpuissances ont fourni les deux tiers des armes vendues entre 1979 et 1989 aux pays en développement. Derrière les deux grands figurent la France, le Royaume-Uni, l'Allemagne fédérale et l'Italie.

On peut distinguer dans le tiers monde trois catégories de gros acheteurs. D'abord viennent les pays qui ont été ou qui sont en guerre : l'Irak, l'Iran, la Syrie, Israël, l'Angola ou l'Éthiopie ont accumulé des arsenaux gigantesques, consacrant aux achats d'armes une part importante de leurs ressources nationales. Ensuite on trouve les grandes puissances régionales telles l'Inde, l'Égypte, la Corée du Sud ou le Brésil. Viennent enfin les pays exportateurs de pétrole, parmi lesquels l'Arabie saoudite et la Libye sont les exemples les plus significatifs.

Si en comparaison avec les pays industrialisés le tiers monde achète beaucoup d'armes, c'est parce qu'il en produit peu. En réalité, quand on compare les statistiques des dépenses militaires du Nord et du Sud, on s'aperçoit que les proportions sont inverses de celles qui concernent les ventes d'armes. Ainsi, en 1985, les dépenses militaires mondiales se sont élevées à 880 milliards de dollars dont 707 pour les pays développés et 173 pour les pays en développement. La saturation des grands marchés, le poids croissant de l'endettement, la chute des recettes d'exportation des matières premières, en particulier du pétrole, sont autant de facteurs qui ont, dans les années quatre-vingt, pesé lourd sur l'évolution des ventes d'armes dans le tiers monde. Alors qu'elles n'avaient

cessé de croître, passant de 8 milliards de dollars en 1974 à 40 milliards en 1984, les importations militaires des pays en développement ont commencé depuis à baisser : 32,8 milliards en 1985, 29,3 milliards en 1986... Cette tendance a pour principale conséquence de rendre la concurrence entre exportateurs encore plus vive. Ces derniers, pour conserver leurs parts de marché et maintenir le niveau de leur production militaire nationale se montrent beaucoup plus agressifs vis-à-vis de leurs concurrents, mais beaucoup plus conciliants vis-à-vis des acheteurs auxquels ils consentent plus facilement des conditions de paiement plus favorables (crédits ou accords de troc).

Cette situation est encore aggravée par l'apparition de nouveaux exportateurs sur le marché. Outre la Chine, qui a lancé une vaste offensive commerciale dans le tiers monde pour se procurer par la vente d'armes davantage de devises, plusieurs pays du tiers monde qui ont développé leurs propres capacités de production militaire veulent rentabiliser par l'exportation les coûteux efforts d'investissement consentis. Une dizaine de pays, parmi lesquels Israël, l'Inde, le Brésil, Taïwan, l'Afrique du Sud, l'Argentine, la Corée du Nord, la Corée du Sud et l'Égypte, totalisent les neuf dixièmes de la production militaire du tiers monde. Leurs exportations sont passées d'environ 4 milliards de dollars pour la période 1977-1981 à près de 11 milliards pour la période 1982-1986.

Il reste que la tendance globale la plus significative est l'écart croissant qui se creuse au sein du tiers monde entre un petit groupe d'une vingtaine d'États qui, au fil des ans, s'affirme comme des puissances militaires dotées d'un arsenal de plus en plus important et sophistiqué, et les autres pays en développement, militairement de plus en plus marginalisés.

Hugo Sada

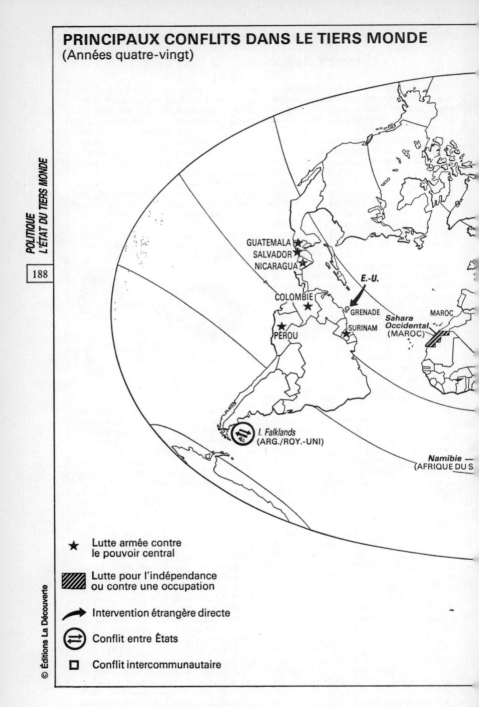

PRINCIPAUX CONFLITS DANS LE TIERS MONDE
(Années quatre-vingt)

GUATEMALA
SALVADOR
NICARAGUA

E.-U.

COLOMBIE

GRENADE

Sahara
Occidental
(MAROC)

MAROC

SURINAM

PÉROU

I. Falklands
(ARG./ROY.-UNI)

Namibie —
(AFRIQUE DU S

★ Lutte armée contre
   le pouvoir central

▨ Lutte pour l'indépendance
   ou contre une occupation

➤ Intervention étrangère directe

⇄ Conflit entre États

☐ Conflit intercommunautaire

© Éditions La Découverte

Certains de ces conflits ont pu être brefs (Grenade, Burundi par exemple), d'autres d'une durée lancinante (Amérique centrale, Timor occidental, Érythrée, Liban, conflit israélo-palestinien, Afghanistan, Angola, etc.).

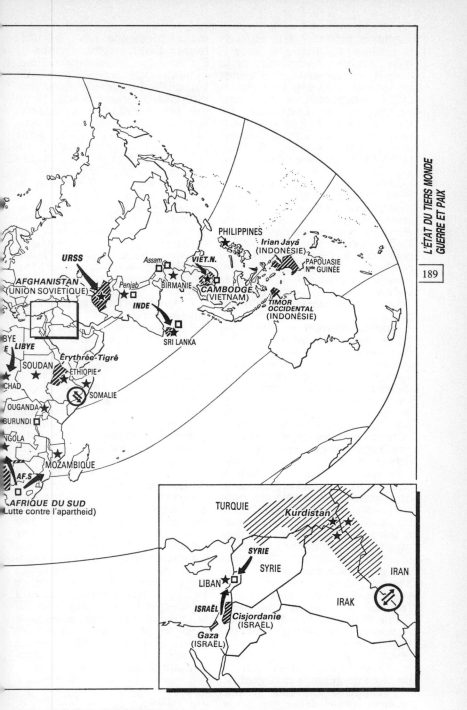

PHILIPPINES

Irian Jayá
(INDONÉSIE)

PAPOUASIE
N^lle GUINÉE

URSS

Assam

VIÊT.N.

AFGHANISTAN
(UNION SOVIÉTIQUE)

Penjab

BIRMANIE

CAMBODGE
(VIETNAM)

INDE

TIMOR
OCCIDENTAL
(INDONÉSIE)

SRI LANKA

BYE

LIBYE

Érythrée-Tigré

SOUDAN

ÉTHIOPIE

CHAD

SOMALIE

OUGANDA

BURUNDI

NGOLA

MOZAMBIQUE

AF.S

AFRIQUE DU SUD
(Lutte contre l'apartheid)

TURQUIE

Kurdistan

SYRIE

SYRIE

IRAN

LIBAN

IRAK

ISRAËL

Cisjordanie
(ISRAËL)

Gaza
(ISRAËL)

A la date d'exécution de cette carte (mars 1989), certains de ces conflits étaient apaisés ou en voie de « règlement ».

montée en puissance de la mafia de la drogue. La partie se joue à trois : l'armée, les hommes de la drogue, les maquisards, et toutes les combinaisons sont possibles. Il existe évidemment un quatrième partenaire : les États-Unis. La lutte contre la drogue a pris une telle importance lors du second mandat de Ronald Reagan (1985-1988) qu'elle est devenue un axe central dans la politique américaine vis-à-vis du sous-continent et un formidable moyen de pression pouvant déboucher sur des crises ouvertes comme celle du *Panama* avec le général Noriega. Enfin, dernier point chaud de ce continent, le *Pérou* : cette guerre oubliée des Andes entre soldats et guérilleros maoïstes de « Sentier Lumineux » avait déjà fait, au début de 1989, quelque 20 000 victimes.

Comme souvent en Amérique latine, tous ces conflits ont éclaté dans des pays où la situation économique et politique est restée figée pendant de longues décennies (Salvador, Nicaragua, Pérou, mais aussi *Haïti* et *Grenade*). Aussi, malgré leurs diversités, ils ont tous des origines voisines : bataille pour la terre, pour les droits civiques, des mouvements sociaux sans débouché politique et le plus souvent réprimés qui constituent le terreau idéal pour les organisations de guérillas. Avant ceux que nous connaissons aujourd'hui au Pérou, en Colombie, au Salvador, d'autres maquis s'étaient constitué un peu partout, dans la foulée de la révolution cubaine (1959), puis des groupes armés urbains leur avaient succédé dans les années soixante-dix. Leur apparition a favorisé une cascade de coups d'État militaires, (*Chili*, *Uruguay*, *Argentine*) débouchant sur des vagues de répression dont la plus sévère restera, sans aucun doute, les 10 000 victimes et « disparus » de la « sale guerre » d'Argentine.

Phénomène nouveau, certains groupes armés défendent désormais des valeurs culturelles et ethniques, notamment au Guatemala, où la population est en majorité indienne. Mais, à la différence d'autres régions du monde, il n'existe pas, en Amérique latine, de mouvement de type séparatiste ; aujourd'hui comme hier, les guérillas en activité en Amérique latine sont toutes d'obédience marxiste. Cela devrait, en principe, constituer un relais politique pour l'Union soviétique et Cuba, son allié dans la région. Mais l'heure est à la détente et Cuba a renoncé depuis longtemps à exporter la révolution sur le continent. La Havane prêche la modération auprès des sandinistes du Nicaragua comme des maquisards du Salvador et recherche, au contraire, une ouverture régionale à un moment où ses relations avec Moscou rencontrent quelques difficultés.

L'Amérique latine connaît aussi des conflits de frontières plus traditionnels. Ainsi, il a fallu l'intervention de la diplomatie vaticane, en 1980, pour mettre un terme au litige vieux de soixante-cinq ans entre l'*Argentine* et le *Chili* sur la souveraineté de trois îles situées entre la Terre de Feu et le cap Horn. Un autre conflit a pris, dans cette même région, la dimension d'une confrontation militaire entre le « Nord » et le « Sud » : la guerre qui opposa, en 1982, pour le contrôle des *îles Falklands* (Malouines), le Royaume-Uni et l'Argentine. Possession britannique depuis le siècle dernier, cet archipel constitue en effet une revendication historique de l'Argentine qui veut s'affirmer comme une grande puissance maritime de l'Atlantique sud, en concurrence, sur ce point avec le Brésil. La défaite argentine devant les troupes britanniques précipita la chute de la dictature militaire mais le problème est resté en l'état : il revient régulièrement à l'ordre du jour du comité de décolonisation des Nations unies.

Afrique

Sur le continent africain, la conclusion, le 22 décembre 1988,

Aux Philippines, une guérilla contre les « ennemis du peuple »

Pour ses soixante-seize ans, Mao Zedong reçut un cadeau inattendu. Le jour même de son anniversaire, le 26 décembre 1968, dans un village isolé de la province de Pangasinan, treize jeunes gens, tous anciens étudiants, se réunissaient pour « refonder » le Parti communiste philippin (PCP). A leur tête, José Maria Sison — « Joma » pour ses intimes —, vingt-neuf ans, diplômé en « littérature anglo-saxonne ». Depuis six ans, Sison militait au sein de l'ancien « parti » philippin, le PKP, et il s'était rebellé contre les « déviations politiques » et la « sclérose » qui l'avaient, selon lui, paralysé.

Le petit groupe ne manquait pas d'ambition, il dotait les Philippines d'un projet d'insurrection maoïste et prônait la guerre contre Marcos, l'impérialisme et un État décrit comme étant « mi-féodal, mi-colonial ». Un an plus tard, le 29 mars, le PCP créait la Nouvelle armée du peuple (NAP). Initialement « forte » d'une soixantaine de combattants et d'une douzaine de fusils dans le seul Luçon central, l'implantation de la NAP s'est étendue progressivement dans tout l'archipel. Entre-temps, le véritable génie organisationnel de Sison a fait son œuvre. Utilisant au mieux les sociaux des années soixante et soixante-dix, le PCP a réussi à mettre sur pied un impressionnant appareil politique « accroché » à tous les niveaux de la société philippine : estudiantin, catholique, tribal, paysan, etc. Résultat, en 1973 le mouvement annonce la création du Front national démocratique (FND), une « ombrelle » couvrant des organisations souscrivant à la fois à la lutte armée comme moyen révolutionnaire essentiel et à un programme « national-démocratique ».

L'axe principal du programme « nat-dem » tient à l'unité chevillée des « couches du milieu » avec la paysannerie et la classe ouvrière, une unité destinée à « renverser la dictature fasciste » (d'abord celle de Marcos, puis celle d'Aquino) et à construire, dans une première étape, une société reposant sur le nationalisme prétendu « intrinsèque » de la petite bourgeoisie industrielle. Cela est supposé libérer l'économie nationale de sa « domination étrangère » et permettre à terme de refondre les données sociales de la nation.

Après des débuts hasardeux, la NAP a remporté de nets succès. Opérant à partir d'une stratégie unique inspirée des réalités géographiques du pays, le haut-commandement insurgé cherche à disperser au maximum ses forces afin de contraindre l'ennemi à faire de même, puis, selon un rythme déterminé en fonction de la situation à l'échelle locale et au niveau national, d'accroître l'intensité de la guérilla jusqu'à ce que l'ennemi soit débordé. Mais une telle approche nécessite armes et appuis. Or, en 1975, les Philippines et la Chine populaire normalisent leurs relations diplomatiques et un Mao mourant cesse le soutien militaire chinois — qui, de toute façon était plus symbolique qu'autre chose — aux révolutionnaires philippins. Hormis quelques achats sur le marché international des armes, la NAP subsiste grâce aux « prises à l'ennemi ». Selon les autorités, en 1987 la NAP comptait près de 22 000 « combattants rouges », dont 2 500 « infiltrés » dans Manille afin d'y poursuivre des attentats sélectifs contre les « ennemis du peuple »... Mais selon ses propres documents, la NAP ne disposerait que de 7 600 fusils et 34 500 Philippins seraient membres du PCP, 770 000 autres étant « organisés » par les différents groupes sectoriaux. Sur le terrain, le PCP serait présent dans un peu moins du quart des 46 000 villes et villages des Philippines.

Après l'accession au pouvoir de Cory Aquino, le PCP fut contraint à l'autocritique, ayant sous-estimé le potentiel de l'opposition « bourgeoise » à Marcos. Après d'hésitantes approches, le FND accepta une trêve de 60 jours, prenant effet le 10 décembre 1986. Rapidement pourtant, il s'avéra que le gouvernement Aquino n'avait rien à offrir aux insurgés. Ces derniers accomplirent alors leur seconde « rectification politique » majeure en un an : après l'autocritique gratifiant Cory Aquino, ils accusèrent le nouveau régime d'être sous la coupe des États-Unis. De son côté, le pouvoir affranchi de « ses obligations morales » après la tentative de négociation, déclara la « guerre totale » aux insurgés. En lutte désormais, non pas à une dictature, mais à une démocratie institutionnelle sous la tutelle des élites patriciennes, le PCP mise à la fois sur une escalade des combats et sur l'échec « inéluctable » de la politique de réformes économiques du régime. Il est vrai qu'en 1988, l'armée philippine et la NAP se sont affrontées plus souvent qu'à aucun autre moment en vingt ans de guérilla.

Kim Gordon-Bates

d'un accord tripartite entre Cuba, l'*Angola* et l'Afrique du Sud — sous les auspices des États-Unis et de l'URSS — devrait permettre à la *Namibie* d'accéder enfin à l'indépendance. Mais elle ne met pas nécessairement fin à la guerre d'Angola (qui oppose depuis 1975 l'Union pour l'indépendance totale de l'Angola, UNITA, de Jonas Savimbi au pouvoir central de Luanda), ni, bien entendu, à celle du *Mozambique* (qui oppose la RENAMO, Résistance nationale du Mozambique, au pouvoir central de Maputo). Ces deux mouvements armés antimarxistes sont en effet puissamment aidés par le régime sud-africain, qui compte ainsi maintenir une constante pression militaire et politique sur ces deux pays d'Afrique australe.

Dans la Corne de l'Afrique aussi un conflit s'est pratiquement éteint : celui qui a opposé la *Somalie* et l'*Éthiopie* au sujet de la région de l'*Ogaden*, contrôlée par Addis-Abéba. Mais d'autres conflits subsistent, dans ces deux pays, et c'est peut-être pour cela que leur confrontation frontalière a pris fin. En Éthiopie les guérillas indépendantistes *érythréenne* et *tigréenne* se poursuivent, tandis que le Front armé somalien menace de plus en plus le pouvoir central de Mogadiscio.

Une guerre sans merci ravage, d'autre part, le plus grand pays d'Afrique : le *Soudan*. Il se classe dans cette catégorie très particulière des crises tout à la fois ethniques, religieuses et politiques, car il oppose le nord du pays arabo-musulman aux populations négro-africaines du Sud, animistes ou chrétiennes, regroupées dans la région du Nil Blanc. Le gouvernement de Khartoum est exclusivement composé des partis musulmans traditionnels et les formations du Sud soutiennent les séparatistes de l'Armée populaire de libération du Soudan (APLS) dirigée par John Garang. Ce dernier pratique la politique de la terre brûlée, provoquant l'exode des paysans dans les villes : Khartoum compte ainsi un million de réfugiés. Aucune perspective sérieuse d'apaisement n'apparaissait au début 1989, car les séparatistes du Sud exigent comme préalable à toute négociation l'abrogation de la *charia*, la législation islamique en vigueur à Khartoum.

En revanche, un conflit semblable a pris fin au *Tchad*, après vingt années de guérillas et d'interventions étrangères (française et libyenne essentiellement). Il a opposé successivement le Nord et l'Est islamisés au Sud dit « utile » (en raison de ses richesses) mais aussi chrétien ou animiste, puis les frères ennemis du Nord, Goukouni Weddeye et Hissène Habré, ainsi que d'autres « armées » plus ou moins importantes. H. Habré, avec l'aide directe et déterminante de l'armée française, a renvoyé les Libyens chez eux et progressivement « pacifié » un pays qui demeure difficilement gouvernable.

Sur le continent noir, d'autres conflits, ethniques cette fois-ci, ont refait leur apparition. Au *Burundi*, surtout, où des dizaines de milliers de Hutu (majoritaires) ont été massacrés par les Tutsi (minoritaires, au pouvoir) à l'occasion d'affrontements semblables à ceux des années soixante-dix, au Burundi et au Rwanda voisin (où les Hutu sont au pouvoir).

Mais ces guerres civiles ne sont toutefois pas comparables à celles qui ont ensanglanté l'Afrique noire au début de la décolonisation, au Nigeria (*Biafra*) et au Zaïre (*Katanga*), lors de deux révoltes sécessionnistes, favorisées par des puissances étrangères, qui ont provoqué des millions de morts... Au Zaïre, dans la province du *Shaba* (ex-Katanga), deux autres révoltes semblables ont éclaté en 1977 et en 1978, mais elles ont été écrasées grâce à l'intervention des parachutistes français.

Enfin, il faut rappeler les guerres pour l'indépendance qui se sont déroulées sur le continent : à partir de 1955 au Kenya (celle dite des Mau-Mau) et au Cameroun (à l'initiative de l'Union des peuples du Cameroun), et, à partir du

LES BASES MILITAIRES DANS LE TIERS MONDE

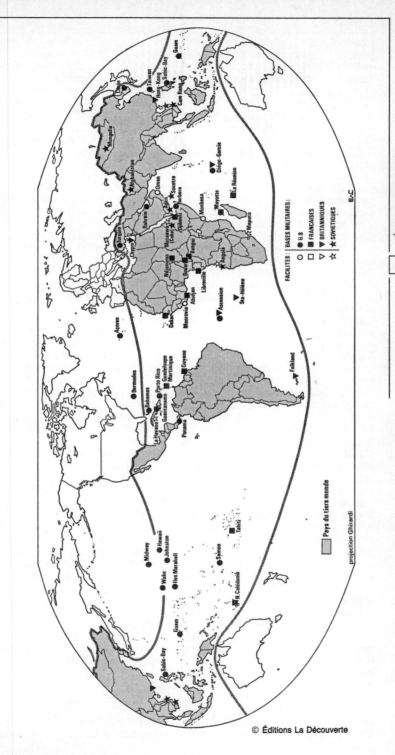

projection Ghirardi

Pays du tiers monde

FACILITÉS : BASES MILITAIRES :
○ ● U.S
□ ■ FRANCAISES
▽ ▼ BRITANNIQUES
☆ ★ SOVIÉTIQUES

E.C

L'ÉTAT DU TIERS MONDE
GUERRE ET PAIX

© Éditions La Découverte

début des années soixante dans les trois colonies portugaises (Guinée-Bissau, Mozambique et Angola) qui aboutiront aux indépendances du milieu des années soixante-dix.

Maghreb et Proche-Orient

Un conflit issu d'une décolonisation manquée pourrait prendre lui aussi le chemin du règlement : celui du *Sahara occidental*, grâce aux bons offices des Nations unies. Cette évolution est apparemment à mettre sur le compte du climat de détente générale et n'est pas le fruit de l'intervention des deux supergrands. En fait, c'est aux parties directement impliquées que revient l'initiative du déblocage : le Maroc et l'Algérie d'un côté, et le Maroc et le Front Polisario de l'autre, qui ont finalement engagé des pourparlers directs. L'affaire du Sahara — comme celle de Timor-Est avec l'Indonésie — est typique de ces conflits issus de la décolonisation ; elle a démarré au lendemain du départ de l'armée espagnole du Sahara occidental, avec le partage du territoire entre le Maroc et la Mauritanie intervenu en 1975. En toute logique, cette affaire devrait s'achever par où elle aurait dû commencer : la consultation par référendum des populations sahraouies.

Dans le golfe Persique, le cessez-le-feu intervenu pendant l'été 1987 entre l'*Iran et l'Irak* a créé une situation régionale et internationale nouvelle. Ce cessez-le-feu a eu de multiples conséquences. D'abord, l'Iran devrait retrouver son poids diplomatique dans la région : on le voit déjà sur le dossier afghan où Téhéran est consulté par les Soviétiques sur l'avenir du régime de Kaboul. Autre conséquence, intérieure à l'Iran ; la liquidation de toute opposition comme en ont témoigné les vagues d'exécutions pendant l'automne 1988 et l'hiver 1988-1989.

On a constaté une évolution symétrique du côté irakien. Libéré de la menace sur le front iranien,

Bagdad peut à nouveau peser de tout son poids sur le conflit israélo-arabe. Sur le plan intérieur, la fin des hostilités a donné le prétexte à de sanglantes représailles : ainsi le massacre des populations kurdes « gazées » pour avoir maintenu leurs revendications séparatistes tout au long du conflit avec l'Iran.

Mais la conséquence la plus importante à moyen terme de la fin du conflit du Golfe devrait être sans aucun doute le recentrage politique qu'il suppose au sein même du régime iranien. « Thermidor » s'est achevé à Téhéran. L'exportation de la révolution islamique n'est plus à l'ordre du jour, même si les « Gardiens de la révolution » sont toujours actifs au Liban et influencent les groupes chiites preneurs d'otages.

De ce fait, la perspective change totalement et, avec elle, le regard que nous pouvons porter sur les crises qui secouent cette partie du monde. L'agitation qui se manifeste régulièrement en Égypte, en Tunisie et qui a explosé en Algérie lors des émeutes d'octobre 1988, apparaît davantage comme la survivance d'une culture d'opposition traditionnelle que comme une véritable stratégie visant à la prise du pouvoir politique. Autrement dit, l'évolution de certains pays sous la pression de mouvements laïcs ou religieux (Tunisie, Algérie) se fait de l'intérieur même des régimes en place. Et cette évolution semble atteindre son point d'équilibre.

Enfin, même le *conflit palestinien* a semblé prendre le chemin de la négociation en décembre 1988, avec le début de contacts directs entre l'OLP et les États-Unis, en vue d'une éventuelle conférence internationale sur cette question cruciale. Cette conférence internationale ne saurait avoir lieu sans la participation des deux supergrands, peut-être sous les auspices des Nations unies.

Asie

En Asie, l'explosion d'un véritable conflit interethnique au cœur de l'empire soviétique, avec la *crise du Caucase*, a provoqué des surprises de taille. Contrairement aux pronostics les plus courants, cette crise n'a en effet pas consisté en un «réveil islamiste», mais en un embrasement des très chrétiennes populations arméniennes. Et, seconde surprise, la contestation n'a pas porté sur les relations entre Erevan et Moscou. Les nationalistes arméniens réclament le rattachement à leur république du Haut-Karabakh, cette région peuplée d'Arméniens mais qui est enclavée dans la république d'Azerbaïdjan. Peuplée de turcophones chiites, l'Azerbaïdjan est resté un bastion conservateur fort choyé sous l'ère Brejnev...

En février 1988, des Azeris ont commis des pogroms anti-arméniens à Soumgaït, en novembre de la même année, on a vu apparaître des portraits de l'imam Khomeyni lors de défilés à Bakou. A la faveur de la *perestroïka*, cette explosion a montré que l'Union soviétique possède un «Sud» qui lui est propre (en l'occurrence son «Orient intérieur») et qu'on y retrouve des contradictions typiques du tiers monde : affrontement culturel et religieux entre deux communautés, décalage entre les républiques chrétiennes globalement favorables à la modernisation que représente la *perestroïka* et les républiques musulmanes qui, comme l'Azerbaïdjan, ont tendance à considérer que tout ce qui vient de Moscou représente plus ou moins l'Occident moderniste et athée.

Sur le reste du continent asiatique, deux occupations militaires étrangères ont semblé devoir prendre fin, avec le début du retrait soviétique d'*Afghanistan* et de l'évacuation des troupes vietnamiennes du *Cambodge*. Cette évolution a paru être induite par la nouvelle politique étrangère soviétique, mais, au début 1989, ni l'Afghanistan ni le Cambodge ne paraissaient pouvoir retrouver rapidement une véritable paix.

Ailleurs, d'autres conflits demeurent latents, même si des signes encourageants sont apparus en 1988. Il s'agit de vieux conflits frontaliers, qui ont opposé à plusieurs reprises l'*Inde* et le *Pakistan*, à propos du *Cachemire* d'abord et du *Bangladesh* (ex-Pakistan oriental) ensuite, et de celui qui a opposé à l'est et à l'ouest de l'Himalaya, la *Chine* et l'*Inde*.

Le Pakistan et la Chine occupent toujours des territoires revendiqués par l'Inde, mais celle-ci semble d'abord préoccupée par ses conflits intérieurs.

Au nord-ouest, l'État du *Pendjab* est en rebellion ouverte depuis que les Sikhs (majoritaires) ont lancé une révolte sanglante, recourant aux assassinats et aux attentats terroristes pour obtenir une autonomie qu'ils n'avaient pourtant pas voulue en 1948, lors de l'accession à l'indépendance de l'Inde. Au nord-est, dans les États qui composent le «cou du poulet» de l'Union indienne, des massacres effroyables ont opposé en *Assam*, également au début des années quatre-vingt, les populations «indigènes» aux «étrangers» venant du Bangladesh voisin ou d'autres États (encore plus pauvres) de l'Union. Dans presque tous ces États, des mouvements de guérilla ont pris fin, grâce à des accords avec le pouvoir central de New Delhi, mais cette région ne semble pas pour autant sortie définitivement de ce type de conflits.

Au sud de l'Inde, à *Sri-Lanka* (ex-Ceylan), une autre guerre semblable oppose depuis le début des années quatre-vingt la minorité tamoule, animée par les fameux «Tigres» indépendantistes, à la majorité cinghalaise. En 1987, l'intervention de l'armée indienne, aux côtés de celle de Colombo, semble avoir réduit les activités militaires des guérilleros tamouls, mais le problème de cette minorité d'origine indienne est resté entier.

Il en est peut-être de même en Indonésie, où des conflits sont presque totalement oubliés par l'opinion publique mondiale et par les instances internationales : celui de *Timor-est*, ancienne colonie portugaise «récupérée», non sans

CHALIAND Gérard, RAGEAU Jean-Pierre, *Atlas stratégique. Géopolitique et rapports de force dans le monde*, Complexe, Bruxelles, 1988.

« L'état des conflits dans le monde », *Le Monde « dossiers et documents »*, déc. 1988.

L'état du monde. Annuaire économique et géopolitique mondial, La Découverte, Paris. (Cet annuaire dresse chaque année l'état des questions stratégiques et comporte une section spécialement consacrée aux tensions et conflits.)

GRIP, *Memento-Défense-Désarmement*, Bruxelles (annuel).

IFRI, *RAMSES* (Rapport annuel mondial sur le système économique et les stratégies), Atlas-Économica, Paris.

peine, par l'armée indonésienne ; et celui d'*Irian-Jaya*, à savoir la partie occidentale de la Nouvelle-Guinée, peuplée de Papous, mais sous contrôle militaire indonésien depuis 1962. Les deux mouvements de libération de ces deux demi-îles demeurent isolés du reste du monde.

Aux *Philippines*, deux autres conflits ont pris apparemment des chemins opposés depuis l'arrivée au pouvoir de Cory Aquino (en février 1986) : celui du Front Moro (musulman) semble pratiquement éteint, tandis que celui des maquisards communistes de la NAP (Nouvelle armée populaire) poursuit ses opérations militaires.

Mais d'autres conflits qui avaient été quelque peu oubliés ont fait leur réapparition. Il s'agit tout d'abord de la *Birmanie*, où à la rébellion endémique d'une douzaine de tribus (des *Karen* aux *Kachin*), s'est jointe une longue révolte des étudiants qui a emporté plusieurs régimes successifs, mais sans provoquer de véritables changements politiques dans un pays qui demeure sous contrôle militaire.

Enfin, au sein du sous-continent chinois, aux affrontements frontaliers avec le frère-ennemi soviétique ont succédé des révoltes régulières du *Tibet*, où la mainmise chinoise demeure insupportable aux Tibétains. Mais l'indépendance de ce territoire, comme celle d'autres minorités, paraît exclue. De même deux autres conflits frontaliers semblent pratiquement éteints : ils ont opposé, au début de 1988, la *Chine* au *Viêt-nam* pour les îles Spratley et le *Laos* à la *Thaïlande* pour quelques collines frontalières...

Pierre Benoit
et Elio Comarin

Les milices aux Liban

Le phénomène « milicien » n'est pas spécifique au Liban. En diverses régions du monde, lors de périodes historiques de déstabilisation des valeurs et systèmes de pouvoir, on voit apparaître des « bandes armées » qui prétendent se substituer aux pouvoirs traditionnels et légitimes de l'ordre social. Apparaissent alors des « seigneurs de la guerre » qui se taillent des territoires et s'approprient le contrôle des populations fixées sur ces territoires.

Dans le Moyen-Orient contemporain, la chute de l'Empire ottoman au début du siècle a représenté le facteur de déstabilisation à la faveur duquel divers systèmes miliciens ont vu le jour et ont connu des destins très divers, au gré des variations des appuis externes dont ils ont pu jouir. On peut évoquer ici le drame arménien où les puissances alliées ont abandonné les communautés arméniennes qu'elles avaient d'abord armées en vue de les aider à créer un État arménien en Cilicie. Mais en sens contraire, on n'oubliera pas que ce sont des milices de juifs polonais, russes et allemands, opérant hors des cadres légaux du mandat britannique sur la Palestine qui sont à l'origine de la création de l'État d'Israël (en 1948). Le succès même de la Haganah et de l'Irgoun dans la conquête militaire de la Palestine fera des milices sionistes le modèle des milices palestiniennes puis libanaises qui vont, comme les premières, non seulement s'appuyer sur les réseaux denses de diasporas, mais s'inscrire dans la mouvance des grandes rivalités régionales et internationales s'exerçant sur le Proche-Orient, des rivalités que l'affaiblissement puis la chute de l'Empire ottoman ont attisées dans cette région du monde.

De balkanisation en libanisation

Si on a longtemps parlé de « balkanisation » de certains territoires pour symboliser des situations dans lesquelles une série de micro-entités politiques hostiles les unes aux autres se substituait à l'ordre socio-politique ancien, on parle aujourd'hui plus volontiers de « libanisation » pour symboliser l'effondrement de la convivialité traditionnelle d'une population à identité complexe. Mais, comme pour les Balkans, pour les Arméniens ou la Palestine, l'effondrement libanais ne s'est pas fait par la gestation des phénomènes ethnico-nationaux spontanés, mais par l'envoi d'armes et l'appui politique donné de l'extérieur à des partis politiques locaux qui ont mis en place des milices pour disposer d'une force de frappe et de manœuvre qui ne soit plus seulement idéologique.

Dans ce cadre, les fonctions de l'appareil milicien sont multiples :
— délimiter un territoire et homogénéiser sa population. Ce qu'avaient fait la Haganah et l'Irgoun en Palestine en 1948 s'est

répété au Liban à la faveur de l'invasion israélienne de 1982 où des milices locales, manipulées et parfois directement encadrées par des unités de l'armée israélienne, ont opéré des déplacements forcés de population (Chouf 1983, Saïda et ses environs 1985) ;
— contrôler idéologiquement et matériellement la population conquise et homogénéisée afin de se présenter comme le seul interlocuteur politique valable. C'est ce qui explique les violences continues qui peuvent avoir lieu à l'intérieur d'un même camp milicien où les divergences politiques restent en fait très aiguës. On se rappellera les féroces règlements de comptes dans le camp dit « chrétien » qui ont fait d'innombrables victimes civiles (Ehden 1978, Safra 1980, Beyrouth 1985 et 1986) ; on n'oubliera pas non plus le chaos sanglant de l'ouest de Beyrouth où milices dites toutes « musulmanes », y compris les mouvements palestiniens, n'ont pas cessé de s'affronter pour le contrôle de cette partie de la capitale, faisant aussi leur lot de victimes civiles et de destructions. Le dernier en date de ces affrontements a eu lieu au printemps 1988 entre deux milices dites d'obédience « chiite », Amal et le Hezbollah ;
— rendre service au protecteur extérieur qui arme la milice et soutient sa cause prétendue. Si les influences israélienne, syrienne et iranienne ont été très visibles dans les années quatre-vingt, les présences américaine et soviétique n'ont pas été négligeables.

La population civile contre l'ordre milicien

Les protestations de la population civile contre la violence milicienne et son attachement à la préservation de l'État libanais à l'encontre du pouvoir milicien ont été un phénomène permanent depuis le début des événements, en 1975, même si les médias internationaux font le plus souvent silence sur ces protestations : manifestations de femmes et d'enfants, marches répétées des deux côtés de Beyrouth pour enlever les barricades, marche des handicapés du nord au sud du pays en octobre 1987, manifestations des mères de disparus, grèves répétées des syndicats et associations professionnelles...

C'est la population civile en effet qui paye le plus lourd tribut pour sa résistance pacifique active à l'ordre milicien : entêtement à passer d'une zone à l'autre malgré le fusil du franc-tireur qui s'efforce d'empêcher le passage et malgré le risque grave d'enlèvement ou de prise en otage sans espoir de retour ; entêtement aussi à conserver la mixité communautaire des villages de la Montagne ou de l'ouest de Beyrouth. A cela il faut encore ajouter les bombardements aveugles de quartiers civils par les canons des miliciens pour annihiler la volonté de la population civile. Neuf dixièmes des victimes sont civiles, sans appartenance milicienne (environ 20 000 victimes de francs-tireurs, 15 000 enlevés et disparus sans espoir de retour, 80 000 victimes des bombardements de quartiers civils). La population milicienne quant à elle (mouvements palestiniens exclus) ne représente pas plus de 5 % de la population du pays, selon les époques, soit 12 500 à 13 000 hommes qui ont mis en coupe réglée ce minuscule territoire de 10 452 kilomètres carrés.

Georges Corm

« Guerre civile » larvée dans les campagnes brésiliennes

Après vingt et un ans de régime militaire, en mars 1985, un gouvernement civil s'installe au Brésil. La « nouvelle République » (*Nova República*) naît sous le signe de la transition vers la démocratie et laisse augurer des changements dans le type de développement suivi. La lutte contre l'autoritarisme des élites dirigeantes, contre le capitalisme sauvage (avec les concentrations de richesses et les marginalisations qu'il engendre), avait suscité une grande diversité de mouvements sociaux, et rendu la société civile plus combative et plus organisée. La nouvelle République semblait pouvoir enfin concrétiser ses espoirs. Mais les choses ne se passèrent pas ainsi. Des forces sociales dominantes, qui voyaient leurs intérêts et privilèges menacés, ont été capables de créer de nouvelles organisations, d'avoir assez d'influence politique pour empêcher tout changement significatif dans l'économie et dans la société. Le projet de réforme agraire de la nouvelle République en est, peut-être, la meilleure illustration.

En mai 1985, à Brasilia, devant le 4e Congrès national des travailleurs ruraux (le terme travailleur rural désigne au Brésil les petits paysans — qu'ils soient petits propriétaires, fermiers ou paysans sans terre — et les ouvriers agricoles, tous regroupés dans un même syndicat), le président de la République, José Sarney, annonçait le Plan national de réforme agraire (PNRA). L'objectif du plan était de redistribuer la terre à 7,1 millions de familles avant l'an 2000, dont 1,4 million dans les quatre premières années de la « nouvelle République ».

Ce plan était éloigné des propositions plus radicales de réforme agraire faites par les courants les plus progressistes de la CONTAG (Confédération nationale des travailleurs de l'agriculture), et surtout par le MST (Mouvement des sans-terre) et la CPT (Commission pastorale de la terre, principal mouvement d'Église agissant auprès des travailleurs ruraux). Mais le PNRA représentait déjà une avancée non négligeable, une première victoire des travailleurs ruraux, qui soulevait beaucoup d'espoir.

Les contradictions suscitées par le PNRA et la forte résistance qui s'est organisée contre lui, jusqu'à le rendre sans effet, se comprennent : il s'attaquait aux intérêts des forces sociales les plus conservatrices, fortement représentées dans le gouvernement de José Sarney. Ces résistances aboutirent à des révisions successives du PNRA, dans un sens chaque fois plus conservateur, à une valse des ministres de la réforme agraire, et, globalement, à un ralentissement des expropriations de terres et des réinstallations. Dans la nouvelle Constitution, promulguée le 5 octobre 1988, les possibilités légales de réforme agraire apparaissent finalement plus réduites que celles instituées par les militaires après le coup d'État de 1964, dans le «statut de la terre».

Modernisation conservatrice

L'UDR (Union démocratique rurale), qui rassemble les grands propriétaires (*fazendeiros*) au niveau local et régional, est devenue la force principale d'opposition à la réforme agraire.

Les espérances et les résistances suscitées par le plan de réforme agraire doivent se comprendre dans le contexte de «guerre civile» larvée qui existe dans les campagnes brésiliennes, avec nombre de conflits et de morts.

A l'origine de cette guerre, la «modernisation conservatrice» agricole, un modèle de développement qui, depuis la fin des années soixante, guide les transformations de l'agriculture brésilienne : mécanisation, introduction de technologies nouvelles dans les grandes

propriétés, intégration dans les grands complexes agro-industriels, large ouverture au marché international, le tout favorisé par la politique de crédit, la politique fiscale et les plans des différents gouvernements militaires qui se sont succédé. Ce fut une réforme agraire à l'envers, au bénéfice des grands propriétaires et des grandes entreprises. Ce mode de développement, qui a engendré l'expulsion des petits producteurs et la concentration des terres, a rendu plus aiguës les luttes sociales en milieu rural. D'après les chiffres de la CONTAG et de la CPT, il y eut, en 1971, 109 conflits de la terre et 20 morts. Dix ans plus tard, on a dénombré 896 conflits et 91 morts dans l'année. En 1984, un an avant l'avènement de la «nouvelle République», ce sont 950 conflits et 180 morts que l'on a comptés et, en 1985, l'année du PNRA, plus de 780 conflits et 140 morts. Cette situation de guerre civile s'est maintenue tout au long des années quatre-vingt, concernant directement plus d'un million de personnes chaque année...

Résistances paysannes

Les *posseiros*, petits producteurs ruraux sans titre de propriété, qui vivent en exploitation familiale, plus spécialement au Nord-Est et en Amazonie, résistent aux expulsions qu'ordonnent les grands propriétaires et les grandes entreprises *via* leurs mercenaires armés, les *jagunços*. A ces résistances s'ajoutent les luttes des paysans menacés par les grands projets du gouvernement, notamment les grands barrages hydro-électriques ; ils se battent pour une juste indemnisation, une politique de réinstallation, ou encore s'opposent aux projets et se refusent à abandonner leurs terres.

Quant au MST (Mouvement des sans-terre), qui regroupe des fermiers, des métayers, des ouvriers agricoles saisonniers et des fils de petits propriétaires, il organise des occupations collectives de terre et les campements qui s'ensuivent (les *acampamentos*) ; il est la cible privilégiée de l'UDR. S'ajoute à ces conflits la lutte historique et héroïque des peuples indiens contre l'occupation et l'usurpation de leurs territoires.

Les ventes aux enchères de bétail entre grands propriétaires, pour financer les armées et les milices privées, sont l'exemple le plus clair de la détermination de l'UDR, prête par tous les moyens à empêcher une quelconque modification de la structure foncière au Brésil.

Les passions et les résistances qu'a suscitées la réforme agraire soulignent, dans des sociétés comme celle du Brésil, la difficulté de bâtir des rapports plus justes et plus égalitaires et de réorienter le développement au profit de l'immense partie de la population qui est marginalisée.

Cândido Grzybowski

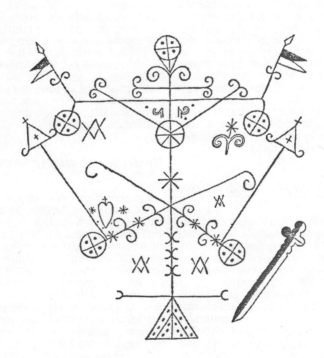

DROITS DE L'HOMME
ET DÉMOCRATIE

Des langues, de plus en plus nombreuses, se délient ; des voix, de plus en plus fortes, dénoncent ; et le mouvement s'organise pour durer.

En août 1987, en Colombie, quatre hommes sont tués par les « escadrons de la mort ». Quelques jours avant, ces quatre hommes étaient à la tête d'une marche de 3 000 personnes pour le droit à la vie. Encore en 1987, cette fois au Salvador, le coordinateur de la Commission non gouvernementale des droits de l'homme est assassiné. En Haïti, toujours la même année, un avocat parle à des journalistes devant une prison ; des policiers en civil l'abattent à bout portant.

La liste serait longue, très longue. Le Rapport annuel d'Amnesty International, des pages et des pages durant, nomme, chiffre, spécifie, date et indique les lieux de violations : « Dans la moitié des pays du monde au moins, des gens sont enfermés pour avoir dit ce qu'ils pensaient... parodie de justice. Dans un tiers des pays au moins, hommes, femmes, enfants... torturés... »

Litanie habituelle, certes, mais aussi espoir. Des gens, dont le nombre va croissant, résistent et dénoncent, debout pour leurs droits et celui des autres. Certains tombent, comme on l'a vu. Mais les voix s'amplifient, la protestation grandit et s'élargit. En novembre 1988, en Afrique du Sud, les « six de Sharpeville » sont arrachés à la (peine de) mort ; le régime de l'*apartheid* avait, l'année précédente, exécuté 164 personnes dans la seule prison centrale de Pretoria.

États d'exception, états d'urgence,...

Des hommes et des femmes manifestent pour leurs droits dans les rues des capitales du monde. De telles manifestations ont lieu chaque jour, et elles commencent et, souvent, se passent pacifiquement. A Paris, Londres, Berlin ou Washington, les foules qui parfois affrontent directement les forces de l'ordre se dispersent ensuite sans avoir généralement eu à exposer leur vie ; les débordements qui surviennent, ici et là, demeurent limités.

Dans les villes — grandes ou petites — du tiers monde, le contraste est dramatiquement frappant. Pourtant, les raisons de mécontentement y sont plus vitales, et les gens, pourrait-on dire, ont plus de raison de dire non, mais ils disposent de moins de moyens de l'exprimer... sinon en occupant leurs lieux de travail, les rues de leurs villes..., et parfois en saccageant ou pillant. Cela commence pourtant souvent pacifiquement. Mais pacifiques ou pas, ces éclats de colère sont presque toujours réprimés par le feu, le fer et le sang. Les forces armées occupent les villes, « tirent dans le tas ». Le sang coule, déraisonnable, innocent. Des victimes tombent, hommes, femmes et enfants. On ratisse, on arrête, on torture, on viole et on tue. Des procès hâtifs devant des tribunaux d'exception distribuent arbitrairement des peines lourdes, quand ce n'est pas la peine de mort. Les pleins pouvoirs, l'état d'urgence, l'état d'exception et le couvre-feu sont décrétés. Des familles entières sont prises en otage. Des enfants d'opposants sont tués froidement par des États qui, comme l'Irak en 1988, inondent de produits chimiques des villes et des villages, frondeurs. La liquidation physique s'organise impunément comme, en 1988 toujours, au Guatemala, au Salvador, en Colombie, au Burundi ou au Soudan. Les «escadrons de la mort» opèrent en Amérique latine, de même que des ethnies armées en Afrique, ou des factions rivales au Moyen-Orient. Les États, locaux ou limitrophes, quand ce ne sont pas les grandes puissances, commanditent, arment, financent et manipulent, par services secrets interposés. On l'a vu en Afghanistan et au Chili, on le voit encore au Salvador et au Nicaragua. Ce tableau hallucinant est cependant tempéré, éclairci çà et là, adouci parfois de touches moins noires.

La communauté internationale a fêté, en 1988, le 40e anniversaire de la *Déclaration universelle des droits de l'homme*. L'année 1989, elle, devait marquer le bicentenaire de la Révolution française et de la *Déclaration universelle des droits de l'homme et du citoyen*. A ce double titre, il est particulièrement intéressant de dresser un bilan rapide de l'état des droits de l'homme et de ne pas seulement rester au niveau de l'événement.

Progrès sur la scène internationale...

Des progrès indéniables sont enregistrés dans l'adoption de conventions et d'accords internationaux pour protéger les droits de l'homme. C'est ainsi qu'en juin 1987, la *Convention des Nations Unies contre la torture* a été adop-

tée. Créé en 1980 par les Nations Unies, le «groupe de travail sur les disparitions forcées ou involontaires» avait déjà examiné, fin 1988, plus de 15 000 cas de «disparition» dans plus de quarante pays. En 1987, il a eu à connaître de plus de 1 000 cas dans quatorze pays. Le principe de la responsabilité internationale en matière de droits de l'homme prend comme on le voit un caractère officiel. On se réunit à Genève, à Paris ou à New York — dans le respect de la langue de bois diplomatique certes —, des États se questionnent, des organisations non gouvernementales spécialisées sont entendues (mais pas toujours poliment car elles gênent). Les textes fondamentaux des droits de l'homme sont de plus en plus cités, distribués, évoqués par les médias et ils servent de points de référence et de légitimation de l'action des organisations humanitaires. Ils touchent des cercles de plus en plus larges de l'opinion et connaissent un regain d'attention. Pourtant peu d'États du tiers monde signent ces conventions, et quand ils les signent, ils ne les respectent généralement pas.

Par ailleurs, il existe dans le tiers monde un certain nombre de discours politiques ne se réclamant pas toujours des États en place, qui sèment le doute à l'endroit de ces conventions et accords internationaux. Pour ne pas reconnaître la valeur universelle de ces normes internationales, certains courants évoquent des spécificités culturelles, historiques, religieuses ou morales. En mettant en cause le principe de responsabilité internationale on tend, en fait, à affaiblir le mouvement des droits de l'homme et à minimiser l'effet de la solidarité internationale et son impact. La sagesse et l'expérience, toutefois, renforcent le courant opposé qui, au lieu de semer le doute et rejeter, s'active au contraire à enrichir ce patrimoine international et à l'améliorer, en y intégrant le spécifique.

La déclaration universelle des droits de l'homme (extrait)

Art. 1 — Tous les êtres humains naissent libres et égaux en dignité et en droits. Ils sont doués de raison et de conscience et doivent agir les uns envers les autres dans un esprit de fraternité.

Art. 2 — Chacun peut se prévaloir de tous les droits et de toutes les libertés proclamés dans la présente Déclaration, sans distinction aucune, notamment de race, de couleur, de sexe, de langue, de religion, d'opinion politique ou de toute autre opinion, d'origine nationale ou sociale, de fortune, de naissance ou de toute autre situation.

De plus, il ne sera fait aucune distinction fondée sur le statut politique, juridique ou international du pays ou du territoire dont une personne est ressortissante, que ce pays ou territoire soit indépendant, sous tutelle, non autonome ou soumis à une limitation quelconque de souveraineté.

Art. 3 — Tout individu a droit à la vie, à la liberté et à la sûreté de sa personne.

Art. 4 — Nul ne sera tenu en esclavage, ni en servitude : l'esclavage et la traite des esclaves sont interdits sous toutes leurs formes.

Art. 5 — Nul ne sera soumis à la torture, ni à des peines ou traitements cruels, inhumains ou dégradants.

Art. 6 — Chacun a le droit à la reconnaissance en tous lieux de sa personne juridique.

Art. 7 — Tous sont égaux devant la loi et ont droit sans distinction à une égale protection de la loi. Tous ont droit à une protection égale contre toute discrimination qui violerait la présente Déclaration et contre toute provocation à une telle discrimination.

Art. 8 — Toute personne a droit à un recours effectif devant les juridictions nationales compétentes contre les actes violant les droits fondamentaux qui lui sont reconnus par la constitution ou par la loi.

Art. 9 — Nul ne peut être arbitrairement arrêté, détenu ou exilé.

Art. 10 — Toute personne a droit, en pleine égalité, à ce que sa cause soit entendue équitablement et publiquement, par un tribunal indépendant et impartial, qui décidera, soit de ses droits et obligations, soit du bien-fondé de toute accusation en matière pénale dirigée contre elle (...).

(ONU, 10 décembre 1948.)

... mais situation toujours aussi grave dans les pays

Dans le domaine de la vie quotidienne, dans les pays du tiers monde, les situations sont plus complexes: il n'est que de recenser les différents types de violation des droits constatés en 1988 :

— guerres régionales sanglantes (Moyen-Orient) ou plus limitées, interethniques ou factionnelles ;

— enlèvements, disparitions et assassinats politiques, tant en Asie (au Bangladesh, en Afghanistan, au Sri Lanka et même encore aux Philippines), qu'en Afrique (Soudan, Burundi ou Éthiopie) ;

— torture et viols, des âmes et des corps ;

— désinformation de ceux qui brisent le sceau du silence : journalistes en prison en Jordanie, en Israël, en Corée du Sud, au Malawi, avocats qu'on emprisonne (Kénya) ou qu'on tue (Haïti) ;

— flot ininterrompu de réfugiés, par millions, chassés, ballottés, déracinés...

Depuis leur accession à l'indépendance, les pays du tiers monde ont vu s'établir des régimes dont les bases sociales se sont rétrécies comme une peau de chagrin. Des systèmes coloniaux, ils ont hérité leurs idéologies, leurs appareils de répression souvent adaptés, développés et modernisés. Dans le domaine de la répression et de la suppression des libertés, ils cultivent avec les anciennes métropoles les meilleurs rapports de coopération. Le « désenchantement » national s'est traduit par une crise de légitimité ; l'organisation et la représentation de la société civile en sont généralement restées à un niveau très rudimentaire : les régimes du tiers monde traitent toute opposition de trahison. Le concept

AMNESTY INTERNATIONAL, *Rapport annuel*, AEFAI, Paris.

CASSESE A., JOUVE E., *Pour un droit des peuples*, Berger-Levrault, Paris, 1978.

COLLECTIF, *Droits de l'Homme, droit des peuples*, PUF, Paris, 1982.

«Droits de l'homme, droit des peuples», *Actes*, n° 64, 1988.

«Les droits de l'homme et le nouvel occidentalisme», *L'Homme et la société*, L'Harmattan, Paris, 1988.

FÉDÉRATION INTERNATIONALE DES DROITS DE L'HOMME, *Droits de l'homme et relations Nord-Sud*, L'Harmattan, Paris, 1985.

FÉDÉRATION INTERNATIONALE DES DROITS DE L'HOMME, *Rompre le silence*, Boréal Express, Montréal, 1983.

HARBI M., «La démocratie occidentale est-elle généralisable?», *L'état du monde 1988-1989*, La Découverte, Paris.

JOUVE E., (sous la dir. de), *Un Tribunal pour les peuples*, Berger-Levrault, Paris, 1983.

JOUVE E., *Le Droit des peuples*, PUF, «Que sais-je?», Paris, 1986.

LIGUE DES DROITS DE L'HOMME, *Libertés et droits de l'homme, les textes fondamentaux*, Paris, 1988.

«Où en est le droit des peuples?», *Cahier du GEMDEV*, n° 4, 1984-1985.

d'opposition politique légitime n'est pas réellement admis, le sens de communauté politique n'existant pas. Suspicion, paranoïa et peur des «complots» conduisent inéluctablement à la répression, à la torture et à l'élimination physiques des opposants. Dans la quasi-totalité des cas, la pratique de la démocratie quotidienne dans la rue, à l'école, à la maison, manque terriblement, ce qui ne fait pas apparaître l'absence de démocratie politique comme une limitation et un abus isolé et opposable mais plutôt comme un facteur supplémentaire, venant s'ajouter à l'oppression vécue dans la famille, dans le groupe et dans la société. Les structures de l'État sont monopolisées par un nombre très réduit de personnes, familles ou coteries, ce qui bloque toute promotion de larges secteurs de la société, les maintient hors du cercle du pouvoir et pousse inexorablement à l'opposition extrémiste. Laquelle, en retour, sert de justification à un terrorisme d'État, selon le cas aveugle ou sélectif, qui s'exerce quotidiennement, avec une vitesse foudroyante, et sous des formes infiniment plus développées et plus efficaces que les autres fonctions de l'État.

La liberté au cœur des luttes

Dans cette situation qui, de façon permanente, est devenue très dangereuse pour la vie des personnes dans une majorité de pays, et, épisodiquement, dans les autres, la liberté est devenue la pierre angulaire des résistances et des luttes. La question des droits de l'homme est de plus en plus au centre des revendications et de cette intégrité physique et morale minimale qu'il s'agit de garantir à l'individu.

L'on constate, en effet, qu'une sorte de double glissement, graduel, s'est opéré au cours des années quatre-vingt. D'une part, les luttes politiques, dans les pays du tiers monde, se déroulent moins sur fond de grandes idées, d'idéaux de révolution et de changements radicaux, et davantage sur la base des crises économiques et des revendications des droits fondamentaux de l'homme. Les soubresauts populaires, spectaculaires, qu'ils soient revendicatifs ou de refus, ravissent de plus en plus le devant de la scène aux résistances armées, lesquelles ont perdu de leur popularité et de leur éclat. Dans un nombre grandissant de pays du tiers monde, parallèlement à ces mouvements revendicatifs, naissent et se développent des mouvements pour les droits de l'homme.

C'est ainsi qu'en 1987 on dénombrait plus de 1 000 organisations humanitaires dans le monde. Il en naît et meurt un grand nombre chaque année, ce qui en rend difficile le recensement. Mais l'importance de ces organisations dans la protection des droits de l'homme à tous les niveaux est sans commune mesure avec leur nombre. En exposant les pratiques abusives des gouvernements au grand jour, elles contribuent parfois à en limiter l'horreur, à sauver des vies humaines et à alléger des souffrances. Ce mouvement des droits de l'homme semble prendre de l'ampleur, dans un nombre de plus en plus grand de pays du tiers monde. Il s'appuie, certes, sur un mouvement international en expansion et bénéficie de l'appui financier de riches fondations des pays occidentaux, mais il n'en paraît pas moins avoir plus d'avenir dans les pays du tiers monde que dans le « premier des mondes ». On l'a vu triompher en Argentine où la lutte des mères des disparus (les « folles de mai ») est devenu un puissant symbole ; au Chili, où un réseau comprenant plus de cent organisations des droits de l'homme, contribue au quotidien à ébranler la dictature de Pinochet et lui a déjà infligé une défaite cinglante par le « non » au plébiscite d'octobre 1988 ; en Algérie où le sang des centaines de victimes tuées en ce même octobre 1988 par les balles de l'armée macule les murs aveugles de la vieille forteresse du parti unique et de la langue de bois.

B. Othman A.

Le combat pour le droit des peuples

Existe-t-il une notion de droits des peuples, différente de celle des droits de l'homme ? Les défenseurs des droits des peuples ne cherchent-ils pas, à travers ce concept, à privilégier la collectivité au détriment de l'individu ? Si la réponse à la première question doit être positive, il faut, en revanche, s'opposer avec force à la seconde affirmation.

Le très ancien concept de droits de l'homme, issu du droit naturel, apparaît déjà au XVIe siècle, alors que ce n'est qu'au millieu du XXe siècle que la notion de droits des peuples sera expressément visée par la charte des Nations Unies, qui proclame, dans l'article I des deux pactes d'application de la Déclaration universelle des droits de l'homme (1948) que « tous les peuples ont le droit de disposer d'eux-mêmes. En vertu de ce droit, ils déterminent librement leur statut politique et assurent librement leur développement économique, social et culturel. Pour atteindre leurs fins, tous les peuples peuvent disposer librement de leurs richesses et de leurs ressources naturelles... En aucun cas, un peuple ne pourra être privé de ses propres moyens de subsistance. » Ce texte affirme donc le principe de l'autonomie politique et de l'autonomie économique.

Mais, dès le 4 juillet 1776, la Déclaration d'indépendance des États-Unis d'Amérique commençait, de façon diffuse, à proclamer simultanément le droit d'un peuple de dissoudre les liens qui l'ont attaché à un autre, et les droits inaliénables de l'homme. La Révolution française précisera le concept des droits de l'homme en y ajoutant celui de citoyen, et la théorie du droit des peuples commencera à s'élaborer pour devenir, au cours du XIXᵉ siècle, le «principe des nationalités».

Les constitutions européennes commencent alors à se réclamer des droits de l'homme et les pays d'Amérique latine proclament progressivement leurs indépendances. *Le Manifeste communiste* de 1848, lancé par Karl Marx et Friedrich Engels, comportera un appel à l'émancipation des peuples, affirmant notamment qu'«un peuple qui en opprime un autre ne saurait être un peuple libre».

La Déclaration d'Alger

Il faudra pourtant attendre la Seconde Guerre mondiale pour que la Charte de San Francisco proclame, cette fois de façon explicite, les droits de l'homme et les droits des peuples dans un document international de portée universelle. Il sera à l'origine de la Déclaration universelle des droits de l'homme, proclamée par l'Assemblée générale des Nations Unies le 10 décembre 1948, puis complétée, en 1966, par l'adoption des deux pactes internationaux déjà mentionnés, l'un sur les droits civils et politiques, l'autre sur les droits économiques, sociaux et culturels. Ces deux pactes sont applicables depuis 1976; ils avaient été ratifiés, à la fin 1988, par plus de quatre-vingt-dix États.

Mais la seule proclamation spécifique des droits des peuples est la *Déclaration universelle des droits des peuples*, adoptée à Alger, le 4 juillet 1976, par un groupe de juristes, d'économistes, d'hommes politiques et de dirigeants de mouvements de libération nationale réunis autour de Lélio Basso.

«Tout peuple, dit l'article 7 de cette déclaration, a droit à un régime démocratique représentant l'ensemble des citoyens sans distinction de race, de sexe, de croyance et de couleur et capable d'assurer le respect effectif des droits de l'homme et des libertés fondamentales pour tous.»

En même temps qu'était proclamée cette déclaration, naissait la «Ligue internationale pour les droits et la libération des peuples», organisation non gouvernementale (O N G) qui n'a cessé depuis de combattre pour cette cause.

Déclarations de principe à caractère universel, ces différents textes ne sont-ils que des utopies? L'esclavage, le colonialisme, les guerres, voire le génocide, fléaux qui n'ont épargné aucun des continents au cours des cent dernières années, l'*apartheid* ou la discrimination raciale, qui sévissent encore aujourd'hui, pourraient inciter à le croire. Mais le caractère dynamique des proclamations sur les droits de l'homme et des peuples est chaque jour plus évident et la réunion, chaque année à Genève, de la Commission des droits de l'homme de l'O N U, devient un forum universel suivi par les États, les O N G, les mouvements de libération, la presse, le public; il n'est pas d'État qui n'essaie d'améliorer son image auprès de la communauté internationale; la puissance des médias les contraint à ne plus pouvoir garder longtemps le secret sur les violations qu'ils commettent.

Le droit à l'autodétermination

Ce que certains appellent la «première génération des droits de l'homme» est née de la volonté des États de se faire les protecteurs des libertés de l'individu: droits individuels, politiques d'abord, avant que ne soient progressivement reconnus les droits sociaux, économiques et culturels. Mais les États sont aussi violateurs des droits de l'homme ou des peuples lorsqu'ils estiment menacée leur souveraineté nationale. La décolonisation a conduit à la création de nombreux États nouveaux dont les frontières, héritées de la période coloniale, ont rarement respecté les spécificités ethniques des peuples.

Lorsque des minorités nationales coexistent au sein d'un État indépendant, celui-ci leur reconnaît souvent certains droits, comme l'exercice de la vie culturelle, la pratique de la religion ou l'usage de la langue, mais il arrive aussi qu'il conteste leur existence même : c'est le cas, par exemple, des Palestiniens, des Kurdes ou des Arméniens, contraints à la dispersion, ou encore des Érythéens et des Sahraouis.

Mais la communauté internationale a aussi reconnu aux peuples en lutte certaines prérogatives des États, comme le pouvoir d'édicter des normes ou de recourir à la contrainte, et elle a admis en son sein certains mouvements de libération : l'Organisation de libération de la Palestine (OLP) siège à la Ligue arabe ; elle dispose aussi, comme le Congrès national africain (ANC) ou l'Organisation des peuples du Sud-Ouest africain (SWAPO), d'une place à l'ONU, à côté des États. C'est en décembre 1965 que l'Assemblée générale de l'ONU a reconnu « la légitimité de la lutte que les peuples sous domination coloniale mènent pour l'exercice de leur droit à l'autodétermination et à l'indépendance », puis cette reconnaissance deviendra un principe général pour tous les peuples « ... soumis à des régimes coloniaux ou racistes ou à d'autres formes de domination étrangère... » (résolution 3314 de l'ONU - 14 décembre 1974) proclamant sans ambiguïté que « le recours du peuple à la force pour se libérer du colonialisme ne constitue pas une agression ».

Des droits complémentaires

Ces principes seront constamment repris par les instances internationales (ONU, Organisation de l'unité africaine, OUA). La Déclaration d'Alger consacre, pour sa part, dans ses articles 19 et 20, les droits des minorités, le droit à la lutte armée pour les mouvements de libération nationale, l'accès aux organisations internationales et, pour leurs combattants, le droit à la protection du droit humanitaire de la guerre (articles 28 et 29).

Il faut, alors, admettre que tout peuple en lutte est un État en puissance : la proclamation par l'OLP à Alger, en novembre 1988, d'un État palestinien, en a encore été une illustration. Mais pour que l'autodétermination des peuples, qui précède souvent la phase étatique, soit complète, il faut parvenir, ensuite, à l'autodétermination du peuple à l'intérieur de l'État : c'est le respect de ce que certains nomment « le noyau dur des droits de l'homme », c'est-à-dire ce minimum incompressible de droits universellement reconnus : droit d'association, liberté d'expression, droits politiques, droit à la vie, droits économiques, sociaux et culturels.

Les droits des peuples et les droits de l'homme ne sauraient être considérés comme antinomiques. Ils sont complémentaires et ne peuvent se concevoir les uns sans les autres. L'universalité des droits de l'homme et des peuples s'accompagne de leur indivisibilité. Là est, sans doute, le vrai combat de cette fin du XXe siècle, combat pour l'autodétermination des peuples et pour la démocratie.

Philippe Texier

Syndicalistes noirs au pays de l'apartheid

Un nouveau défi à l'*apartheid* : quelque 10 000 personnes assistent dans l'enceinte du King's Stadium de Durban, capitale du surf et de la voile sur l'océan Indien, à la naissance officielle d'une grande fédération syndicale multiraciale.

Nous sommes le 1er décembre 1985. Un peu plus de quatre mois auparavant, le gouvernement sud-africain décrétait l'état d'urgence dans la plupart des régions pour faire face à la plus importante révolte de l'histoire du pays, qui sera réprimée dans le sang.

A Durban, 870 délégués représentant trente-quatre syndicats indépendants — ne sont pas partie prenante ceux de la Conscience noire, opposés à tout compromis avec les Blancs —, se regroupent ainsi sous le nom de Congrès des syndicats d'Afrique du Sud (COSATU). Ils représentent au total un demi-million de membres. Ils seront plus de 700 000 à la fin de 1988.

Dès le départ, le ton est donné. Elijah Barayi, président du COSATU, annonce qu'il accorde six mois au président Pieter Botha pour démanteler l'*apartheid*. Une ligne très politique est ainsi dégagée d'entrée de jeu : « Les travailleurs et tous les secteurs progressistes de notre pays doivent s'unir pour lancer un défi aux multinationales qui sont partie intégrante d'un violent système d'oppression et d'exploitation capitaliste. »

Pour en arriver là, il aura fallu sept ans de course contre la montre aux travailleurs noirs sud-africains pour rattraper le temps perdu. Ce n'est, en effet, qu'en 1979, un an après son accession au pouvoir, que Pieter Botha, alors Premier ministre, s'est résolu à reconnaître l'existence des syndicats noirs. Les tentatives antérieures d'organisation — Industrial Commercial Union (1920), grève des mineurs (1946)... — avaient été durement réprimées. Dans les années cinquante, le Congrès sud-africain des syndicats (SACTU) a lié son sort au Congrès national africain (ANC), avant de prendre le chemin de l'exil une fois déclaré hors la loi le mouvement de Nelson Mandela, lui-même condamné à la prison à vie.

Renaissance

Jusqu'en 1983, les Noirs n'ont cependant eu d'autre alternative que d'adhérer aux syndicats « modérés », sous contrôle blanc. Notamment au TUCSA, importante confédération dont le déclin a commencé avec l'apparition, cette année-là, du très progressiste Front démocratique uni (UDF), branche légale de l'ANC. Le TUCSA s'est finalement dissous en décembre 1986, après avoir perdu, en trois ans, les deux tiers de ses effectifs. Ainsi, l'année 1986 a semblé être celle d'un syndicalisme noir renaissant, puissant et organisé, au meilleur de sa forme depuis les dernières grandes grèves de Durban en 1973. En fer de lance de cette renaissance, le syndicat national des mineurs noirs (NUM), affilié au COSATU.

Dirigé depuis sa naissance en 1982 par un jeune et brillant avocat, Cyril Ramaphosa (trente-cinq ans) le NUM a réussi la prouesse, sous l'impulsion de son leader, de faire passer le nombre de ses membres de 14 000 à plus de 350 000 en 1988. Il devait, dès lors, jouer un rôle de courroie d'entraînement en multipliant les actions. Qu'on en juge : un million et demi de travailleurs en grève le 1er mai 1986 à l'appel des syndicats. C'est le NUM qui avait été le premier à revendiquer un 1er mai férié... Un mois plus tard, le 16 juin, dixième anniversaire des sanglantes émeutes de Soweto, même succès. Par la suite, le NUM devait encore déclencher une grève à laquelle participeront 100 000 de ses adhérents, pour commémorer la tragédie de la mine d'or de Kinross, en septembre, où 177 mineurs avaient perdu la vie.

Divisions syndicales

Est-ce à dire, pourtant, que tout va pour le mieux « dans le meilleur des mondes » ? Certes, le syndicalisme noir a repris le flambeau de la lutte contre l'*apartheid*, notamment en assurant le relais de l'UDF, lontgtemps harcelé par les autorités avant que ses activités ne soient purement et simplement interdites en février 1988. Mais il n'a pas su remédier à ses divisions internes, pour des raisons essentiellement idéologiques.

L'unité syndicale est ainsi loin d'être acquise en Afrique du Sud. Premier clivage : la création, cinq mois après le lancement du COSATU et... dans le même stade de Durban, d'une confédération rivale : le syndicat des travailleurs unis d'Afrique du Sud (UWUSA). C'est le « bébé » du chef conservateur des six millions de Zoulous, Gatsha Buthelezi. Favorable à une économie de marché, il s'oppose au principe de sanctions économiques contre l'Afrique du Sud. L'UWUSA est avant tout une arme dont s'est doté un homme qui a choisi, au grand dam de la plupart des organisations anti-*apartheid*, de lutter contre le régime tout en acceptant de jouer le jeu des institutions. D'autre part, les deux centrales fidèles à la théorie de la Conscience noire, CUSA (250 000 membres) et AZACTU (100 000 membres), ont refusé toute alliance avec le COSATU en raison de ses principes multiraciaux. Elles ont entériné cette position lors de leur fusion, en octobre 1986.

Miné par ses divisions, le syndicalisme noir a connu un sursaut de taille en août 1987, date de la plus grande grève de l'industrie minière jamais organisée par le NUM — lui encore ! —, fleuron du COSATU qui se veut l'héritier spirituel du SACTU en exil. Mais les « gueules noires » ont finalement « craqué » au bout de trois semaines. Un succès en terme de durée, mais un échec si l'on tient compte du prix payé : des dizaines de victimes et le rejet partiel des revendications salariales.

L'alliance *de facto* gouvernement-employeurs a su rappeler à qui de droit les limites qu'il ne faut pas dépasser en matière de syndicalisme au pays de l'*apartheid*. L'année suivante, le NUM modérait ses exigences et il n'y eut pas la grève annuelle dont le syndicat de Cyril Ramaphosa semblait avoir pris l'habitude. Enfin, peu avant l'été 1988, le gouvernement Botha serrait à nouveau l'écrou en interdisant au COSATU et à tous ses syndicats affiliés la moindre activité de nature politique. Une grande partie de leur raison d'être...

Mais ce déclin de la « combativité » syndicale — dû avant tout à l'état d'urgence qui sévit dans le pays — n'était peut-être que superficiel et éphémère. Le COSATU, en particulier, a su montrer aux pires moments de la crise ses capacités en matière de mobilisation générale.

Hervé Leenhardt

LE TIERS MONDE, QUE FAIRE?

Les opinions publiques et les tiers mondes

Du Vatican à Calcutta, de Bruxelles à Rio, de Lomé à Washington, des voix toujours aussi nombreuses et prestigieuses continuent de s'élever pour tenir à peu près ce langage : « Il faut en finir avec la faim et la misère qui accablent des centaines de millions d'habitants de notre planète. Il faut que ça change ! Si les décideurs politiques et économiques des pays nantis ne sont pas bousculés par une opinion publique mieux informée, plus généreuse et activement vigilante, ils ne pourront que reproduire l'intolérable *statu quo*. » Un peu partout continue de prévaloir l'idée que les peuples valent mieux que ceux qui les gouvernent. Dans cette perspective, l'état des opinions publiques occidentales apparaît décisif.

Sur le sujet, les recherches sont rares, même si quelques études sur l'image du tiers monde véhiculée par la publicité, la presse, les bandes dessinées ou les manuels scolaires ont été menées. En 1987, l'Organisation des Nations Unies pour l'alimentation et l'agriculture (FAO) a ainsi entrepris une analyse de l'image de l'Afrique diffusée par les médias au moment où Bob Geldolf avait placé l'Éthiopie à la « une » de l'actualité internationale. Au moment aussi où l'association humanitaire Médecins sans frontières et l'écrivain André Glucksman proclamaient à qui voulait les entendre : « L'aide tue. Elle fortifie la main des bourreaux et fait le jeu de Moscou. »

Les sondages sont, eux, beaucoup plus nombreux. Certes, ils ont été réalisés selon des méthodes, dans des circonstances et à des périodes souvent différentes, et la formulation des questions n'est presque jamais rigoureusement identique. Mais ils fournissent un certain nombre d'indications qui permettent de tenter quelques comparaisons et de déceler des évolutions.

Les progrès du pessimisme

Plus d'un Nord-Américain sur deux pensent que les conditions de vie dans les pays pauvres restent toujours aussi médiocres ou se sont détériorées au cours de la dernière décennie*. Il n'y en a qu'un sur trois pour estimer qu'il y a eu progrès. En 1972, la proportion était double. Les Européens ne sont guère plus optimistes. Les deux tiers pensent que, dans dix ans, la faim dans le monde n'aura pas reculé et que le fossé entre pays riches et pays pauvres se sera encore élargi**.

Des deux côtés de l'Atlantique, l'aide au développement passe après de nombreux autres problèmes comme le chômage, le terrorisme, la criminalité, etc. Près de neuf Américains sur dix sont plutôt ou tout à fait d'accord pour estimer qu'avant de penser aux autres pays, il faut d'abord résoudre les problèmes qui se posent aux États-Unis mêmes. L'isolationnisme est pourtant en recul au pays de l'oncle Sam, mais l'URSS, le Royaume-Uni ou la Chine sont jugés plus importants pour les États-Unis que le Nigéria, l'Inde

* *Échantillon de 2 000 personnes de plus de 18 ans. Sondage réalisé du 7 avril au 6 mai 1986, commandé par Interaction (consortium regroupant 112 ONG nord-américaines) et l'Overseas Development Council.*
** *Deux sondages ont été réalisés dans la CEE (en 1983 et en 1987). Le premier par un consortium d'ONG (ECAD), le deuxième par ECSO (European Cooperation and Solidarity). Dans chacun des pays membres de la CEE, des questions ont été posées à des échantillons représentatifs de la population âgée de plus de 15 ans.*

ou le Mexique. Ce dernier est pourtant tout proche : la moitié des Nord-Américains ayant voyagé à l'étranger y sont allés.

Près de neuf Européens sur dix se déclarent favorables à l'aide au tiers monde. En Amérique du Nord, seulement un peu plus de la moitié de l'opinion partage ce sentiment. Faut-il augmenter l'aide ? Ici, les « non » l'emportent, à l'exception, semble-t-il, de certains pays comme l'Irlande, la Suisse, le Canada ou le Japon. 77 % des Américains estiment que leur pays fait juste ce qu'il faut et même plus (34 %). Rappelons qu'avec 0,24 % du PNB, l'aide publique américaine se situe dans les derniers rangs de la classe OCDE. Au palmarès de la générosité privée, les donateurs des États-Unis viennent après les Canadiens, les Néerlandais, les Allemands, les Suisses, les Suédois ou les Norvégiens. Mais ils sont 51 % à estimer qu'ils en font trop ou déjà assez.

Mis en situation de choisir eux-mêmes les pays prioritaires (« supposons que vous deviez décider »), les citoyens des États-Unis se montrent plus sensibles aux exigences de la sécurité de leur pays qu'au niveau de pauvreté des candidats à leur sollicitude. En Europe, le désintéressement humanitaire semble plus affirmé (67 %). Il n'y a pas plus d'un Européen sur quatre qui privilégie le discours sur l'interdépendance Nord-Sud. Pour la majorité, si on doit aider le tiers monde, ce n'est pas pour s'aider soi-même. L'aide doit être désintéressée.

En Europe comme aux États-Unis, les gouvernements — et ceux des pays du Sud en particulier — n'ont pas bonne réputation. Pour plus de quatre Américains sur cinq, les dirigeants des pays en voie de développement sont les premiers responsables de la situation de leur pays. Ils détournent l'aide qu'ils reçoivent (88 %). Une majorité presque aussi forte estime qu'une bonne partie des secours est absorbée par la bureaucratie américaine. Quant à savoir si l'aide arrive à ceux qui en ont besoin, la confiance accordée au gouvernement est très limitée (7 %). Les ONG sont plus fiables, mais à peine (14 %). Dans une proportion de 58 % les Américains estiment que l'aide n'a aucune efficacité pour les pauvres du tiers monde.

Pour ou contre les contras ?

Au chapitre de l'efficacité de l'aide, les Européens privilégient les organisations des Nations Unies (30 %), les ONG (27 %) et les instances communautaires (13 %). Finalement, c'est la sous-information du public qui semble la mieux partagée. En 1986, 40 % des citoyens des États-Unis ne savaient pas si, au Nicaragua, leur pays soutenait la *Contra* ou le gouvernement de Managua.

Quel type d'aide ? Ici les frontières nationales ne semblent avoir que peu d'importance. Les secours d'urgence entraînent une adhésion presque unanime. Viennent ensuite la santé, l'agriculture, etc. Tout cela avec envoi de nourriture, d'équipements et d'experts occidentaux. A noter, cependant, le relatif engouement des Anglo-Saxons pour les questions d'environnement et les programmes de limitation et planification des naissances. En Europe continentale, il semble moindre. Tout dépend évidemment des questions que les sondeurs et ceux qui les payent décident de poser. Pourtant, sur le Vieux Continent, la surpopulation vient souvent en tête des facteurs explicatifs du sous-développement, l'exploitation par les pays riches ou le désordre international venant plus loin, derrière le climat et l'incurie des gouvernements locaux.

Les jeunes Français connaissent la musique

En France, une vingtaine de sondages ont été réalisés depuis 1970, le plus souvent à la demande d'organisations non gouvernementales (ONG) ou de ministères.

L'analyse des réponses apportées à des questions identiques posées à plusieurs années d'intervalle (CCFD-Institut Lavialle) permet de dégager quelques tendances. De 1983 à 1986, la confiance placée dans les ONG avait gagné 6 points, celle portant sur le jumelage des ville 15, et les opinions favorables aux mesures individuelles de réduction de la consommation 11. Les accords de pays avaient moins progressé dans les faveurs, surtout ceux visant à organiser les marchés internationaux ; et l'ONU avait perdu deux points dans l'estime des Français. Voilà pour les acteurs.

Pour ce qui est du contenu des actions ou des programmes à soutenir, de 1976 à 1986, le recul a été général, sauf en ce qui concerne la lutte contre la sécheresse et les secours d'urgence. De 1983 à 1986, le pourcentage de Français qui pensaient pouvoir « sûrement ou peut-être » faire quelque chose contre la faim dans le monde avait baissé de 6 points, pour s'établir à 34 %.

Pourtant, au cours de ces années, d'importants moyens médiatiques ont été mobilisés pour secourir le Sahel (« camions de l'espoir », *FR3*) ou l'Éthiopie (« concert du siècle », Bob Geldolf). Jamais la générosité des Français n'a été autant sollicitée en faveur des pauvres lointains. Les *mailings* d'appels aux dons, souvent larmoyants, se sont multipliés, mais leur rendement financier a fortement chuté. Les spécialistes de la *Charity business* sont formels : le tiers monde s'est démodé. Désormais, la recherche sur le SIDA ou le cancer, les « restos du cœur » ou les exclus de la Sécurité sociale font de meilleures « recettes » que la faim dans le monde. Dès 1986, deux Français sur trois se déclaraient lassés par la multiplication des campagnes humanitaires et le « battage » fait autour (*Reader Digest* - Sofrès).

Pour les jeunes Français,

l'action la plus efficace d'aide au développement est à mettre au crédit du chanteur Daniel Ballavoine (mai 1987, IPSOS / *Le Monde* / Ministère de la Jeunesse). Cela prouve qu'ils connaissent la musique et regardent la télévision. Mais il n'est pas sûr que cela révèle une lucidité ou même une sensibilité particulière pour la misère et la faim outre-mer.

La mort d'un certain tiers-mondisme ?

Surprenante jeunesse ! Quatre jeunes sur cinq estiment que l'aide au tiers monde est détournée ; deux sur trois qu'elle est un instrument de domination politique aux mains des pays riches. Ils sont aussi nombreux à souhaiter que l'aide au développement dispose d'une plus grande part dans le budget de l'État. Et il y en a tout autant pour estimer qu'« il vaudrait mieux consacrer l'argent de l'aide au développement aux Français touchés par la nouvelle pauvreté ». On peut se réjouir de cette sensibilité des jeunes aux problèmes du quart monde dans notre pays. On peut tout aussi bien déplorer une opinion quelque peu perméable aux thèses de tous les partisans de « la France aux Français »

En moyenne, un quart de la population européenne estime qu'il faut d'abord se préoccuper de la pauvreté en Europe. Sur ce point, la France se distingue nettement pour affirmer fortement cette priorité : 41 % (sondage ESCO - 1987, déjà cité). Coluche et ses « restos du cœur » ou « Les Français d'abord » ?

Que conclure ? Le tiers-mondisme politique semble mort et presque enterré. Un moment la morale du minimum, celle de l'urgence et de l'émotion instantanée a occupé le devant de la scène. Surtout ne pas perdre du temps à chercher à savoir ou essayer de comprendre, semblait-on dire. Le public a été intéressé par le spectacle de ses bonnes œuvres. Copieusement mises en scène et en chansons, elles ont pendant quelques mois crevé l'écran et les oreilles. Ensuite, la vague a commencé à retomber.

Ce n'est plus l'État qui laisse faire les citoyens, ce sont plutôt les citoyens, qui, traités comme des tiroirs-caisses, laissent faire les États. Des États qui affirment pouvoir et devoir en faire de moins en moins. Globalement, et en pour-centage du produit national brut, l'aide publique au développement est en recul, tandis que les dona-teurs et les militants montrent de nombreux signes de fatigue et de découragement. Les anciens « gise-ments » de la solidarité internatio-nale semblent épuisés. Comment les réalimenter ? Ou plutôt comment en former de nouveaux ?

Charles Condamines

Au-delà des fausses évidences sur «l'aide au tiers monde»

Pour la majorité de l'opinion, les pays du tiers monde, ce sont les pays que l'on aide... Aussi, on ne peut faire l'économie de l'histoire des débats sur l'aide et la coopé-ration, une histoire fortement liée à celle de la décolonisation et à celle des rapports Nord-Sud. Qua-tre questions se mêlent dans ce débat :
— quelles sont les raisons et la légitimité de l'aide ?
— quels en sont le montant et l'efficacité ?
— quelles en sont la nature et les modalités ?
— quelle place et quel rôle tien-nent les États dans les politiques d'aide ?

Aider ou non ?

« Si vous voulez vraiment faire quelque chose d'utile, prenez publiquement position contre l'aide, pour la suppression immé-diate de toute aide. » Celui qui parle n'est pas un excité, il n'est pas un partisan de la politique du pire. Fawzi Mansour, économiste égyptien, ajoute avec un doux sou-rire : « Faites-le sans crainte, vous n'avez aucune chance d'être entendu, aucun petit enfant ne va mourir par la faute de votre pré-tendue inconscience. » Comme beaucoup d'intellectuels du tiers monde, Fawzi Mansour est sensi-ble aux effets dévastateurs de l'aide, à la nocivité et à la perver-sité du discours que l'on tient à ce sujet. Il en ressent les humiliations et pense que, sans dignité, il n'y a ni indépendance ni développement possibles.

Il n'est pas le seul à remettre en question l'aide. A l'autre extrême de l'échiquier, les libéraux, surtout anglo-saxons, n'ont cessé de cla-mer *trade not aid*. Pour eux, il faut faire confiance au marché, il suf-fit de laisser jouer la loi des avan-tages comparatifs et tout ira pour le mieux, les pays suivront les «étapes du décollage économi-que». Cette position n'est pas absurde, mais elle serait plus convaincante si ses défenseurs n'étaient pas si prompts à jouer le protectionnisme quand leurs inté-rêts sont en jeu ; et surtout si les mécanismes du marché mondial étaient plus équitables et moins scandaleusement pervertis.

Au printemps 1988, un slogan a fleuri dans les journaux français : « Le Gard plutôt que le Hoggar ! ». Cela nous ramenait à la formule lancée trente ans plus tôt par l'édi-torialiste Raymond Cartier dans *Paris-Match* : « La Corrèze plutôt que le Zambèze ! » Ainsi était née la mode du cartiérisme, alors même que la France se croyait riche et puissante, et que prenait fin l'époque des colonies.

Est-il d'ailleurs si loin le temps des colonies? Et la politique de coopération s'est-elle tellement dégagée de sa logique? Certains pensaient, naïvement, que les compensations et les réparations, justifiées par le passé, et encore plus par les déséquilibres présents, suffiraient à instaurer un ordre international plus juste.

Ce n'est pas cette idée qui a progressé; au contraire, c'est le désir effréné de calmer «les sanglots de l'homme blanc». Le refus, somme toute justifié, de la culpabilisation s'est traduit par une réécriture scandaleuse de l'histoire.

Pour en revenir à la coopération, voici ce qu'écrivait un de ceux qui l'a portée, en France, sur les fonts baptismaux, Jacques Foccart, dans la préface aux accords de coopération publiés en 1964: «Si la France continue à donner, plus que les autres pays du monde aux pays sous-développés, c'est parce qu'elle en a l'habitude (...). L'Occident aussi doit y trouver son compte (...). Si l'on en venait à abandonner maintenant la tâche entreprise au temps de la colonisation, (...) nous trahirions notre civilisation? Quant à eux, les peuples de couleur seraient fondés à manifester leur crainte, leur rancune et leur mépris à notre égard.»

En matière de coopération, malgré les évolutions, la continuité reste prépondérante. Les thèmes des discours officiels ont toutefois changé; ils sont plus raisonnables et plus rassurants. Quand ils ne font pas référence à la charité, ils mêlent l'intérêt mutuel et l'intérêt bien compris. La légitimité de l'aide est résumée par la formule «aider le tiers monde, c'est s'aider soi-même».

Aider plus?

Augmenter le montant de l'aide? Atteindre le seuil symbolique de 1 % du PNB que les Nations unies se sont solennellement fixé et qui n'est atteint par aucun État? Cette revendication est loin d'être absurde quand elle s'oppose aux tenants d'une diminution et du repli cartiériste. Et puis, n'est-ce pas le plus petit dénominateur commun entre les partisans de la solidarité?

· Et pourtant, peut-on pour autant rejeter les arguments de ceux qui pensent qu'il est préférable d'*aider moins mais d'aider mieux?* Et puis, il faut bien s'interroger sur ce que l'on compte dans l'aide. Faut-il compter l'aide militaire, les cadeaux et ventes d'armes non remboursées, les prêts (et à partir de quels taux d'intérêt?), les investissements, les aides à l'exportation...? Il n'y a pas si longtemps, la France n'hésitait pas à comptabiliser les gendarmes des DOM-TOM...

Le montant de l'aide a surtout un sens pour un certain type d'analyses macro-économiques; on peut alors le rapprocher d'autres flux: de la dette, des divers transferts, des prêts de capitaux, des exportations... L'aide y trouve dans ce contexte des justifications qui sont bien réelles, elle devient un flux parmi d'autres, qui peut servir d'incitation (à l'exportation, aux investissements...), un flux qui permet au système de continuer à tourner, cahin-caha, sans trop de remises en cause.

On peut, certes, penser que le système peut tourner avec moins de capitaux; mais il ne faut pas oublier de préciser que cela signifie plus de répressions. Susan George, se fondant sur les chiffres de l'OCDE, rappelle que, de 1982 à 1988, le Sud a versé au Nord, en transferts nets, 287 milliards de dollars; soit l'équivalent de quatre fois le plan Marshall! En 1986, les baisses des cours des matières premières ont coûté 94 milliards de dollars aux pays du Sud (rapport du secrétaire général de l'ONU). De juin 1987 à juin 1988, la Banque mondiale a prélevé 3,4 milliards de dollars et le FMI a reçu 6,1 milliards de dollars de plus qu'il n'a prêté...

Aider mieux ?

C'est pourquoi l'idée qu'il faut aider moins pour aider mieux, même quand elle est de bonne foi, n'a pas grand sens. Si l'on ne prélevait pas tant, l'aide, globalement, ne serait pas nécessaire. Ce qui n'empêche pas de s'interroger sur sa nature et sur son efficacité. Aider mieux, qu'est-ce que cela peut bien signifier ? Pour les tenants du *retour de l'aide*, c'est assez simple, la meilleure aide reste l'aide à l'exportation ! Cette conception influence les mécanismes des *aides liées* et fonde une préférence pour les *aides bilatérales*.

Aide bilatérale ou multilatérale ? Aide publique ou privée ? Il n'y a pas de réponse simple ni de forme qui serait par nature supérieure. Il faut savoir ce que l'on attend de cette aide. S'il s'agit d'aider à se passer d'aide, à devenir autonome, voire indépendant, alors les difficultés et les contradictions ne manquent pas. Car la logique, c'est l'accoutumance, et donc la dépendance. Prévoir un mécanisme qui programmerait sa propre disparition est intellectuellement satisfaisant mais n'est envisageable par les technocraties et les bureaucraties qui vivent de l'aide que si l'horizon en est très éloigné.

La nature de l'aide, c'est aussi la nature de l'assistance technique. Et aussi le rôle de celle-ci : compensation au manque de cadres ? Ou plutôt façon pour des régimes impopulaires de passer outre à l'opposition des cadres nationaux ?

Parmi les coopérants, du moins ceux qui ne se contentent pas de « faire du franc C F A » ou de porter une mission civilisatrice, les discussions sur les comportements sont constants. Après les luttes de libération et les indépendances, certains se sentaient porteurs, parfois bien maladroitement, des espérances révolutionnaires et de leurs certitudes. Une position plus stable s'est dégagée, résumée par l'expression « ni missionnaire ni mercenaire ». Aujourd'hui, aux côtés des coopérants classiques, les volontaires des O N G peuvent renouveler les attitudes et les débats.

Au début des années quatre-vingt, le débat sur l'aide a distingué et opposé la logique de l'aide d'urgence de celle de l'aide au développement. Cette opposition a été ravivée, en France, par la polémique entre tiers-mondistes et antitiers-mondistes, en 1986. Par la suite, une sorte d'armistice semble s'être installée. Les scandales provoqués par l'aide alimentaire notamment ont mis en évidence les dangers de l'aide d'urgence. Quand celle-ci n'a pas servi d'arme de pacification, elle s'est révélée être d'abord une aide aux agricultures européennes et nord-américaines et s'est traduite dans la majorité des cas par l'affaiblissement des capacités agricoles locales. L'aide d'urgence se nourrit des famines et de l'absence de perspectives réelles d'amélioration des conditions de vie. On ne peut toutefois l'éviter dans des situations qui posent des problèmes de survie : il s'agirait alors d'un refus d'assistance à peuple en danger.

L'aide au développement n'a pu s'imposer. Elle n'a pas fait la preuve d'une grande efficacité et elle souffre du manque de définition du développement lui-même. De plus, le passage du soutien à des projets à la mise en place des programmes d'ajustements structurels préconisés et « cornaqués » par le F M I et la Banque mondiale, relativise le poids de l'aide et accentue les interrogations sur sa nature. La conditionnalité des prêts considérée comme une évidence est imposée sans aucun contrôle, ni même aucune discussion.

Par ailleurs, la crise de la dette semble rendre dérisoire l'aide au développement, quand ce n'est pas la notion même de développement. Que signifie une aide à l'insertion dans un marché mondial dont on mesure tous les jours les conséquences catastrophiques pour les conditions de vie et les droits élémentaires des peuples ? Que représente un mécanisme qui organise un transfert de revenu des pauvres des pays riches vers les riches des pays pauvres ? Peut-on s'enthousiasmer pour une aide à des régimes dont on voit les limites et qui pour certains sont littéralement insupportables ?

Les États ou les peuples ?

Dans un système international organisé par les États, la coopération s'établit d'abord entre eux. Peut-il en être autrement ? La coopération fait partie de cette zone indéfinie où se mélangent la diplomatie, la guerre et les affaires.

La relation entre les régimes, les États et les peuples est moins simple qu'il n'apparaît. Même s'il est vrai que c'est dans les pays les plus pauvres que l'on trouve les dirigeants les plus riches, le refus d'aider un régime ne peut-il être préjudiciable à un peuple ? On doit bien convenir que les décisions ne peuvent être prises de façon abstraite, surtout quand on est confortablement installé dans un pays qui bénéficie d'une situation dominante. Il est nécessaire d'en discuter avec les forces représentatives de la population pour savoir quels types de relations leur sont le moins préjudiciables. On ne peut, certes, aucunement accepter les formes qu'ont prises certains États et leur mépris des droits de l'homme et des droits des peuples. Mais on ne peut se contenter de se référer aux peuples en rejetant purement et simplement les États représentant tout ce qui est contestable et répressif, il faut se souvenir aussi des drames que les peuples ont accepté de subir pour avoir le droit de construire un État.

La mondialisation tend à réduire, sur la scène internationale, la place des États. Ceux-ci ont moins de capacité à maîtriser les flux d'échanges, le commerce international, les entreprises multinationales. Une des voies ouvertes pour l'avenir est la constitution d'ensembles régionaux regroupant plusieurs pays et dans lesquels pourraient jouer des solidarités et complémentarités. Dans un monde polycentrique, l'Europe trouverait sa place, et ce serait pour la France une manière d'en finir avec des relations clientélistes qui, dans son « pré carré » — l'Afrique notamment —, restent très marquées par son passé colonial.

Les politiques intergouvernementales sont aussi concurrencées, à un autre niveau, par l'apparition de nouveaux acteurs. Ce sont des collectivités locales engagées dans des programmes de coopération décentralisée ; ce sont, ou ce pourraient être des entreprises qui sont tentées par des rapports entre collectifs de travailleurs. Ce sont surtout les organisations non gouvernementales (ONG) qui engagent le tissu associatif dans une entreprise sans précédent de construction de rapports solidaires. Il y a là, pour tous les partenaires, un apprentissage et un développement possible de la démocratie locale. Il y a surtout, pour la première fois, la possibilité de penser autrement la coopération et les rapports internationaux, à partir du mouvement social.

A condition que les acteurs non gouvernementaux prennent conscience de leurs nouvelles responsabilités (quand on assume dans de nombreux pays jusqu'à 20 % de l'aide, on ne peut plus éluder certains problèmes). A condition aussi d'être attentif aux risques d'institutionnalisation qui guettent les organisations non gouvernementales.

Nouvelles venues dans le monde de la coopération, les ONG peuvent contribuer à la création de nouveaux rapports entre les peuples. A l'établissement d'un réel partenariat, à la revendication d'un système international moins injuste, à la défense de la démocratie et au respect du droit d'association. A la défense des valeurs et de la culture d'un seul monde, multiple, celui du XXIᵉ siècle.

Gustave Massiah

L'AIDE PUBLIQUE

Sans résoudre tous les problèmes, l'aide publique au développement reste indispensable.

L'aide publique au développement (APD) représente, par définition, les ressources mises à la disposition des pays en développement (PVD) et des institutions multilatérales par les organismes publics des pays développés, sous la forme de dons ou de prêts à long terme et à bas taux d'intérêt, en vue de favoriser le développement économique et social et d'améliorer le niveau de vie des populations bénéficiaires. 80,4 % de cette aide sont fournis par les membres du Comité d'aide au développement (CAD) de l'OCDE qui rassemble dix-neuf partenaires dont les États-Unis, la République fédérale d'Allemagne, le Japon, la CEE, la Grande-Bretagne, la France, etc. ; le reste l'étant par les pays de l'OPEP (8,3 %), les pays de l'Est (9,7 %) et quelques pays en développement dont, en particulier, la Chine et l'Inde.

L'APD de toutes provenances s'était élevée à 41,9 milliards de dollars en 1987 (prix et taux de change de 1986), et avait sensiblement diminué, en termes réels, par rapport à 1986. L'APD des seuls pays du CAD avait accusé une légère baisse dans une tendance générale à la hausse, en volume. Cette aide — bilatérale (78 %) et multilatérale (22 %) — s'élevait à 36,3 milliards de dollars en 1986-87 (prix et taux de change 1986) contre 30,6 milliards de dollars en 1980-81 (y compris les activités de soutien économique et d'aide humanitaire, mais pas l'assistance militaire).

Le CAD estimait, fin 1988, que l'aide totale de ses membres devrait continuer à progresser à un rythme modéré (2 % par an). Mais ils n'étaient alors qu'à mi-chemin (0,35 %) de l'objectif de 0,7 % du produit national brut (PNB — voir encadré). Le rapport entre l'aide publique de ces pays et leur PNB ne s'était pas amélioré (0,35 %, en 1975 ; 0,35 %, en 1986-87). Autrement dit, comparée à leur revenu, l'assistance au développement des pays à économie de marché a marqué le pas pendant dix ans, ou, si l'on préfère, n'a pas suivi la croissance de ce revenu ! Pendant la même période, les autres financements publics — ceux qui sont à des conditions moins favorables et ne sont pas considérés comme une aide — avaient doublé, pour atteindre 11,2 milliards de dollars courants en 1987.

En revanche, les apports privés vers les pays en voie de développement étaient tombés en 1986 à leur niveau le plus bas depuis dix ans, 26,1 milliards de dollars courants (ils avaient commencé à remonter ensuite). Ce qu'on a appelé la privatisation des flux financiers Nord-Sud connut son point haut en 1981. Les crédits à l'exportation et les transferts privés représentaient alors plus du double — 88,1 milliards de dollars — de l'ensemble de l'aide publique — 35,5 milliards de dollars — (prix et taux de change 1984).

53 % des apports de ressources

L'effondrement noté par la suite a été la conséquence des difficultés économiques et financières traversées par de nombreux pays en développement. Mais il faut souligner qu'alors que les ressources et les crédits privés se dirigent vers les pays à revenu intermédiaire, l'APD intéresse principalement les pays à faible revenu. L'un ne peut remplacer l'autre. Autrement dit, l'accroissement des flux privés, souhaité par l'administration Reagan, en particulier, et encouragé par plusieurs organismes financiers, s'est fait attendre. Jusqu'au milieu de la décennie, on a plutôt assisté, à partir de 1981, à une évolution inverse ! De telle sorte qu'en 1985 l'aide publique comptait pour 53 % des apports de ressources aux pays en développement. L'ensemble de ces apports était nettement inférieur en termes réels, en 1987 (77,7 milliards de dollars) à leur niveau de 1981 (164,1 milliards de dollars) [prix et taux de change de 1986] ! Et l'on pouvait relever que le transfert net de ressources des pays fortement endettés (principalement latino-américains) s'était monté à 74 milliards de dollars de 1985 à 1987.

Un instrument d'influence

Jusqu'au milieu des années soixante-dix, les pays membres de l'OPEP ont fortement augmenté leur aide publique au point qu'elle représentait 27 % de l'APD mondiale, en 1975-1976 (moyenne sur les deux années) — dépassant 9 milliards de dollars en 1975. Devant leurs difficultés budgétaires et de paiement, après la chute des prix du pétrole, ils ont beaucoup réduit leurs programmes d'assistance, qui ne s'élevaient plus qu'à 3,6 milliards de dollars en 1986-87, soit 8,1 % de l'aide mondiale [prix et taux de change de 1986]. Pratiquement seuls donateurs de l'OPEP, les pays arabes restaient également ceux dont, à l'échelle mondiale, le rapport entre

aide publique et PNB était le plus élevé (Arabie saoudite : 4,04 % ; Koweït : 2,0 %).

Par leur aide, ces producteurs de pétrole confortent des positions économiques dominantes régionales et une influence politique auprès des pays arabes (Syrie, Jordanie, Maroc, Yémen arabe) ou de pays d'Afrique et d'Asie possédant généralement une communauté musulmane. Cette aide bilatérale est principalement financière, mais elle comprend aussi des livraisons de pétrole, en forte augmentation, et même de blé et d'engrais.

Les États arabes pétroliers sont en outre les bailleurs de fonds de leurs propres organismes de financement du développement (Banque islamique de développement, Fonds spécial arabe pour l'Afrique, Fonds de l'OPEP pour le développement...) et aussi de certaines institutions multilatérales (FMI, Banque mondiale, FIDA, PNUD...), et ils participent à de nombreuses opérations de cofinancement avec les pays ou organismes occidentaux.

Les pays développés n'accordent pas une aide publique bilatérale seulement par sentiment humanitaire, par solidarité avec les peuples du tiers monde, ou parce qu'ils estiment que l'aide est nécessaire pour soutenir les efforts de développement, voire la stabilité politique de certains États. Dans les pays nordiques, traditionnellement, et dans quelques autres occasionnellement — Italie, Belgique —, les opinions publiques ou parlementaires exercent certes des pressions dans ce sens. Plus généralement les pays occidentaux — ainsi que les pays de l'Est — intègrent leur programme d'aide au développement à leur politique étrangère. Car, dans la majorité des cas prévalent aussi des considérations commerciales, politiques, voire stratégiques.

L'aide publique au développement, a-t-il été démontré, a des effets positifs sur l'emploi en France et ses «taux de retour» sont très élevés. La France récupérant sous la forme d'exportation

Objectif : « 0,7 % du PNB »

En principe, chaque pays économiquement avancé devrait transférer l'équivalent de 0,7 % de son PNB vers le tiers monde. Cet objectif continue de donner lieu à de vives discussions. Initialement, il avait été fixé à 1 % sous la pression du Conseil œcuménique des Églises (1958), puis il avait été entériné par l'Assemblée générale des Nations unies (1960) et la CNUCED (1964-1968), ainsi que — c'est là le plus important — par les membres du Comité d'aide au développement (CAD). Cependant, après de longs débats, la « Stratégie internationale du développement » pour la décennie 1970-1980, adoptée en 1970 par les Nations unies, invitait chaque pays économiquement avancé à transférer, en majeure partie sous forme de ressources publiques, un montant minimal en valeur nette de 0,7 % de son PNB au prix du marché, et de s'efforcer d'atteindre ce résultat « au milieu de la décennie au plus tard ». On en a été loin et les échéances furent repoussées. Aussi bien la « Stratégie du développement 1980-1990 », adoptée en 1980, stipulait-elle que les pays développés qui n'auraient pas atteint l'objectif devraient le faire avant 1985, et en tout état de cause avant la fin de la décennie ; l'objectif de 1 % devant être atteint aussitôt que possible après cela...

Qu'en était-il en 1986-1987 pour les membres du CAD ? Quatre pays — Norvège (1,13 %), Pays-Bas (0,99 %), Suède (0,87 %), Danemark (0,88 %) —, dès les années soixante-dix, avaient dépassé la barre de 0,7 % et la Norvège se situait même au-delà de 1 % en 1984-1985. Cela souligne l'intérêt porté au développement des pays du tiers monde dans ces quatre pays — où la pression des opinions publiques, très sensibilisées à cette question, est particulièrement vive — et la volonté de leurs gouvernements d'entretenir un courant d'aide élevé par rapport au PNB, quelles que soient leurs difficultés économiques internes.

Vient ensuite la France, selon que l'on inclut ou non les crédits des départements et territoires d'outre-mer (DOM-TOM). Le Comité d'aide au développement retient les deux hypothèses. Dans le premier cas, la France se classe en quatrième donateur mondial pour le volume d'aide publique au développement (APD), et en cinquième en pourcentage du PNB (0,73 % en 1985, contre 0,6 %, en 1980-1981). Mais, dans la seconde hypothèse, plus crédible, elle ne se hisse qu'à 0,50 % (contre 0,41 %, en 1980-1981).

La progression de l'aide française, en volume, en pourcentage du PNB et en part de l'aide publique mondiale au développement (8,1 %, sans les DOM-TOM en 1986-1987), n'en a pas moins été remarquable.

En queue de peloton, le plus gros donateur mondial, les États-Unis, qui, pas plus que l'Union soviétique et la Suisse, n'ont accepté l'engagement moral et politique que représente l'objectif de 0,7 % du PNB. L'APD américaine en pourcentage du PNB a même diminué de 0,27 % (1980-1981) à 0,21 % (1986-1987). Elle s'élevait alors (1986-1987), en valeur, à 9,12 milliards de dollars [prix et taux de change de 1986], soit au quart de l'aide publique mondiale. Les États-Unis prenaient rang entre l'Autriche (0,19 %) et l'Irlande (0,24 % également) et la Nouvelle-Zélande (0,27 %) ! Le Japon (0,30 %), second donateur par le volume de son aide — 6 milliards de dollars —, mettait les bouchées doubles avec pour objectif 10 milliards de dollars par an. La croissance de son aide était la plus forte des pays du CAD : il améliorait sa participation aux agences multilatérales ainsi que les modalités de son assistance. Au même niveau se situait celle de la Suisse (0,30 %). L'aide de l'Italie (0,37 %) était également en rapide expansion — 2,28 milliards de dollars. L'Italie avait, à l'image de la Finlande (0,48 %), prévu de parvenir, en principe, à 0,7 % avant 1990.

En revanche, la République fédérale d'Allemagne (0,41 % pour 3,69 milliards de dollars) avait décidé de stabiliser la sienne à 0,50 % du PNB jusqu'à cette échéance. Tant en valeur — 1,66 milliard de dollars — qu'en pourcentage du PNB — 0,29 % contre 0,39 % cinq ans plus tôt —, l'aide britannique avait également fléchi. Celle du Canada avait été accrue en valeur réelle — 1,7 milliard de dollars — mais elle avait baissé en pourcentage de son PNB (0,47 %).

Ces fortes différences d'un pays à l'autre, surtout le retard pris par quelques pays économiquement puissants, le fait que, dans certains cas, la croissance du volume de l'aide ne suive pas celle de la richesse nationale, expliquaient que le rapport APD/PNB n'ait pas progressé en dix ans (0,35 %, en 1975-1976 ; 0,35 % en 1986-1987). Il pourrait même régresser sensiblement pour les pays du Comité d'aide au développement et plus encore pour ceux de l'OPEP, pendant quelques années.

Gérard Viratelle

de biens et services les deux tiers ou plus de l'APD qu'elle accorde !

Bref, que l'aide ait un caractère technique, budgétaire, alimentaire ou multilatéral... les pays donateurs y retrouvent toujours plus ou moins leur compte. Ils adressent de préférence leur aide à certains pays «privilégiés». Celle des pays de l'Est est destinée à soutenir en priorité les régimes socialistes du tiers monde (voir encadré). La France oriente la sienne, c'est bien connu, vers les pays du «pré carré» africain et vers l'Afrique du Nord, ainsi que vers quelques États plus lointains. Pour des raisons historiques et géographiques, le Japon quant à lui attribue une très grande partie de son aide bilatérale à des pays à revenu intermédiaire et à de grands pays à faible revenu (Chine, Inde...) situés en Asie, sa zone d'influence économique.

Pour leur part, les États-Unis concentrent leur assistance sur des pays amis situés dans des zones présentant un intérêt politique et stratégique prédominant : Israël (pour des raisons de politique intérieure américaine !), Égypte, Turquie, Philippines, Pakistan, Amérique centrale, Caraïbes. Dans un éditorial, cité par l'*International Herald Tribune* du 27-28 décembre 1986, le *Washington Post* soulignait que l'aide américaine est de plus en plus liée à des objectifs militaires et stratégiques — les deux tiers des allocations inscrites au budget de l'aide étrangère pour 1986-1987 ayant un caractère militaire ou relatif à la sécurité nationale —, tandis que celles pour le développement économique pur ou au titre humanitaire étaient sévèrement réduites. Cela permet de comprendre pourquoi, entre autres, le gouvernement Reagan avait appelé les entreprises privées à épauler l'effort public !

Somme toute, et à des degrés divers, l'aide bilatérale, à l'exception de l'urgence, est un instrument d'influence pour les pays développés. Chacun l'utilisant à sa façon, selon ses intérêts ou priorités propres.

L'aide multilatérale

L'aide multilatérale est celle qui est accordée à des conditions libérales par les institutions financières (Association internationale de développement-AID, filiale de la Banque mondiale, banques régionales de développement, FIDA-Fonds international de développement agricole) et les organismes de développement des Nations unies (Programme des Nations unies pour le développement, Haut Commissariat aux réfugiés, etc.), au sein desquels les opérations sont décidées conjointement par les donateurs et les bénéficiaires. Ce n'est pas le cas pour le Fonds européen de développement (FED) ni pour les Fonds de l'OPEP, mais l'on admet leurs versements dans la ventilation de l'aide multilatérale. Outre cette aide publique, certains organismes (Banque mondiale, sa filiale, la SFI-Société financière internationale, les banques régionales de développement) accordent également des prêts à des conditions non libérales. À l'origine, et en particulier dans les années soixante-dix, les organismes multilatéraux enregistrèrent une forte progression de leurs activités parce qu'il était considéré qu'ils pouvaient apporter des solutions aux problèmes de la pauvreté dans le tiers monde.

En 1987, 10 milliards de dollars d'APD attribuée à des conditions

L'aide française :
croissance et singularités

L'aide de la France a fortement augmenté à la fin des années soixante-dix et au début des années quatre-vingt. Les gouvernements de gauche avaient décidé de poursuivre et même d'accroître cet effort. Le montant de l'aide, proche de 4 milliards de dollars en 1985, avait marqué le pas en 1986, et atteint 5,31 milliards de dollars en 1986-1987.

La comptabilisation des crédits des départements et territoires d'outre-mer (DOM-TOM) dans le décompte de l'aide publique au développement est discutable. Cependant, l'aide aux pays indépendants s'est accrue plus rapidement que ces crédits, s'élevant à 3,651 milliards de dollars en 1986-1987 (4,489 milliards de dollars en termes réels). Et les gouvernements successifs ont maintenu l'engagement de porter cette aide dès que possible à 0,7 % du PNB (0,50 % en 1986-1987, 0,54 % en 1988).

L'aide française n'est pas un domaine où une parfaite transparence ; on n'y intègre évidemment pas les prêts de la Caisse centrale de coopération économique (CCCE) ni les crédits et investissements privés. Elle est inséparable des relations que la France entretient avec ses anciennes colonies, les pays de la zone franc, et de la francophonie. En 1985-1986, la plus grande partie avait été octroyée aux pays de l'Afrique au sud du Sahara (50,1 %) et aux pays d'Afrique du Nord et du Moyen-Orient (27,9 %). Elle est le premier fournisseur d'APD en valeur à l'Afrique subsaharienne. Ce n'est pas une surprise !

Les contributions aux organismes multilatéraux souffrent évidemment de l'importance qu'occupent ces zones, en plus des DOM-TOM, dans les relations bilatérales. De fait, l'aide multilatérale de la France (11,5 % de l'APD totale ; 18,4 % avec les contributions via la CEE, en 1986-1987) était alors, en pourcentage de l'APD inférieure à celle de ses partenaires des pays industrialisés. Si l'on considère que ses contributions intéressent pour moitié l'aide européenne, et pour un quart le groupe de la Banque mondiale, le système des Nations Unies était traité en parent pauvre, Un net redressement avait été cependant amorcé, la France apportant en particulier son concours au fonds spécial pour l'Afrique de la Banque mondiale.

L'aide aux pays les moins avancés (PMA), bien qu'elle dépasse 0,15 % du PNB, devait également continuer d'augmenter. La France était, en 1985, le seul pays du Comité d'aide au développement (CAD) à ne pas atteindre l'objectif fixé pour l'élément de libéralité aux pays les moins avancés.

L'aide française comporte, outre des dons, une part de prêts, ce qui fait l'objet des critiques des pays bénéficiaires. Mais les dons sont appelés à occuper une place plus importante tandis que les conditions de prêt devraient s'améliorer. Autre critique : près de 60 % de l'aide publique française est liée, c'est-à-dire qu'elle implique l'achat de biens et de services en France.

Une évolution encourageante a été cependant notée ; la France avait doublé, en 1986 et 1987, le montant des déboursements rapides pour financer des réformes économiques en Afrique subsaharienne, et, en 1988, Paris avait commencé à annuler un tiers de la dette publique et de la dette privée garantie des pays très endettés les plus pauvres.

Autre singularité, la part très importante occupée dans la composition de l'aide française par l'aide technique (45 % de l'APD bilatérale et notamment l'aide à l'éducation). A la suite de la forte diminution du nombre de ses coopérants, la France a cédé aux États-Unis la place du principal fournisseur mondial d'assistance technique... suivie de peu par le Japon !

Gérard Viratelle

dites libérales ou concessionnelles avaient transité par les agences multilatérales (contre 7,9 milliards en 1981). Les autres financements publics multilatéraux — à des conditions non libérales — atteignaient 6,8 milliards de dollars.

Les neuf dixièmes de leurs ressources sont fournis par les pays membres du Comité d'aide au développement, mais ceux-ci préfèrent généralement l'aide bilatérale à travers laquelle ils peuvent mieux exercer leur influence. Parce qu'ils n'ont pas les mêmes préoccupations ou qu'ils ne disposent pas d'importantes administrations de l'aide extérieure, les pays nordiques apportent plus volontiers leur soutien aux agences multilatérales, notamment celles des Nations unies. C'est ainsi qu'en 1986-1987, la Norvège et le Danemark, non comprise la participation au FED, consacraient à l'aide multilatérale plus de 40 % de leur APD ; la France avec 11,5 % de la sienne, non comprise sa participation au FED, était le pays du CAD le plus mal placé à ce sujet.

En revanche, les pays en voie de développement, et singulièrement les plus pauvres d'entre eux, apprécient généralement l'aide multilatérale parce qu'elle n'est pas assortie des contraintes caractérisant l'aide bilatérale ; qu'elle permet de mettre en concurrence les fournisseurs de services et d'équipements de différents pays ; qu'elle n'entraîne pas, en principe, la formation de liens de dépendance. L'on remarque aussi que l'assistance multilatérale est la plus apte à répondre aux cas d'urgence et bénéficie plus aux infrastructures et aux secteurs de production que l'aide bilatérale.

En fonction de leur rôle et de leur expérience, les institutions multilatérales n'en ont pas moins des conceptions propres au développement, souvent inspirées d'ailleurs par des Occidentaux. Environ le tiers des versements multilatéraux sont faits par l'AID, filiale de la Banque mondiale. Le poids des grands donateurs du CAD pèse de façon déterminante sur les institutions financières ; il est moins lourd sur la structure des organismes des Nations unies qui distribuent 32,2 % [1986-87] de l'APD multilatérale. Le FED (16 %) assure, de son côté, aux États associés à la CEE un flux continu et sensiblement croissant de ressources concessionnelles.

Plusieurs institutions financières, AID, FIDA, en particulier, mais aussi, quoique dans une mesure moindre, celles du système des Nations unies (PNUD, FNUAP, HCR...) éprouvent des difficultés à renouveler leurs ressources. Devant la diminution de celles-ci, certains organismes avaient même dû réduire leurs opérations. Justifiant la baisse de leurs contributions, plusieurs pays développés ont instruit le procès de l'efficacité et de la rentabilité économique de ces institutions — ce fut le cas singulièrement de l'AID aux États-Unis. Ce faisant, ils ont aussi, et peut-être surtout, marqué leur volonté d'affecter l'aide publique en premier lieu à des opérations bilatérales. Mais les pays les plus attachés au système financier et commercial dominant ne peuvent par trop se désintéresser de ces institutions sans risquer de perdre des marchés, lorsqu'elles présentent des appels d'offres !

Les pays bénéficiaires

L'aide publique au développement est, par définition, destinée aux pays à faible revenu. La répartition géographique de ses bénéficiaires dépend cependant des considérations propres à chaque donateur (État ou organisme). Le Comité d'aide au développement estime qu'il est impossible de déterminer objectivement les « besoins » en matière d'APD. Celle-ci se concentre, constate-t-on, sur les zones de misère : Afrique subsaharienne (31,2 %), Afrique du Nord (16,7 %), Moyen-Orient (20 %), sous-continent sud-asiatique (16,7 %). En 1986-87, les pays en développement qui avaient reçu le plus d'aide (en pourcentage de l'APD bilatérale) étaient : l'Égypte (6,3 %), l'Inde (3,9 %), le Bangladesh (3,7 %), le groupe des pays du Sahel (5,5 %), l'Indonésie (4,5 %), la Chine (3,5 %) et... Israël (5,5 %).

Plus significative encore est la place qu'occupe l'APD dans le PNB des bénéficiaires : pays du Sahel : 25,2 % ; Réunion : 27,1 % ; Somalie : 36,1 % ; Jordanie : 14,3 % ; Éthiopie : 14,1 % ; Tanzanie : 13,6 % ; Soudan : 12,6 % ; Bangladesh : 9,9 % ; Inde : 1,1 % ; Madagascar : 14,4 % ; Zambie : 18,5 % ; Mozambique : 16,7 %.

Évolution intéressante mais compréhensible : la très forte diminution (en pourcentage de l'APD totale) des versements aux pays asiatiques et, parallèlement, le fort accroissement des versements à l'Afrique au sud du Sahara. Des pays qui étaient dépendants de l'aide publique (Corée, Taiwan, Brésil, Chili, Algérie...) ne le sont plus ou le sont très peu. Dans l'ensemble du tiers monde, 27 % des pays qui recevaient initialement l'aide de l'AID n'en bénéficiaient plus en 1986 !

De 1980-81 à 1986-87, le taux de dépendance s'est accru dans de nombreux cas (Soudan, Tanzanie, Zaïre, Éthiopie, Zambie, Kénya, Mozambique, Ghana, Madagascar, Zimbabwé, Rwanda, Congo...). Somme toute, c'est en Afrique que ce taux de dépendance est élevé, à l'exception, principalement de l'Océanie. En revanche, il avait diminué, pendant la même période, pour quelques pays (Somalie, Inde, Pakistan, Sri Lanka, Égypte,...). Toutefois compte tenu de leur situation économique et de leur niveau d'endettement, certains pays en développement semblent devoir rester pendant des années de gros « consommateurs » d'aide, leurs capacités d'emprunter sur le marché des capitaux étant extrêmement limitées.

Résultats insuffisants pour les PMA

La communauté internationale a estimé que les pays développés avaient des responsabilités particulières à l'égard des pays les plus pauvres, les moins avancés (PMA) selon les critères des Nations unies. Une conférence s'est tenue à Paris, en 1981, sous l'égide de la CNUCED, pour mobiliser l'aide en leur faveur. Non sans difficultés, les pays donateurs se sont alors engagés à octroyer aux pays les moins avancés une part de plus en plus importante des courants d'aide publique au développement, « soit en leur consacrant 0,15 % de leur PNB, soit en doublant leur aide au cours des années à venir ». Les PMA auraient dû globalement recevoir d'ici à 1985 une APD représentant le double des ressources qu'ils avaient reçues au cours des cinq précédentes années. (Les États-Unis, l'Australie et la Nouvelle-Zélande n'avaient pas accepté cet objectif.) L'APD aux pays les moins avancés provient à 80 % des pays du Comité d'aide au développement.

La CNUCED constatait que, durant la période 1980-1983, l'aide publique au développement aux PMA avait plafonné entre 6,9 et 6,5 milliards de dollars (loin de l'objectif de 9,7 milliards de dollars qui avait été fixé pour 1985 !). Cependant sa croissance s'était amorcée en 1985 (8,4 milliards de dollars), et, surtout, 1986 (plus de 11 milliards de dollars). Cela, à la suite des différentes initiatives prises en faveur de pays ou groupe de pays (opérations d'urgence en Afrique subsaharienne à qui était donnée la priorité, programmes spéciaux, facilités d'ajustement, prêts pour accompagner des réformes économiques, etc.). A ces ressources additionnelles, il faut ajouter la transformation de certains prêts en dons et l'allégement de dettes publiques de pays les plus pauvres parmi les PMA... L'ensemble des versements nets d'APD en faveur de l'Afrique subsaharienne (non compris celle des pays de l'Est) avait diminué de 1986 à 1987, et dépassait à peine 11 milliards de dollars.

Néanmoins, ces pays ne se satisfaisaient pas de ces résultats et ils avaient demandé à bénéficier d'une aide entièrement sous la forme de dons ou de prêts aux conditions les plus favorables. Car quelques grands pays donateurs, et singulièrement la France, ne leur accordaient pas encore les conditions de faveur les plus larges.

Au regard de l'aide publique, les apports privés aux PMA, pratiqués aux conditions du marché, avaient beaucoup diminué depuis le début

―――――― BIBLIOGRAPHIE/AIDE AU DÉVELOPPEMENT ――――――

SERVICE DE LIAISON NON GOUVERNEMENTAL, *L'Aide au développement. Guide pratique et critique*, Palais des Nations unies, Genève, 1985.

BANQUE MONDIALE, *Rapports sur le développement dans le monde*, 1986, 1987, 1988.

CNUCED, *Les Pays les moins avancés. Rapport 1987*, Genève.

COMELIAU Christian, *Mythes et espoirs du tiers-mondisme*, CETRAL/L'Harmattan, Paris, 1986.

DECORNOY Jacques, « Les multinationales omniprésentes et... impuissantes », *Le Monde diplomatique*, nov. 1985.

GEORGE Susan, *Jusqu'au cou. Enquête sur la dette du tiers monde*, La Découverte, Paris, 1988.

« Nécessaire ou dangereuse ? L'aide en question », *La Lettre de SOLAGRAL*, n° 76, déc. 1988.

OCDE, *Coopération pour le développement. Rapport 1988 du Comité d'aide au développement*.

RUELLAN Alain, « Continuités et ruptures des politiques de coopération », *Le Monde diplomatique*, janv. 1988.

des années quatre-vingt (conséquence et effet de la situation de ces pays). Ils n'atteignaient pas 500 millions de dollars en 1985 et les investissements privés ne s'élevaient alors qu'à 23 millions de dollars ! Preuve que les entreprises ne s'y risquaient guère et que les PMA ne pouvaient pratiquement compter que sur des concours publics. Recourir aux crédits commerciaux viendrait accroître un endettement déjà très lourd à supporter. L'aide publique représente jusqu'à 90 %, parfois plus, des ressources extérieures de certains PMA.

Quant à l'objectif de 0,15 %, il n'avait généralement pas été atteint par les pays développés à économie de marché, globalement à mi-parcours.

Aussi la CNUCED jugeait-elle l'ensemble de ces résultats insuffisants par rapport aux objectifs de 1981, et invitait-elle les pays donateurs, et notamment ceux qui étaient très en retard, à redoubler d'efforts afin que les pays pauvres ne deviennent pas plus pauvres.

Le paysage économique et politique du tiers monde serait-il le même sans l'aide publique au développement ?

Sans doute n'est-elle pas une panacée permettant de résoudre tous les problèmes du sous-développement. Elle contribue à leur apporter des solutions qui peuvent ne pas être pleinement satisfaisantes. Il n'en reste pas moins que, du Tchad au Bangladesh, des dizaines de pays — et aussi de régimes politiques — sont encore soutenus à bout de bras par l'aide extérieure. Pourront-ils, comme d'autres pays en voie de développement beaucoup mieux nantis en ressources internes, s'en dispenser un jour ? Les régions de grande pauvreté ne le pourront pas avant longtemps ! Or, celles-ci ne sont pas circonscrites aux PMA mais se comptent aussi dans des pays avancés généralement très peuplés.

Il paraît admis qu'il n'y aura pas de développement au Sud sans apports de ressources extérieures publiques ou privées, selon les cas. Aussi bien y a-t-il lieu non seulement de maintenir mais bien d'accroître le courant net d'aide publique au développement, d'autant que l'apaisement, en 1988, de plusieurs conflits a fait naître de nouveaux besoins.

Sensibiliser les opinions

Dans ce débat, les organisations non gouvernementales (ONG) jouent un rôle essentiel en sensibilisant les opinions publiques sur :

— *le volume de l'aide*. Pour atteindre les objectifs fixés, les pays développés — et en particulier les plus importants d'entre eux — devraient beaucoup augmenter leur effort, celui des pays nordiques ne pouvant suffire ;

— *la répartition de l'aide*. Il est évident aussi que les régions et les populations les plus défavorisées devraient avoir la priorité des priorités. Les programmes spéciaux pour l'Afrique en réponse à des crises aiguës ne soulignent-ils pas, *a posteriori*, de graves échecs ? Ces régions, et celles où, d'une façon générale, règne une grande pauvreté, intéressent peu les investisseurs privés. Ce sont celles où, comme le souligne le CAD, les éléments d'incertitude, donc de risques, sont les plus grands, où les appareils administratifs et de planification sont les plus faibles. Aussi bien les ressources publiques correspondent-elles mieux à leurs besoins.

L'aide publique étant de plus en plus comptée, tant par les pays industrialisés que par les pays pétroliers, elle doit être utilisée avec rigueur. Les pays donateurs occidentaux se montrent plus exigeants sur le chapitre de l'utilisation, l'évaluation des projets, de l'efficacité et du « suivi » de l'aide, bref de son impact.

La nature, la qualité, les conditions et la répartition (secteurs, régions, catégories sociales bénéficiaires...) de l'aide sont au moins aussi importantes que son volume. Le problème des rapports entre pays ou organismes donateurs et pays bénéficiaires et celui de la coordination de l'aide par les équipes dirigeantes dans le tiers monde sont ainsi posés. Les ressources transférées au titre de l'aide sont-elles utilisées de façon judicieuse, et servent-elles à la fois le développement et les plus défavorisés ?

Gérard Viratelle

Aide alimentaire : vers l'âge de raison ?

Bamako, octobre 1985. Le camion chargé de couvertures offertes par le Japon décharge son précieux contenu devant le siège d'une ONG (Organisation non gouvernementale) malienne. Dans quelques jours les couvertures seront acheminées vers les camps de réfugiés qui abritent des familles d'éleveurs chassés du nord du pays par la sécheresse.

Deux cents mètres plus loin dans la rue, installés dans leur atelier provisoire, des hommes tissent. Leurs longues bandes de tissu, cousues les unes aux autres, permettront de faire des couvertures. En les vendant, ils espèrent gagner de quoi quitter la ville pour retourner dans leurs villages. Mais à qui vendre ? Une aide japonaise bien pensée aurait pu choisir d'envoyer des yens pour s'approvisionner sur place en couvertures locales. Le bénéfice aurait été double : les réfugiés auraient été protégés des nuits fraîches et les tisserands auraient trouvé là un débouché providentiel.

Un tel exemple illustre bien l'ambiguïté des aides en nature apportées par les pays du Nord. L'aide alimentaire est la plus répandue. Elle est aussi la plus « logique » (le Nord dispose d'excédents, le Sud a des besoins) et la plus médiatique : l'arrivée de camions chargés de vivres se prête mieux à une émission de télévision que l'octroi d'un prêt bancaire !

Une aide souvent revendue

L'aide alimentaire répond à deux fonctions bien distinctes :

— une aide directe aux populations lorsque la production d'aliments locaux est momentanément défaillante (sécheresse, inondation...) ;
— une aide à la balance des paiements pour des États dont les revenus sont insuffisants pour leur permettre d'acheter régulièrement de grandes quantités d'aliments (Égypte, Bangladesh...).

Constituée aux trois quarts par des céréales, l'aide alimentaire n'est distribuée gratuitement que dans 10 % des cas, s'il y a urgence par exemple. Le plus souvent elle est vendue par les États receveurs qui alimentent ainsi des « fonds de contrepartie » destinés à financer leur développement rural. Elle peut aussi être utilisée pour des programmes sociaux (cantines scolaires, hôpitaux) ou de « Food for work ». Elle est alors distribuée aux populations en échange de leur travail sur des chantiers d'intérêt communautaire : creuser un puits, améliorer une piste...

L'Asie a longtemps été le principal destinataire de l'aide alimentaire. Mais l'Afrique a pris le relais depuis les années soixante-dix. Côté donateurs, les États-Unis, initiateurs de l'aide alimentaire avec leur loi PL 480 votée en 1954, restent le principal fournisseur : 67 % de l'aide mondiale en céréales en 1987-1988 contre 15 % pour la CEE.

Le recours à l'aide alimentaire est devenu avec les années une habitude d'autant plus pernicieuse que les pays donateurs l'accordent plus facilement qu'une aide financière... quitte même à dépasser les besoins recensés. Selon l'Organisation des Nations Unies pour l'agriculture et l'alimentation (FAO), les engagements des donateurs excédaient les besoins des pays du Sahel de 185 000 tonnes en octobre 1987. Pour surprenante qu'elle soit, cette frénésie de livraisons se comprend. L'aide alimentaire peut constituer un excellent « bonus » pour faciliter de futures ventes commerciales dans une région où la concurrence est rude entre vendeurs nord-américains et européens.

« Les budgets d'aide alimentaire des donateurs sont plus influencés par la recherche de débouchés commerciaux pour leurs surplus que déterminés en fonction des besoins et objectifs des pays receveurs » (Y. Hossein Farzin, *Food Import Dependence in Somalia*, Banque mondiale, 1988). Pour réduire ce lien, la CEE a, en 1987, transféré la gestion de son aide alimentaire de la direction de l'Agriculture, en charge des excédents communautaires, vers celle du Développement.

Des mécanismes nouveaux

Les effets pervers de l'aide alimentaire sont connus : concurrence pour la production locale, modification des habitudes alimentaires... Plusieurs mécanismes nouveaux ont donc été mis en place pendant les années quatre-vingt. Certains États donateurs ont désormais recours à des achats locaux de céréales, par exemple dans le sud du Mali pour les acheminer vers le nord du pays, ou à des opérations triangulaires permettant l'achat d'aliments dans un pays du tiers monde pour les redistribuer dans un autre. La France a ainsi acheté du sorgho malien pour la Mauritanie, la RFA du maïs zimbabwéen pour l'Angola, la CEE du mil nigérian pour le Niger. En 1986, les pays sahéliens ont reçu de cette manière plus de 40 000 tonnes en provenance de pays du tiers monde, dont 20 000 achetées en Afrique de l'Ouest. L'intérêt de ces achats locaux ou triangulaires est qu'ils encouragent la production agricole du tiers monde au lieu de la concurrencer et permettent de livrer des produits alimentaires auxquels les populations sont habituées.

Depuis 1986, la CEE a mis en place une autre nouveauté, les actions de substitution. Lorsqu'une année de bonne récolte permet de se dispenser d'envoyer des céréales, la CEE peut financer directement sur ses crédits d'aide alimentaire (ligne 929), des actions d'appui à la production locale : crédit rural, stockage, achats d'intrants agricoles... Par ses efforts pour adapter ainsi son aide alimentaire aux besoins du Sahel, la Communauté européenne apparaît en pointe dans un domaine où les États-Unis gardent, à l'inverse, une approche plus propice à favoriser leurs exportations agricoles.

L'adoption d'un «code de bonne conduite», mis en discussion en 1988, devrait permettre aux pays donateurs de s'engager, par contrat pluriannuel, à garantir un approvisionnement rapide en cas de pénurie dûment constatée. Plutôt que de donner du poisson ou du pain à un paysan ou même de lui apprendre à cultiver, les pays occidentaux le laisseraient cultiver en paix tout en lui garantissant leur aide en cas de coup dur. Ainsi revu, le proverbe chinois cher aux tiers-mondistes retrouverait une nouvelle jeunesse...

Bertrand Delpeuch

COOPÉRATION NORD-SUD

Le dialogue Nord-Sud, dont on parlait tant dans les années soixante-dix, s'est perdu dans les sables. La logique impériale des grandes puissances s'est maintenue...

Avec la conférence de Bandung, réunissant en avril 1955 vingt-neuf pays d'Afrique et d'Asie, le monde entrait dans une ère nouvelle : la décolonisation. Ce monde alors régi par la guerre froide entre les États-Unis et l'Union soviétique, figé dans sa dimension Est-Ouest depuis les accords de Yalta (1945), assistait à l'irruption des «nations prolétaires». C'était l'émergence du conflit Nord-Sud. Les indépendances, accordées ou arrachées au long des années soixante et au début des années soixante-dix, rendaient le tiers monde majoritaire à l'ONU. «Nations prolétaires», «tiers monde», ces concepts sont aussi peu satisfaisants que ceux de «Nord» et de «Sud» car ils ne traduisent pas la diversité des pays inclus dans chaque ensemble ni l'extrême inégalité sociale qui peut exister à l'intérieur de chacun des pays. Pourtant, ces réalités cachées expliquent, sans doute, que le fameux dialogue Nord-Sud dont on parlait tant dans les années soixante-dix se soit perdu dans les sables. Car la souveraineté politique ne mettait pas fin au pillage des matières premières, à la détérioration des termes de l'échange.

En 1963, 77 États, qu'il est convenu d'appeler pays en voie de développement (PVD), signent une déclaration économique commune. Elle est la référence du «groupe des 77» (le Sud) pour faire front aux pays industrialisés (le Nord) dans les conférences des Nations Unies pour le commerce et le développement (CNUCED) qui se tiennent tous les quatre ans (la première a été organisée à Genève en 1964). Parallèlement se constitue à Belgrade, en 1961, le mouvement politique des pays non alignés dont l'action va converger avec celle du groupe des 77. Les acteurs du futur dialogue Nord-Sud s'organisent.

En 1973, à leur sommet d'Alger, les pays non alignés revendiquent l'instauration d'un *nouvel ordre économique international*. En effet, entre la cohérence de Bandung et ce sommet d'Alger, en moins de vingt ans, le produit national brut (PNB) par habitant des pays en voie de développement a chuté de près de 50 % par rapport à celui des pays industrialisés et il ne représente que 4 % de celui des États-Unis. La consécration du «droit au développement» par l'ONU et la recommandation faite aux pays industrialisés d'accorder 1 % de leur PNB à «l'aide au développement» sont restées lettre morte.

L'âge d'or
du dialogue Nord-Sud

A l'automne 1973, le conflit israélo-arabe incite le Sud à passer à l'offensive, par le biais de l'Organisation des pays exportateurs de pétrole (OPEP), en transformant son potentiel énergétique en arme politique. Prix du brut quadruplé, embargo : le premier choc pétrolier conduit les pays dominants à un discours international plus solidaire, tant leur dépendance est croissante en matière énergétique. C'est l'âge d'or du dialogue Nord-Sud et du nouvel ordre économique international dont l'établissement est reconnu comme une nécessité par l'ONU en 1974. Mais qu'on ne s'y trompe pas, ce dialogue est guidé par l'obsession du pétrole. En octobre 1974, le chef de l'État français, Giscard d'Estaing, propose l'organisation d'une conférence trilatérale de l'énergie. Cette proposition aboutira à la convocation d'une conférence sur la coopération économique internationale dite conférence Nord-Sud. Ouverte en décembre 1975, elle se soldera par un échec, consommé en juin 1977.

En 1976, les petits pas en avant de la 4e CNUCED, à Nairobi, sur le programme intégré pour les produits de base se traduisent par un accord signé à Genève... quatre ans plus tard, et qui n'entrera pas en vigueur. La conférence sur le droit de la mer sera ajournée. Pourquoi ce reflux ?

En dépit de quelques dissonances, notamment avec la France qui se faisait le chantre du dialogue à cause de ses relations spécifiques avec l'Afrique et de son ambition de « puissance qualifiée » à l'échelle mondiale, les pays industrialisés ont rapidement retrouvé leur cohésion sous la houlette des États-Unis (conférence sur l'énergie en février 1974 à Washington et mise en place de l'Agence internationale pour l'énergie en novembre). Les États pétroliers ont échoué dans leur tentative de diviser les pays du Nord en « amis » et « ennemis » de la cause arabe.

En revanche, les États-Unis, s'appuyant sur les Émirats du Golfe, l'Iran et l'Arabie Saoudite, ont brisé le front de l'OPEP, en isolant les tenants d'un nouvel ordre économique (Algérie, Libye, Irak, Syrie). Washington a très vite

obtenu ce qui était l'essentiel à ses yeux : la levée de l'embargo. En effet, disposant d'importantes ressources pétrolières, les États-Unis pouvaient envisager, grâce à la hausse du brut, de rentabiliser les investissements nécessaires à l'exploitation de leurs propres richesses. La CEE, le Japon et, plus tragiquement, les pays en voie de développement non producteurs de pétrole allaient être les dindons de la farce.

Par ailleurs, l'OPEP ne cédant pas sur les prix, le flux des pétrodollars (20 milliards en 1974 pour la seule Arabie Saoudite, soit l'équivalent de « l'aide totale aux pays en voie de développement » en 1972) allait être recyclé dans les pays du Sud, accélérant de façon foudroyante l'endettement des pays en développement non pétroliers. Ces liquidités ont permis aux classes dirigeantes des pays dominés d'importer des biens d'équipement fabriqués dans les pays industrialisés. Et, de fait, les pays en voie de développement furent un exutoire à la crise des pays dominants, les États pétroliers servant de relais aux pays du Nord dont les capacités financières étaient moindres en raison de cette crise. L'arme du pétrole, brandie par l'Algérie et les partisans du nouvel ordre économique, était reprise en main par les monarchies pétrolières du Golfe. Le tiers monde, dans son acception traditionnelle, volait en éclats, les pays les plus déshérités allaient être foudroyés par la dette et les factures du pétrole brut, et leurs peuples encore davantage écrasés par la misère. Le dialogue Nord-Sud s'étouffait en dérisoires chuchotements. En 1980, à l'ONU, les pays industrialisés rejetaient la notion de négociations globales, une perspective qui avait encore été défendue par les pays en développement à la 5e CNUCED de Manille en 1979. Pour eux, les aménagements devaient être traités cas par cas, par les organismes spécialisés (GATT, Banque mondiale, FMI) dont l'autonomie ne pouvait être remise en cause.

FREUD C., *Quelle coopération ? Un bilan de l'aide au développement*, Karthala, Paris, 1988.

MAGNARD F., TEUZA N., *La Crise africaine : quelle politique de coopération pour la France ?*, PUF, Paris, 1988.

ROUILLE D'ORFEUIL H., *Coopérer autrement*, L'Harmattan, Paris.

SID AHMED Abdelkader (sous la dir. de), «La coopération Sud-Sud», *Revue Tiers-Monde*, n° 96, 1983.

[Voir aussi la bibliographie consacrée à l'aide au développement.]

« Trade, not aid »

Succédant à l'administration Carter selon laquelle chacun, Nord, Sud, Est, Ouest, devait accepter son fardeau, l'administration Reagan, coulée dans son moule dogmatique conservateur (*trade, but not aid* : «du commerce mais pas d'aide»), a dominé de son ombre la conférence Nord-Sud de Cancun en octobre 1981. L'illusion lyrique du «*New Deal* planétaire» et les conceptions keynésiennes «avancées» de la commission Brandt furent vouées aux gémonies

A Belgrade, en 1983, à la 6e CNUCED, les pays en développement ne se référèrent plus explicitement au nouvel ordre économique. Étranglés par l'endettement, l'effondrement du cours des matières premières et du pétrole (les revenus de l'OPEP étaient passés de 279 à 135 milliards de dollars entre 1980 et 1985), ils se battaient pour éviter la banqueroute et pour mieux avaler les potions amères du FMI par quelques «arrangements» conjoncturels (le rééchelonnement des dettes ne faisant que repousser dans le temps l'asphyxie financière des États endettés). La 7e CNUCED, réunie à Genève en 1987, a pris acte de la confirmation de cette tendance (les cours des produits de base y étaient revenus en termes réels à leur niveau de 1932!) sans apporter de solution nouvelle. En juin 1988, le sommet des sept pays occidentaux les plus industrialisés, tenu à Toronto, a conclu à la nécessité d'un allongement des délais de rééchelonnement et pour les seuls PMA d'une réduction des taux d'intérêt et d'annulations partielles de la dette.

La politique du FMI et de la Banque mondiale, où le poids de chaque État est fonction de sa mise de départ, a conduit les plus pauvres à financer les riches. Ainsi le service de la dette de l'Afrique subsaharienne est passé de 4 milliards de dollars en 1981 à 10 en 1984 et 12 en 1985, alors que les transferts de capitaux publics passaient de 11 milliards de dollars en 1980-1982 à 6 milliards en 1985-1987. Étrange coopération pour le développement! En dépit du Programme d'action pour le redressement économique et le développement de l'Afrique (1986-1990), le PIB des pays de ce continent a baissé de 2 % en 1986, de 2,2 % en 1987. Son niveau était alors plus faible qu'en 1980...

Une bouée de sauvetage ?

C'est pourtant avec le continent africain et quelques pays de la Caraïbe et du Pacifique (pays ACP) que la Communauté économique européenne (CEE) a signé en 1975 la convention de Lomé, reconduite tous les cinq ans. Traitant des relations commerciales, des produits de base et de la solidarité financière, elle est présentée comme le plus beau fleuron du dialogue Nord-Sud. Elle fait suite aux conventions de Yaoundé (1964, 1969) et aux accords d'Arusha (1968) dont le but était de maintenir des relations privilégiées entre anciennes colonies et ex-métropoles européennes. On peut penser que l'Europe, menée à la baguette par Washington au moment du premier choc pétrolier, avait vu là une façon d'assumer un destin politique original, en entretenant des relations spécifiques avec une partie du tiers monde. Le bilan a été décevant (voir encadré).

Dans l'application de cette convention, la CEE a pris garde de ne pas remettre en cause ses positions dominantes dans la division internationale du travail : pas d'ouverture de son marché aux produits couverts par la politique européenne agricole commune, entraves techniques pour les produits industriels. En ce qui concerne les produits de base, les pays ACP restent tributaires des variations des cours mondiaux, fixés à Londres ou Chicago.

En dépit du système du Stabex, qui corrige pour les produits agricoles les effets de la détérioration des termes de l'échange, sans bien sûr y remédier, les pays ACP ont vu leur manque à gagner couvert seulement à 52 % en 1980 et 42,8 % en 1981, années d'effondrement des cours. Ne modifiant ni le cours ni le flux des produits, ce système, outre qu'il encourage à la spécialisation dans les cultures d'exportation, ne tient pas compte de l'inflation et permet d'assurer un minimum de liquidités à des pays qui connaîtraient la banqueroute et ne pourraient même plus, de ce fait, constituer un débouché pour la CEE. 50 % des importations ACP proviennent de la CEE et le solde des échanges est largement positif pour l'Europe.

Aujourd'hui, la convention de Lomé joue le rôle d'une bouée de sauvetage percée pour des pays qui apparaissent de plus en plus marginalisés dans les échanges mondiaux dominés par la logique libérale du GATT (Accord général sur les tarifs douaniers et le commerce).

L'Union soviétique et l'Europe de l'Est ont été écartées du dialogue Nord-Sud. Au sein de la CNUCED, ces pays ne proposent pas d'alternative. L'aide aux « pays socialistes en développement » (Cuba, Vietnam, Corée du Nord, Mongolie) absorbe les trois quarts de l'assistance totale, et le poids de Cuba s'est encore renforcé depuis 1972 pour des raisons stratégiques évidentes. Du reste, l'Union soviétique et l'Europe de l'Est ont bien du mal à consolider leurs relations économiques avec les pays « amis ». L'Angola et le Mozambique, d'abord observateurs au CAEM (Conseil d'assistance économique mutuelle) ont adhéré à la convention de Lomé ! « L'aide » militaire reste le moyen commode de maintenir des liens privilégiés, mais l'Est doit rapidement céder le pas aux technologies occidentales.

L'Est pille aussi

La nature des échanges Est-Sud n'est guère alternative : matières premières contre biens d'équipement, sans conditions favorables, sauf pour Cuba. Le Sud, quels que soient les régimes, fournit surtout des produits agricoles (50 % des achats, céréales d'Argentine notamment) à l'Est qui recourt fréquemment aux mécanismes du négoce international.

Depuis les années 1975-1976, l'Union soviétique, largement autosuffisante en minerais, a conclu au meilleur compte — remboursement d'équipements et d'assistance technique sous forme de produits — d'importants accords avec les pays en développement pour conserver ses capacités d'exportation dans la zone du CAEM (phosphates du Maroc, bauxite de Guinée et d'Indonésie). Elle n'hésite pas à user de méthodes de pillage en matière de pêche (Angola, Mozambique) ou de minerais (Mongolie). Enfin, même si elle joue un rôle assez secondaire dans les relations Nord-Sud, la coopération industrielle tripartite (accords entre firmes de l'Est et de l'Ouest pour vendre des ensembles industriels dans les pays en développement) s'est développée depuis 1973, les deux partenaires du Nord reproduisant alors les mêmes relations de dépendance.

A l'heures de la *perestroïka* ces orientations n'ont pas été modifiées. L'URSS participe depuis la dernière CNUCED au Fonds commun de stabilisation des produits de base mais continue — avec les pays d'Europe de l'Est — de mettre l'accent sur la formation et l'encadrement, soit sur le terrain par la présence de conseillers techniques, soit dans les universités (Moscou et Berlin en particulier) qui accueillent de nombreux étudiants venant notamment du continent africain.

Guy Labertit

De l'aide ou du commerce ?

L'aide, et d'abord celle des gouvernements, ne sert à rien. Elle renforce le pouvoir des bureaucrates en place, stérilise les énergies, ne parvient pas à ceux qui en ont besoin et, en multipliant les assistés, elle porte atteinte à la dignité des bénéficiaires.

Voilà brièvement résumés les arguments de certains théoriciens libéraux contre l'aide publique au développement. Moins d'aide donc, plus de commerce et tout ira mieux.

Pour certains militants tiers-mondistes et la majorité des opinions publiques, il faut aider et il n'y a d'aide que désintéressée. L'un doit perdre ce que l'autre gagne. Pas question donc d'utiliser l'argent de l'aide pour remplir les carnets de commande des entreprises des pays du Nord et réduire leur chômage. Robert Buron, alors président du Comité d'aide au développement de l'OCDE, ironisait déjà : « Si Rhône-Poulenc investit aux États-Unis, on appelle cela une bonne ou une mauvaise affaire. Si Rhône-Poulenc investit au Cameroun, on appelle cela de l'aide au développement. »

Depuis, dans les milieux officiels de l'aide publique au développement, la doctrine a bien changé. C'est, disons, la théorie de l'interdépendance qui domine. Ce qui est gagné par l'un n'est pas perdu par l'autre. Une même affaire peut être bonne pour l'ensemble des parties en présence. « Aider le tiers monde, c'est s'aider soi-même à sortir de la crise. » Dès lors, on parle plutôt de coopération pour le développement. L'intégralité des partenaires se trouve en quelque sorte escamotée au profit de la recherche des complémentarités.

L'exemple du protocole sucre des accords de Lomé montre que ce changement de vocabulaire ne règle pas définitivement les rapports entre l'aide et le commerce. Cela est vrai notamment lorsque les deux partenaires sont ou deviennent capables de produire le même bien ou le même service.

Le souffle de Lomé

Ce protocole est annexé à la Convention de Lomé. Il fut paraphé le 28 février 1975.

D'un côté, ceux des pays signataires de la Convention qui étaient producteurs de sucre de canne et fournisseurs de la Grande-Bretagne. Quand elle décida d'entrer dans le Marché commun, celle-ci exigea que ses sources traditionnelles d'approvisionnement et les liens historiques tissés au sein du Commonwealth ne soient pas remis en cause.

De l'autre, les pays européens. Ils ne manquaient pas de sucre. Les producteurs de betterave du continent, et d'abord les Français, auraient préféré que les Britanniques en viennent à consommer leur

Accords CEE/ACP :
esprit de Lomé, où es-tu ?

En 1975, en pleine euphorie du « Nouvel ordre économique international », la CEE signait avec une soixantaine de pays d'Afrique, des Caraïbes et du Pacifique (dits pays ACP) la convention de Lomé. Dans une optique de « partenariat », la riche Europe s'engageait à appuyer financièrement le développement économique de ces pays. Souvent présentée comme un modèle d'aide au développement, la convention de Lomé est-elle vraiment l'accord parfait chanté par certains ténors de Bruxelles ?

Dans les années soixante-dix, l'accent était mis sur le secteur exportateur pour stimuler la croissance. La CEE supprima donc les droits de douane pour la plupart des produits ACP lors de leur entrée sur le marché européen. Elle s'est par ailleurs engagée à stabiliser les recettes d'exportation des pays ACP. Si un pays connaît une baisse des recettes d'exportation des produits agricoles ou miniers, il peut obtenir des prêts automatiques très bon marché qui doivent lui permettre de compenser son déficit de recettes d'exportation ou d'investir dans le secteur en mal de compétitivité internationale. Pour compléter le dispositif, Bruxelles octroie des prêts à long terme et à des taux d'intérêt très faibles pour financer des opérations de développement.

Dix ans plus tard, le bilan de cette aide publique massive n'était guère flatteur. Contrairement à ses concurrents latino-américains ou asiatiques, le continent noir n'a pas profité de la conjoncture favorable des années soixante-dix pour accroître ses exportations de produits tropicaux. A l'exception du thé et du café, l'Afrique a perdu des parts de marché sur tous les autres produits. Qui plus est, elle est restée exportatrice de produits primaires non transformés et n'a diversifié que très rarement ses exportations : aucun pays ACP n'a réussi, d'ailleurs, à se glisser dans les rangs des nouveaux pays industrialisés.

Chacun sait déjà que les fonds versés par la CEE servent avant tout à compenser le déficit budgétaire des États, et rarement à renforcer la compétitivité d'économies en perte de vitesse sur les marchés internationaux. Déplorant que l'aide n'aboutisse souvent qu'à construire des « cathédrales dans le désert », Edgard Pisani, alors commissaire européen au Développement, proposa en 1982 aux pays ACP de discuter de l'utilisation de l'aide communautaire. Opposition rapide des « partenaires » africains : l'aide est donnée sans condition et il ne peut être question d'ingérence dans les affaires des pays ACP.

Le sacro-saint principe de non-ingérence, cher à l'esprit de Lomé, ne devait pas résister longtemps à la dégradation rapide de la situation économique africaine. Avec une dette d'environ 650 milliards de francs en 1987 et des exportations en chute libre, l'Afrique noire n'a pas d'autre choix que de se tourner vers le FMI.

Pour les experts de Bruxelles, l'aide communautaire ne doit plus seulement financer des projets agricoles ou industriels mais contribuer à assainir financièrement l'ensemble de l'économie de ces pays, ce que les experts du FMI appellent l'« ajustement structurel ». Dans cette optique, les fonds de la convention Lomé IV, prévue pour commencer en 1990, risquaient de servir avant tout au remboursement de la dette. L'aide européenne permet en effet aux pays ACP d'économiser des devises qui servent alors à rembourser le FMI et la Banque mondiale. Pas dupe de ce détournement de l'aide au développement, la CEE souhaite donc devenir l'un des acteurs de l'ajustement structurel, aux côtés du FMI et de la Banque mondiale.

Officiellement, la CEE semble exiger des sacrifices sociaux moins « durs » que ceux réclamés par les institutions de Washington. Mais elle risque cependant bien d'y perdre son âme si elle ne sait pas imposer une « autre politique ».

La démocratie, corollaire du développement, est absente de la plupart des pays ACP : la CEE, si exigeante pour l'Espagne et le Portugal, en fera-t-elle une condition pour octroyer son aide ? Pour les vingt-deux États ACP les plus démunis, le service de la dette absorbe en moyenne 60 % des recettes d'exportation : ces pays ne pourront retrouver le chemin de la croissance que si on annule partie ou totalité de leurs dettes. Le FMI y est opposé, la CEE aura-t-elle une autre position ?

Vincent Leclercq

sucre à eux. Mais 1974 avait vu les prix flamber sur les marchés internationaux et certains avaient pu estimer que c'était là le début d'une longue période de pénurie. Surtout, Tate and Lyle, qui avait le monopole du raffinage du sucre de canne importé du Sud, n'était nullement disposée à se laisser priver de sa matière première.

La CEE s'engagea donc à acheter et importer chaque année, 1,3 million de tonnes de sucre (équivalent sucre blanc). Les pays d'Afrique, Caraïbe et Pacifique (ACP) signataires, sont tenus de les lui fournir. Et cela à des prix qui ne peuvent être inférieurs au prix le plus bas pratiqué à l'intérieur de l'Europe agricole (prix d'intervention). Seul acheteur, Tate and Lyle était donc, dans cette affaire, l'allié des fournisseurs étrangers à la Communauté.

Le souffle de Lomé, la détermination des pays ACP, la bourrasque de 1974 sur les marchés internationaux, les pressions de Tate and Lyle et les contraintes de la politique agricole commune ont donc accouché d'un accord qui a la noble intention de mettre sur pied d'égalité les betteraviers de Picardie et les coupeurs de canne de l'île Maurice ou des Caraïbes.

A deux exceptions près (1975 et 1981), les prix du sucre en Europe ont toujours été supérieurs aux prix internationaux. Le montant de la différence correspond, d'un côté, à l'avantage obtenu par les pays ACP fournisseurs et, de l'autre, aux coûts consentis par les « bénéficiaires ».

En 1983-1984, les contribuables de la CEE ont ainsi déboursé environ 3 milliards FF pour financer la réexportation du sucre ACP. Pourquoi la réexportation ? Parce que la production communautaire est largement supérieure à la consommation. En 1984-1985, au titre du protocole sucre, l'île Maurice en a ainsi perçu l'équivalent de 2 000 FF par habitant.

En 1985-1986, les betteraviers européens ont produit près de 14 millions de tonnes de sucre brut. Mais les consommateurs n'en ont avalé que 10. A cet excédent il a donc fallu ajouter le sucre ACP. Coût total du stockage et des exportations : 11 milliards FF.

Un non-sens économique

On peut bien sûr regretter que Bruxelles n'ait pas eu, en cette affaire, une politique plus cohérente. En vérité, soumise à des pressions contradictoires (betteraviers, constructeurs de sucreries, ceux que Claude Cheysson, alors commissaire européen, appelait les « marchands de chaudrons », banquiers, assureurs, transporteurs, salariés de Tate and Lyle, dockers…) les « eurocrates » semblent avoir accumulé toutes les erreurs possibles : d'un côté, les ministres de la Coopération (Direction générale VIII) négocient et paraphent le protocole sucre ; de l'autre, ceux de l'Agriculture (Direction générale VI) augmentent les quotas de production communautaire. Pour couronner le tout, le Fonds européen du développement (FED) et les gouvernements des États membres financent sans compter les investissements sucriers dans les pays ACP producteurs et exportateurs de sucre. Résultat : des montagnes de sucre en Europe. Des exportations devenues ruineuses. Des prix internationaux durablement déprimés. Des États emprunteurs au bord de la faillite. Un accord présenté comme exemplaire devient ainsi « un non-sens économique », pour reprendre l'expression d'un ancien président de la Confédération européenne des betteraviers.

Pour les représentants des pays ACP, un accord « strictement commercial » a été signé. Et cela pour une durée indéterminée. Il doit être respecté. C'est à la CEE d'assumer les conséquences de ses incohérences. Elle doit honorer sa signature.

Pour nombre de responsables européens, notamment des parlementaires, ces milliards de francs devraient être inscrits au budget de l'aide au développement, au même titre que l'aide alimentaire ou le financement du système de stabilisation des recettes à l'exportation prévu dans les accords de Lomé pour d'autres matières premières agricoles que le sucre (STABEX). Notons en passant que pour certains exercices budgétaires, ces trois lignes ont des montants à peu près équivalents.

En finir avec le pacte colonial

Mais le Conseil des ministres de la Communauté n'a jamais voulu franchir le pas qui aurait fait d'un mécanisme commercial un système d'aide au développement. Le financement du protocole sucre est donc resté inscrit au Fonds européen de garantie et d'orientation agricoles (FEOGA). Officiellement, les pays ACP sont placés au même rang que les fournisseurs européens.

Comment en sortir ? La CEE devrait certainement réduire ses exportations et adhérer aux accords internationaux ayant pour objectif d'organiser le marché mondial. Mais on ne voit pas comment elle peut, commerciale-ment parlant, indéfiniment importer un sucre dont elle n'a pas besoin.

Au moins une partie des sommes dépensées au titre du protocole devraient être utilisées pour financer des programmes de diversification. Certaines terres pourraient produire autre chose que de la canne et certaines cannes pourraient donner autre chose que du sucre. Quand on sait ce que coûtent à certains pays ACP les importations énergétiques ou alimentaires, ces possibilités ne peuvent être écartées d'un simple revers de main.

Évidemment, le club des bénéficiaires du protocole est plutôt enclin à penser qu'«un bon tiens vaut mieux que deux tu l'auras». Il reste qu'à vouloir conserver les choses en l'état, ils risquent gros. Bien sûr, du temps de la colonisation, les puissances impérialistes ne se sont jamais posé la question de la nécessaire diversification de la production. Mais il est non moins assuré que, s'agissant d'abolir le pacte colonial, le protocole sucre a fait lui aussi la preuve de son impuissance. Les «îles à sucre» sont restées des «îles à sucre».

Charles Condamines

Coopération à la française : d'abord l'Afrique

En France, de fait, le ministère de la Coopération est celui de l'Afrique subsaharienne. Le ministre socialiste Jean-Pierre Cot, dans sa vaine tentative de décoloniser les rapports franco-africains et de «désafricaniser» la coopération, au début des années quatre-vingt, l'avait rebaptisé ministère de la Coopération et du Développement. Plus qu'un symbole ! Son projet étouffé par une logique étatique impériale, il dut se démettre.

Les accords de coopération civile et militaire, les accords de défense signés avec les anciennes colonies au début des années soixante, un important arsenal administratif, les leviers financiers de la coopération (Trésor, Fonds d'aide et de coopération — FAC, Caisse centrale de coopération économique — CCCE), la Banque française du commerce extérieur (BFCE), la Compagnie française d'assurance pour le commerce extérieur (COFACE), les rouages de la zone franc, etc., ont servi de base à l'action de l'État français en Afrique.

Après un quart de siècle, on ne peut que constater la stagnation ou la régression du niveau de vie des paysanneries africaines et des couches populaires urbaines, la marginalisation commerciale et économique de la zone d'influence française.

Pourtant, c'est au nom du *credo* « développementiste » que les dirigeants africains, civils et militaires, ont instauré des régimes autocratiques, le plus souvent à parti unique. L'édification des jeunes nations, en coopération avec la France, devait se faire au prix de la mise entre parenthèses de l'expression démocratique. Au bout de vingt-cinq ans, l'Afrique s'enfonce dans le sous-développement et l'arbitraire politique.

Le quadrillage militaire de l'Afrique

Cette coopération n'a pas permis de promouvoir dans chaque pays nouvellement indépendant une accumulation nationale, et la dépendance économique — y compris alimentaire — s'est accrue. En revanche, avec la complaisance des classes dirigeantes africaines, elle a favorisé le mercantilisme des entreprises françaises, commerciales et industrielles, publiques et privées, s'appuyant sur les financements publics et les rentes de situation. En 1981, la France, au plus fort de son déficit commercial (100 milliards de FF), était excédentaire de plus de 23 milliards avec l'Afrique.

La révision de certaines pratiques passées (dépenses somptuaires, gigantisme de projets industriels et agricoles inadaptés) n'a pas modifié la logique globale de la coopération française qui prend en compte l'influence croissante du FMI en Afrique et qui réduit de façon draconienne les déséquilibres financiers en se fondant sur une analyse strictement interne de chaque pays, excluant la prise en compte des rapports de domination. Mais c'est avant tout une vision géopolitique de l'Afrique qui guide la politique française sur ce continent. Pour Paris, la coopération est le moyen de préserver sa zone d'influence en Afrique.

La dimension militaire et stratégique est primordiale en des temps où le rôle économique de cette partie du monde s'affaiblit. Le maintien d'un quadrillage militaire du continent traduit ce souci : bases en Afrique occidentale (Sénégal, Côte-d'Ivoire), en Afrique centrale (République centrafricaine, Gabon), sur la côte orientale et dans l'océan Indien (Djibouti, avec appuis à La Réunion et Mayotte), 1 200 à 1 500 conseillers militaires présents dans dix-sept pays, formation en France de milliers d'officiers et sous-officiers africains. La constitution d'une Force d'action rapide (FAR) de 47 000 hommes, dont 7 000 stationnent en permanence en Afrique, assure à Paris une capacité d'intervention (voir l'encadré) au nom de deux objectifs : inviolabilité de la zone dans son ensemble, soutien aux régimes fidèles à Paris, même s'ils sont les plus dictatoriaux (Togo, Zaïre, Côte-d'Ivoire, Gabon, Tchad...).

Cette perception militaro-stratégique de l'Afrique relègue au second plan la dimension culturelle, plus présente dans les discours au temps de Georges Pompidou et de Léopold Sédar Senghor, le président sénégalais qui devait postuler à l'Académie française. Fondée en 1970, l'Agence de coopération culturelle et technique (ACCT), regroupant la plupart des pays officiellement francophones, mène une activité routinière. La création en mars 1986 du ministère de la Francophonie, aux attributions incertaines, semblait plus relever du symbole que d'une réelle volonté de mener une politique culturelle dynamique.

Le deuxième sommet de la francophonie, organisé en septembre 1987 à Québec, a surtout mis en avant certains aspects (formation

Qu'est-ce que la zone franc ?

L'origine de la zone franc se trouve dans l'aménagement des relations monétaires entre la France et les territoires sous sa dépendance, au cours de la Seconde Guerre mondiale. Lors des indépendances (au tournant des années cinquante et soixante), un certain nombre de ces pays ont conservé avec la France des liens monétaires particuliers, formalisés par la signature de conventions avec l'ancienne métropole. Dans sa configuration de la fin des années quatre-vingt, la zone franc comprend, outre la France et ses départements et territoires d'outre-mer, quatorze pays indépendants d'Afrique subsaharienne, regroupés en trois sous-ensemble.

L'union monétaire ouest-africaine (UMOA) qui est constituée par le Bénin, le Burkina-Faso, la Côte-d'Ivoire, le Mali, le Niger, le Sénégal et le Togo, a pour monnaie le franc de la Communauté financière africaine (franc CFA, ou FCFA). Celui-ci est émis par un institut d'émission commun, la Banque centrale des États d'Afrique de l'Ouest (BCEAO). En Afrique centrale, le Cameroun, le Congo, le Gabon, la Guinée équatoriale, la République centrafricaine et le Tchad ont, eux aussi, pour monnaie le franc CFA émis par un institut d'émission commun, la Banque des États d'Afrique centrale (BEAC). Enfin, l'archipel des Comores a pour monnaie le franc comorien (FC), émis par la Banque centrale des Comores (BCC).

Dix de ces quatorze pays sont des « pays à faible revenu » dont le PNB par tête n'excédait pas 425 dollars en 1986. Seuls le Cameroun, la Côte-d'Ivoire, le Congo et le Gabon figurent parmi les pays à « revenu intermédiaire ». L'ensemble représente une population de 68 millions d'habitants, soit environ 15 % de la population d'Afrique subsaharienne.

La zone franc est, en 1989, la seule zone monétaire, au sens plein du terme, existant dans le monde. Elle présente les trois caractéristiques qui définissent cette notion :

— parité fixe des monnaies entre elles : 1 FCFA (de la BCEAO comme de la BEAC) ou 1 FC s'échange contre 0,02 franc français (FF);
— convertibilité, c'est-à-dire liberté des transferts entre les monnaies de la zone, aussi bien à l'intérieur de chaque région (UMOA, BEAC, Comores), qu'entre régions, et qu'entre celles-ci et la France;
— mise en commun des réserves de changes, c'est-à-dire des monnaies étrangères détenues par les pays membres de la zone.

Les comptes d'opération constituent le pivot du système. Chaque institut d'émission (BCEAO, BEAC, BCC) dispose d'un compte de ce type auprès du Trésor français. Il doit y déposer un certain pourcentage (65 %) de ses avoirs en devises, qu'il s'agisse de francs français ou de monnaies tierces qui sont alors préalablement converties en francs français. Ces dernières sont garanties contre la dépréciation du franc français par une clause d'indexation sur le DTS (droits de tirage spéciaux). Ces dépôts au Trésor sont rémunérés, lorsque le solde est créditeur, par le versement d'un intérêt égal au taux du marché monétaire français.

En revanche, lorsque les pays africains de la zone ont un besoin de devises supérieur à leurs ressources ils peuvent tirer sur leur compte d'opération, dont le solde devient débiteur. Le Trésor français leur prête alors la quantité de francs français nécessaire contre paiement d'un intérêt. La contrepartie de cette garantie du FCFA et du FC par le FF est une participation de la France à la gestion des systèmes monétaires nationaux (par la présence de représentants français dans les conseils d'administration des banques centrales africaines et dans les comités monétaires nationaux) et l'existence de normes statutaires destinées à limiter les sources de déficit extérieur et les pressions inflationnistes (par la limitation des avances aux États et la définition de seuils entraînant des mesures de correction automatique).

Dans les années qui ont suivi les indépendances, le débat qui eut lieu à propos de la zone franc portait essentiellement sur la perte d'autonomie qui en résultait pour les politiques monétaires nationales. Les déséquilibres croissants des PVD survenus depuis le début des années quatre-vingt ont changé les données du problème : les politiques économiques de la quasi-totalité des pays africains ont dû, elles aussi, suivre des prescriptions extérieures, celles du FMI et de la Banque mondiale.

En revanche, le débat sur les implications de la parité fixe avec le FF a pris une vigueur accrue dans la mesure où, après les PVD asiatiques, et sous l'impulsion du FMI et de la Banque mondiale, un grand nombre de pays africains ont fait du maniement du taux de change un instrument d'ajustement économique. Les avantages que procurent la convertibilité illimitée des monnaies de la zone franc et leur rattachement indirect à la zone de stabilité monétaire européenne (Système monétaire européen) sont cependant des arguments très forts en faveur de la zone franc.

Marie-France L'Héritau

et recherche) du développement économique et technologique (communication télévisuelle) des pays les plus démunis, la France et le Canada se livrant à peu de frais à une concurrence remarquée par les 25 délégations africaines...

La diminution du nombre des enseignants français qui constituent la majorité des coopérants en Afrique et surtout le rôle qui leur est dévolu (peu de formations de formateurs pourtant officiellement prioritaires), la stagnation des bourses des étudiants et stagiaires africains en France en raison d'économies reflètent l'absence d'un projet culturel cohérent. Souffrant des mêmes réductions budgétaires, quelques organismes de coopération culturelle végètent. Tout cela se manifeste par une certaine remise en cause de l'hégémonie de l'ancienne métropole coloniale dans ce domaine.

La logique de la France impériale

Dans les tribunes internationales, la France, notamment sous la présidence de François Mitterrand, s'est souvent faite le défenseur de rapports plus égalitaires à l'échelle mondiale ; Valéry Giscard d'Estaing, au début de son mandat, avait joué un rôle dynamique dans la mise en place d'institutions de dialogue Nord-Sud. Pourtant, la coopération française reste un modèle d'archaïsme fleurant la colonie.

En 1981, les tentatives de rénovation s'opposant au mercantilisme, au libéralisme économique sauvage, s'attachant à définir des politiques de développement autocentré, d'autonomie régionale, optant pour une nécessaire démocratisation des régimes en place, se sont heurtées à la logique étatique de la France impériale à laquelle adhère une bonne partie des classes au pouvoir en Afrique.

Cette convergence d'intérêts entre les acteurs politiques du dialogue Nord-Sud, dans ce cas de figure, en montre les limites. Certes, la reconnaissance de la revendication d'un nouvel ordre économique, imposée par les États pétroliers, a créé des divergences temporaires entre puissances dominantes inquiétées par ce rapport de force inédit. Une telle situation a abouti à des concessions provisoires, mais le front du Sud a été brisé par l'alliance et la coopération entre les monarchies pétrolières et les puissances occidentales. La nouvelle division internationale du travail qui a continué de s'organiser sur la base de cette coopération financière a accru la dépendance et l'asservissement des pays du Sud, et maintenu des relations de nature impérialiste, par le cycle infernal de l'endettement.

En Afrique subsaharienne, les plus faibles, tenus de rembourser leurs dettes — souvent des fonds publics d'aide au développement — sont contraints de réduire leurs activités économiques et se marginalisent sans espoir de redressement. La politique des classes dirigeantes de ces pays, conjuguée aux méthodes du FMI, accélère l'exode rural, frappe les couches salariées des villes et incite à l'émigration vers les pays dominants où sévissent pourtant crise et chômage.

Guy Labertit

Les interventions françaises

• Dans le «pré carré» des anciennes colonies

— Sénégal *(décembre 1962) : tentative de coup d'État contre le président Senghor. Les troupes françaises basées à Dakar le maintiennent au pouvoir.*

— Sahara occidental *(novembre 1977) : bombardements des colonnes du Front Polisario par des avions Jaguar (opération Lamentin en Mauritanie de novembre 1977 à mai 1978).*

— Togo *(septembre 1986) : envoi de 200 parachutistes et 4 avions Jaguar pour soutenir le général Éyadéma menacé par un commando d'opposants.*

— Gabon *(février 1964) : le président Léon M'Ba, renversé par un comité révolutionnaire, est rétabli dans ses fonctions par l'intervention de troupes françaises venues de Dakar et de Brazzaville.*

— Tchad :
• *1968 : mission limitée des troupes françaises dans le Borkou-Ennedi-Tibesti (BET) où opère la 2e armée du FROLINAT.*
• *Avril 1969 - juin 1971 : installation d'un corps expéditionnaire de 2 000 hommes de la Légion étrangère dans les zones de combat où opère la 1re armée du FROLINAT contre la dictature de Tombalbaye.*
• *Septembre 1975 : le général Malloum demande l'évacuation française des bases de N'Djaména et de Sarh.*
• *Février 1978 - avril 1980, opération Tacaud : envoi d'un corps expéditionnaire de 2 000 hommes avec un fort appui aérien pour soutenir le général Malloum et contenir le FROLINAT. Ce dernier participe au pouvoir à partir de 1979, le général Malloum se retire.*

• *Août 1983 - novembre 1984, opération Manta : 3 000 hommes, armement de pointe, avions Jaguar et Mirage pour conforter Hissène Habré menacé par l'offensive de l'opposition du GUNT appuyée par la Libye.*
• *A partir de février 1986, opération Épervier, avec le même objectif que l'opération Manta. Dispositif déployé et très renforcé en février 1987 (plus de 2 000 hommes et fort appui aérien). Bien qu'allégé en effectifs, ce dispositif était toujours présent en janvier 1989.*

— République centrafricaine, *(septembre 1979) : opération Barracuda : installation de David Dacko en remplacement de Bokassa Ier dont la dictature sanglante et les amitiés avec Giscard d'Estaing deviennent trop compromettantes. Réactivation des bases de Bangui et de Bouar où les «barracudas» sont toujours présents en 1987 autour du général Kolingba.*

• Dans le «pré carré élargi»
(zone officiellement francophone)

— Zaïre *(ex-colonie belge), mars 1977 : occupation de la province du Shaba (ex-Katanga), riche en minerais, par le Front national de libération du Congo (FNLC) qui s'est infiltré par l'Angola. La France intervient et assure avec l'accord des États-Unis un pont aérien entre Rabat et Kinshasa pour transporter un contingent marocain au secours de Mobutu.*
• *Mai - juin 1978, opération Bonite : opération aéroportée sur Kolwezi dans le Shaba pour rétablir l'autorité de Mobutu encore menacée par le FNLC.*

Guy Labertit

Les immigrés, l'autre face du tiers monde

En désignant par le terme générique tiers monde tous ces peuples auxquels on ne parvenait pas à donner une place, les pays industrialisés ont, malgré eux, admis de façon implicite le peu de cas qu'ils entendaient faire de ceux-ci dans leurs équations économiques. Ce devait être avant tout des pions facilement manœuvrables, rien de plus. Et demande-t-on son avis à un pion avant de le déplacer ?

Un peu comme dans une ville où on crée des ghettos en périphérie, afin d'épargner le centre et les beaux quartiers, les pays riches ont bâti ces ghettos que sont les pays dits en voie de développement. Richard Wright affirmait, dans un avertissement prémonitoire, que le Nord allait se comporter à l'égard du Sud comme les États-Unis l'ont fait avec les Noirs américains. L'histoire lui aura donné raison. A cela près que les gens du ghetto ont été un jour appelés par les gens des beaux quartiers pour exécuter leurs besognes pénibles. Les loqueteux sont ainsi venus se confronter à l'insolente opulence des riches, ont loyalement servi, et se sont même mis à penser, contrairement à ce que l'on attendait d'eux. Ils ont même eu des revendications. Aujourd'hui où ceux qui sont restés deviennent trop encombrants, on fait tout pour les jeter dehors, les renvoyer à leurs pays pillés. Les partis extrémistes, dans cette nouvelle guerre, tiennent les premiers rôles, en profitant de la conjoncture économique internationale pour exacerber les élans xénophobes latents dans toutes les sociétés.

Les limites
de l'humanisme occidental

Les problèmes que soulève l'immigration sont autant d'exemples criants des limites de l'humanisme occidental. On accepte la misère, la faim, la différence, tant que tout cela est cantonné dans les zones éloignées. Loin des yeux. De temps en temps, on reçoit des nouvelles, on compatit. On y va même parfois de son denier. Un peu comme certains vont encore à confesse. Pour se soulager. Sans se rendre compte qu'en agissant de la sorte on contribue à entretenir un des systèmes les plus pervers, les plus hypocrites qui soit.

L'immigration dans les pays occidentaux pendant les dernières années coloniales et dans l'immédiate période post-coloniale était composée, et pour cause, d'hommes et de femmes venus du tiers monde. En majeure partie, des colonies, ou, pour les puissances non coloniales comme les États-Unis, des pays pauvres voisins, le Mexique, notamment.

Les pays d'accueil ont eu ainsi l'occasion de se confronter à ce tiers monde souvent perçu comme une abstraction malgré le fait que, tant sur le plan géopolitique que sur le plan économique, les plus mal lotis aient toujours représenté une menace occulte pour les pays dits développés. Il suffit de penser aux sueurs froides que la dette extérieure de pays comme le Mexique ou le Brésil provoque chez les prêteurs occidentaux pour s'en convaincre.

L'incapacité des pays occidentaux à gérer leurs problèmes d'immigration souligne les limites de leurs « bonnes dispositions », à l'égard du tiers monde. En une période où les difficultés dans ces régions se développent selon une courbe inversement proportionnelle à l'enrichissement du monde, il est symptomatique de constater la formidable campagne de désinformation dont l'immigration a été la victime.

Un racisme latent

Pourtant, les peuples du tiers monde et les populations immigrées se confondent. Ensemble, ils ont contribué en hommes, en travail, en vies humaines, au développement des pays occidentaux. A ce titre, ils ont droit au partage équitable des biens, en tant que partenaires à part égale, et non point comme des mendiants encombrants. Le vrai racisme consisterait à nier cet état de fait. Or, c'est précisément ce que nous vivons aujourd'hui.

La perversion de tout système d'assistance humanitaire, et, par extension, de tout système d'aide, est qu'il instaure entre l'aidant et l'aidé une distorsion qui place celui qui reçoit dans le rôle d'un inférieur auquel on accorderait une aumône. Or, les peuples du tiers monde ne sont pas des mendiants. Ils sont au contraire des victimes expiatoires de toute la mégalomanie occidentale, de tout le système économique dominant.

La perversion fondamentale du système d'assistance humanitaire — dont on a commencé, en Occident, à percevoir les limites — aura été d'inscrire les pays du tiers monde dans un état de dépendance dont on savait qu'il ferait d'eux des esclaves fidèles et obéissants. Dans les pays dits sous-développés, ce système d'aliénation a eu des répercussions considérables, tant sur le plan économique que sur le plan intellectuel et moral.

Le système de mise en état de dépendance a tellement bien fonctionné que les pays du tiers monde, aujourd'hui qu'ils jouissent d'une certaine liberté, restent prisonniers de cette logique séculaire. Les dirigeants comme la population attendent toujours l'aide qui viendra de l'extérieur pour résoudre leurs problèmes, et sombrent dans une fatalité d'un cynisme inquiétant. « Il y a la Banque mondiale. Il y a les anciennes métropoles coloniales. Elles sont riches et elles nous ont exploités. A elles de payer. » C'est en restaurant à ces pays leur dignité de nations, non comme un cadeau, mais comme un dû, c'est en reconnaissant en eux des partenaires égaux, que l'on réussira à sortir de cette impasse baptisée « crise économique mondiale » et à faire reculer le racisme envers ces populations.

Nous nous approchons doucement, trop lentement, sans doute, de ce temps-là. Il est à déplorer que ce soit principalement le fait de considérations économiques, et non celui de prises de conscience humanistes. Il faudra certainement plus de trente années d'indépendance pour défaire ce qui s'est mis en place au cours de plusieurs siècles.

Reste présente une volonté de conserver des privilèges absurdes. Comme si l'histoire n'avait pas été suffisamment riche en enseignements.

Simon Njami

POLITIQUES BILATÉRALES

Les politiques d'aide bilatérale menées par les États du Nord semblent épouser leurs objectifs économiques et stratégiques. Cependant, d'autres logiques sont susceptibles de faire évoluer ces politiques.

L'aide publique au développement s'est constituée historiquement dès l'après-guerre, sur la base de deux orientations principales. Les États-Unis d'Amérique finançaient d'une part la reconstruction du Japon et des pays européens (plan George C. Marshall), et, d'autre part, le développement de certains pays dont on estimait qu'ils pouvaient basculer vers le bloc de l'Est, en particulier la Grèce et la Turquie (doctrine Truman 1947). L'aide publique au développement (APD) était alors assurée pour la moitié par les États-Unis, le reste correspondant aux dépenses des empires français et britannique. Très rapidement, les guerres de décolonisation et les transitions pacifiques vers l'indépendance ont changé la nature de

INDICATEURS DE L'AIDE BILATÉRALE DES PAYS DU NORD
Moyenne 1986-1987

Pays	Part PNB (%)	Part de l'APD mondiale (%)	Équivalent don[1] (%)	Part de l'aide bilatérale (%)	Part de l'aide aux PMA[2] (%)	Part de l'aide aux PRITS [3]
États-Unis	0,21	23,7	0,24	88,9	16,4	24,5
URSS	0,20	12	faible	> 90	-	-
France	0,50	10,2	0,68	89,2	13,3	41,7
Royaume-Uni	0,29	4,6	0,34	75,1	7,5	9,5
RFA	0,41	10,5	0,45	81,2	15,0	12,1
Italie	0,37	6,4	0,33	76,4	17,0	9,9
Belgique	0,48	1,6	0,51	78,8	10,7	5,7
Pays-Bas	0,99	4,9	0,96	75	12,8	13,5
Japon	0,30	16,7	0,25	69,5	21,0	8,6
Canada	0,47	4,6	0,49	64,6	10,6	3,7

Source : OCDE - Rapports 1987 et 1988 - Coopération pour le développement

1. Versements sous forme de dons plus élément de libéralité des engagements au titre de prêts d'APD rapportés aux versements bruts de prêts d'APD (définition OCDE).
2. Pays les moins avancés
3. Pays à revenu intermédiaire, tranche supérieure (supérieur à 1 300 dollars/hab. Source BIRD).

États-Unis :
des choix à dimension stratégique

L'aide publique au développement est, aux États-Unis, fortement intégrée aux objectifs stratégiques. La période de stabilisation du Pacifique et de la périphérie de la Chine étant en partie achevée à la fin des années cinquante (aides à la Corée, à Taïwan, aide alimentaire en Asie), c'est la crise cubaine qui allait entraîner une rénovation de la géographie de l'aide et de ses méthodes. L'Amérique latine devenait un enjeu stratégique. Après plus d'un siècle d'interventions diverses dans les guerres intestines entre libéraux et conservateurs latino-américains, les États-Unis poursuivaient leur politique de présence et d'intervention en favorisant des changements économiques structurels, par exemple, en incitant à réaliser des réformes agraires afin d'éviter le développement de poches de misère et l'accroissement des inégalités considérées comme étant la source potentielles des guérillas pro-cubaines. L'Alliance par le progrès, l'USAID et différentes fondations privées (Ford, Rockfeller) et publiques (Inter-American Fundation) en ont été les instruments.

Dès la fin des années soixante, l'ADP américaine s'est trouvée limitée par le Congrès, de plus en plus hostile à ces dépenses, dans un contexte de déficit important de la balance des paiements. Parallèlement, la guerre du Vietnam s'intensifiait ainsi que l'aide au régime de Saïgon. Après la chute de celui-ci, en 1975, la priorité de l'aide s'est reportée vers Israël, l'Égypte et le Moyen-Orient (Iran) afin de faciliter un processus de paix dans la région, d'éviter de nouveaux chocs pétroliers (présidence de Jimmy Carter).

Dans les années quatre-vingt, une autre priorité géopolitique est apparue dans les Caraïbes et en Amérique centrale, afin de limiter la progression des guérillas et l'installation de régimes alliés à l'URSS (présidence de Ronald Reagan). En même temps, l'Afrique subsaharienne en proie à la sécheresse et les pays proches de la Libye recevaient une aide accrue. Les États-Unis, enfin, consacrent des sommes importantes aux pays qui abritent leurs bases militaires (Philippines, Panama...).

Ainsi, pendant toute cette période, l'APD américaine apparaît-elle largement déterminée par des intérêts stratégiques, ce qui explique sa grande mobilité géographique. Cela n'a pas empêché une réduction importante du volume global de cette aide dès les années soixante. Si celle-ci ne représente que 0,21 % du PNB (1987), c'est-à-dire le taux le plus faible des pays de l'OCDE, l'aide américaine n'en reste pas moins la première du monde en volume, représentant 24 % de l'APD totale de 1987 [source : OCDE].

Depuis 1980, l'insolvabilité d'un grand nombre d'États endettés a poussé les États-Unis à s'engager fortement aux côtés du FMI et de la Banque mondiale, qu'ils influencent beaucoup, pour restaurer les équilibres financiers et «ajuster» les économies des pays concernés à l'économie mondiale. En 1985 était formulé l'AEPRP (African Economy Policy Reform Program), puis le programme Food for Progress. Tout comme le Caribean Basin Initiative (1983) et le Central American Initiative (1985), ces programmes d'aide et d'ajustement ont été conditionnés par l'application de politiques économiques très libérales à l'intérieur des pays (réduction du rôle de l'État, restauration du marché) et dans la relation avec l'économie mondiale (baisse des taxes d'importation et d'exportation, ouverture aux marchés internationaux). Ces politiques rencontrent de lourdes difficultés d'application et des résistances en Afrique.

Les conditions financières de l'aide américaine sont très souples et adaptables au cas par cas, ce qui est permis par l'absence de directives en ce qui concerne le Economic Support Fund qui est un des instruments les plus importants. L'aide est très concessionnelle en ce qui concerne la part des dons, en particulier pour les «pays les moins avancés» (PMA) qui reçoivent exclusivement des dons. L'aide alimentaire y joue un rôle essentiel (Public Law 480). La mise en place, dans les années quatre-vingt, d'un programme d'aide à l'exportation de produits agricoles (Bonus Incentive Commodity Export Program - BICEP qui a pris ensuite le nom de Export Enhancement Program - EEP) a complété le dispositif de la PL 480, contribuant à faire des États-Unis le plus grand exportateur agricole et à dominer ainsi certains marchés jusqu'alors considérés comme des chasses gardées (par exemple blé, maïs, riz, coton).

Michel Griffon

ces aides alors que, parallèlement, l'aide américaine s'orientait vers d'autres régions : Corée, Vietnam, Amérique latine...

Pendant les trente années qui ont suivi les indépendances, les évolutions ont été diverses. Pour les États-Unis l'aide publique au développement est restée un outil fortement intégré aux objectifs géostratégiques : Amérique latine, Afrique sahélienne proche de la Libye, Amérique centrale après le succès sandiniste (1979), Israël et Égypte après les accords de Camp David (1978) [voir encadré]. Il en

URSS et Europe de l'Est : une aide faible mais très politique

L'URSS fournit un effort encore plus faible que les États-Unis en proportion de son PNB : 0,2 %. Le volume global de l'APD soviétique cumulé avec celui de l'APD de l'Europe de l'Est — elle aussi très limitée —, ne représenterait que 12 % de l'APD mondiale. Cette aide est presque exclusivement bilatérale, et les contributions obligatoires aux Nations Unies sont versées en monnaie non convertible, ce qui assure un taux de retour de 100 %, mais contribue à limiter la participation des experts.

La coopération soviétique reste marquée par le modèle stalinien de développement économique qu'elle a tenté d'exporter. Elle finance de grands projets d'appui au secteur public destinés à constituer des appareils industriels lourds, l'ensemble étant fréquemment accompagné de formation professionnelle. Ces projets font l'objet de prêts, et très rarement de dons. Ils s'inscrivent dans des plans de coopération et d'échanges économiques à long terme. En ce sens, ils favorisent une division internationale du travail à l'intérieur de l'espace de marché ainsi créé.

Cette pratique s'est constituée historiquement à partir de l'expérience d'aide à la Chine entre 1949 et 1961. Après la rupture sino-soviétique, l'aide a suivi intégralement les objectifs stratégiques du bloc de l'Est s'opposant à ceux des États-Unis et de l'OCDE. Ainsi l'URSS a-t-elle aidé Cuba dès 1960, successivement par des grands prêts (raffinerie, centrales électriques), puis par le financement des déficits commerciaux, et enfin par l'édification d'un système d'échanges : sucre, nickel, agrumes de Cuba à prix bonifié contre pétrole soviétique, d'ailleurs souvent revendu dans la région.

L'aide au Vietnam (Nord) a commencé vers 1955 par des aides à l'industrialisation : houillères, électricité, mécanique. A partir des années quatre-vingt, elle s'est orientée vers des objectifs alimentaires (irrigation du delta du fleuve Rouge) et la prospection pétrolière. *L'URSS finance (prêts de trente ans, différés de dix ans) l'important déficit commercial du Vietnam par des prêts à long terme et fournit les biens de consommation qui manquent, lesquels alimentent à leur tour le déficit. Le coût élevé de ce soutien (de l'ordre de 1 milliard de dollars par an), bien qu'inférieur à celui qui est accordé à Cuba (3,5 milliards de dollars), semblerait être de moins en moins bien accepté par Moscou qui ne voit pas, sauf peut-être au sud du Vietnam, de décollage économique permettant d'envisager la limitation de l'endettement.*

L'aide à l'Afghanistan a débuté en 1954 par des dons importants et une coopération dans le domaine énergétique. Elle a été fortement accrue avec l'intervention militaire. Elle relève de la même perspective que l'aide fournie à l'Inde et que l'on peut caractériser par la recherche d'un accès à l'océan Indien et la volonté d'éviter que les régions voisines soient hostiles à l'URSS et puissent éventuellement constituer des bases d'encerclement pour le compte des pays de l'Ouest. Les conditions financières octroyées à l'Inde apparaissent elles aussi assez avantageuses : prêts à long terme à 2,5 % et remboursables en roupies. La coopération proposée, en s'intéressant aux grands investissements dans les domaines de l'acier et du pétrole, rencontrait les intérêts du secteur public indien.

En revanche, l'aide à l'Afrique, si l'on excepte l'Éthiopie, est toujours restée faible (2,2 % de l'aide globale de l'URSS) et fluctuante. Elle a rencontré de grandes difficultés d'adaptation car elle ne pouvait être justiciable du «modèle de développement» fondé sur l'industrie lourde. En retrait depuis quelques années, elle se limite à former des cadres nationaux dans les universités soviétiques.

Michel Griffon

France :
la lente reconversion de l'empire

En 1960, la France était un des plus grands contributeurs dans l'aide au développement, avec 30 % de l'APD des pays de l'OCDE. Elle représentait 1,5 % du PNB. Le Plan de Constantine, pour l'Algérie, utilisait à lui seul la moitié des financements. Dès les indépendances africaines, le montant de l'aide a rapidement diminué, la baisse en francs constants étant masquée par l'inflation et par le fait que les dévaluations du franc français concernaient de la même manière le franc CFA. L'assistance technique, directement héritée de la présence des administrations françaises, est restée très importante, et sa part relative dans l'aide a augmenté au détriment des dons en capital du Fonds d'aide et de coopération (FAC) qui ne représentait plus qu'environ 5 % de l'APD en 1988.

L'aide publique au développement s'est accrue depuis 1981, les gouvernements successifs ayant repris l'objectif des Nations Unies d'y consacrer 0,7 % du PNB.

Selon le mode de comptabilisation, les départements et territoires d'outre-mer (DOM et TOM) sont inclus ou non dans l'APD. Or ceux-ci représentent 30 % de l'aide française, ce qui fait que l'APD atteint 0,73 % ou 0,50 % selon le mode choisi. Les pays d'Afrique subsaharienne reçoivent 50 % de cette aide. Depuis 1970, le « champ » des bénéficiaires du Fonds d'aide et de coopération a été élargi aux pays lusophones (Angola, Mozambique, Guinée-Bissau), à certains pays hispanophones (Guinée équatoriale) ou anglophones (Maurice), aux anciennes colonies belges (Zaïre, Rwanda, Burundi) et à la Guinée après la mort de Sékou Touré. Le Maghreb reçoit 8 % de l'aide et les autres régions du monde seulement une part marginale, à l'exception, épisodiquement, de quelques pays qui peuvent bénéficier d'importants protocoles financiers de la part du Trésor (Chine, Inde, Nicaragua, Brésil, Mexique...), principalement destinés à exporter des techniques françaises. L'aide et la coopération avec l'Amérique latine ont connu une période faste après les voyages effectués par le général de Gaulle, puis ont connu une baisse lente. La coopération avec l'Asie reste faible mais les protocoles du Trésor s'y déploient au coup par coup. Avec le Proche et Moyen-Orient enfin, les montants alloués sont de plus en plus faibles. Au total, la répartition géographique de cette aide connaît quand même une grande stabilité car ses évolutions sont tout en nuances et inflexions. Par ailleurs, malgré une forte concentration sur l'Afrique, l'aide est fortement dispersée dans un grand nombre de pays où elle permet d'assurer une présence culturelle, linguistique et commerciale, même si elle n'est souvent que symbolique.

L'aide française est peu concessionnelle, la part des dons étant limitée. Le recours aux prêts est rendu nécessaire pour faire face à l'importance des demandes des pays africains. Cette importance des prêts a par ailleurs été permise par une polarisation vers les pays à revenu moyen. Difficilement coordonnée en raison du grand nombre de pays concernés, de la variété des instruments d'aide et de la dispersion des tutelles ministérielles, l'APD française poursuit, de plus, des objectifs variés et complexes. Ceux-ci peuvent être de nature géostratégique, ou bien relatifs aux sécurités d'approvisionnement énergétique et minier, ou encore commerciaux, monétaires et financiers (zone franc), linguistiques et culturels.

L'accroissement rapide de la dette africaine et l'insuffisance des caisses de stabilisation des prix des pays africains en période de fluctuation des cours des monnaies et des produits, entraînent massivement l'APD française dans la voie d'un accroissement des aides budgétaires et financières dans le cadre des programmes de redressement et d'ajustement déployés sous l'égide du FMI et de la Banque mondiale même si ceux-ci ne font pas l'objet d'une approbation unanime dans les administrations.

Michel Griffon

est de même pour l'URSS et les pays de l'Europe de l'Est dont l'aide est limitée à un petit nombre d'alliés politiques : Cuba, Vietnam, Afghanistan, Éthiopie [voir encadré].

Les aides européennes épousent les contours géographiques des anciens empires coloniaux. Cela est surtout vrai pour la France [voir encadré] et pour le Royaume-Uni. Le Canada s'est peu à peu dégagé

du cadre du Commonwealth et a su mettre en œuvre une coopération diversifiée, dégagée des habitudes qui caractérisent les anciennes puissances coloniales. Plus encore que le Canada, les pays d'Europe du Nord — Suède, Norvège, Danemark — font preuve d'originalité en orientant majoritairement leurs contributions vers les pays les plus pauvres ou en favorisant des gouvernements ayant des régimes susceptibles d'échapper au tropisme des blocs (Nicaragua, Vietnam) ou faisant preuve d'initiatives originales de développement (Tanzanie).

Trente ans après les indépendances, l'A P D garde cependant les marques de ses origines dans sa distribution géographique et dans sa vocation stratégique. Néanmoins, d'autres logiques sont susceptibles de faire évoluer l'aide. D'une part, elle devient plus spécifiquement financière en raison de la montée de la dette. D'autre part, quelques signes indiquent que les pays du Nord peuvent limiter le recours à des importations stratégiques de matières premières industrielles, énergétiques et agricoles, issues de certains pays du Sud, ce qui incite à moins protéger les sources d'approvisionnement et donc, à moins utiliser l'aide publique dite de « sécurité » (selon l'appellation utilisée par les États-Unis). L'accélération de la détente Est-Ouest pourrait enfin désamorcer certains enjeux stratégiques régionaux et avoir les mêmes effets sur l'aide. C'est donc principalement dans ce contexte que l'évolution des politiques bilatérales — c'est-à-dire de pays à pays — d'aide publique au développement peut être analysée.

Si la géographie de l'aide publique au développement épouse manifestement les objectifs stratégiques et économiques des pays du Nord, on peut aussi discerner des aspects plus subtils derrière cette

Japon :
consolider l'influence commerciale

Jusqu'en 1976, le Japon a poursuivi avec une continuité sans faille une politique systématique de prêts en Asie. Depuis 1977, tirant les enseignements de la période antérieure, Tokyo a voulu accentuer sa politique de prêts. Trois plans successifs de doublement de l'A P D ont été adoptés. Aussi, en 1987, ce pays est-il devenu le deuxième contributeur mondial en volume, bien que son apport soit resté encore limité à 0,30 % du P N B, ce qui permet de penser qu'il va s'accroître, les excédents commerciaux le permettant. Il pourrait devenir à terme le premier contributeur au monde.

Après une période d'accroissement de sa présence dans les institutions multilatérales, le Japon a aussi développé ses aides bilatérales. Ces aides sont fortement concentrées sur l'Asie (les trois quarts de l'A P D). Une tardive diversification l'a conduit à financer aussi des projets en Afrique anglophone (Kénya, Soudan, Ghana), en Égypte et dans quelques pays d'Amérique latine, en particulier au Mexique et au Brésil, pays avec lesquels devaient s'instaurer des relations d'échanges agro-alimentaires destinées à garantir au Japon des approvisionnements stables.

L'aide japonaise est la moins concessionnelle de tous les pays de l'O C D E, la part des dons y étant la plus restreinte. Ces prêts contribuent largement à l'exportation des techniques japonaises et, donc, à l'élargissement des marchés des entreprises qui les produisent.

Michel Griffon

Une loi pour la «survie» et le développement

Depuis 1983, le mouvement Survie milite pour obtenir le vote d'une loi permettant d'affecter de très importants crédits publics (5 milliards de FF pendant cinq années) à l'aide aux plus deshérités ! Le mouvement trouve son origine dans l'initiative organisée en 1981 par 112 prix Nobel, qui a débouché en Italie et en Belgique sur le vote d'une telle loi.

Les militants de Survie ont réalisé quelques manifestations spectaculaires : marche des maires en 1985, nuit aux flambeaux à Paris en 1987, opération «Allumons l'espoir» en 1988 dans 150 villes de France avec 40 000 bougies au Palais-Royal symbolisant les enfants qui meurent quotidiennement dans le monde et qui pourraient être sauvés s'ils étaient traités dans les mêmes conditions que dans les pays riches...

Mais l'aspect le plus novateur de ce mouvement réside dans sa capacité d'avoir obtenu un engagement à voter cette loi de la part d'une grande partie des députés et sénateurs français de toutes tendances. Survie a par ailleurs reçu l'appui d'une grande partie des autorités politiques locales, des autorités religieuses et des ONG françaises.

Après avoir analysé en profondeur l'aide publique française au développement française et le dispositif de coopération, Survie propose une orientation originale puisant à la source de l'inspiration des ONG, et offrant des voies alternatives aux modèles classiques de développement. Les pays et les peuples les plus démunis se verraient proposer une « coopération décentralisée » faisant communiquer de part et d'autre des collectivités locales et les instances multiples de la société civile par le moyen de contrats liant des groupes de partenaires. Les financements (État, régions, collectivités diverses) seraient affectés à des ensembles cohérents et programmés, de petites réalisations de tous ordres (infrastructures productives, sociales, organisations de crédit,...) assurant un développement local généralisé et décentralisé. La condition principale du financement est l'émergence de la démocratie locale, élément clé d'une dynamique de développement dans de nombreux pays.

Implanté dans les milieux institutionnels pour faire avancer ses thèses, Survie reste avant tout un mouvement composé à la base par des militants passionnés et résolus, mus par les grandes causes humanitaires de la lutte contre la pauvreté, par la démocratie, les droits de l'homme et le développement.

M. G.

---

réalité simple. Les objectifs sont en effet toujours nombreux et rarement explicites. A ce titre, l'aide française et européenne apparaît comme la plus complexe par la multiplicité des objectifs, des méthodes et des instruments. Cette multiplicité d'objectifs traduit une insertion complexe dans la hiérarchie internationale des influences économiques, culturelles et militaires, ce qui n'est pas le cas pour les États-Unis et l'URSS. Ce tableau d'ensemble de l'APD pourrait cependant se modifier progressivement au fur et à mesure que la géopolitique issue de Yalta et des décolonisations évoluera.

La détente Est-Ouest peut limiter l'intérêt que les bailleurs de fonds bilatéraux portent à l'Afrique tant que ce continent ne constituera pas un moteur de croissance significatif pour l'économie mondiale. La détente entre la Chine et l'URSS crée de nouveaux enjeux en Asie où toutes les puissances économiques veulent être présentes, l'APD constituant un moyen privilégié pour développer des relations commerciales, industrielles et politiques.

L'Amérique latine constitue une menace importante par le volume de sa dette et le nombre de ses pauvres ; les aides financières et les aides à la balance des paiements ne lui seront consenties que par les pays ayant des ressources financières suffisantes et désireux d'établir des relations d'échange durables. Dès lors, l'avenir du dollar comme monnaie internationale, le poids du yen et du deutschemark influenceront durablement la géographie de l'aide des États-Unis, du Japon et des pays exportateurs européens vers l'Amérique latine.

Le Maghreb et le Moyen-Orient pourraient poser des problèmes plus importants et plus complexes dans la mesure où le déficit alimentaire y sera de plus en plus grand, les ressources minérales plus limitées et la démographie très forte. L'Europe, concernée en priorité au plan géographique, devrait être amenée à imaginer de nouvelles formes d'aide et de coopération.

Mais l'élément déterminant pourrait être l'ouverture économique des pays de l'Est et de l'Union soviétique dont la propension à consommer peut favoriser d'importantes opportunités de développement. Leur financement par l'Europe occidentale, les États-Unis et le Japon à la recherche de dynamiques économiques motrices ne contribuera-t-il pas à limiter globalement les transferts financiers vers le Sud, en particulier vers les pays ne faisant l'objet d'aucun grand enjeu économique, politique, militaire, ou culturel ? Pour l'avenir, il n'est pas exclu que ces pays « sans enjeux » deviennent avant tout le champ d'intervention de l'aide non gouvernementale.

Michel Griffon

LES NATIONS UNIES

1988 a été l'année de la réhabilitation de l'ONU. Ce forum mondial critiqué, qui reflète les rapports de forces mondiaux, apparaît comme un instrument politique irremplaçable. Les pays du tiers monde en mesurent généralement l'utilité.

Le prix « Nobel de la paix » qui a été attribué symboliquement, en 1988, aux « casques bleus » a récompensé non seulement l'action de 10 500 soldats appartenant à une cinquantaine de pays, en poste au Liban, à Chypre, au Cachemire, etc., mais aussi l'ensemble de l'action politique de l'ONU et de son secrétaire-général, le Péruvien Javier Pérez de Cuellar pour mettre fin aux plus graves conflits régionaux.

La signature, le 14 avril 1988, à Genève, de l'accord sur le retrait des troupes soviétiques d'Afghanistan a représenté l'aboutissement de six ans d'une patiente médiation de l'ONU (mais ce n'était pas la paix !). En juin, l'Irak et l'Iran, en guerre depuis 1980, se rangeaient à une résolution des Nations unies ouvrant la voie à un cessez-le-feu, effectif le 20 août, et à l'ouverture, dans la foulée, de négociations de paix. En août, au Sahara occidental, un cessez-le-feu entre le Front Polisario et le Maroc était aussi obtenu après deux ans de « pourparlers indirects » sous l'égide des Nations unies et de l'OUA, (Organisation de l'unité africaine), l'ONU ayant la charge d'en assurer la surveillance. Décembre vit également la signature des traités — ceci en application de la résolution datant de 1978 — sur l'indépendance de la Namibie (dernière colonie en Afrique), prévue pour

le début 1990, et sur le retrait des troupes cubaines d'Angola. Ces dernières étapes furent franchies en marge des Nations unies, grâce à l'intense activité diplomatique menée par les États-Unis auprès de l'Afrique du Sud en particulier, et, dans une moindre mesure, de l'URSS, qui a exercé son influence sur ses protégés angolais et cubains, ainsi que de certains États africains.

Dans tous les cas, l'ONU devait être chargée de la vérification des opérations sur le « terrain » — par un nombre plus ou moins important de « casques bleus » (militaires) et de « bérets bleus » (civils) : organisation du scrutin d'autodétermination au Sahara occidental ; bon déroulement des premières élections en Namibie indépendante (en novembre 1990) ; mission spéciale de coordination des opérations de reconstruction et de rapatriement des réfugiés en Afghanistan...

Les effets du réchauffement Est/Ouest

Si, sur le dossier du Proche-Orient, une percée diplomatique spectaculaire ne fut enregistrée qu'à la mi-décembre 1988, ce n'est pas parce que l'ONU ne s'y était pas employée plus tôt. En effet, les modifications intervenues dans «l'environnement international» ont permis le déblocage, que l'administration Reagan a voulu porter à son crédit, après avoir condamné l'ONU à transférer à Genève le débat sur la Palestine qui devait avoir lieu au siège de l'organisation à New York. Le «tournant historique» fut pris après que Yasser Arafat, leader de l'Organisation de libération de la Palestine (OLP), ait fait référence, dans son intervention devant l'Assemblée générale, à la résolution 181 de 1947, sur le partage de la Palestine entre deux États, l'un arabe, l'autre juif; et après qu'il eut redit que l'OLP acceptait les résolutions 242 et 238 portant reconnaissance du droit d'Israël à l'existence (tout comme du droit à l'existence d'un État palestinien). Les États-Unis engageaient alors un «dialogue substantiel» avec l'OLP. Et enfin, l'Assemblée générale des Nations unies devait appeler à la tenue d'une conférence internationale de paix au Proche-Orient.

Les votes, par ailleurs, condamnant l'intervention «étrangère» au Cambodge, ont contribué à engager le dialogue en vue d'un règlement — en dehors de l'ONU — de cet autre délicat conflit.

Par ailleurs, J. Pérez de Cuellar s'était personnellement saisi du dossier de Chypre faisant quelques progrès vers une solution.

Ses succès ont été le fruit d'années de travail collectif accompli sans tapage médiatique au niveau du Secrétariat général par une petite équipe déployant tous ses efforts pour mettre en œuvre les résolutions de l'Assemblée générale et du Conseil de sécurité, au sein duquel les cinq membres permanents — France, États-Unis, Chine, URSS, Royaume-Uni — ont fait sentir leur poids de grandes puissances au profit de solutions diplomatiques (les votes sur la guerre du Golfe et la Palestine, en particulier, eurent lieu à l'unanimité).

Il est évident que la tâche de l'ONU a été grandement facilitée par le réchauffement des relations entre les deux «Grands», après l'arrivée de Mikhaïl Gorbatchev au pouvoir et par l'évolution de l'attitude soviétique à l'égard des Nations unies, une attitude qui avait été longtemps peu encourageante.

En fait, les grandes puissances reconnaissent l'utilité du «machin» (pour reprendre une formule du général de Gaulle) lorsqu'il peut servir leurs intérêts ou leur offrir une porte de sortie comme pour l'URSS en Afghanistan...

Somme toute, le rôle assumé par l'ONU pour régler tout ou partie de conflits plus ou moins anciens répond à sa mission — «maintenir la paix et la sécurité internationale; développer des relations amicales entre nations». A ce titre, elle assume des tâches essentielles, elle fournit un cadre irremplaçable — souvent le seul possible — à des rencontres informelles entre diplomates n'entretenant pas de rapports directs et à des prises de positions de la communauté internationale, à travers les résolutions de l'Assemblée générale et du Conseil de sécurité. 1988 a démontré de façon éclatante que ces résolutions, fruits de laborieux compromis, n'étaient pas toujours lettre morte, mais qu'elles pouvaient permettre d'exercer les nécessaires pressions politiques sur les États concernés, d'engager des négociations, de conclure d'importants accords internationaux et de suivre leur application. Bref, d'atténuer les souffrances de millions de gens...

Un forum mondial très politique

De par sa charte, l'Organisation des Nations Unies (ONU) a reçu pour mission de favoriser le progrès économique et social de tous les peuples en s'appuyant sur les institutions internationales. Ce rôle n'a fait que se renforcer à la suite de l'accession à la souveraineté de dizaines de pays du tiers monde. Sous la pression de ces jeunes nations, l'Assemblée générale de l'ONU — organe hautement politique — est peu à peu devenue le forum mondial exprimant la volonté de certains hommes de lutter contre les injustices, la pauvreté et la faim, de réduire les disparités dans la distribution des ressources et des richesses, ainsi que les dépenses d'armement.

D'où les deux champs complémentaires d'intervention des Nations unies : l'un vertical, concernant la coopération internationale pour le développement et la restructuration des relations Nord-Sud, dans un sens bien entendu plus favorable aux pays en développement; l'autre, horizontal, concernant le développement de ces pays. L'un ne peut aller sans l'autre.

Les « 77 »

Le groupe des 77 fut constitué par les pays en développement qui étaient alors soixante-dix-sept à la fin de la 1re CNUCED, en 1964. Il adopta lors de sa première réunion ministérielle, avant la 2e CNUCED, la charte d'Alger. Il réunit tous les pays en voie de développement (121 en 1986), à la différence du mouvement des pays non alignés, qui compte un peu plus d'une centaine de membres.

L'ONU (Assemblée générale et Secrétariat sont à New York) est le reflet des rapports de forces mondiaux. Les demandes des pays du tiers monde — élaborées auparavant par les pays non alignés et/ou le groupe des 77 — aboutissent à l'Assemblée générale ; elles y sont confrontées aux positions des États développés. Ce débat universel ne peut avoir lieu, au niveau politique, dans aucune autre enceinte. Il se prolonge dans les agences spécialisées qui forment le système des Nations unies. Ainsi sont adoptés politiques-cadres, « stratégies » et plans d'action répondant aux préoccupations prioritaires de la communauté internationale.

Des conférences thématiques (alimentation, réforme agraire et développement rural, eau potable et assainissement, habitat, population, environnement, droit de la femme, énergies nouvelles et renouvelables, sciences et techniques, santé pour tous, désarmement et développement, situation économique de l'Afrique subsaharienne, etc.) permettent de confronter les points de vue de dirigeants, de hauts fonctionnaires, de spécialistes et de « mettre à plat » des dossiers auxquels certains responsables ne porteraient peut-être pas la même attention ; de définir quelques normes de travail, lignes d'action, programmes de recherche et de coopération technique. Elles encouragent la prise de conscience des opinions publiques — avivée, en particulier, par les organisations non gouvernementales, qui jouent en coulisse un rôle contestataire stimulant.

Ces conférences font ressortir les clivages entre les pays et aboutissent parfois à l'adoption d'un plan spécifique plaçant les hommes d'État devant leurs responsabilités. Elles peuvent cependant ouvrir la voie à de véritables négociations de conventions concernant par exemple le désarmement — en vue, notamment, de l'élimination des armes chimiques, ou encore, le droit des enfants. Malheureusement, l'ONU et ses organisations spécialisées n'ont ni le mandat ni les moyens d'imposer des décisions. Elles formulent, d'une façon générale, des recommandations, et il n'existe pas, à l'échelle mondiale, une autorité qui ait pouvoir de conduire une réforme des relations économiques Nord-Sud et des politiques de coopération et de développement répondant à l'intérêt des populations défavorisées. L'ONU fait de son mieux, avec réalisme. Aussi sa démarche, avant tout pragmatique, est-elle marquée d'avancées et de revers, du fait qu'elle ne repose que sur des compromis, des consensus entre nations.

L'œuvre — vaste — de réformes de l'ONU et de son système ne peut s'apprécier que sur une longue période. Certes, la « stratégie

Le «fonds commun», une avancée concrète

Finalement le «fonds commun» devait entrer en opération à la mi-1989, après que 103 pays producteurs et consommateurs — et en particulier l'URSS, mais pas les États-Unis, eurent ratifié l'accord lui donnant naissance et permis de réunir 67,16 % du capital. L'administration Reagan s'est refusée à emboîter le pas à l'administration Carter qui l'avait signé.

Ce fonds, initialement doté de 470 millions de dollars par les pays signataires, est destiné à financer les stocks régulateurs sur les produits de base là où des accords prévoient un tel mécanisme (cacao et caoutchouc, pour ceux fonctionnant dans le cadre de la CNUCED). Ce fonds ne dispose donc pas d'un capital considérable, mais il peut emprunter afin d'être mieux à même de venir compenser les pertes de recettes de tel ou tel pays exportateur qui en ferait la demande. Il possède un second volet de 230 millions de dollars alimenté par des contributions volontaires, et qui, lui, apporte son soutien aux efforts de recherche, de valorisation et de commercialisation des produits de base pour lesquels il n'existe aucun accord de stock régulateur. A ce titre, par exemple, il devrait se révéler très utile pour aider les pays producteurs de jute et d'articles en jute face à la concurrence des synthétiques.

La création du fonds commun ne représente pas un bouleversement sur le marché spéculatif des matières premières. Et son champ d'intervention sera limité aussi longtemps que les pays acheteurs, les États industrialisés pour l'essentiel, mettront peu d'empressement à signer de nouveaux accords avec stock régulateur. Les pays producteurs du tiers monde, eux, en voient surtout l'utilité lorsque les cours sont déprimés. Quelques-uns, le Chili en particulier, n'y ont pas adhéré. Par idéologie, quelques pays se réclamant du libéralisme réfusent ainsi toute organisation des marchés ou tout mécanisme d'intervention. Sauf, à en tirer avantages!

Le fonds commun représente cependant une avancée concrète dans le domaine des relations Nord-Sud. Une avancée politique, notamment, qui est à porter au crédit d'une organisation, la CNUCED, longtemps considérée par les pays développés comme trop proche des «77», donc militant pour des réformes en faveur des pays en développement, mais qui a évolué. Après avoir été secouée par les foudres américaines dans les années 1985 et 1986, elle a adopté une démarche réaliste, du moins marquée par le souci de maintenir entre pays développés et pays en développement un dialogue autant que possible constructif.

Gérard Viratelle

internationale du développement » adoptée au début de chaque décennie est un document plus académique que directif qui n'impressionne guère les forces économiques dominantes. Mais il définit les objectifs de la communauté internationale en matière d'aide au développement (0,7 % du PNB), d'interdépendance et de solidarité, et les moyens que les États devraient utiliser pour les atteindre. La « stratégie » intègre les positions de tous les groupes de pays et place les problèmes de la coopération internationale dans une perspective économique à long terme. Exercice futile ou esquisse de planification indicative mondiale ?

Les limites de la CNUCED

Créée en 1964 parce que les pays en développement jugeaient le GATT (Accord général sur les tarifs douaniers et le commerce) trop exclusivement préoccupé par les positions des pays industrialisés, la CNUCED (Conférence des Nations unies pour le commerce et le développement) est une organisation d'importance modeste qui a fait progresser l'analyse et le débat Nord-Sud. Mais en soulignant le rôle dominant des sociétés multinationales dans le commerce et les transferts de technologie, ainsi que la dimension financière du développement, elle ne s'est pas attirée les bonnes grâces des pays développés. Elle a pourtant obtenu plusieurs résultats notables : en entretenant la pression en vue de réaliser l'objectif de 0,7 % ; en prenant l'initiative du Programme d'action en faveur des pays les moins avancés — invitant la plupart des pays développés à accroître leur aide publique à ces pays ; en adoptant des dispositions pour lutter contre les pratiques commerciales restrictives constituant des obstacles aux échanges ; en encourageant vivement la coopération technique et commerciale Sud-Sud. L'adoption par la 4e CNUCED à Nairobi, en 1976, du Programme intégré pour les produits de base est apparue, à l'époque, comme un pas significatif en avant vers la stabilisation des cours des matières premières et des recettes qu'elles procurent à un grand nombre de pays en développement.

Dix ans plus tard, le Fonds commun pour le financement d'accords de produits avait bien été mis au point, mais trois accords de produits seulement — concernant le caoutchouc naturel, le jute et les articles en jute, et les bois tropicaux — sur les dix-huit prévus — avaient été entérinés. La CNUCED continue cependant de négocier ou renégocier des accords concernant d'autres produits.

Dans un autre domaine, l'ONU s'est également heurtée aux forces économiques dominantes. Elle est parvenue à élaborer une Convention sur le droit de la mer (adoptée en 1982) sauvegardant les intérêts des pays en développement dans l'exploitation des ressources de leurs eaux territoriales (360 kilomètres du littoral) et sous-marines (minérales et halieutiques). De nombreux pays en développement ont montré qu'ils comptaient s'appuyer sur ce traité pour mettre en valeur ces ressources.

Le système des Nations unies possède depuis 1978 une institution, le Fonds international de développement agricole (FIDA), dont le siège est à Rome et qui a la singularité d'avoir pour bailleurs de fonds à la fois — à l'origine pratiquement pour parts égales — les pays développés (en l'occurrence ceux de l'OCDE) et les pays de l'OPEP. Créé alors que ces derniers disposaient de liquidités après les fortes hausses pétrolières et la conférence mondiale de l'alimentation (CMA) de 1974, le FIDA devait mobiliser les ressources disponibles pour lutter contre la faim en prêtant de petites sommes à des conditions de faveur aux populations les plus pauvres — donc dépourvues de garanties — du tiers monde.

Il encourage ce faisant les efforts d'auto-suffisance alimentaire. Or, si les États bénéficiaires et bailleurs de fonds ont salué l'utilité et l'efficacité de ce nouvel organisme, ils n'ont pu empêcher que ses ressources diminuent de moitié : de 1 milliard de dollars (sur trois ans), initialement, à près de 500 millions de dollars par période triennale. Et cette diminution n'a pas été compensée par la création d'un fonds spécial du FIDA pour l'Afrique de 300 millions de dollars.

D'autre part, les principales parties au financement du Fonds se sont livrées pendant plusieurs années à de pénibles discussions sur le partage des charges entre elles. Les pays pétroliers, invoquant leurs pertes de revenus, ont demandé que leur charge soit diminuée. Finalement, celle-ci pourrait tomber à 25 % (celle des pays industrialisés étant relevée à 65 %). La contribution des autres pays en développement, jusqu'alors faible, pourrait être portée à 10 %.

Échec aux négociations globales

L'échec des discussions en vue du lancement, dans le cadre des Nations unies, de négociations globales sur tous les aspects du développement et de la coopération internationale (notamment l'aide publique, le commerce, les questions monétaires et financières, l'énergie, etc.) a cependant montré les limites du dialogue Nord-Sud, en même temps que des capacités réformatrices de l'ONU. Les « 77 » espéraient que de telles négociations conduiraient à des réajustements susceptibles d'améliorer leur situation économique. Or, leur position négociatrice n'a fait que s'affaiblir au cours des pourparlers (aggravation du problème de la dette, diminution des prix du pétrole, divergences d'intérêts économiques entre pays en développement, etc.). De leur côté, les principaux pays développés, en particulier les États-Unis, mais aussi le Royaume-Uni et la République fédérale d'Allemagne, acceptaient mal le principe de négociations aussi vastes et complexes et, surtout, qu'elles puissent être envisagées dans le cadre politique et universel de l'ONU, et non dans celui d'institutions spécialisées (GATT, FMI et Banque mondiale) dont c'est, à leur avis, la vocation propre, et où les pays riches sont traditionnellement en position de force...

Les négociations globales devaient marquer l'apothéose des efforts du tiers monde, en vue d'instaurer un nouvel ordre économique international, réclamé solennellement par l'Assemblée générale en 1974, lorsqu'elle a adopté la charte des droits et des devoirs économiques des États. Le projet est toujours à l'agenda de l'organisation, mais la conjoncture, autrement dit les rapports de forces entre pays développés et « 77 », ne se prêtait pas du tout à sa relance à la fin des années quatre-vingt. Et les discussions ayant lieu dans d'autres cadres n'étaient guère en faveur du Sud. Ce fut pourtant la seule initiative qui aurait pu permettre de rapprocher des domaines « interactifs » et vitaux pour les pays en développement et d'apporter certains des aménagements qu'ils souhaitaient. Cette tentative de restructuration des relations économiques internationales peut-elle se faire dans un autre cadre que l'ONU ? De cet échec, les pays du tiers monde ont tiré au moins la conclusion qu'ils ne disposaient pas d'une structure formelle de concertation aussi efficace que celle dont disposent les pays industrialisés avec l'OCDE.

En attendant, une trentaine d'organisations spécialisées formant le système polycentrique des Nations unies couvrent pratiquement tous les champs du développement. Encore doit-on distinguer les institutions appartenant au système des Nations unies qui sont autonomes (FAO, UNESCO, FIDA, OMS, OIT, ONUDI, etc., ainsi que le FMI, le groupe de la Banque mondiale — BIRD, AID, SFI) et, d'autre part, les organes proprement dits des Nations unies (PNUD, CNUCED, UNICEF, HCR, PAM, UNITAR, FNUAP, etc.). Du fait de leurs caractère et influence propres, le FMI et la Banque mondiale ont acquis une grande indépendance...

Une trentaine d'agences spécialisées

On ne peut juger du rôle d'une organisation au seul montant des crédits qu'elle distribue. L'on remarque néanmoins que, en 1986, les versements de l'AID (Association internationale pour le développement) au titre de l'aide publique ont été dix fois plus importants (3,3 milliards de dollars) que ceux du FIDA (286 millions de dollars) — prix et taux de change 1986. La même année, 48 % des versements multilatéraux totaux (dons et prêts concessionnels — 9,4 milliards de dollars) avaient été faits par les institutions dites financières (y compris les banques latino-américaine, asiatique et africaine de développement) et 3 % par les organes des Nations unies (3 milliards de dollars), qui n'accordent pas de prêts commerciaux. En revanche, l'ensemble de l'aide bilatérale, tous donateurs confondus, s'était élevé à 27,7 milliards.

Ces chiffres tendent évidemment à relativiser l'assistance des Nations unies, surtout si l'on ajoute que la Banque mondiale a également versé, en 1986, pour 5,4 milliards de crédits à des conditions non libérales. Il est clair cependant que l'aide des Nations unies répartie entre tant d'organismes, programmes, unités de recherche, etc., est beaucoup plus diversifiée, et d'un montant sensiblement inférieur à celle de l'AID. Ne prenant en compte que les activités pour le développement, dites opérationnelles, du système des Nations unies, (PNUD, UNICEF, FNUAP, PAM, coopération technique, notamment) et en laissant de côté celles des institutions financières et des opérations de secours, d'urgence et humanitaires (HCR, UNWRA), un rapport du secrétaire général de l'ONU, relevait, en 1983, qu'elles concernaient, pour les deux tiers, des pays à revenu inférieur à 500 dollars par habitant et, pour moitié, l'agriculture, la santé et la démographie. 10 % de l'aide totale adressée aux pays les moins avancés provenaient alors des Nations unies, qui ont depuis encore plus mis l'accent sur ces pays. Elle était accordée presque essentiellement à l'Afrique et à la région Asie-Pacifique. Pour beaucoup des pays pauvres, les Nations unies sont la première, ou la seconde source d'aide.

La puissance financière de l'AID

Il est bien difficile de porter un jugement de valeur sur des activités aussi vastes, diversifiées et complexes, mais beaucoup de pays se flattent de l'appui que leur a apporté telle ou telle organisation du système. En termes sibyllins, le rapport notait : « Les programmes et projets connaissent souvent des succès raisonnables et répondent relativement bien aux besoins des pays bénéficiaires. » Au titre des lacunes, notons en effet que de nombreux pays en développement acceptent des projets sans avoir pleinement les capacités de faire face aux dépenses locales ; certaines organisations ne sont pas à l'abri des pressions de donateurs cherchant à imposer leurs services ou équipements ; enfin, les experts — ils étaient 15 000 en 1983 à travailler pour le compte des agences du système — voient leur compétence, leur choix, leurs salaires et leurs modes de vie parfois controversés.

LE SYSTÈME DES

○ Principaux organes des Nations unies

● Autres organes des Nations unies

○ Institutions spécialisées et autres
organisations autonomes
faisant partie du système

**CONSEIL
DE TUTELLE**

Grandes commissions ●

Comités permanents
et comités de procédure ●

Autres organes subsidiaires
de l'Assemblée générale ●

**ASSEMBLÉE
GÉNÉRALE**

**COUR
INTER-
NATIONALE
DE JUSTICE**

**CONSEIL
ÉCONOMIQUE
ET SOCIAL**

Office de secours et de travaux des Nations unies
pour les réfugiés de Palestine dans le Proche-Orient **UNRWA** ●

Conférence des Nations unies sur le
commerce et le développement **CNUCED** ●

Fonds des Nations unies pour l'enfance **FISE (UNICEF)** ●

Haut-Commissariat des Nations unies
pour les réfugiés **HCR** ●

Programme alimentaire mondial ONU/FAO **PAM** ●

Programme des Nations unies pour le développement **PNUD** ●

Institut de formation et de recherche des Nations unies **UNITAR** ●

Programme des Nations unies pour l'environnement **PNUE** ●

Université des Nations unies **UNU** ●

Fonds spécial des Nations unies
Conseil mondial de l'alimentation **CMA** ●

Bureau du coordinateur des Nations unies pour les secours
en cas de catastrophes **UNDRO** ●

Institut international de recherche et de formation
pour la promotion de la femme **INSTRAW** ●

● Commissions rég

● Commissions tec

Comités de sess
● comités permane
comités spéciaux

NATIONS UNIES

- **GOMNUII** Groupe d'observateurs militaires des Nations unies pour l'Iran et l'Iraq
- **UNGOMAP** Mission de bons offices des Nations unies en Afghanistan et au Pakistan
- **FNUOD** Force des Nations unies chargée d'observer le dégagement
- **UNFICYP** Force des Nations unies chargée du maintien de la paix à Chypre
- **FUNU** Force d'urgence des Nations unies
- **FINUL** Force intérimaire des Nations unies au Liban
- **UNMOGIP** Groupe d'observations militaires des Nations unies pour l'Inde et le Pakistan
- **ONUST** Organisme des Nations unies chargé de la surveillance de la trêve en Palestine
- Comité d'état major
- Commission de désarmement

ISEIL CURITÉ

SECRÉTARIAT

- **AIEA** Agence internationale de l'énergie atomique
- **GATT** Accord général sur les tarifs douaniers et le commerce
- **OIT** Organisation internationale du travail
- **FAO** Organisation des Nations unies pour l'alimentation et l'agriculture
- **UNESCO** Organisation des Nations unies pour l'éducation, la science et la culture
- **OMS** Organisation mondiale de la santé
- **FMI** Fonds monétaire international
- **IDA** Association internationale pour le développement
- **BIRD** Banque internationale pour la reconstruction et le développement
- **SFI** Société financière internationale
- **OACI** Organisation de l'aviation civile internationale
- **UPU** Union postale universelle
- **UIT** Union internationale des télécommunications
- **OMM** Organisation météorologique mondiale
- **OMI** Organisation maritime internationale
- **OMPI** Organisation mondiale de la propriété intellectuelle
- **FIDA** Fonds international de développement agricole
- **ONUDI** Organisation des Nations unies pour le développement

De son côté, au terme de son étude rétrospective sur deux décennies d'action, l'AID concluait en 1982 — on ne saurait en être surpris — qu'elle est une institution « efficace » ; mais qu'il est difficile de déterminer avec précision cette efficacité. Elle a comparé les résultats qu'elle a obtenus dans deux parties du tiers monde où les problèmes ne se posent cependant pas dans les mêmes termes : l'Asie du Sud — principale bénéficiaire de ses prêts pendant longtemps — et l'Afrique subsaharienne. Elle estime que ses projets ont beaucoup mieux réussi en Asie du Sud — où subsiste cependant une très grande pauvreté. Aussi la situation en Afrique n'a-t-elle fait qu'encourager l'évolution amorcée depuis « l'ère McNamara ». L'AID met moins l'accent sur le financement d'infrastructures, et plus sur les activités agro-alimentaires, le développement rural et urbain, et ce qu'il est convenu d'appeler les projets susceptibles d'améliorer les ressources humaines (éducation, santé, femme…). Répondre aux besoins socio-économiques des couches de populations les plus défavorisées peut aussi favoriser le progrès, se dit-on.

Le PAM et la FAO

L'omniprésence, le rayonnement idéologique et la puissance financière de l'AID portent évidemment ombrage aux activités de certains organes opérationnels des Nations unies. L'émulation, par exemple, entre le PNUD et la « Banque » s'est avivée encore depuis que celle-ci a étendu ses activités à l'assistance technique, vocation propre du PNUD (Programme des Nations unies pour le développement). Créé en 1965, c'est, le principal organe d'assistance technique du système avec un budget de près d'un milliard de dollars en 1987. Il aide — sans restriction politique — les pays en développement à se doter de services administratifs et techniques

de base, forme des cadres, cherche à répondre à certains besoins essentiels des populations, prend l'initiative de programmes de coopération régionale, et coordonne, en principe, les activités sur place de l'ensemble des programmes opérationnels des Nations unies. Le PNUD s'appuie généralement sur un savoir-faire et des techniques occidentales, mais, parmi son fort contingent d'experts, un tiers est originaire du tiers monde.

Le Programme alimentaire mondial (PAM), créé en 1963 à la fois pour répondre aux besoins des pays déficitaires en produits vivriers et pour écouler les surplus céréaliers, a distribué pour 720 millions de dollars d'assistance en 1987 (provenant des États-Unis, du Canada, et de la CEE). Ces vivres sont remis à des ouvriers sans occupation permanente contre participation à des travaux publics (irrigation, reboisement), mais parfois ils sont aussi vendus sur les marchés locaux pour alimenter… les caisses d'États exsangues. Dans quelle mesure les projets du PAM — dont la fiabilité suscite souvent aussi la controverse — contribuent-ils, comme cela devrait être le cas, à valoriser la production agro-alimentaire ?

Le PAM n'entretient pas toujours les meilleures relations avec la FAO, organe technique au vaste domaine de compétence — il touche à tout ce qui intéresse l'agriculture et l'alimentation —, mais dont l'efficacité est également discutée. La FAO participe à de nombreux projets conjoints avec la Banque mondiale, le PNUD et les banques régionales, notamment. Elle a beaucoup attiré l'attention sur les drames de la faim, allant jusqu'à l'alarmisme pour mobiliser les donateurs. Et les Américains — et d'une façon générale les grands pays producteurs de céréales — n'apprécient guère qu'elle ait fait adopter un code des pesticides, pas plus qu'ils n'apprécient son action en matière de conservation des ressources phytogénétiques et zoogénétiques, ou celle visant à renforcer la sécurité

L'attitude des États-Unis

La crise de l'UNESCO qui a culminé avec le retrait des États-Unis de l'Organisation en 1985, suivi de celui des Britanniques en 1986, a montré jusqu'où Washington pouvait aller avec une organisation onusienne. Certes, l'UNESCO (Organisation des Nations unies pour l'éducation, la science et la culture) n'est pas à proprement parler une agence de développement, mais certains de ses programmes ont une incidence évidente sur le développement au sens le plus large : lorsque l'UNESCO contribue à la lutte contre l'analphabétisme, à la modernisation de méthodes pédagogiques, à la diffusion des connaissances scientifiques et techniques, à la sauvegarde des valeurs culturelles, ainsi qu'au rééquilibrage de l'information Nord-Sud, et même lorsqu'elle porte intérêt au désarmement et dénonce le racisme, thème faisant partie de sa mission. Certes, la personnalité et la gestion de son directeur général, Amadou Mahtar M'Bow, pouvaient prêter à réserves, mais, en quittant provisoirement l'institution, les États-Unis et le Royaume-Uni ont surtout cherché à obtenir un infléchissement des programmes et la désignation à sa tête d'une personnalité — même du tiers monde — plus conciliante, comme celles qui ont reçu depuis la responsabilité de l'ONUDI et de la CNUCED.

Tout cela éclaire mieux le procès en efficacité fait à certains organismes multilatéraux par plusieurs donateurs qui, par ailleurs, privilégient l'aide bilatérale et font l'apologie du libéralisme (aux États-Unis la campagne contre l'ONU a été menée par la fondation Héritage — extrême droite, nationaliste).

L'offensive avait été conduite, en particulier contre les institutions paraissant s'écarter le plus des thèses occidentales (les États-Unis n'ont jamais parlé de quitter le GATT, gardien du libre-échange commercial) ; contre l'Assemblée générale de l'ONU, parce que des « majorités automatiques de pays non-alignés y dénoncent l'impérialisme américain », la politique d'Israël... ; contre les agences spécialisées ayant pris des initiatives en faveur du nouvel ordre international (économique ou de l'information), ou pouvant porter ombrage aux activités des multinationales... Aussi les États-Unis versèrent-ils pendant plusieurs années leurs contributions au compte-gouttes. Au point que, fin 1988, ils devaient encore 486 millions de dollars aux Nations unies. L'ensemble du système dut en conséquence procéder à de sévères économies.

Un événement devait peser sur l'attitude américaine : le revirement de la position soviétique. En septembre 1987, Mikhaïl Gorbatchev plaidait en faveur d'un renforcement du rôle des Nations unies pour régler les conflits militaires, améliorer les relations économiques internationales et protéger l'environnement ; ainsi que du Conseil de sécurité, pour préserver la paix et même régler des problèmes comme celui de la dette ; de la Cour internationale de justice de La Haye et de l'Agence atomique internationale. Peu auparavant, l'URSS avait annoncé son adhésion au Fonds commun sur les produits de base (voir encadré) et réaffirmé son intérêt pour le GATT et la FAO. (Elle n'est pas membre du FMI, ni de la Banque mondiale, ni du HCR.) Ce changement marquant allait de pair avec un réexamen de la politique soviétique à l'égard du tiers monde. Dans la foulée, Moscou annonçait le règlement de 200 millions de dollars d'arriérés.

L'administration Reagan pouvait-elle dans ces conditions conserver sa position étriquée alors que, parallèlement, le Secrétariat de l'ONU engrangeait des succès — « l'ONU a fait du bon travail en Afghanistan », au Liban et à Chypre et « l'antiaméricanisme a disparu des principales résolutions », devait reconnaître l'ambassadeur américain, alors qu'avaient été prises des mesures draconiennes : budget de « croissance nul », 1,77 milliards de dollars, pour 1988 et 1989 ; réduction de 15 % des dépenses de personnel — ; et que les « 77 » avaient mis beaucoup d'eau dans leur vin ? Aussi bien, choisirent-ils de jouer le jeu, de tenter d'infléchir la politique des Nations unies dans un sens favorable aux intérêts américains et à la libre entreprise plutôt que de leur demander l'impossible tout de suite (ils reviendront à l'UNESCO lorsque le nouveau directeur général, l'espagnol Federico Mayor, aura donné suffisamment de gages de bonne volonté). Et Washington reprit ainsi ses versements en 1988.

Gérard Viratelle

ARNAUD Gabriel, *Le PNUD. Vingt années au service de l'investissement humain*, PNUD-CFCF.

BANQUE MONDIALE, *Rapport annuel 1988*.

BRETAUDEAU Henri, *La Banque mondiale*, PUF, «Que sais-je?», Paris, 1986.

FIDA, *Rapport 1988*, Rome.

GEORGE Susan, *Jusqu'au cou. Enquête sur la dette du tiers monde*, La Découverte, Paris, 1988.

NATIONS UNIES, *ABC des Nations Unies-Nations*, New York.

SLNG, *L'aide au développement. Guide pratique et critique*, Genève, 1985.

OCDE, *Coopération pour le développement*. Rapport 1988 du Comité d'aide au développement, Paris, 1988.

«Le Renouveau des Nations Unies» - *Le Monde «dossiers et documents»*, janv. 1989.

VIRATELLE Gérard, «Matières premières. Peut-on organiser les marchés?», «*Dossier Faim-Développement*, CCFD, 1986.

alimentaire, ces initiatives pouvant contrarier les activités des sociétés multinationales agroalimentaires dans ces secteurs. Mais, dans le souci de ménager ses membres, à commencer par les plus influents, la FAO se contente aussi de donner prudemment des réponses techniques à des probèmes aigus plus vastes, comme les destructions des forêts tropicales et les atteintes à l'environnement en général. Et ses efforts pour assurer la sécurité alimentaire mondiale ont paru rivaliser avec le Conseil mondial de l'alimentation (CMA), organe ministériel essentiellement politique chargé d'observer la situation alimentaire mondiale et d'harmoniser l'action des agences de l'ONU en ce domaine.

L'UNICEF et l'OMS

Le Fonds des Nations unies pour l'enfance (UNICEF) ne limite pas ses activités aux enfants de moins de 15 ans, il s'intéresse à tout ce qui a trait à leurs besoins (nutrition, alimentation, santé, éducation, approvisionnement en eau potable, etc.). Cela l'a amené à avoir pendant des années une approche voisine de celle des «médecins aux pieds nus», intégrant en tout cas la dimension socio-économique du développe-ment. Il a aussi contribué à populariser les «soins primaires» et certaines méthodes simples qui peuvent sauver la vie, comme l'allaitement maternel ou la thérapeutique de réhydratation par voie orale. Le FISE participe depuis quelques années à des campagnes de vaccination intensives.

L'OMS a la responsabilité, entre autres, de la lutte contre les maladies tropicales (où elle a enregistré des résultats), celle des campagnes de vaccination, et elle a popularisé des idées simples en matière d'éducation pour la santé et établi une liste de plus de 200 médicaments essentiels. Le concept de «santé pour tous» (dans le tiers monde) en l'an 2000 était sans doute un objectif ambitieux et difficile! Ses critiques reprochent à l'OMS d'être une organisation trop conventionnelle et trop conciliante à l'égard des multinationales dominant l'industrie pharmaceutique. Elle tente d'associer progrès technique et impératifs médicaux de populations extrêmement pauvres. Se tournant vers des actions sanitaires concrètes, l'organisation a engagé un énergique programme de lutte contre le SIDA, mais elle reconnaît avoir atteint à peine la moitié de ses objectifs en matière de vaccination des six grandes maladies.

L'Organisation des Nations unies pour le développement industriel (ONUDI) a été constituée, en 1967, à Vienne, pour favoriser le développement d'activités industrielles dans le tiers monde répondant aux besoins fondamentaux des populations en même temps qu'à ceux de l'agriculture. Malgré des ressources limitées, elle apporte une assistance technique appréciée à plus d'un millier de projets, ne pouvant rien, cependant, contre le fait que la production industrielle du tiers monde — qui devait atteindre 25 % de la production mondiale en l'an 2000 — n'était qu'à 11 % en 1985 ! En 1984, la conférence de l'ONUDI n'a pu dégager un accord susceptible de conduire à la mobilisation des ressources financières en vue de l'industrialisation et au redéploiement des industries en faveur du tiers monde.

Ces initiatives, comme celles pouvant concerner les transferts de technologies, ont été jugées de nature à limiter l'influence des sociétés multinationales et le libre jeu des forces du marché. En fait, l'ONU a mis une sourdine à ses travaux sur les sociétés multinationales et les transferts de technologies, sur la création d'un fonds pour la mise en valeur de ressources énergétiques de façon à éviter d'indisposer de grands pays industrialisés et d'abord les États-Unis. En revanche, plusieurs organisations ont amorcé un dialogue avec ses représentants et l'ONU a adopté, fin 1986, une résolution soulignant le bien-fondé de l'entreprise privée !

Coordination, mot magique

Quoi qu'il en soit, un effort est entrepris pour répondre aux difficultés du multilatéralisme. Face à la dispersion des activités du système des Nations unies, « coordination » apparaît comme un mot clef. Encore faut-il que le coordinateur ait la possibilité d'exercer sa fonction.

Le besoin d'harmoniser les opérations sur le terrain, où les domaines d'intervention de certaines agences donnent lieu à des conflits de compétence, se fait sentir. La tutelle du PNUD n'est pas toujours acceptée par tous.

Il est également malaisé de coordonner « au sommet » les politiques des diverses institutions. Aux rivalités idéologiques, qui relèvent d'analyses différentes, s'ajoute la « concurrence » qu'elles se font auprès des donateurs pour obtenir des financements. Quelques fortes personnalités — aux préoccupations parfois électoralistes — à la tête de certaines institutions ne supportent aucune coordination. Du moins pourrait-il y avoir une réflexion commune sur les politiques de développement ! Difficile dans ces conditions de dégager une vision d'ensemble. L'éclatement de centres de décision entre New York, Genève, Vienne et Nairobi, ne facilite évidemment pas les choses. Et le système des Nations unies favorise, d'autre part, la pesanteur des appareils administratifs.

Une décentralisation du pouvoir au niveau régional éviterait-elle le manque de cohérence actuel ? Une plus étroite concertation au niveau des programmes de développement entre agences mais aussi avec les opérateurs bilatéraux devrait être la règle, dans l'intérêt des pays pauvres.

Gérard Viratelle

Le poids des riches

Les grands pays industrialisés couvrent les trois quarts des dépenses ordinaires de l'ONU et de ses agences spécialisées (les États-Unis comptant pour plus du quart). Aussi, les retards de paiement de contributions des États-Unis et de l'URSS ont causé de réelles difficultés financières aux Nations unies et gêné leur fonctionnement.

En subordonnant le versement de leur contribution à l'ONU (secrétariat) à l'adoption de mesures d'économie et d'une large réforme de son fonctionnement, les États-Unis ont montré crûment qu'ils voulaient que l'ONU et ses agences spécialisées servent mieux leurs intérêts.

Ainsi ont-ils exercé de singulières pressions financières sur les agences du système. Le Congrès a réduit la participation américaine au Fonds des Nations unies en matière de populations (FNUAP) — qui a la charge en ce domaine « sensible » des programmes d'information, d'éducation et de contrôle des naissances —, accusé d'avoir soutenu l'usage de méthodes d'avortement en Chine. De même, les États-Unis ont suspendu en 1986 leur pourtant relativement modeste contribution à la FAO, avec l'intention d'obtenir des changements dans ses opérations, son fonctionnement et à sa tête. L'UNICEF, dirigée comme le PNUD par une personnalité américaine, n'est pas non plus à l'abri de pressions financières et politiques menaçant ses perspectives de croissance...

Certes, les choses ont évolué en 1988. Néanmoins, Javier Pérez de Cuellar n'hésitait pas à déclarer, en recevant le prix « Nobel de la paix », qu'il ne savait pas comment seraient financées les nouvelles opérations des « Casques bleus » (dans le Golfe, en Namibie, en Afghanistan...), le fonds spécial couvrant ces charges terminant l'année avec un déficit de près d'un demi-milliard de dollars...

Assiste-t-on à une reprise en main, ce faisant, d'une partie des Nations unies par les pays industrialisés et, simultanément à un reflux de l'influence des « 77 » ?

Tributaires des donateurs

Les institutions sont toutes tributaires de la politique suivie par les plus gros donateurs sur lesquels les autres pays développés ont tendance à aligner leur position. D'où les difficultés que connaissent, depuis le début des années quatre-vingt, les principales institutions (et l'ONU) à reconstituer leurs ressources. Tour à tour l'AID, le FIDA, le PNUD et le Secrétariat de l'ONU ont traversé des passes pénibles parce que certains États — mais d'abord les États-Unis — n'acceptaient pas de renouveler automatiquement, comme stipulé dans des accords, leurs contributions, et remettaient même en cause la répartition des charges budgétaires entre États membres. A l'origine, après la guerre, les États-Unis finançaient plus de 40 % du système multilatéral ; leur participation, limitée à 29 %, est en diminution ; et ils ne veulent plus porter la part prédominante du « fardeau », que partage une trentaine d'autres pays riches.

En fait, il y a deux types de financement des institutions. Pour les organisations (ONU, AID, FAO, FIDA, ONUDI, OMS, UNESCO, etc.), la quote-part des pays membres est calculée sur la base du revenu de chacun. En revanche, les organes opérationnels (PNUD, PAM, FNUAP, UNICEF, UNITAR, sauf la CNUCED, qui dépend pour l'essentiel du budget de l'Assemblée générale, ce qui accentue son caractère politique) font appel à des contributions volontaires des gouvernements ou privées et reçoivent quelques dotations du budget général de l'ONU. C'est ce qui amène certaines organisations à recourir aux grands moyens publicitaires pour recueillir des fonds.

A titre d'exemple, en 1988, le financement des institutions de la première catégorie se répartissait pour l'essentiel de la façon suivante : États-Unis (29 %), Japon (10,89 %), URSS (10,2 %), RFA (8,26 %), France (6,37 %), Royaume-Uni (4,86 %)... En revanche, 78 pays en développement ne couvraient chacun que 0,01 % de ces dépenses (l'Inde : 0,35 %, la Chine : 0,79 %, l'Arabie saoudite : 0,97 %, le Mexique : 0,89 %, le Koweït : 0,29 %, etc.).

Un pays = une voix

Dans tous les cas, les opérations de renouvellement de ressources donnent lieu à des négociations au cours desquelles les donateurs s'efforcent bien sûr de peser sur l'orientation des programmes. La diminution de ressources, qui a conduit plusieurs organisations à pratiquer des coupes claires dans leurs plans d'investissement, n'a été que partiellement compensée par la création de fonds spéciaux pour l'Afrique (AID, FIDA). En 1986, l'AID a retrouvé un volume de financement de 12,4 milliards de dollars (pour quatre ans). D'une part, le gouvernement Reagan a finalement assoupli son attitude à l'égard de la Banque mondiale sous la pression de milieux économiques et financiers, et, d'autre part, le Japon a accru sa participation. Celle-ci est devenue presque aussi importante que la contribution américaine, ramenée à 20 %. En clair, cela signifie que l'influence du Japon sur la plus grande organisation d'aide aux pays pauvres est devenue plus sensible. Elle a, comme ailleurs, tendance à se faire sentir de plus en plus sur l'ensemble du système multilatéral — à commencer par la Banque de développement asiatique —, qui vient aider Tokyo à diriger son surplus commercial vers l'investissement dans le tiers monde. La nomination d'une personnalité japonaise à la tête de l'OMS, en 1988, a été également significative.

Traditionnellement, les pays les plus riches préfèrent orienter leur contribution vers les institutions financières, qui soutiennent les activités visant l'intégration à l'économie dominante — les pays nordiques orientant la leur vers les organes de l'ONU, et notamment vers des programmes aux préoccupations réformistes et sociales.

Quelle que soit l'institution, la répartition des contributions a pour conséquence des équilibres politiques entre États (ou groupes d'États) membres. Il y a ainsi une contradiction dans la position des États-Unis dont la contribution n'a cessé de diminuer (en pourcentage), qui traînent le pied pour s'en acquitter mais auraient, par ailleurs, souhaité avoir une voix plus grande au chapitre ! Contradiction qu'a, apparemment, voulu écarter Mikhaïl Gorbatchev !

Certains pays développés voudraient en effet disposer d'une influence politique — ou du moins d'un droit de vote proportionnel à l'importance de leur contribution financière, en particulier pour les questions budgétaires ; comme au FMI et à la Banque mondiale, institutions contrôlées par les grands pays riches. Ceux-ci prennent volontiers ombrage du fait que la voix d'un petit État compte autant que celle d'une grande puissance. Mais un système de vote pondéré est difficilement concevable aux Nations unies où prévaut le principe d'universalité : un pays = une voix. A l'Assemblée générale, les résolutions sont adoptées par consensus (sauf sur la Palestine) et le budget doit y être adopté de la même façon mais compter le vote favorable des principaux contributeurs.

Une réforme de ce système de vote — qui modifierait évidemment les rapports de forces — est toujours à l'étude... comme celle des structures et du fonctionnement du système onusien tout entier.

Gérard Viratelle

LES ACTIONS NON GOUVERNEMENTALES

Au seuil de l'an 2000, les organisations non gouvernementales savent que ce qui leur reste à accomplir est immense. Et que c'est une tâche pour tous les citoyens.

Les puits du Sahel ont rendu à la fois un bon et — surtout — un mauvais service aux organisations non gouvernementales (ONG) de développement. Dès le début des années soixante, dans des milliers de villages, ils ont permis aux paysans africains de boire de l'eau potable, de se soigner, d'abreuver leurs bêtes et même de cultiver quelques légumes verts. Résultat non négligeable pour des gens dont la principale préoccupation est la survie. En même temps, les puits du Sahel ont montré à l'opinion des pays riches qu'il était possible, même avec peu de moyens, de venir en aide «à nos frères d'Afrique».

Les puits creusés dans la terre aride du Sahel ont mis ainsi beaucoup de militants sur la route du développement. Ils ont donné naissance à un fleuve puissant de solidarité entre des groupes de «partenaires» mobilisés «ici» et «là-bas» en vue d'une œuvre de longue haleine dont l'ampleur déborde de partout la margelle des puits villageois. C'est le côté positif de la médaille.

L'ONG de papa a vécu

Mais cette médaille a un revers. Depuis vingt-cinq ans, pour une grande part de l'opinion, l'action des organisations non gouvernementales (ONG) reste figée dans l'image du puits. C'est une image gratifiante en effet : quoi de plus noble et généreux que de donner de l'eau, source de vie. Heureusement les Africains capables de creuser un puits sont nombreux, mais nous avons tous un ardent besoin de nous découvrir généreux par volontaires interposés.

Au début des années soixante, lors du lancement des premières «campagnes contre la faim» et de la création des grandes organisations non gouvernementales de développement, ces images routinières n'étaient pas fausses. Mais elles sont restées quasi immuables, tandis que les militants du développement allaient de l'avant.

• *Sur la nature de l'aide*

Ce qu'on appelle l'*aide d'urgence*, en cas de catastrophe (aide alimentaire, médicaments, vêtements, logements de secours...), tend à accaparer tout le champ parce qu'elle est spectaculaire, que les médias la mettent donc considérablement en valeur et qu'elle est, par définition, ponctuelle. L'*aide au développement* retient beaucoup moins l'attention parce qu'elle est peu spectaculaire, que ses résultats ne se mesurent — et encore — qu'à long terme et qu'elle est donc risquée.

Pourtant, quand on a apporté

aux victimes des catastrophes de quoi se nourrir et se soigner, il faut encore les aider à retrouver les chemins de la vie normale, ceux de la production, de l'éducation et de la formation professionnelle, de l'aménagement de l'habitat et de l'espace, de l'organisation collective… Les O N G de développement sont favorables à l'aide d'urgence quand celle-ci est la «première» urgence, mais elles visent à fournir une aide qui s'imbrique le plus rapidement possible dans une activité de développement (par exemple : accompagner l'aide alimentaire de semences, de bétail, de petit outillage agricole, voire d'une réforme agraire pour relancer une production vivrière).

• *Sur la nature des projets*

Pour l'homme de la rue, il s'agit avant tout de «petits projets» à l'échelle d'une modeste communauté villageoise (puits, école, dispensaire, outillage agricole…). Mais, depuis longtemps, les ambitions des O N G visent tous les secteurs du développement : artisanat lié à l'agriculture, coopératives, banques de céréales et caisses de crédit, mise sur pied d'un service d'hygiène ou d'un service social de bidonville, réappropriation de la terre, aménagement de l'habitat, programmes de formation professionnelle, sociale, syndicale enracinés dans les traditions culturelles, programme national d'éducation pour la santé, lancement de petites et moyennes entreprises répondant à des besoins essentiels (conserveries, outillage, textiles, chaussures, meubles, habitat…).

Alors que l'attention des donateurs est d'abord retenue par les éléments concrets, matériels, des projets («on fait des choses»), les O N G visent les niveaux où une société construit son autonomie avec ses moyens de production, d'éducation et de formation, son organisation, sa vie sociale et culturelle.

Pour contribuer à développer les moyens de production (petite entreprise, société locale d'investissement, coopérative d'épargne et de crédit), ce qui suppose un montage technique et financier d'un tout autre ordre que l'aide donnée à des opérations de caractère social ou économico-social à forte teneur de volontariat et de mobilisation populaire, un certain nombre d'ONG et d'organismes ont créé une Société d'investissement et de développement international, qui reçoit des personnes particulières ou d'institutions des prêts qu'elle affecte à ces opérations appelées «projets productifs» ou «projets à caractère économique».

Cette forme d'intervention, appelée à se développer à côté de «l'aide» traditionnelle, suppose des moyens d'étude, de préparation, de lancement et de suivi des projets qui apparentent les ONG à des organismes de service, voire à des bureaux d'étude. Il s'agit, sinon d'un changement de nature, du moins d'une nouvelle étape dans la démarche des ONG, qui devront désormais conjuguer le militantisme lié au travail de solidarité avec le professionnalisme exigé par la rentabilité économique.

Enfin, certains secteurs du système bancaire international, de la Banque mondiale en particulier, ont parfaitement compris, ne serait-ce que dans un souci d'efficacité, qu'il était impossible d'assurer le développement par le simple jeu des «ajustements structurels» des économies endettées sans prendre en compte les problèmes sociaux de la population. Mais comment toucher cette population «à la base», dans les villages et les banlieues urbaines ? Les gouvernements eux-mêmes sont souvent loin de cette base. Les ONG — du Nord et du Sud — peuvent constituer dans ce cas d'excellents relais. D'où le souci de la banque de mieux les connaître et d'assurer de meilleures relations avec elles. Les ONG n'ont pas dit non à une certaine coopération, à condition de ne pas y perdre, pour des raisons de «gros sous», l'esprit de solidarité qui anime leur action.

• *Sur les acteurs du développement*

L'opinion publique et les médias ont longtemps privilégié les volontaires étrangers. Pourtant, la plus grande partie des projets est prise en charge par des partenaires locaux. Depuis le milieu des années soixante-dix, le *partenariat* est ainsi devenu le mot clé des militants du développement et un public plus large commence lui aussi à se rendre compte qu'au Mali ou au Brésil, ce sont des Maliens et des Brésiliens qui sont le mieux placés pour gérer leurs projets.

• Enfin, *l'importance et la place relatives de l'aide privée et de l'aide publique* doivent être passées au crible. A la suite des difficultés et parfois des échecs de l'aide publique et de la baisse des crédits, il a paru de bon ton de charger le bateau des ONG de tous les espoirs. Rien n'est plus dangereux, d'abord parce que l'aide privée représente moins de 10 % de l'aide publique, mais aussi pour des raisons plus fondamentales : le développement est l'affaire des peuples eux-mêmes. Il est lié à leur capacité de s'organiser et de créer des rapports plus égalitaires avec les autres peuples. L'apport des organisations non gouvernementales se mesure avant tout à leur capacité de favoriser une orientation politique du développement, c'est-à-dire la prise en main de cette gestion par le peuple lui-même. En ce sens, les ONG montrent que la coopération, orientée par l'État, doit aussi exister de peuple à peuple.

Mais les organisations non gouvernementales n'ont pas la naïveté de croire qu'elles doivent remplacer les États, ou qu'il leur revient de bien faire « en petit » ce que les États font mal « en grand ». Les ONG se veulent des ferments. Mais, pour que toute la pâte monte, c'est aux États, aux organisations internationales d'utiliser tous les moyens publics pour mobiliser les ressources humaines et naturelles. C'est à eux qu'il revient d'encourager les changements, les réformes de structures, d'orienter ou de dominer les rapports de force, afin d'agir au niveau où les problèmes et les défis sont posés.

La lente émergence de la démocratie

L'action des organisations non gouvernementales depuis leur création ne s'identifie pas à l'histoire des « réussites » ou des « échecs » rencontrés dans la mise en œuvre des projets de développement. L'enjeu véritable, c'est plutôt la lente émergence de la démocratie dans la démarche du développement. Le développement en effet dépend étroitement du rôle joué par l'État. En Afrique, par exemple, l'État est presque partout de constitution trop récente pour inspirer un réflexe d'appartenance nationale pour des populations rurales au sein desquelles joue fortement la dimension ethnique. L'État, cependant, a tendance à jouer d'autant plus de ses moyens de puissance qu'il n'a pas de forces organisées en face de lui (le parti unique qui existe dans la plupart des pays de ce continent ne pouvant constituer un véritable interlocuteur autonome). D'où l'importance des corps intermédiaires que sont les coopératives, les syndicats, les groupes et associations de toutes sortes, qui constituent des relais indispensables dans l'organisation de la vie sociale et du dialogue entre le pouvoir et le peuple. Les « communautés catholiques de base » en Amérique latine, le foisonnement des associations populaires de défense et de promotion des Noirs en Afrique du Sud montrent, mieux que des discours, la portée pratique de ces relais.

Le développement est en route quand toutes les couches d'une population peuvent ainsi s'exprimer et donner libre cours à leur créativité. La société civile n'est

Rio-Belleville,
un projet d'ONG syndicale

L'*Institut Belleville (IB), organisation non gouvernementale créée en 1984 par la Confédération française démocratique du travail (CFDT), conduit des projets appuyé sur son réseau syndical en France, et sur ses partenaires africains et latino-américains. Dans la tradition de la solidarité ouvrière internationale, il vise à promouvoir une «coopération par le métier», compagnonnage fondé sur la diversité des savoir-faire. Il s'attache aussi à soutenir la démocratie, par formation syndicale, juridique, socio-économique et par divers microprojets de développement (Mali, Sénégal, Burkina Faso, Tanzanie, Salvador, Nicaragua, Maroc).*
L'*un des plus significatifs est le projet Rio-Belleville, appuyé sur une équipe d'ingénieurs syndiqués à la CUT brésilienne (Centrale unique des travailleurs) et sur diverses associations. Lancé en 1985, le projet se donne pour objectif global «les jeunes dans la ville». En fait, il prend corps dans la périphérie de Rio, avec trois volets d'intervention : urbanisme, agriculture, artisanat, et un accompagnement culturel dont les principaux acteurs sont les jeunes professionnels.*

1. En zone urbaine : création d'un centre de quartier à Saint-João-de-Mériti (Rio). Dans cette ville-dortoir de 600 000 habitants, il s'agit d'installer un équipement social polyvalent : crèche, antenne santé, jardin potager, espace de culture-sports-loisirs avec formation professionnelle et permanente. L'ensemble est conçu pour répondre à des besoins locaux évidents, mais aussi comme prototype d'équipement urbain. L'action a connu plusieurs étapes.
— 1985 : premiers contacts, confrontations entre partenaires sur les attentes, le choix du site, etc.
— 1986 : L'IB finance l'acquisition du terrain et des actions de formation préparatoire au projet. Plusieurs membres de l'équipe brésilienne rencontrent en France des associations de quartier, comités d'entreprises, groupes de jeunes, etc., intéressés au projet.
— 1987 : les plans sont faits. Un chantier de jeunes Français se tient sur le site.
— 1988 : à l'initiative des jeunes (en particulier des PTT), diverses initiatives

culturelles se développent : voyages, expositions, concert (Caétano Véloso au Zénith) en appui au projet. Fin juillet : inauguration de la crèche. En prévision : l'antenne santé.

2. En zone rurale *: formation au développement agricole à Sao Jose de Boa Morte (Rio). Il s'agit de soutenir les petits producteurs de fruits et légumes dans leur effort pour s'installer, s'organiser, produire et vendre.*
Dans ce but, est mis en œuvre, avec appui du ministère français de l'Agriculture et de la Fédération nationale des centres d'informations et de vulgarisation agricole et rurale (FNCIVAM), un programme de formation, afin de favoriser :
— l'implantation des agriculteurs et de leurs familles ;
— l'accès aux aides techniques, financières et administratives ;
— la valorisation d'un potentiel agraire inexploité.

Les étapes de l'action :
— 1985-1987. Visites d'experts français, pour identifier les sites du projet ; accueil en France (et visite dans dix établissements de formation) de trois experts brésiliens. Réalisation d'une étude.
— 1988. Stage de formation franco-brésilien à Rio : (30 stagiaires niveau «responsables», qui démultiplieront localement la formation). Organisation d'un chantier de jeunes Français à Sao José, dont plusieurs issus de l'enseignement agricole. A terme, les Brésiliens souhaitent créer un centre permanent de formation.

3. Dans le secteur artisanal, mise en place d'un réseau de vente d'objets artisanaux brésiliens (Rio, Nordeste), avec pour objectif de soutenir l'activité des artisans et de faire de la diffusion d'objets et de jouets dans les comités d'entreprises, associations, collectivités locales, etc., un moyen de sensibilisation.

Pour l'Institut Belleville, la polyvalence de ce projet permet de mettre en œuvre une large diversité d'intérêts et de partenariats. Porté par des jeunes, dans un Brésil agité, mais en quête de démocratie, il contribue à créer du futur, ici et là-bas.

Joseph Le Dren

CORDELLIER Serge, « Tiers-mondisme et éducation au développement », in : CACÉRES Benigno, VERDIÉ Minelle (sous la dir. de), *Guide de l'éducation populaire*, La Découverte, Paris, 1986.

DELPEUCH Bertrand, « Le travail des organisations non gouvernementales. De l'action en faveur des pauvres à l'analyse des causes de la pauvreté », in : ALAUX Jean-Pierre, NOREL Philippe, *Faim au Sud, Crise au Nord*, L'Harmattan, Paris, 1985.

FRANÇOIS Didier, *L'aide au tiers monde, solidarité et développement*, Syros, Paris, 1984.

GUÉNEAU Marie-Christine, LECOMTE Bernard, « L'émergence des ONG du Sud », *Croissance des Jeunes Nations*, n° 310, 1980.

« Les groupements paysans, un espoir pour l'Afrique », *Croissance des Jeunes Nations*, n° 307, 1988.

KOUCHNER Bernard, *Charité-Business*, Le Pré au Clerc, Paris, 1986.

LACOSTE Yves, *Contre les anti-tiers-mondistes et contre certains tiers-mondistes*, La Découverte, Paris, 1985.

LECOMTE Bernard, *L'aide par projet. Limites et alternatives*, OCDE, Paris, 1986.

LIAUZU Claude, *Aux Origines du tiers-mondisme. Colonisés et anti-colonialistes*, L'Harmattan, Paris ; *L'enjeu tiers-mondiste, débats et combats*, L'Harmattan, Paris, 1987.

NOVAK Maria, « Une banque pour les pauvres, la Grameen Bank », *Histoires du développement, Institut d'études sociales de Lyon*, n° 1, 1988.

ROUILLE D'ORFEUIL Henri (sous la dir. de), *Coopérer autrement, l'engagement, les organisations non gouvernementales aujourd'hui*, L'Harmattan, Paris, 1984.

OCDE « Des partenaires dans l'action pour le développement : les organisations non gouvernementales », Paris, 1988.

BETATTI Mario, DUPUY Pierre-Marie, *Les ONG et le droit international*, Economica, « Droit international », Paris, 1986.

CLUB DU SAHEL, *Dynamiques d'organisation du monde rural sahélien : enjeux et limites des groupements paysans et organisations rurales*. Paris, 1988.

CONDAMINES Charles, « Comment ne pas être gouvernemental ? », *Cosmopolitiques*, 1988.

pas l'ennemie de l'État, mais son complément indispensable.

Dans les pays industrialisés, les ONG exercent une fonction similaire : celle d'inscrire le développement des pays dans le contexte global d'une solidarité en quelque sorte inévitable avec le tiers monde. La coopération de peuple à peuple que pratiquent les organisations non gouvernementales a vite débordé le cadre étroit des organisations privées et des frontières nationales, pour se développer au niveau institutionnel international. Les exemples de la collaboration des ONG avec la CEE et la CNUCED (Conférence des Nations Unies sur le commerce et le développement), représentent bien les orientations de cette forme de coopération qui touche plu-

sieurs autres organismes multilatéraux (FAO, OMS...).

Environ 600 organisations non gouvernementales (quatre sur cinq) sont représentées auprès de la Commission des Communautés européennes par une « Assemblée générale des ONG européennes de développement », sorte de mini-parlement d'une centaine de représentants élus qui se réunissent une fois par an pour débattre de leurs rapports avec la Commission et, plus généralement, de la politique européenne de développement. Entre les assemblées annuelles, la présence des organisations non gouvernementales est assurée par un « Comité de liaison des ONG européennes », où chaque pays membre est représenté par un ou deux membres élus. Par l'intermédiaire de ces deux structures et de plusieurs commissions spécialisées, les ONG européennes intègrent ainsi les débats sur les politiques de développement de la Communauté comme sur les modalités pratiques de l'aide et de l'action auprès de l'opinion publique.

D'autre part, depuis une quinzaine d'années, plus d'une centaine d'organisations non gouvernementales des pays industrialisés (en fait occidentaux), progressivement rejointes par des ONG du tiers monde, participent aux conférences de la CNUCED pour y marquer, là aussi, la présence effective des peuples à côté de celle des gouvernements.

Outre une sensibilisation nécessaire de leurs publics aux aspects techniques et aux rapports de force qui affectent l'économie mondiale, les ONG développent dans cette enceinte une action multiforme dont le résultat est précisément qu'elles sont devenues des interlocuteurs crédibles dans le dialogue international. A la publication tous les deux ou trois jours d'un journal imprimé de la Conférence donnant des informations, points de vue, prises de position, état des questions, etc., que l'on ne trouve pas dans les documents officiels s'ajoutent les contacts organisés chaque jour avec des membres des délégations, du secrétariat de la CNUCED, ou avec des personnalités indépendantes, des rencontres avec la presse, de nombreux contacts informels avec les délégations et, à l'occasion des pressions pour faire avancer un point...

L'affaire de tous

Au seuil de l'an 2000, les ONG de développement manifestent une

conscience de l'immensité de la tâche à accomplir pour inscrire la solidarité dans la vie quotidienne des Français. Le travail est à peine commencé et il se heurte déjà à de formidables pesanteurs sociologiques. Pourtant, il n'y a pas d'autre choix. Prenons un exemple dans un secteur restreint et cependant décisif de la vie quotidienne, sur le pourtour du bassin méditerranéen. La simple comparaison du poids respectif des populations au Nord et au Sud montre que l'équilibre précaire des dernières décennies est en train de se rompre au profit du Sud. La population du Maghreb-Machrek, qui a doublé en vingt-cinq ans, va encore considérablement s'accroître d'ici le début du troisième millénaire. Bien évidemment ce n'est pas en se barricadant derrière des barrières douanières, des politiques de préférence nationale pour l'emploi et autres réformes des codes de la nationalité que les Européens pourront vivre en paix avec ces peuples et développer une coopération indispensable autour d'un petit lac intérieur réduit, à l'échelle du monde, aux dimensions d'une baignoire de HLM.

Le repli va devenir suicidaire. Pourtant, les organisations non gouvernementales ne veulent pas jouer de la peur, qui serait mauvaise conseillère, mais faire apparaître la portée positive à terme de l'ouverture. L'expérience de nombreuses populations du tiers monde montre la voie en se lançant dans le développement malgré une extrême pauvreté.

Menotti Bottazzi
et Gabriel Arnaud

Quelles relations entre les ONG et les Etats du Nord ?

Entre les organisations non gouvernementales (ONG) et les Etats du Nord, le dialogue n'a pas toujours été facile. Et pour cause ! Les pratiques de coopération et les politiques de développement que les unes et les autres mettent en œuvre, et défendent, se fondent sur des positions initiales qui peuvent paraître diamétralement opposées.

Du côté non gouvernemental, malgré l'extrême hétérogénéité de l'univers associatif de solidarité internationale Nord-Sud, on s'engage d'abord à partir d'un mouvement de révolte face à « l'état du monde », qui débouche sur une prise de responsabilité directe dans la lutte contre les injustices et les oppressions, par la participation tangible à la construction d'un monde habitable pour tous les membres de la famille humaine. Quelles que soient les cultures philosophiques, religieuses ou politiques qui conduisent à cet engagement, il s'agit avant tout d'une position éthique qui tente de marquer le réel en le transformant concrètement. C'est pourquoi l'action des ONG se veut volontiers prophétique (elle se situe plutôt dans le champ de l'alternatif) et universelle (partout où des hommes et des femmes souffrent, luttent pour leur vie, leur dignité et leur liberté, quels que soient les pays, leurs régimes, leurs liens historiques, etc.).

Mobiles géopolitiques et motivations éthiques

A l'inverse, il va de soi que du côté des États du Nord, malgré la grande variété des forces qui contrôlent les pouvoirs et la diversité des cultures et traditions politiques nationales, l'action publique de coopération avec les États du Sud est évidemment l'un des volets de la politique étrangère. A ce titre, elle se détermine d'abord en fonction des intérêts nationaux et transcontinentaux des pays industrialisés. Les considérations éthiques n'interviennent que de façon secondaire, si elles ne sont pas directement contradictoires avec les intérêts sus-mentionnés, et sous la pression, précisément, des ONG et de l'opinion publique.

Cela signifie que l'action des États, au contraire de celle des ONG, est orientée de manière prépondérante par des visées géopolitiques (elle renforce leurs positions dans les zones d'influence acquises ou à conquérir), et se situe plutôt dans le cadre des modèles dominants de développement. Quand bien même ces modèles ne profitent guère aux peuples, voire marginalisent et appauvrissent un nombre toujours croissant de personnes. On mesure déjà l'ampleur des obstacles objectifs qui se dressent devant la volonté de construire des relations mutuellement satisfaisantes entre les ONG et les États du Nord. Ils ne sont pas tout à fait du même bord...

Mais il y existe aussi un fossé important à franchir : celui, en général, de l'absence de reconnaissance mutuelle des fonctions, du rôle et de l'importance de l'action de chacune des parties. Pour les États, les organisations non gouvernementales (ainsi désignées significativement par eux d'une façon négative et résiduelle) forment un ensemble incohérent d'intérêts particuliers, d'utopismes, dont l'action — de toute façon marginale — est regardée tantôt avec une sympathie condescendante, («Ah, ces bons p'tits gars qui peuvent faire ce que l'État ne peut pas faire »), et tantôt avec exaspération et hostilité («Ah, ces irresponsables qui se mêlent de ce qui ne les regarde pas et qui agissent en sens contraire de la ligne juste fixée par les autorités compétentes »). Les États du Nord ont plus ou moins tendance (plutôt plus dans le cas de la France) à considérer comme les seuls dépositaires de la légitimité (de par le suffrage universel notamment), les seuls gardiens de l'intérêt général, les seuls capables de mener à bien une action « sérieuse » en faveur du développement des pays du Sud. Voyez le volume de l'aide publique au développement, le nombre d'experts professionnels mobilisés, l'influence dans les forums internationaux, etc. Face à cela, que représentent les ONG ?

Mais pour les ONG précisément, le discours de l'État prétendant assumer seul « ce qui compte », relève plus du mythe que de la réalité. L'aide publique au développement est absorbée à plus de 50 % par les professionnels de l'aide au Nord et la quasi-totalité du reste par les bureaucraties étatiques du Sud. Alors que l'aide des ONG, même si elle ne représente, en volume financier, que 10 % de l'aide des États, bénéficie à des millions de personnes qui la touchent « de la main à la main » et, par leur propre action, la multiplient plusieurs fois. Les projets des « experts » ? Ils sont parfois utiles, mais souvent néfastes parce que même lorsqu'ils sont scientifiquement ou techniquement bien conçus, ils restent généralement inadaptés au milieu, aux moyens humains et matériels des populations concernées et débouchent finalement sur de formidables gâchis, quand ils n'entraînent pas en plus, pendant des années, le paiement d'une lourde dette supplémentaire... Les projets des experts, donc, n'impressionnent pas les ONG qui leur préfèrent des projets plus artisanaux mais qui s'inscrivent dans des dynamiques populaires, s'appuyant sur l'épargne locale et la solidarité, mettant en valeur les potentialités des ressources humaines des populations elles-mêmes, en respectant leur cadre culturel et environnemental. Quant à la légitimité et à la capacité politique des États du Nord à favoriser le développement au Sud, elles sont l'objet de fortes interrogations dans les ONG. Nombreux sont ceux qui considèrent que les États sont avant tout porteurs d'intérêts mercantiles, culturels et militaires qui pérennisent leur position privilégiée dans le monde. Aux yeux des militants, qui payent de leur personne leur engagement, qui agissent au nom d'une éthique et des droits de l'homme, la légitimité et la capacité politique se trouvent du côté du juste combat qu'ils mènent... Nombre d'entre eux ne sont pas loin de voir, dans les appareils d'État du Nord,

« l'empire du mal », et il leur est difficile de concevoir une relation positive ONG-État qui représente, pour eux, un pur gaspillage d'énergie et une insoutenable compromission.

Des domaines d'intérêt mutuel

Dans ce contexte, on comprendra que les relations entre les États et les ONG du Nord ne se sont développées que depuis la fin des années soixante-dix et qu'elles n'en sont encore souvent qu'à leurs premiers balbutiements. Lancé par des hommes courageux de part et d'autre, qui ont su surmonter leurs préjugés grâce à leur expérience et à leurs analyses prospectives et ainsi nouer le dialogue et jeter des ponts entre « deux mondes », le phénomène s'est cependant amplifié d'année en année. Il y a de fortes raisons à cela. En premier lieu, dans le domaine du financement des projets de développement, des zones d'intérêt mutuel apparaissent de plus en plus entre les ONG et les États du Nord.

Malgré leur capacité à mobiliser le soutien financier du public, les ONG manquent d'argent. Elles n'ont pas tous les moyens des missions qu'elles sont prêtes à assumer, en lien avec leur réseau d'ONG et de groupes partenaires au Sud qui va s'élargissant. Comment ne pas songer à capter au profit de ces projets une part plus grande de l'aide publique au développement ? De leur côté, les États sont de plus en plus conscients des difficultés et des limites de certains projets qu'ils soutiennent ou mettent en œuvre, dans le cadre de la coopération intergouvernementale. Ils sont davantage sensibles, aussi, aux opinions publiques qui leur réclament des comptes, et reconnaissent mieux la nécessité d'une action souple et adaptée pour assurer la survie et le développement au niveau des populations (et donc à terme, parfois, de leurs

États !). Ils ont de ce fait tendance à élargir substantiellement leur appui à l'action des ONG.

Mais, c'est dans le domaine crucial des politiques de développement, voire des problèmes macroéconomiques mondiaux et de politique internationale, que les relations entre les États du Nord et les organisations non gouvernementales se sont révélées intéressantes pour les deux parties. C'est un fait que les États du Nord sont généralement plus ouverts que par le passé à la prise en compte des aspirations de leur société civile, pour déterminer leurs positions politiques, au-delà de leur traditionnelle défense des intérêts dits nationaux (économie, culture, défense). Or, les ONG représentent bien, dans leur domaine, une fraction de cette fameuse société civile, d'autant plus que, par leur action, par la faveur que leur accorde le public, et par la capacité à s'organiser entre elles dont elles font preuve pour élaborer des recommandations communes ou majoritaires, elles acquièrent aux yeux des États une crédibilité nouvelle et toujours plus grande. Désormais, les États doivent compter avec les ONG. Et réciproquement.

Ce qui suppose que les ONG réévaluent d'une façon réaliste le rôle et les fonctions des États dans la création d'un environnement international plus favorable au développement des peuples. Leurs partenaires du Sud sont très attentifs à ce qu'elles soient aussi efficaces sur ce terrain-là que sur celui de l'appui aux initiatives de base.

Des structures pour le dialogue

L'accroissement des relations entre les ONG et les États est donc inéluctable. Dans beaucoup de pays industrialisés, le dialogue ONG-État s'effectue désormais dans un cadre structuré, négocié par les deux parties, et officiellement reconnu. Comme c'est le cas depuis longtemps déjà au niveau européen où, depuis la fin des années soixante-dix, des relations institutionnelles se sont établies entre la Commission des Communautés européennes et les représentants de quelque 600 ONG des pays membres, démocratiquement désignés par les ONG elles-mêmes pour les représenter dans un comité de liaison permanent auprès des Communautés.

C'est également le cas en France où, depuis 1982, ONG et pouvoirs publics se retrouvent régulièrement pour confronter leurs points de vue dans le cadre de la Commission coopération-développement. Des cadres analogues existent dans la majorité des pays de la Communauté, et aussi en Suède, en Norvège, en Nouvelle-Zélande et en Australie. Aux États-Unis, au Canada, dans les pays européens non-membres de Communautés autres que ceux cités ci-dessus, au Japon, les ONG se sont généralement regroupées en coordinations et sont en mesure d'interpeller les pouvoirs publics chaque fois qu'elles le jugent nécessaire. A noter qu'il existe au niveau mondial un Conseil international des agences bénévoles qui a pu élaborer d'une façon concertée un code de déontologie concernant les relations États-ONG et qui travaille à conjuguer les forces des ONG sur le plan international. Enfin, les institutions du système des Nations Unies, pour certaines de longue date, disposent presque toutes des cadres appropriés aux concertations nécessaires.

Face au développement multiforme des relations États-ONG, une question reste posée aux organisations non gouvernementales : « Comment définir, en termes de temps et d'énergie, la juste mesure à consacrer à ces relations ? » Les ONG sont parfaitement conscientes que leur vocation première est l'action. Au Nord, pour éduquer, sensibiliser et mobiliser le public. Au Sud, pour être aux côtés des populations qui s'organisent pour se développer et, en cas de catastrophe ou de guerre, pour survivre. Elles sont parfaitement conscientes que c'est cet engagement auprès des plus pauvres qui leur donne le droit de témoigner et d'être partie prenante dans la résolution des problèmes Nord-Sud au niveau des États et de la communauté internationale.

Claude Dalbera

Conseil international des agences bénévoles (ICVA), 13, rue Gautier, 1201 Genève (Suisse) - Tél. : 3 266 00.

Conseil de liaison des ONG pour le développement auprès des communautés européennes, rue de Lacken, 76, 1000 Bruxelles (Belgique) - Tél. : 218 31 67.

L'essor de la coopération décentralisée

Il était une fois en France une commune tranquille de l'Essonne, Juvisy (12 300 habitants), sur les bords de l'Orge, à proximité de la ville nouvelle d'Évry, que rien ne prédisposait à regarder au-delà des frontières de l'Île-de-France. Au début des années quatre-vingt cependant, un «collectif tiers monde» local organisait quelques réunions d'information sur les rudes réalités du mal-développement. C'est le temps des premières actions de solidarité, vers l'Amérique centrale notamment. La municipalité emboîte promptement le pas, et décide de doubler les sommes recueillies par le comité. En 1986, un soutien financier est octroyé à une opération de fonçage de puits et de développement des cultures maraîchères dans la région de Tillabery, au Niger.

Une dynamique de coopération est lancée. Elle est officiellement consacrée par un séjour nigérien, en février 1987, d'une petite délégation de Juvisiens, conduite par le maire, André Bussery. «Nous avons d'emblée souhaité, dit-il, que l'action entreprise ne se cantonne pas à des relations amicales entre notables.» De fait, l'entraide, poursuivie en matière agricole, touchera rapidement de nouveaux secteurs : échanges entre professeurs et lycéens, appui de l'hôpital de Juvisy au dispensaire de Tillabery... Un jumelage-coopération en bonne et due forme

entre les deux collectivités est instauré à la fin de 1988.

La ville de Juvisy est par ailleurs partie prenante, en compagnie de trente-trois autres cités, au syndicat intercommunal de la vallée inférieure de l'Orge, dont le principal objectif est d'assurer le traitement des eaux usées. A l'initiative du maire de Sainte-Geneviève-des-Bois, M. Ooghe, le syndicat décide à son tour, en 1988, de se lancer dans une action de solidarité sur le thème de la maîtrise de l'eau. Le concours d'une ONG, l'Association française des volontaires du progrès (AFVP), dont le siège national de Linas est situé sur le territoire du syndicat, est sollicité pour identifier une opération et assurer son suivi. Le choix se porte sur le cercle de Kati, à dix kilomètres au nord de Bamako, la capitale malienne.

Le projet retenu d'aménagement hydro-agricole concerne la construction d'un barrage et la mise en valeur de rizières. Il nécessite un financement de 450 000 F F sur deux ans. Le syndicat prélève les fonds sur ses excédents budgétaires. La somme correspond approximativement à une augmentation d'un centime par mètre carré de la redevance d'assainissement payée par les 350 000 habitants des trente-quatre communes.

Mais le cas de Juvisy et des communes avoisinantes, pour être significatif, n'est pas exceptionnel : plus d'une centaine de villes, d'Alençon à Annemasse, de Lille à Montpellier, en passant par Epernay et Castres ont tissé des liens avec des collectivités du Sud. Les ressources affectées à ce nouveau partenariat peuvent ne pas être négligeables. C'est ainsi que le conseil municipal de Rennes a engagé un millième du budget de fonctionnement de sa ville, soit 950 000 F en 1987.

Des motivations disparates

Les conseils généraux et régionaux ont bénéficié, eux, d'une impulsion décisive avec l'adoption, en 1982, de la loi de décentralisation (dite loi Defferre). Les présidents de ces instances, débarrassés de la tutelle préfectorale, sont devenus de véritables « patrons ». Parfois sensibles aux appels du Sud. Les motivations apparaissent certes disparates : projets-vitrines et tentatives de pénétration de marché voisinent encore avec de réels efforts de coopération à long terme. Il n'en demeure pas moins que plus d'une vingtaine de départements et une douzaine de régions se sont associés avec des « homologues » — africains essentiellement — sur des projets de développement concrets. Le département de l'Eure contribue à la promotion de l'agriculture d'un district rwandais, le conseil général du Nord parraine création de petites entreprises et actions sociales dans plusieurs villes sénégalaises, tandis que le Limousin s'est impliqué dans le soutien à l'élevage bovin au Burkina-Faso.

D'autres initiatives stimulent et accompagnent le mouvement. Les programmes « Solidarité-eau » et plus récemment « Solidarité-habitat », mis en place au niveau européen, jouent un rôle pionnier. Parmi les groupes socio-professionnels, les agriculteurs, au travers de leur mouvement des « paysans sans frontières », ont été parmi les premiers mobilisés. Citons aussi pour l'exemple les producteurs de sel de la presqu'île de Guérande (Loire-Atlantique) : quelques jeunes paludiers, après avoir fait leur preuve au pays, sont partis mettre leur savoir-faire au service d'une création de marais salants au Bénin.

« Monsieur » coopération décentralisée

Les pouvoirs publics encouragent ces initiatives foisonnantes, mais réaffirment en même temps le besoin de cohérence de la politique extérieure. En 1987, un « Monsieur coopération décentralisée » a été nommé dans chaque préfecture de région. Les nouveaux acteurs, collectivités territoriales et milieu associatif en tête, disposent d'atouts : interventions légères qui échappent au circuit bureaucratique, projets mieux à même de mobiliser les communautés de base. D'indéniables compétences — gestion urbaine de grandes agglomérations, par exemple — trouvent à s'employer par la voie du jumelage.

Mais des obstacles jalonnent aussi le chemin. Le partenaire idoine n'est pas toujours facile à rencontrer : au niveau provincial ou local, les élus du Sud ne sont pas légion. On table alors sur les vertus incitatives de la décentralisation ! De vieilles pratiques refont surface : que faut-il penser de ces bonnes âmes, ceintes d'une écharpe, enclines à renouer avec les pratiques d'assistance qui ne déparent pas dans un bilan municipal, mais dont on sait les effets pervers sur place. Ou encore de ceux-là qui imaginent encore les pays en développement comme une terre de rédemption pour leurs jeunes administrés « déviants ». Il n'est pas inutile, à ce propos, de consulter les O N G qui sont revenues de ces errements.

Forte de ses contacts humains, une coopération décentralisée bien menée peut enclencher une dynamique, rapprocher les populations d'Europe et celles des tiers mondes. Une chance dont on aurait tort de se priver à l'heure du balbutiant dialogue Nord/Sud.

Yves Hardy

Des concerts contre l'apartheid et le racisme

Le 18 juin 1988, sur l'esplanade du château de Vincennes à Paris, SOS Racisme monte, avec un énorme succès populaire, un plateau musical qui confirme la place prépondérante de ce genre de manifestation dans la mobilisation antiraciste. Quelques jours plus tôt, à Londres, au stade de Wembley, des dizaines de milliers de personnes s'étaient rassemblées pour fêter l'anniversaire de Nelson Mandela, le dirigeant nationaliste noir emprisonné depuis une éternité en Afrique du Sud.

Depuis le début des années quatre-vingt, depuis le fameux concert de la place de la Concorde, à Paris, qui avait vu plus de 500 000 personnes répondre à l'appel de SOS Racisme, rendant par la même occasion cette association définitivement crédible, l'antiracisme et la lutte contre l'*apartheid* semblent « rythmés » par une ponctuation musicale. Et si les grosses vedettes du *show-biz* répondent toujours présent, un phénomène nouveau vient renforcer positivement le credo antiraciste des projets : le programme est dorénavant aux couleurs du métissage et les musiciens du continent noir assurent à eux seuls une grande partie de l'affiche.

Quel organisateur de concert aurait songé alors à mettre en vedette Cheb Kader, un jeune Marocain adepte du raï, Ray Lema, la tête chercheuse de la rumba zaïroise, Malavoi, le groupe martiniquais aux violons magiques, Marijosé Alie, la diva de Fort-de-France, Mory Kanté, le griot rock, Johnny Clegg, le Zoulou blanc, Burning Spear et Ziggy Marley et leur reggae jamaïcain ? Il n'était guère concevable de ne pas leur adjoindre quelques locomotives pour mobiliser le grand public et il fallait au moins une star pour être certain de « faire » du monde. Ce n'est plus le cas depuis l'été 1988 : la musique *noire* n'a plus besoin d'intermédiaires pour se faire entendre. La lutte antiraciste se mène dès la programmation et les oreilles du public s'ouvrent en même temps que chemine le mouvement, c'est déjà une première victoire que d'offrir une telle affiche avec succès.

Une nouvelle morale du rock

A Wembley, contre l'*apartheid*, même phénomène. Trois ans plus tôt, le Band Aid de Bob Geldof, organisé pour ramasser des fonds destinés à l'Éthiopie, avait fait grincer les dents des musiciens noirs : pas un seul d'entre eux n'était programmé, alors qu'on décidait d'aider les paysans africains affamés ! Pour l'anniversaire de Nelson Mandela, l'erreur de tir était corrigée et le gouvernement sud-africain pouvait très sérieusement s'inquiéter : relayée sur toute la planète par l'intermédiaire des caméras de la vénérable BBC, cette manifestation allait toucher des centaines de millions de téléspectateurs. Voir ainsi fêté le plus vieil ennemi de l'*apartheid* emprisonné depuis vingt-cinq ans, et savoir que le monde entier allait communier avec les artistes blancs et noirs montés sur scène pour l'occasion, irritait violemment le pouvoir raciste de Pretoria.

En quelques années, l'idée du concert antiraciste a fait sa route pour devenir un élément progressiste dans la vie musicale et une ponctuation indispensable de la lutte. Et, quand Amnesty International lance une campagne à l'automne 1988, pour marquer le

40ᵉ anniversaire de la Déclaration des droits de l'homme, elle n'oublie pas d'associer étroitement un artiste africain (Youssou N'Dour, le Sénégalais) aux stars du rock que sont Sting, Bruce Springsteen et Peter Gabriel. Amnesty n'oublie pas non plus de faire stopper sa caravane en Afrique pour deux des concerts de la tournée mondiale de *Human Rights Now*. Et, quand, à Abidjan, Youssou N'Dour vient présenter Johnny Clegg, le rocker blanc d'Afrique du Sud qui joue, chante et danse avec des Zoulous, menant depuis des années sans aucune concession son propre combat musical et culturel contre la ségrégation raciale, le public comprend d'emblée le message.

La lutte contre l'*apartheid* et l'antiracisme se conjugue tellement mieux quand les musiciens du monde entier jouent ensemble. C'est la portée essentielle de tous ces concerts qui mobilisent de plus en plus les jeunes de la planète. Une nouvelle morale du «rock» est née : qui s'en plaindrait ?

Philippe Conrath

Les ONG du Sud, pour une nouvelle coopération

Depuis le début des années quatre-vingt, l'émergence des «organisations non gouvernementales» (ONG) du Sud s'est imposée comme une donnée nouvelle. Il s'agit d'un monde varié — comme l'est celui des ONG du Nord —, où trois catégories d'organisations retiennent plus spécialement l'attention du point de vue de leur potentiel pour le développement et pour la démocratisation de la société civile.

Les *groupements de base* ou *mouvements populaires* : associations paysannes, villageoises, de femmes, d'usagers de périmètres d'irrigation, etc. Leur but principal est de servir leurs adhérents, envers qui elles sont responsables. Une part de leurs ressources est fournie par les adhérents (cotisations à des fonds communs, remboursements de prêts, travail bénévole). Pour être viables, elles doivent constituer des fonds propres.

Les *ONG intermédiaires ou prestataires de services* (ou encore ONGD - ONG de développement), qui ont souvent pour but la création de groupements de base et leur soutien au moyen de la fourniture de services (formation par exemple). Leurs actions dans un lieu déterminé sont souvent temporaires. Enfin, la constitution de fonds propres est un problème qui n'a pas encore trouvé de solution dans leur cas (certaines ont entrepris des activités lucratives dans ce but). Un certain nombre d'ONGD ont un rôle significatif dans leur pays, par exemple certains centres d'études, certains centres pour la collecte et l'analyse de données socio-économiques fiables, etc.

Une troisième catégorie qui emprunte des traits à chacune des deux autres est représentée par les *associations ou fédérations de groupements de base*, au niveau par exemple d'une région ou d'une nation. Ces fédérations sont censées être représentatives et responsables vis-à-vis de la base. Elles devraient permettre à leurs adhérents, généralement recrutés dans les milieux pauvres — quand ce n'est parmi les plus pauvres des pauvres — de mieux faire entendre leurs voix là où se décident les politiques de développement du pays. D'autre part, elles fournissent des services (formation, comptabilité par exemple), et agissent parfois en tant qu'intermédiaires vis-à-vis de leurs gouvernements et des bailleurs de fonds étrangers, comme les ONGD.

Une réelle dynamique

Certaines ONG ont connu un développement remarquable. Ainsi, en 1988, on dénombrait 2 800 agents (hommes et femmes) agissant dans le cadre du Bangladesh Committee for Rural Advancement, créé en 1972. A cette date, il avait organisé 3 900 groupements dans 2 000 villages. La Grameen Bank est un autre exemple d'essor d'ONG, également au Bangladesh. Certaines ONG du Sud sont aujourd'hui plus importantes que la plupart des ONG du Nord, tant au point de vue de leur taille que pour les avancées qu'elle ont pu effectuer en matière de méthode et de stratégie.

Si l'essor de ces ONG est plus marqué en Asie et en Amérique latine, elles ont également commencé à se développer également dans certains pays d'Afrique (Burkina Faso, Sénégal, Zimbabwé par exemple). Dans ces trois pays, les groupements de base du milieu rural ont créé des fédérations d'importance nationale : Naam au Burkina Faso, Fédération des ONG du Sénégal (FONGS), Organisation des associations rurales pour le progrès (ORAP) au Zimbabwé. Quelques donneurs bilatéraux (le Canada notamment), quelques fondations et ONG (Fondation Ford, par exemple) aident à la mise en réseau de ces expériences et à leur renforcement. L'IRED (Innovations et réseaux pour le développement) joue un rôle précieux à cet égard.

L'importance de certaines ONG du Sud a encouragé quelques agences d'aide bilatérales à leur accorder des financements directs (soit à partir du siège, soit, plus souvent, par des fonds gérés par les missions diplomatiques dans les pays), au lieu de le faire indirectement, par le biais de leurs contributions aux ONG du Nord. Lorsque ces financements vont au-delà des micro-réalisations et des petits projets locaux, et lorsqu'ils visent le renforcement de structures plus importantes, les agences d'aide rencontrent un problème de taille dans l'immobilisation de personnel qualifié qu'exigent de telles entreprises. L'intérêt de recourir à des ONG du Nord expérimentées est alors évident.

En effet, un certain nombre d'ONG du Nord, parmi les milliers qui agissent, ont pris l'habitude de travailler avec des partenaires du Sud, en les aidant à réaliser leurs propres objectifs et programmes et à acquérir des compétences. D'ailleurs, si la plupart des ONG du Sud ont été créées par des innovateurs du Sud, la rencontre avec une ONG du Nord a souvent été décisive pour l'affermissement de l'expérience. Une autre raison qui peut inciter à maintenir le circuit « agence d'aide → ONG du Nord → ONG du Sud » est le risque de contrôle (ou d'interférence) gouvernemental qu'implique le financement direct, les agences d'aide œuvrant d'habitude dans le cadre d'accords de gouvernement à gouvernement. Ce risque est d'autant plus fort lorsque les allocations en faveur des ONG autochtones sont inscrites dans l'enveloppe allouée au pays en question : le gouvernement peut arriver jusqu'à se considérer comme dépossédé par les ONG de fonds qui lui reviendraient normalement.

Quelle que soit la forme — directe ou indirecte — du soutien financier des agences d'aide aux ONG du Sud, la plupart des subventions sont accordées pour des « projets » et la plupart des bailleurs de fonds ne veulent pas contribuer au financement de frais administratifs au-delà d'un pourcentage qui dépasse rarement 15 % et sous réserve qu'ils soient réellement liés au projet. Ces conditions de financement ont des répercussions sur le mode de fonctionnement des ONG. En effet, leurs responsables sont obligés de mettre au point des projets susceptibles d'intéresser des donneurs, de passer une grande partie de leur temps en voyage à l'étranger à la recherche de financements, et de préparer d'innombrables présentations, rapports et comptes rendus financiers, qu'il leur faut établir à chaque fois selon des critères particuliers, qui diffèrent d'un bailleur à l'autre. Or, au travers de ces différents projets se joue aussi la continuité de l'organisation elle-même et donc la poursuite des buts qui lui sont propres et qui souvent se formulent plutôt en termes de « programmes » ou de « processus » à long terme que de projets. Tout cela nécessite des frais institutionnels inévitables.

Une autre approche

Quelques expériences montrent qu'une autre approche est possible : celle d'un *consortium* de bailleurs de fonds (agences d'aide et ONG), acceptant de contribuer ensemble aux programmes propres de l'organisation du Sud et de se partager ses frais généraux ; de ne pas affecter à l'avance la totalité des financements mais d'en laisser une partie « souple » (disponible sur place pour répondre aux besoins, au lieu d'attendre le déboursement de « tranches » successives, qui s'opère souvent en retard), et de recevoir des comptes rendus financiers standards (« audit » notamment) faisant apparaître la totalité des entrées et des dépenses. Cette approche a été notamment adoptée à l'égard du « 6 S » (Se Servir de la Saison Sèche en Savane et au Sahel), association d'appui aux groupements paysans de la région sahélienne, par la coopération suisse et quelques ONG, notamment CEBEMO (Pays-Bas), Misereor (RFA) et le CCFD (France) depuis 1976, et à l'égard de « Sarvodaya » à Sri Lanka (une des grandes ONG du Sud) par les agences d'aide canadienne, norvégienne et britannique et l'ONG NOVIB (Pays-Bas) depuis 1986-1987.

Ces innovations dans les méthodes de financement permettront, une fois généralisées, une meilleure mise en œuvre de la nouvelle répartition des tâches que se sont assignées un certain nombre d'ONG du Nord et du Sud. Il s'agit pour les ONG du Sud de jouer un rôle plus important dans la programmation et la mise en œuvre de programmes sur le terrain. Les ONG du Nord, quant à elles, continueraient de fournir une assistance financière et (à la carte et sur demande) technique. Mais elles renforceraient surtout leurs rôles dans la sensibilisation de l'opinion publique au Nord (éducation au développement, information) et dans l'influence sur les politiques économiques globales de leurs pays, pour les infléchir dans des directions plus favorables aux populations du Sud. Un certain nombre d'ONG du Nord ont commencé à mettre en pratique ces nouvelles orientations, ainsi qu'en témoigne par exemple leur travail depuis un an ou deux (séminaires, conférences, publications) sur l'endettement des pays en voie de développement.

Le renforcement de ces rôles exigera de nouvelles alliances (entre les ONG du Nord, et entre celles du Nord et celles du Sud), pour une meilleure qualité et un meilleur impact de l'information sur des sujets complexes. Un intérêt accru de la part des pouvoirs publics paraît aussi indispensable. En effet, jusque-là, les fonds publics alloués au travail d'éducation et d'information des ONG ont représenté une part très modeste par rapport aux fonds destinés au cofinancement d'opérations sur le terrain. Et, comme il apparaît difficile de motiver les particuliers à contribuer par leurs dons au travail d'information, il reste nécessaire de recourir à l'aide publique. Or, la sensibilisation de l'opinion publique et l'infléchissement de politiques globales des pays du Nord peuvent avoir un impact décisif sur la réduction (ou l'accroissement) de la pauvreté au Sud.

Elena Borghese

L'émergence précaire de contre-pouvoirs en Afrique de l'Ouest

Informelles et provisoires lorsqu'elles étaient spontanées («clubs» de jeunes, associations d'«originaires», classes d'âge), plus ou moins forcées lorsqu'elles étaient institutionnelles (coopératives agricoles), dans certains pays africains, les associations ont pris, depuis le milieu des années soixante-dix, de nouvelles formes et une ampleur suffisante pour que certains parlent à leur propos de nouveaux pouvoirs. Ce mouvement est le résultat d'un double processus. D'un côté, des «groupements villageois» se créent, en dehors des structures étatiques ou para-étatiques, autour de projets communautaires à but productif ou social et, le plus souvent, en réaction contre elles. C'est en 1972 que le Foyer des jeunes de Ronkh dans la région du Fleuve, au Sénégal, s'insurge contre l'organisme qui encadre la culture irriguée dans la région et décide de créer son propre périmètre. Ces foyers font école. Entre 1976 et 1988, leur nombre est passé de 9 à 110. Même expansion pour les groupements Naam qui, avec le «6 S», (Se Servir de la Saison Sèche en Savane et au Sahel) touchaient, en 1988, plus de 2 700 villages.

On pourrait accumuler les exemples. Mais c'est leur regroupement autant que leur multiplication qui constitue la caractéristique remarquable de ces associations qui prennent une envergure régionale (Casamance, Wallo, Fouta au Sénégal, Yatenga, Oudalan au Burkina...) et même nationale : la FONGS, Fédération des ONG du Sénégal, créée en 1978, rassemble plus de 180 000 membres.

A côté de ces initiatives paysannes, des ONG naissent sous l'impulsion d'intellectuels nationaux, généralement formés à l'école non gouvernementale du Nord (anciens étudiants en France, cadres locaux d'ONG étrangères) et même fonctionnaires transfuges de leurs administrations. Ces ONG se créent sur le modèle des ONG du Nord qui les ont précédées sur le terrain. Elles connaissent un accroissement rapide (au Burkina, leur nombre est passé de 4 à 27 entre 1971 et 1987, et au Mali, une dizaine de créations ont eu lieu entre 1981 et 1988). Elles aussi tendent à se regrouper avec les autres ONG comme en témoignent la constitution du CCA : Comité de coordination de l'action des ONG au Mali ou de la CONGAD : Coordination des ONG d'appui au développement au Sénégal. De telles organisations autonomes ne surgissent pas partout : elles étaient absentes de la Guinée sous Sékou Touré et le Niger de 1989 n'en connaît guère. Les sécheresses successives semblent paradoxalement avoir favorisé l'émergence des ONG. Mais encore fallait-il que le pouvoir politique et/ou administratif observât une certaine «relâche».

Les conséquences du désengagement de l'État

Depuis le début des années quatre-vingt, la paralysie des appareils d'État africains s'est accusée. L'adoption par différents gouvernements de plans d'ajustement structurels a entraîné une réduction des dépenses budgétaires. Cette situation rend nécessaire une participation plus importante des populations au financement et au fonctionnement de services jusqu'alors publics (santé, éducation), mais aussi, et pour autant que faire se peut, aux investissements productifs. On voit alors le parti que les gouvernements sont susceptibles de tirer des ONG.

Celles-ci ont d'abord l'incomparable avantage de savoir et pouvoir mobiliser les *ressources humaines* au sein des communautés. Le « 6 S » évaluait en 1987 à près de deux millions de journées de travail la mobilisation des populations pour les seules activités communautaires (sites anti-érosifs, puits...) et pour ses seules zones d'implantation au Burkina. Dans les zones où cohabitent ONG et structures étatiques (Fouta, Yatenga), le choix des paysans s'exprime généralement en faveur des premières. Pas seulement parce qu'elles disposent de quatre à dix fois plus d'argent, mais parce que leur méthodes d'intervention donnent un plus grand rôle aux « bénéficiaires » dans la définition de leurs besoins et de leurs objectifs. Certains gouvernements ne s'y trompent pas qui, comme au Niger, décident de promouvoir des « micro-réalisations » saluées pour la souplesse de leurs méthodes.

Les ONG ont également la faculté de mobiliser des *ressources financières*. Au sein des populations d'abord. La mise sur pied de Caisses populaires d'épargne et de crédit (COOPEC, au Togo, au Burkina) a connu un accroissement spectaculaire (doublement dans les COOPEC de l'Oudalan au Burkina). Le désengagement de l'État est, pour les paysans, particulièrement sensible dans ce domaine. L'Association des agriculteurs du Wallo devait trouver 100 millions FCFA en 1987 pour l'achat des engrais et des semences qui étaient obtenus jusqu'alors à crédit de la SAED (para-étatique). Or, l'épargne propre de ces groupements reste encore très modeste : le taux de financement y serait en moyenne inférieur à 10 % au Sénégal. Quant aux ONG nationales, elles n'ont pratiquement pas de ressources propres. L'intérêt de ces organisations, pour les pouvoirs publics, réside alors davantage dans leur capacité à attirer des financements extérieurs qui servent notamment à compléter l'épargne locale ou à garantir les emprunts auprès des organismes bancaires

officiels. Le montant des investissements réalisés au Burkina Faso par les ONG s'élevait en 1987 à 17 milliards FCFA, soit plusieurs fois le budget du ministère burkinabé de la Santé et près de 15 % du budget national. Les ONG africaines perçoivent, bien entendu, une partie de ces financements extérieurs. A titre d'exemple, le budget de l'AJAC était de 100 millions FCFA en 1987, celui de 6S supérieur à 600 millions, celui d'ENDA voisin d'1,5 milliard. Il est difficile pour les États de contrôler directement ces financements. Du moins tentent-ils de les utiliser pour atténuer les risques politiques et sociaux que leur retrait brutal pourrait entraîner.

Séduire ?... Contrôler ?... Dévoyer ?

Face aux ONG, les gouvernements ont développé des stratégies de séduction : consultation pour l'élaboration du Plan quinquennal au Burkina, « réunions de concertation » périodiques au Mali, séminaires sur le rôle des ONG dans l'« après-barrages » au Sénégal... Les ONG évitent soigneusement toute prise de position politique. (Le bulletin des ONG d'appui au développement, CONGAD, a ainsi transmis de très sévères mises en garde à ses membres pendant les présidentielles sénégalaises de 1988.) Mais elles sont perçues comme détentrices d'un pouvoir — social, au moins — susceptible de s'édifier en contre-pouvoir. Aussi les États déploient-ils des stratégies de contrôle. La reconnaissance des ONG passe généralement par le ministères de l'Intérieur. Des « ministères de tutelle » et des interlocuteurs officiels sont désignés pour les suivre (Affaires sociales au Sénégal, Plan au Niger et en Guinée-Bissau...). Les ONG sont invitées à inscrire leurs projets dans les plans nationaux. Dans certains pays, elles n'ont pas droit à la carte. Le menu

ENDA : « Le droit de défrichage »

Le siège d'E N D A - T M (Environnement et développement du tiers monde) à Dakar constitue un lieu de passage obligé pour beaucoup. Des ministres, européens ou africains, font escale dans la grande vieille maison à l'architecture coloniale. Des experts en mission ne dédaignent pas d'animer, en fin de journée, une table ronde quasi improvisée. Des étudiants de Dakar, de Grenoble ou du Minnesota viennent y effectuer des stages. Mais on peut tout aussi bien y croiser le dirigeant d'un groupement villageois, l'infirmier d'un dispensaire de banlieue, un ferrailleur de la ville ou un « enfant de la rue ».

E N D A, c'est d'abord une ambiance et surtout un style. Basée à Dakar, E N D A n'entend pas intervenir exclusivement dans la zone somalo-sahélienne puisqu'elle dispose de correspondants et d'« antennes » sur tout le continent et même ailleurs (Caraïbes, Colombie, Inde).

Ses secteurs d'activités sont multiples : de l'hydraulique à la santé, en passant par l'énergie, l'habitant, etc. E N D A « tente d'asseoir des structures populaires capables de prendre en charge les besoins de la communauté » et de « mobiliser leurs capacités d'organisation ». Cette forme d'intervention, qui a correspondu à la moitié du budget en 1988, concerne plusieurs domaines. L'aménagement du milieu et la préservation de l'environnement, à l'origine de l'organisation créée en 1972, conservent une place privilégiée. A Diokoul, E N D A anime, avec les services publics, la construction par la population de digues contre l'avancée de la mer. A Grand-Yoff (banlieue de Dakar) la population a construit, avec l'appui de l'équipe Chodak, plus de 1 000 puisards.

D'autres activités se sont développées, notamment la promotion et la diffusion de technologies améliorées. Des méthodes d'agriculture plus biologiques sont expérimentées dans les Niayes autour de Dakar. Plus de 70 villages en Guinée-Bissau et en Casamance ont adopté des presses pour l'huile de palme, et des moulins à mil à traction animale ont été fabriqués par les forgerons locaux.

Ces activités s'intègrent à d'autres formes d'intervention, la recherche notamment qui, en 1988, a représenté le quart du budget. Certains travaux répondent à une demande très institutionnelle, comme l'étude sur les « Enjeux de l'après barrage » commanditée par le ministère français de la Coopération ou les « Bilans énergétiques » (Mali, Guinée, Guinée-Bissau et Burkina-Faso) demandés par les ministères de l'Énergie.

La formation constitue un troisième volet. Visant à « sensibiliser différentes opinions publiques et à transformer les comportements des différents acteurs », elle s'adresse à diverses catégories de décideurs, mais elle s'effectue aussi à des échelons plus locaux : plusieurs dizaines de sessions de formation sont organisées chaque année avec des paysans, des agents de développement, etc. Des publications tirent parti de ces travaux. E N D A publie aussi des livres (Là où il n'y a pas de docteur, 45 000 exemplaires) et deux revues périodiques à large diffusion, Environnement africain et Vivre autrement, qui tentent de lutter contre des modèles de consommation inadaptés.

Ne serait-ce que par le volume de ses activités, le nombre de personnes qu'elle emploie (une vingtaine d'équipes et plus de 100 personnes à Dakar) et le montant de son budget (1,5 milliard de francs CFA), E N D A occupe une place exceptionnelle dans le monde des O N G.

Cette activité « boulimique et tous azimuts » n'est pas sans susciter des critiques. « E N D A veut être partout », « E N D A veut tout faire ». La multiplication d'O N G proprement locales, qui aiguise la compétition autour des financements extérieurs explique sans doute certaines de ces critiques. Mais d'autres ont une nature différente : l'expansion (cosmique ?) de la « nébuleuse » a des effets incontestables sur le fonctionnement interne de l'organisation.

E N D A semble parfois avoir des difficultés à maîtriser sa croissance. Faute de sélectionner plus clairement des priorités ? Elle ne parvient pas toujours à exploiter au mieux ses ressources (beaucoup de documents ne sont pas publiés, les publications sont mal diffusées). Faute d'une décentralisation suffisante de l'information ? Les effets de synergie entre les activités des équipes ne jouent pas pleinement. En outre, l'expérience d'E N D A, riche et ancienne, sert moins qu'elle ne le pourrait aux O N G nouvelles venues. Il n'est pas si facile apparemment de renoncer à son « droit de défrichage » quand on a été le premier et longtemps le seul sur le terrain.

Diana Senghor

est imposé, avec des options. Certaines ONG acceptent mal cette tutelle, mais quelques-unes conviennent de la nécessité d'une coordination gouvernementale. En effet, si les ONG et les groupements villageois sont en droit d'attendre un soutien technique des services publics au niveau local, elles sont aussi dans l'obligation d'admettre une intégration macroéconomique de leurs petits projets, sauf à répéter les incohérences des projets gouvernementaux, trop sectoriels ou générateurs de disparités régionales.

Autre danger pour les mouvements associatifs : certaines ONG ont pu être utilisées comme tremplin politique et électoral par des politiciens du parti au pouvoir ou pour capter des financements extérieurs et déguiser des opérations privées sous le manteau d'« association à but non lucratif ». Mais c'est au sein même de ces mouvements que réside peut-être la menace la plus lourde : celle d'y voir surgir de nouvelles élites coupées de leur base. En effet, nombre d'entre elles doivent leur émergence au rôle et à la personnalité de leurs leaders, sans que la « base » acquière les moyens de peser sur les orientations de l'organisation. D'autre part, les organes de coordination des ONG, notamment au niveau régional et panafricain, fonctionnent moins comme des « collectifs » que comme des « structures de structures » où la bureaucratie est d'autant plus tentante que les financements y sont abondants : ces structures représentent, pour des raisons de commodité de gestion, des partenaires privilégiés pour les gros bailleurs de fonds.

Le détournement de ces dynamiques populaires par des acteurs liés à l'appareil d'État ou par de nouveaux acteurs issus de son affaiblissement est donc un risque réel. A quelles conditions peut-il être minimisé, sinon écarté ? Dans le fonctionnement interne des ONG et du mouvement associatif, cela suppose d'abord une redistribution de ce nouveau pouvoir qui est spontanément — et peut-être inévitablement accaparé — dans un premier temps, par les dirigeants de ces mouvements. Cette redistribution passe par un effort accru et systématique dans le domaine de la formation et de l'information.

Diana Senghor

Cory, les ONG et la guérilla

« Sous Marcos, les soldats volaient nos poulets ; maintenant, ils en distribuent... » Ainsi s'exprimait, au début de 1987, un responsable du Front national démocratique (FND), le front uni révolutionnaire. Retranché en altitude, à deux heures de route de la capitale, il savait que quelque chose de profond avait changé depuis l'avènement de Cory Aquino, en 1986. Sa parabole était juste. Tant que l'armée de Marcos terrorisait les populations rurales, la légitimité du FND restait intacte.

Sous Cory, les « bavures » se sont poursuivies, mais on a misé aussi sur les distributions de « poulets ». A dire vrai, on n'a pas renoncé aux moyens militaires. Au contraire, après l'échec des négociations « de paix » avec le FND en janvier 1987, Cory a déclaré « la guerre totale » aux insurgés. Mais l'État dispose de ressources comme il n'en a eu depuis fort longtemps : en 1987, 1,06 milliard de dollars d'aide au développement a été déboursé par la communauté internationale : en 1988, ce chiffre était passé à 1,7 milliard et 2,4 milliards étaient attendus pour 1989. L'essentiel de ces sommes est représenté par des prêts, mais un pourcentage non négligeable parvient sous forme de bourses et est à la disposition d'O N G diverses.

Les « candidats » ne manquent pas, on compte en effet entre 16 000 et 20 000 O N G dans l'archipel, dont 200 à 300 sont affiliées à des « sponsors » étrangers privés ou sous tutelle d'organismes d'État. Sous l'ancien régime, beaucoup de jeunes Philippins « concernés » avaient tenté de répondre, avec les moyens du bord, aux besoins d'une société en pleine déroute. Résultat, les O N G se sont politisées : le changement envisagé ne pouvait être que total. Chez les « sponsors », on fermait les yeux ; combattre Marcos n'était pas un mal dans ce pays où le simple fait de creuser un puits est un geste « engagé » puisque le maître d'œuvre en tire une précieuse crédibilité auprès de la communauté bénéficiaire, crédibilité qui rejaillit sur le mouvement politique (légal ou non) qui aura « permis » le projet.

Les ONG prises entre deux feux

Après l'avènement de Cory, une reprise en main s'imposait d'autant plus qu'apparaissait clairement le caractère indispensable du réseau O N G, seul capable d'atteindre ces communautés jusqu'alors délaissées par l'administration. Si le chef du gouvernement néerlandais Ruud Lubbers s'est montré embarrassé par les liens existant entre certaines O N G hollandaises et le F N D, nulle part ailleurs le changement politique n'eut de conséquences plus traumatiques qu'au sein du Secrétariat national pour l'action sociale (N A S S A), l'organisme d'aide sociale de l'Église catholique philippine. Accusée par la hiérarchie ecclésiastique d'être un « front communiste », la N A S S A passa à deux doigts de la dissolution. En vérité, ses volontaires, bien que marqués à gauche, avaient su éviter toute dérive vers l'illégalité.

Mais Marcos déchu, les différentes composantes politiques qui y agissaient éclatèrent et on assista à une âpre lutte entre celles qui se montraient désireuses de consolider le nouveau régime et celles pour qui les promesses de Cory demeuraient creuses.

Le gouvernement « trie » donc les O N G, notamment celles qui bénéficient de financements extérieurs. Cette attitude est d'autant mieux acceptée que la communauté étrangère voit en Cory la garante de la stabilité régionale. Ainsi, des engagements ont été pris, visant à mieux contrôler les déboursements à destination des O N G philippines.

Pour le F N D, cette reprise en main a été désastreuse. Selon ses dirigeants, ces réseaux où avait souvent été perçue une identité de cause seraient devenus la pierre angulaire d'une stratégie contre-révolutionnaire particulièrement dangereuse, baptisée *Low Intensity Conflict* (conflit à basse intensité). L'insurrection a dû réagir. Elle avait plusieurs possibilités de le faire : par exemple terroriser les volontaires — étrangers surtout — comme elle l'avait fait avec succès sous Marcos pour inciter les responsables d'un gigantesque projet australien à « mieux prendre en compte les intérêts du peuple ». Mais les insurgés savent que les communautés « rouges » attendent d'eux autre chose qu'un conflit qui s'éternise. Alors, du fait de la faiblesse de ses ressources, le F N D doit récupérer le crédit qui accompagne la construction de toute porcherie, le creusement de tout puits artésien, le lancement des campagnes d'immunisation...

En 1987, le directeur des programmes de développement des Communautés européennes, en tournée dans la Cordillera philippine où une série de « microprojets » a été mise en chantier conjointement par le gouvernement et des O N G, fut enlevé par le F N D. On ne lui fit aucun mal. Mais, pendant deux jours il dut écouter une longue plaidoirie en faveur de la « révolution » et une proposition qu'il ne pouvait accepter : que la CEE charge le FND de veiller au bon déroulement du projet... Les responsables de projets italiens et australiens furent aussi invités à de semblables « dialogues ».

L'extrême droite aussi

Dans d'autre cas, c'est l'extrême droite qui agit. La NASSA, par exemple, admet que depuis sa réorganisation imposée d'en haut, elle reçoit des requêtes « de groupes étroitement liés à la police ». Dans l'île de Samar, les responsables australiens se disent consternés par « l'embrigadement systématique » de « leurs » communautés et de « leurs » ONG par « les militaires qui désirent en faire des milices anticommunistes... ». D'un autre côté, le Fonds canadien pour le développement a été « utilisé » par une « fondation indépendante », en réalité acquise aux grands propriétaires terriens « sucriers » et cherchant, selon ses propres documents, « à propulser une politique de droite aux allures populistes... ».

Les ONG philippines sont tirées à hue et à dia par la droite et par la gauche. Ainsi, le plus grand réseau d'ONG, le Philippine Business for Social Progress, géré par les milieux d'affaires, a choisi son camp sans ambiguïté : « Aider Cory, c'est aider le peuple ! » Et les autorités sévissent : « Sous Marcos les ONG faisaient ce qu'elles voulaient, ce n'est plus possible... » D'ailleurs, elles devront bientôt « travailler » avec des conseils régionaux de développement, organismes où siègent des membres de l'administration et des représentants de la communauté impliquée, y compris l'armée.

Kim Gordon-Bates

EXPERTS ET MILITANTS

Intervenants étrangers : pour quel développement ?

Tous les sondages et enquêtes d'opinion le confirment : les jeunes sont de plus en plus sensibles à la réalité du sous-développement dans le monde, et de plus en plus conscients que le décalage qui existe entre les pays riches et ceux qui ne le sont pas, entre des groupes qui disposent de moyens surabondants et des foules démunies de tout, est une situation inacceptable, et particulièrement lourde de menaces.

Chez beaucoup de ces jeunes, la sensibilisation et la prise de conscience conduisent à une volonté d'agir concrètement, d'être présents sur les lieux défavorisés, d'être solidaires avec ceux qui œuvrent pour le développement. Nombreux sont ceux qui, décidés à y consacrer au moins une partie de leur vie, ou de leur temps, cherchent comment faire, et qui sont perplexes face à l'extrême diversité des types d'action possibles, et, plus encore, face aux interrogations que chacun de ces types d'action suscite quant à son efficacité et à son sens : « ici » ou « là-bas » ? « expert » ou « militant » ? Comment clarifier ses idées sans tomber dans le parti pris ? Quelle option choisir pour apporter la contribution optimale sans être récupéré par des coteries ?

Toute réponse à ces questions passe nécessairement par une réflexion sur la notion de développement, sur son contenu, et sur ce qui le conditionne. Le développement, pour un pays, ou, plus généralement, pour n'importe quel groupe humain (village, région, catégorie sociale...), repose sur un ensemble de transformations qui aboutissent à des améliorations cohérentes et durables, à une moindre précarité, à plus de liberté d'action et d'épanouissement pour le groupe et pour les individus qui le composent. Si la croissance économique est le plus souvent utile au développement, elle ne se confond pas avec celui-ci, car tous les groupes humains ont, en raison de leur histoire, de leur environnement et de leur culture, des aspirations autres qu'économiques, des aspirations qui varient, parfois profondément, d'un peuple à un autre.

Experts, techniciens, volontaires, militants...

Mais cette référence à la notion de développement, pour utile et nécessaire qu'elle soit pour guider l'action, n'est, à l'évidence, pas suffisante pour définir l'intervention des originaires des pays du Nord que l'on rencontre dans les pays du Sud. Ceux-ci peuvent être schématiquement classés en trois catégories : les « privés », les « officiels » et les « militants » (associatifs ou « non gouvernementaux »). Y a-t-il identité de vue sur le développement entre ces trois catégories d'acteurs ? Tous se réclament, avec plus ou moins de spontanéité il est vrai, de cette notion de développement. Mais leurs motivations profondes, souvent composites, mêlent en doses très variables selon leur statut, l'esprit de découverte et d'aventure, l'attrait de rémunérations élevées, le souci d'affirmer sa personnalité et sa technicité dans des contextes nouveaux, le sens de la solidarité humaine, la volonté de contribuer à atténuer les déséquilibres qui grèvent notre avenir commun, etc.

• Les cadres et dirigeants d'*entreprises privées*, souvent étrangères au pays, sont « dans les affaires ». Ce sont des professionnels qui construisent des ponts ou des routes, pratiquent le commerce, travaillent dans des industries — grandes ou petites. Ils considèrent généralement que leur activité — souvent confortablement rémunérée — contribue à la prospérité économique des pays où ils l'exercent ; ce qui est exact en termes de produit intérieur brut mais pas toujours en ce qui concerne la répartition dans le pays même, sans compter qu'une partie des revenus est rapatriée par les entreprises intervenantes. Quelques dizaines de milliers de Français travaillent dans le tiers monde avec un tel statut.

• Les personnels des *organismes officiels de coopération* — gouvernementaux, bilatéraux ou intergouvernementaux (multilatéraux ou internationaux) — sont des diplomates, des coopérants ou des experts qui exercent, selon, des fonctions de représentation, de substitution, ou de conseil. Leur présence correspond à d'importants flux de capitaux particulièrement intéressants pour les autorités des pays du Sud puisqu'ils contribuent de façon appréciable à l'équilibre des budgets publics ou à l'accroissement qualitatif ou quantitatif des interventions gouvernementales ou paragouvernementales. En principe, on ne devient expert ou même coopérant que lorsqu'on a acquis une expérience sérieuse dans l'exercice de sa profession, qui s'accompagne de rémunérations substantielles. Environ 20 000 à 30 000 Français interviennent dans le cadre de ces organismes ou accords de coopération.

• Les *militants de la solidarité* avec le tiers monde présents sur le terrain, et dont le nombre en ce qui concerne les Français atteint à peine 2 000, se caractérisent par leur conviction. Ils sont attachés aux principes particuliers de leur intervention ; leur qualification professionnelle est variable, et il arrive qu'elle égale celle des experts, mais ils ne tirent en général de leur activité que des revenus très modestes, voire nuls. A partir de ces traits communs aux « militants » il importe d'établir encore des subdivisions, fondées sur la nature de l'intervention et la durée du séjour.

Sont de simples *bénévoles* ceux qui ne se trouvent sur le terrain que pour quelques jours, ou tout au plus quelques semaines, le temps de livrer le matériel payé ou recueilli par leur organisation (association ou collectivité locale) et de voir comment se déroulent les opérations de développement, les « projets » auxquels s'intéressent les adhérents de leur association.

Ceux qu'on appelle plus spécifiquement *volontaires* se situent le plus souvent dans une perspective de développement à long terme, soucieux d'agir avec de véritables partenaires au niveau des projets auxquels ils participent ; leur engagement se compte en années, mais il n'atteint pas nécessairement la durée totale du projet. D'autres interviennent dans les situations d'urgence (catastrophes naturelles ou conflits) avec ce que cela comporte généralement de spectaculaire et de médiatique.

Ces distinctions peuvent apparaître comme des subtilités relatives : des individus peuvent passer d'une catégorie à l'autre, ou se reconnaître dans plusieurs cadres à la fois. Ainsi l'expert d'un bureau d'études, et parfois le bureau d'études lui-même, peuvent prêter leurs services tantôt à une entreprise privée, le plus souvent à des organisations internationales, mais, volontiers aussi, à des comités de jumelage, à des organismes militants et à des causes « non gouvernementales ».

Pourtant, ces catégories existent bel et bien, et il est légitime de se demander à quoi chacune d'elles œuvre véritablement dans le tiers monde.

La compétence technique ne suffit pas

A un premier niveau, on constate la complémentarité de ces diverses interventions. Les agents du privé, lorsqu'ils créent et font fonctionner des entreprises, contribuent à l'équipement et aux transferts de technologies sans lesquels le rythme de la croissance économique ne pourra jamais rattraper celui de la croissance démographique. Les experts et les coopérants apportent aux services publics et aux entreprises d'État des compétences et une expérience qui peuvent leur faire encore défaut. Et les volontaires et autres militants, quant à eux, permettent de diffuser des contributions ou des réalisations technologiques et de les rendre accessibles au niveau local — celui des villages par exemple — d'où l'action des experts reste généralement assez éloignée.

Selon cette optique d'un optimisme complaisant, les trois types d'interventions extérieures se compléteraient harmonieusement pour apporter autant de concours souhaitables au développement du tiers monde. Mais de quel développement parle-t-on ? Voici quelques décennies que fonctionne, avec un décalage assez net pour la partie associative et militante, l'«harmonieux» schéma qui vient d'être décrit, et s'il est vrai que quelques rares pays autrefois sous-développés se sont hissés à un niveau remarqué de production et de consommation, la plupart n'ont pas connu le «décollage» espéré, et ont même vu baisser leur niveau moyen de ressources par habitant.

Il faut donc pousser un peu plus loin l'analyse, et réfléchir aux facteurs culturels du développement.

On peut constater d'abord qu'il n'y a de véritable développement que là où il a été pris en main par les gens du pays. Ce ne sont pas des étrangers qui peuvent «faire» le développement des pays du tiers monde ; celui-ci ne peut être le fait que des populations, des gouvernants, des entrepreneurs — ou d'une partie d'entre eux, assez nombreux ou influents pour entraîner les autres — en tenant compte de leurs mentalités propres, de leurs habitudes de pensée, de leur comportement devant l'existence et les innovations.

Bien entendu, des concours extérieurs ne sont pas inutiles, ils sont même fréquemment nécessaires pour présenter concrètement les innovations, stimuler des changements, mais le rôle primordial doit absolument revenir aux principaux intéressés. Si les prétendus bénéficiaires des projets n'en sont pas aussi les acteurs, et même, plus ou moins rapidement, les responsables, il n'y aura pas de véritable développement : s'il est une leçon que les non-réussites de nombreuses politiques de coopération internationales auront permis de tirer depuis 1960, c'est bien celle-là.

Il en résulte que l'appréciation de l'opportunité d'une intervention extérieure doit se fonder, certes sur sa qualité technique et professionnelle, mais aussi, et plus que cela n'est généralement le cas, sur son aptitude à faire assumer par un nombre croissant de nationaux des responsabilités dans le développement.

L'indispensable ouverture culturelle

Autrement dit, les caractéristiques les plus couramment mentionnées à propos d'un coopérant, d'un expert, d'un volontaire ou d'un militant, celles qu'on fait figurer sur une description de poste ou sur un *curriculum vitae*, c'est-à-dire la spécialité et le niveau d'études, la technicité et l'expérience professionnelle, et même la formation pédagogique, sont certes importantes, mais elles ne suffisent pas. L'aptitude à déceler les points forts des personnalités (individuelles et collectives) locales, la capacité à faire prendre en charge les initiatives et les responsabilités, à laisser s'exprimer les potentialités, c'est-à-dire l'ouverture culturelle, sont aussi importantes. Les mots *culture* et *culturel* ont plusieurs sens. Souvent, on désigne par là les manifestations ou les productions artistiques (littéraires, musicales, audiovisuelles, etc.). En matière de développement, ils doivent être compris aussi, dans un sens plus fondamental : la culture d'un peuple est la conscience qu'il a de ses techniques, de son organisation, de ses relations à l'environnement, et les attitudes qui en découlent : croyances, systèmes de valeurs. Chaque société manifeste ainsi, à l'égard de la volonté de vivre, de l'innovation, de la famille, de l'organisation sociale, un comportement particulier qui est l'expression de sa culture propre.

C'est dans ce sens que la culture apparaît comme un ressort fondamental du développement : ainsi, par exemple, la culture d'un peuple détermine la façon dont il perçoit les innovations non seulement techniques, mais aussi sociales. C'est donc à travers les particularités de sa culture qu'il acceptera, adoptera ou rejettera les changements qui conditionnent le développement et ceux que celui-ci provoque. Qu'apparaisse un changement acceptable culturellement, et il pourra être adopté si d'autres facteurs — politiques par exemple — ne s'y opposent pas. Qu'au contraire un changement indispensable au développement mais inacceptable par la culture d'un peuple se présente et il sera rejeté, quand bien même le pouvoir politique y serait favorable.

Appuyer les dynamiques locales

Celui qui entend contribuer à un développement véritable sera donc bien entendu particulièrement attentif à cette exigence, mais il devra aussi être conscient des risques qu'elle comporte : choisissant, avec ses connaissances techniques et professionnelles d'agir avec des groupes ou des individus destinés à en maîtriser l'adoption, l'adaptation et l'utilisation, il recherchera, comme c'est le cas des «volontaires pour le développement», le contact direct avec ces destinataires, envers qui il se conduira, non en enseignant qui transmet un savoir, mais en partenaire qui négocie l'utilisation d'une technique dans un contexte complexe.

Mais, à cause de ces relations privilégiées, il tiendra compte du fait que les aspects extra-professionnels de son comportement risquent d'avoir un impact bien plus considérable que s'il était un expert ou un coopérant isolé dans un milieu restreint. Ses loisirs, sa relation avec ses instruments de travail ou de déplacement, seront perçus comme les éléments d'un tout ; sa vie privée peut, malgré lui et à cause de sa proximité, servir de référence, voire d'exemple à des perturbations culturelles aux conséquences bien plus négatives que n'apparaîtront positifs ses apports techniques.

Pour quiconque cherche à se placer dans une perspective de développement véritable, le choix n'est donc pas entre expert ou militant. L'enjeu, pour toutes les catégories d'intervenants étrangers, se situe dans la capacité à percevoir et appuyer la dynamique des nationaux.

Bernard Dumont

Les experts sont-ils un mal nécessaire ?

Les experts qui exercent leurs talents dans le tiers monde forment dans le genre humain une espèce très particulière et très diversifiée que l'on peut subdiviser en deux classes. La première est formée par les « coopérants » qui travaillent pendant plusieurs années, et parfois de nombreuses années, dans un pays en développement. On peut à l'intérieur de cette classe distinguer plusieurs familles. Celle des coopérants, intégrés dans une structure publique ou parapublique et qui occupent un poste qui devrait revenir à un national : le gouvernement local, faute de personnel national qualifié ou parfois parce qu'il ne souhaite pas attribuer le poste à un national, le confie à un assistant technique étranger. Vient ensuite la famille des « conseillers » qui, en principe, sont là pour conseiller les nationaux sans se substituer à eux. Enfin la famille, nombreuse, des enseignants qui essaient de transmettre leur savoir.

Une seconde classe est celle des experts qui viennent pour quelques mois, quelques semaines, voire quelques jours ou quelques heures, demandés par un gouvernement pour accomplir une tâche en principe bien définie, ou envoyés par une agence d'aide pour identifier, préparer, évaluer, superviser, etc., un projet dit de développement ou contribuer à sa réalisation.

Une espèce critiquée

Au début des années soixante, au lendemain des indépendances, dans de nombreux pays en développement, on avait pu penser que l'assistance technique étrangère était un phénomène transitoire et que l'espèce des experts allait dépérir au fur et à mesure du dévelop-

pement du tiers monde. Ce n'est pas tout à fait ce qui se produisit. Pendant près de deux décennies, le nombre des coopérants de longue durée a augmenté dans les pays africains et il n'a commencé à refluer que dans les années quatre-vingt.

Quant aux experts venus pour une courte durée, la marée en est toujours montante et nombre de fonctionnaires de pays en développement se plaignent de passer le plus clair de leur temps à accueillir les envoyés des agences d'aide, bilatérales ou multilatérales, privées ou publiques, et leurs experts.

On notera que le phénomène « experts » ne se produit pas seulement dans le sens Nord-Sud mais qu'il existe aussi, et de plus en plus, dans le sens Sud-Sud : à titre d'exemples, Indiens et Pakistanais apportent leur concours à de nombreux pays anglophones africains, Égyptiens et Tunisiens apportent le leur aux pays pétroliers du Moyen-Orient et à des pays d'Afrique noire, etc. Les organisations du système des Nations Unies, par le jeu des quotas réservés à chaque État membre, sont quant à elles de plus en plus peuplées d'experts du tiers monde.

L'espèce des experts n'est donc pas en voie de disparition, mais elle est fréquemment critiquée. Si parfois on trouve un hommage rendu à quelqu'un qui a bien mérité du développement, on rencontre plus fréquemment des critiques sévères sur les experts grassement payés à des tarifs « internationaux », pas toujours compétents et souvent peu efficaces. Il n'est sans doute pas impossible de trouver des situations scandaleuses dans le monde des experts, scandaleuses par le rapport qualification/revenus. Mais la plupart, qu'ils soient employés par une agence bilatérale ou multilatérale, sont simplement payés aux conditions du marché des pays industrialisés, c'est-à-dire que leurs salaires sont parfois dix fois plus élevés que les salaires (officiels) des nationaux qu'ils côtoient. On comprend ainsi l'empressement dont font preuve les fonctionnaires des pays en développement pour entrer dans les organisations internationales, où ils bénéficient en outre d'une sécurité d'emploi que les coups d'État ne leur garantissent pas toujours chez eux.

Le problème de l'efficacité de tous ces experts, ceux du Nord comme ceux du Sud, n'est pas celui de leur qualification, très souvent largement à la mesure des questions qu'ils ont à traiter. Ce problème de l'efficacité va bien au-delà de la simple compétence technique.

Quelle connaissance du milieu ?

Les experts, quels qu'ils soient, sont censés apporter un savoir ou un savoir-faire (ou les deux) à un pays qui en manque. Les pays industrialisés faisant eux-mêmes parfois appel à des experts étrangers pour résoudre un problème technique très pointu pour lequel ils n'ont pas le spécialiste requis, on comprend que, à plus forte raison, il en soit ainsi pour les pays en développement. De fait, un certain nombre d'experts apportent à ces pays les techniques qu'ils maîtrisent, viennent calculer un ouvrage d'art ou identifier une nouvelle maladie qui frappe une espèce végétale. Ils sont en général compétents et leur intervention, purement technique, est utile et ne pose pas de problèmes particuliers.

Il n'en est pas toujours ainsi. Il ne suffit pas de connaître les secrets de l'agronomie pour amener les paysans à changer leurs façons de cultiver et à accroître leur productivité, ni de connaître les techniques de gestion enseignées à Harvard pour redresser la situation d'une entreprise publique, ni même de maîtriser la pédagogie pour faire passer un savoir-faire à quelqu'un qui a été élevé dans une autre culture. Connaître les techniques est certes indispensable, connaître le milieu (le milieu physique, mais aussi le milieu humain, la culture, les conditions socio-économiques), qui doit recevoir cette technique est souvent non moins indispensable. Et l'oubli de cette vérité est à l'origine de nombreux déboires que les contempteurs de l'assistance étrangère détaillent complaisamment. Les experts écoutés religieusement pendant leur séjour dans le pays et dont les conseils ont été oubliés dès qu'ils ont eu tourné le dos, ne se comptent plus.

Au fond, pour être un bon expert, il vous suffit de maîtriser une technique, de bien connaître le milieu physique et humain dans lequel vous allez intervenir, d'avoir l'esprit suffisamment ouvert pour bien saisir ce que vos partenaires attendent de vous, d'avoir suffisamment de patience pour faire faire, sans paraître imposer, alors qu'il serait si simple de faire vous-même. Souvent, malgré la compétence, le doigté et la persévérance dont vous aurez fait preuve, vous échouerez parce que, de toute façon, les conditions n'étaient pas réunies pour que votre message eût une chance de passer et il ne faudra pas vous décourager pour autant. Au cas où votre mission réussit, il vous faut alors assez d'abnégation pour en laisser le mérite à vos partenaires. Aussi, selon une formule de René Dumont, « seuls de rares apôtres pourraient prétendre exercer ce métier ».

Comme les apôtres sont rares et les apôtres compétents rarissimes, peut-être ne faut-il pas s'étonner du peu d'efficacité de l'assistance technique étrangère, et des critiques qui lui sont faites.

Si imparfaits que soient les experts, beaucoup allient une grande bonne volonté à une réelle compétence. Mais leur action est, dans certains pays au moins, si peu efficace que l'on peut se demander s'il n'y a pas des raisons plus fondamentales à leur échec.

Pourquoi des experts ?

On peut se demander aussi pourquoi, la médiocre efficacité d'une bonne partie de l'assistance étrangère étant admise, les pays en développement continuent à en demander et en demandent souvent de plus en plus, pourquoi les agences d'aide répondent à cette demande, suscitent elles-mêmes des demandes nouvelles et parfois imposent des experts supplémentaires.

Après tout, les pays occidentaux se sont développés en recourant à fort peu d'experts étrangers. François Ier a certes engagé des experts italiens pour développer la soierie lyonnaise ou, au siècle dernier, les compagnies de chemin de fer nouvellement créées en France embauchèrent quelques experts anglais. Mais cette assistance extérieure fut très limitée et de courte durée. Le phénomène dans le tiers monde actuel atteint de tout autres dimensions et on peut se demander s'il n'est pas d'une autre nature, s'il n'est pas en fin de compte lié à la conception même du développement.

Le développement des sociétés industrialisées, même s'il s'est souvent inspiré d'exemples extérieurs (de l'exemple américain notamment), s'est largement fait de l'intérieur. Le développement de beaucoup de pays du tiers monde est entièrement induit par l'exemple des sociétés occidentales. Les élites de ces pays essaient de créer une société industrielle qui est largement plaquée sur une société qui n'est pas nécessairement prête à l'accueillir. Le savoir, les techniques, les savoir-faire, les méthodes de gestion n'ont pas été sécrétés par la société locale, mais sont importés. Dans ces conditions, est-il vraiment étonnant qu'il soit nécessaire d'importer une grande partie des hommes qui les mettront en œuvre plus ou moins efficacement et que le relais par des nationaux soit si difficile à prendre ?

Il est frappant du reste de voir que, lorsqu'un développement jaillit de l'intérieur même d'une société, il n'est pas nécessaire de mobiliser de nombreux experts pour l'accompagner. Le secteur informel qui se développe dans les villes africaines, par exemple, ne fait appel qu'à très peu d'experts, non pas par manque de moyens, mais parce que ses promoteurs n'en éprouvent pas la nécessité.

Le déclin de l'expert sera sans doute le signe que le tiers monde aura enfin trouvé sa propre voie de développement, que son développement viendra de l'intérieur même de la société, qu'on aura abandonné l'idée de le susciter, ou plutôt de susciter la simple apparence du développement, plus ou moins adroitement. En attendant, l'expert est probablement un mal nécessaire. Par la nature même de la prestation qu'il apporte, son efficacité est limitée par les conditions socio-économiques, politiques et culturelles dans lesquelles il se trouve placé et qui ne sont pas toutes favorables.

L'existence de ces limites n'est certainement pas une raison pour ne pas rechercher la qualité des experts, qualité professionnelle, connaissance du milieu, qualité humaine. Pour le moins, les organismes d'aide, quels qu'ils soient, privés ou publics, ont des progrès substantiels à faire dans ce domaine. Les pays en développement ont aussi à montrer moins de complaisance envers une assistance technique qui sert facilement d'alibi pour ne pas agir soi-même, et à employer les experts à meilleur escient.

Jacques Giri

Le tiers monde dans les médias français : la portion congrue

Dans *Un monde intolérable* (Éd. du Seuil, 1988), René Dumont rappelle les prévisions démographiques selon lesquelles la population du Nigéria devrait se stabiliser aux alentours de 500 millions d'individus vers le milieu du prochain siècle. Déjà le Nigéria compte plus de cent millions d'habitants.

Pourtant, ce pays n'existe pas. Du moins pour le consommateur des médias français, qui n'ont porté quelque attention au géant noir qu'à deux occasions. De 1967 à 1970, lors de la tentative de sécession du Biafra et de la guerre qui s'ensuivit : on vit apparaître pour la première fois sur les petits écrans des enfants souffrant de malnutrition, au ventre ballonné. Et en 1983, quand le gouvernement fédéral expulsa plus de trois millions de travailleurs étrangers pour juguler la crise économique ; l'exemple pourrait servir !

Sans quoi le Nigéria est étrangement absent de l'information quotidienne. Parce qu'il partage, avec d'autres pays d'Afrique, la grave infirmité de ne pas faire partie de l'espace francophone. Pis, d'être inséré dans le monde anglophone. Depuis les années quatre-vingt, la France se veut quelque familiarité avec les pays africains lusophones, qu'elle accueille dorénavant sous l'aile bienveillante de son ministère de la Coopération. Aussi le public français, s'il veut bien chercher au bas des pages intérieures des journaux, et écouter les nouvelles brèves de l'étranger que les présentateurs-vedettes de la télévision laissent comme miettes à des acolytes sans visage, pourra recueillir quelques informations du Mozambique ou de l'Angola. Mais pas du Zimbabwe, ni du Malawi !

Ainsi l'importance de l'information sur tel pays du tiers monde dans les médias français est-elle d'abord fonction de l'attachement et de l'intérêt que la France et les Français lui portent. Dans cette échelle de valeurs, les anciennes colonies occupent une place privilégiée ; parmi elles, la vieille dame du Sénégal, et la jeune épousée du Burkina-Faso, où chaque mètre carré porte son poids de « réalisations » des organisations non gouvernementales.

Parfois, les sentiments sont à ce point mêlés qu'une confusion s'établit. Ainsi, lors de la répression des émeutes de jeunes Algériens, en octobre 1988, à lire certains journaux on pouvait se demander s'il n'était pas plus important de savoir pourquoi tel intellectuel français n'avait pas encore crié sa réprobation, plutôt que de comprendre les raisons du soulèvement.

Le rôle de la presse écrite

C'est cependant dans la presse écrite qu'on trouve en France la meilleure information sur le tiers monde. Pour le grand public, des mensuels comme *Le Monde diplomatique* et *Croissance des jeunes nations*, des hebdomadaires comme *Politis*, *La Vie* et *Témoignage chrétien*, des quotidiens comme *Le Monde*, *La Croix* et *Libération*, et de nombreuses revues comme *Autrement*, *Esprit*, *Projet*, *Cosmopolitiques* s'attachent à donner une information autre qu'événementielle, axée notamment sur l'analyse des problèmes de développement et sur l'état des droits de l'homme, qui sont les deux pierres de touche des évolutions en cours. Le groupe « Jeune Afrique » s'adresse en priorité aux ressortissants des pays africains, mais son public est plus large.

Par ailleurs, certaines publications spécialisées, comme *Politique africaine*, ou *Problèmes d'Amérique latine*, permettent d'aller plus au fond des problèmes des divers continents. On aurait tort, enfin, de négliger la presse des organisations non gouvernementales de développement, qui donne souvent un écho aux réalités du terrain.

Alors que la privatisation n'avait pas encore causé ses ravages, les chaînes de télévision françaises prenaient une part conséquente dans cette information, à travers des magazines qui emmenaient le spectateur au cœur des pays lointains, lui faisant découvrir non seulement des paysages inconnus, mais aussi des peuples, avec leurs cultures, leurs problèmes, leurs luttes, leurs réussites, leurs échecs. Certes on peut encore voir des « Reportages » et des « Reporters », mais ils ont quitté les heures de grande écoute, sous le prétexte que le rire, l'argent ou la fiction se vendent mieux que la réalité, surtout quand la vision de cette réalité peut amener à s'interroger. Et les réalisateurs des quelques émissions de reportages qui ont encore un bout de pignon sur l'écran doivent murmurer en secret : « *Ave Audimat, morituri te salutant!* ».

Rares sont les émissions de synthèse

Le tiers monde est donc réduit le plus souvent à l'événementiel du « Journal télévisé », ou des deux « revues de la semaine », celle de « 7 sur 7 » pour *TF1*, celle de « samedi 1 heure » pour *Canal +*. En effet, sujets ou commentaires de synthèse se font de plus en plus rares. Ainsi, pour le téléspectateur français, le Liban est-il une terre sur laquelle on prend des otages et on piège des voitures ; c'est ce qu'on lui en montre. Ainsi, un pays qu'on croyait rayé de la carte fait-il irruption sur les écrans, comme le Chili à l'occasion du plébiscite organisé par la junte en octobre 1988.

Cependant *Antenne 2* a poursuivi courageusement la réalisation de l'émission « Résistances » où, après Bernard Langlois, Noël Mamère défend avec courage et illustre avec qualité les droits de l'homme, leurs aléas et leurs victoires.

Dans l'événementiel, l'humanitaire occupe une place à part, la première. Le foudroyant succès des interventions d'urgence, du style « Médecins sans frontières » a marqué les médias, et des images fortes — catastrophiques — ont atteint le public, à travers le petit écran. N'est-on pas allé trop loin ? Certains ont souligné le danger de voyeurisme, quand est arrivée dans les foyers français l'image insoutenable de la petite Colombienne en train d'agoniser, prisonnière des eaux, après la catastrophe d'Armero, en novembre 1985, lorsque les torrents de boue dévalèrent sur cette cité de Colombie.

Par ailleurs, à force de montrer des ventres gonflés, des cases inondées, des mains tendues, et — à côté — le bon Blanc distribuant farine ou comprimés, on donne au public l'image d'un tiers monde habité d'éternels mendiants. Et cela d'autant plus que ces images ne sont plus balancées sur le petit écran par celles, tout aussi réelles, d'un tiers monde au travail. Renversement de situation stupéfiant, qui fait un héros du jeune Français, médecin ou agronome, venu se mettre quelques mois ou quelques années au service du tiers monde, et non plutôt de l'Africain ou du Latino-Américain qui, sa vie durant, se bat pour libérer son peuple de la misère !

Mélanges de genres

Avec les années quatre-vingt, dans son souci de toucher le plus large public et d'en obtenir l'appui financier, certaines organisations humanitaires ont eu tendance à déserter le cadre informatif du reportage, pour confier le service de leurs grandes causes aux étoiles des variétés. Ce mélange des genres ne privilégie pas l'information de qualité. La tripe, ici, vient avant la cervelle !

Mais la télévision française est également une vaste salle de projection de films, notamment par l'intermédiaire de *Canal +* . Or, en cette fin des années quatre-vingt, les films sur le tiers monde se multiplient, que réalisent soit des cinéastes de ces pays, soit des étrangers : un Indien nous décrit Bombay, cependant qu'un film est réalisé dans la clandestinité en Afrique du Sud ; Souleymane Cissé a tourné *Yeelen*, tandis qu'Idrissa Ouedraogoo nous donnait *Le Choix*. Mais ces films passeront-ils à la télévision ? L'Audimat, — ce nouveau tyran dénoncé par Noël Mamère dans *La dictature de l'Audimat* (La Découverte, 1988), fera-t-il tomber *a priori* sur eux le couperet ?

Combien de débats sur la dette du tiers monde la télévision nous a-t-elle proposés ?

Alain des Mazery

LES ONG françaises malades de l'information

Informer, sensibiliser, communiquer ; trois mots clefs de l'action des organisations non gouvernementales (ONG) dont le contenu a beaucoup évolué depuis la fin des années soixante-dix.

Les organisations non gouvernementales ne seront pas longtemps restées en marge de la médiatisation galopante qui marque cette fin de siècle. Déjà les dernières venues, agissant dans les domaines de la santé et de l'urgence, ont choisi, au début des années quatre-vingt, d'adresser directement leur message aux Français sur le petit écran. Avec l'efficacité et les effets pervers que l'on connaît. De leur côté, les organisations plus anciennes, généralement dites de développement, n'ont pas manqué, tout en criant au loup sur la méthode, de se doter à leur tour de structures d'information et de communication modernes. Parfois dans la précipitation. Bien souvent sans aucune réflexion véritable, du fait de la répulsion de nombreux responsables pour tout changement dans les méthodes de sensibilisation du public qui avaient été patiemment élaborées au cours des années soixante. C'est dans ce contexte conflictuel qu'il convient d'analyser les multiples moyens et les différents supports utilisés par le mouvement de la coopération associative pour informer et sensibiliser le public français sur le tiers monde.

Dans ce domaine, on trouve de tout dans les ONG françaises. Du tract hermétique utilisant une terminologie qui se veut « politiquement juste » mais parfaitement incompréhensible au lecteur moyen, au dépliant imprimé en quadrichromie sur papier glacé et utilisant un langage *soft* issu des dernières techniques du marketing. Entre les deux, films et expositions, bulletins de liaison et organes d'information, montage de diapositives et spots publicitaires se partagent le message des associations.

« On ne fait plus rien sans le faire savoir »

Beaucoup d'organisations à caractère humanitaire utilisent déjà les moyens et les techniques du marketing. Qui n'a pas reçu à son domicile des prospectus pour la lutte contre le cancer, pour aider les orphelins, les aveugles ou les handicapés ?

Médecins sans frontières, Médecins du monde, Amnesty International, l'A I C F et d'autres ont déjà composé avec les affichages de rue, les pages publicitaires, les spots cinéma ou télévision, les publipostages, etc.

Leurs efforts et leurs idées sont commentés dans les revues spécialisées. Gilles Hervé, de la revue Stratégie (juin 1986), en parlait en termes professionnels : « Face aux fléaux, peu de chose. Quelques organisations qui trouvent, dans les médias, les trésors qu'elles n'ont pas dans leurs caisses. Et la capacité de communiquer, le talent de se faire connaître se hissent au premier rang des qualités professionnelles, voire des nécessités déontologiques. On ne fait plus rien sans le faire savoir. Fini le temps de la sébille maladroitement brandie. Aujourd'hui, on comprend que trop de larmes peuvent gripper les rouages d'une communication et annuler les efforts véritables... Le processus n'est pas pervers. Il procède simplement d'une exigence, la prise de conscience doit être débusquée. L'enjeu est trop important pour le nier. »

Brillante apologie dans laquelle le bon Samaritain aurait évidemment du mal à se reconnaître. Mais les temps ont changé. Les bons Samaritains modernes se font de la concurrence pour secourir les malheureux.

Charles Condamines écrivait dans Le Monde diplomatique : « La collecte de fonds se professionnalise et impose sa logique à toutes les autres activités. La propagande prend le pas sur l'information. Et, au niveau du fonctionnement, le modèle entreprise étouffe la vie proprement associative... Emportera les plus grosses parts du marché celui qui fera davantage parler de lui, sera mieux connu et aura su se construire la meilleure image de marque... La preuve de sa supériorité étant avant tout constituée par le nombre de ses passages à la télévision. »

Cette vision pessimiste souligne des dangers réels qui méritent attention. Mais cette vision peut être reçue aussi comme justification à une pratique associative vieillissante. A ce titre, Bernard Kouchner dans la conclusion de son livre Charité-Business ne donne pas dans la demi-mesure : la « période des bénévoles touche à sa fin. Le temps des professionnels de la charité-business et des ordinateurs est venu. L'industrie de la solidarité démarre. Les employés y seront nombreux et les donateurs les surveilleront un peu plus. Il naît une nouvelle manière de démocratie du don. C'est dommage pour le romantisme et sans doute meilleur pour l'efficacité. Ainsi vont les choses. »

L'ouverture au grand public entraîne l'adoption de moyens et de méthodes capables de l'atteindre. La survie des idées et de l'expérience de ces organisations en dépend. Leur survie financière aussi. Ces organisations assurent principalement leur effort de solidarité à l'aide de dons. Les donateurs orientent leur choix vers ceux qui leur parlent le langage le plus crédible et le plus gratifiant pour leur conscience. Chaque syndicat, chaque association, chaque organisation humanitaire utilise ses slogans éculés et son langage stéréotypé. Un dépoussiérage est nécessaire pour améliorer la communication grand public. Tout le monde est maintenant prêt à en convenir. Y compris parmi les militants eux-mêmes. Mais de nombreuses réticences et peurs demeurent. Faciles à comprendre. Plus difficiles à écarter.

Jeff Tremblay

Quel message ?
pour quel public ?

Trois grandes catégories existent, distinctes et complémentaires : l'information sur le tiers monde, l'information « maison » et la propagande, les limites entre chacune n'étant pas toujours faciles à établir : de nombreuses associations fabriquent un cocktail mêlant les trois genres.

L'information « maison » pose le moins de problèmes. Destinée aux militants, aux animateurs et aux adhérents — lorsqu'ils existent — elle renseigne sur les actions de développement (les projets, les correspondants locaux, partenaires sur le terrain) et sur les activités « boutique » (campagne d'information, mouvement du personnel, état des comptes, etc.). Mais, du moins pour ce qui concerne les grandes ONG, l'essentiel de la crédibilité vis-à-vis des donateurs et du public repose désormais sur les projets mis en œuvre au Sud. Conséquence directe : d'autres dimensions de l'action des ONG — comme l'information au sens rigoureux du terme — en sont réduites à la portion congrue dans les budgets. Conséquence indirecte : quoique théoriquement assurée par l'ensemble de l'équipe, l'essentiel de l'information « maison » est en fait généralement confié aux responsables des projets qui ne manquent pas de s'en servir pour mettre en avant ceux qui « marchent bien », ce qui est bien naturel, mais aussi, en certains cas, pour masquer des échecs.

Cette information, plutôt d'ordre pratique et concrète, prend le plus souvent la forme d'un bulletin de liaison interne, mensuel, bimensuel ou trimestriel. Les dossiers sont un autre aspect de l'information interne. Thématiques, selon le cas pays par pays ou plus généraux, ils dotent animateurs et militants des références et données nécessaires au travail de sensibilisation qu'ils pratiquent au quotidien. Généralement écrits, ces dossiers peuvent également être présentés sous forme de cassettes audiovisuelles. L'information interne produite par l'équipe permanente renseigne les collaborateurs attitrés ou occasionnels, disséminés dans l'Hexagone, sur la vie de l'association dans son ensemble. Les dossiers, eux, mettent à disposition une information sur les projets menés et, d'une manière plus générale, sur les pays ou sur des thèmes précis.

La propagande — c'est-à-dire la promotion ou la publicité destinée à renforcer l'image et les moyens de l'ONG — est paradoxalement plus complexe à définir. Elle englobe des cibles et des supports très différents. Adresser aux donateurs une lettre publicitaire signée du président de l'association et leur demander d'envoyer un chèque en retour, c'est de la propagande. Si la lettre est accompagnée d'un document faisant le point sur les projets et la vie de l'institution, ce peut être de l'information.

Une page publicitaire dans un quotidien, un hebdomadaire, un mensuel, une campagne annuelle d'affichage ou une série de spots radio et télé, c'est aussi de la propagande. Mais en ce domaine, la tentation malheureusement existe d'exploiter simplement des artifices et le « langage du cœur » pour solliciter des dons indépendamment d'une information sur ce que fait véritablement l'ONG, sur ses pratiques réelles.

Les pages « initiatives », « projets » ou « nouvelles des projets », etc., des organes mensuels ou trimestriels des associations se montrent souvent plus rétives à se mouler dans une catégorie précise. Vu par un journaliste professionnel, un « projet » peut devenir une histoire, un reportage, s'intégrer dans une enquête ; c'est de l'information. Exposé par un technicien « maison », le résultat peut prendre diverses formes. Le plus généralement, il s'agit d'une information interne : l'état d'avancement du projet, l'attitude des partenaires locaux, etc. Et le plus souvent malheureusement, ce n'est qu'un mauvais mélange dans lequel la propagande, une fois encore, prend le pas sur l'information véritable.

L'information du public

« Informer le public français sur le tiers monde » fait partie des objectifs statutaires de certaines associations ou collectifs d'O N G comme le C F C F (Comité français contre la faim). Pour les autres il s'agit d'une nécessité. Comment en effet travailler dans le secteur de la coopération associative, se prétendre « proche des populations des pays du Sud » et ne pas se faire l'écho de leur vie quotidienne, de leur culture, de leur organisation économique, de leur système politique ? Mais si peu de cadres osent réfuter ouvertement la démarche, rares sont ceux qui l'acceptent sans réticences. Il en découle comme conséquence, pour les responsables de publication des O N G, une difficulté certaine à « sortir » une information de qualité. On ne pouvait pas évoquer les moyens et les vecteurs de l'information sans souligner ces difficultés, bien réelles. Ainsi en 1988, l'outil d'information de deux des grandes associations françaises a été réduit. Le C F C F a connu des difficultés pour maintenir son mensuel, *Nations solidaires*, très connu dans les milieux de l'information et bien au-delà du seul monde associatif. Le C C F D (Comité catholique contre la faim et pour le développement) a pour sa part arrêté la parution de ses dossiers, pourtant fort appréciés des animateurs et militants. Autre signe du « malaise » qui peut exister dans les O N G quant à leur mission d'information : les difficultés que rencontrent journalistes de la « grande presse » lorsqu'ils sont soucieux d'accéder aux « projets » des associations sans être affublés en permanence d'un « guide-écran ». Si la bataille pour l'information traverse les O N G, beaucoup de responsables en sont encore, en la matière, aux balbutiements de la réflexion et les grands choix qui s'offrent à eux sont loin d'être évidents, tellement la confusion des genres et l'incertitude tiennent trop souvent lieu de méthode de direction. C'est peut-être que l'information est encore plus souvent perçue dans les O N G comme une maladie honteuse que comme une nécessité.

Guy Delbrel

RITIMO : informer, c'est agir !

Le RITIMO (Réseau d'information tiers monde des centres de documentation pour le développement), regroupe une quarantaine de centres en France. Certains existaient depuis 1970. A partir de 1980, une coordination de travail a été mise en place sur la base d'une charte commune. Depuis 1985, le réseau s'est constitué en fédération, chaque centre gardant sa spécificité et son autonomie, mais profitant de l'expérience des autres. Le travail en réseau permet d'amplifier les résultats de tous les centres et de mener des opérations qu'aucun ne pourrait organiser seul.

Les centres sont animés, gérés par des militants et des permanents (salariés et objecteurs de conscience). Leur volonté première est la nécessité de prendre en compte la situation des peuples du tiers monde, de participer à la transformation des relations Nord-Sud, en faveur d'un monde plus solidaire. Pour informer le plus largement, les centres sont ouverts au public qui peut y consulter des fonds documentaires importants et spécifiques, puisque l'information qu'on y trouve émane des associations non gouvernementales, des groupes de base des pays du Sud.

Cette information concerne les réalités du tiers monde, les rapports Nord-Sud, les problèmes d'environnement et de désarmement. La plupart des centres sont aussi équipés d'un secteur audiovisuel.

Les centres du RITIMO sont aussi des lieux d'échange, de réflexion et d'action pour que changent les relations Nord-Sud et que naissent des solidarités entre populations françaises et populations du tiers monde. Mais ils ne se contentent pas d'attendre une « clientèle », ils vont vers le public en organisant des débats, des rencontres, des expositions, des stages de formation. Ils ont acquis une expérience particulière dans l'éducation au développement, en direction du milieu scolaire dans lequel ils interviennent fréquemment, et pour lesquels ils ont élaboré divers matériaux pédagogiques. Certains ont été conçus grâce au travail mené en commun, travail qui a aussi donné lieu à la publication d'un guide destiné aux élus locaux, afin de les aider dans leur choix de coopération.

Autre volonté du RITIMO, la mise en valeur des productions documentaires des centres des pays du Sud, pour les rendre accessibles à un large public.

Depuis 1988, le réseau a entrepris la création d'une base de données informatisée commune, à laquelle tous les centres participent. Ce projet est l'aboutissement d'un partage du travail documentaire à partir d'un thésaurus commun. La base ne se limitera pas aux centres français, mais s'ouvrira aussi, dans un premier temps, à des centres européens et elle associera, sur un pied d'égalité, des centres de documentation du Sud.

Marie-Pierre Brouxel

Pour tout renseignement et pour obtenir la liste des centres, s'adresser à RITIMO, 20, rue Rochechouart, 75009 Paris - Tél. : (1) 45 31 18 08.

L'image du tiers monde dans les manuels scolaires

Les objectifs généraux des programmes de l'Éducation nationale sont très ouverts sur les questions du tiers monde et du développement. Pour le *Bulletin officiel de l'Éducation nationale* du 9 juin 1983 — premier numéro concernant l'éducation au développement —, il s'agit « ... de montrer que la civilisation occidentale n'est pas unique, que peuvent exister d'autres formes de civilisation et de développement ; d'analyser les causes et manifestations des grands déséquilibres mondiaux ; de provoquer la prise de conscience de l'interdépendance (...) et de la solidarité nécessaire ». Principes généreux. Mais, au regard de ceux-ci, force est de reconnaître que les programmes d'histoire et de géographie sont moins ouverts, notamment ceux du primaire qui ont, avant tout, une dimension nationale.

Quelles interprétations en font alors les auteurs de manuels ? Comment le tiers monde est-il représenté dans des ouvrages qui restent utilisés par la quasi-totalité des enseignants ?

Depuis 1978, « École et tiers monde » (voir encadré) analyse ces manuels, en particulier ceux du secondaire. Une évolution en trois périodes a pu être repérée au travers de ce travail.

La première période correspond à la génération des manuels issus de la réforme des programmes de 1976. Trois images du tiers monde ont pu y être décelées.

La première est celle d'un ensemble de pays défavorisés par la nature, qui manquent de machines, d'usines, de capitaux, de cadres. Les peuples du tiers monde sont vus comme passifs. Le « sous-développement » est un simple retard de développement.

La deuxième image est celle d'un ensemble de pays dominés par un système économique qui continue à les déposséder de la maîtrise de leur propre développement. Les causes du « sous-développement » sont autant humaines que naturelles, autant internationales que locales, autant à rechercher dans le passé que dans le présent. L'idée d'un changement global, d'une transformation des rapports Nord-Sud est esquissée.

La troisième image du tiers monde est la plus confuse. Elle emprunte, en fait, des éléments à chacune des deux premières, sans toutefois faire une présentation contradictoire de celles-ci, ces manuels se cantonnant dans une prudente neutralité teintée d'européocentrisme.

La deuxième période correspond aux années 1981-1984, à la seconde génération des manuels issus de la réforme de 1976. Ces manuels offrent généralement des analyses moins sommaires et invitent plus fréquemment l'élève à prendre conscience de l'interdépendance des économies nationales, ainsi que des inégalités au niveau plané-taire. Certains manuels présentent des actions de solidarité venant des pays du Nord, en distinguant bien aide d'urgence et aide au développement. Quelques sigles ou documents d'organisations non gouvernementales (ONG), surtout internationales, apparaissent.

Repli après 1985

La troisième et dernière période débute vers 1985 et marque un repli prudent. Le contenu des manuels ne reste pas indifférent à l'évolution qui se dessine tant dans le tiers monde que dans la manière de penser les problèmes de ce dernier. Le discours des manuels est en retrait par rapport à la période précédente. En histoire-géographie, l'analyse du « sous-développement » est souvent incomplète ou peu explicite. Le tiers monde ne semble plus exister. L'Afrique, continent aux sols fragiles et à la démographie non maîtrisée, s'enfonce dans le « sous-développement », tandis que les autres continents paraissent « en voie de développement ». Le coût social et culturel de cette évolution n'est pas forcément mentionné.

« École et tiers monde »

École et tiers monde *est une association regroupant des enseignants, des parents d'élèves et des personnes intéressées par l'éducation au développement. Elle s'est donné comme but de contribuer à l'ouverture de l'école aux questions de développement, à une meilleure rencontre entre les cultures. L'activité principale d'École et tiers monde reste l'analyse critique des livres scolaires. Depuis 1978, elle décrypte l'ethnocentrisme souvent fort subtil que véhiculent les manuels. Les éditeurs ne sont pas restés insensibles à cette action de groupe de proposition et de pression, leurs réactions allant de la menace de procès à l'offre de participation à la rédaction d'ouvrages.*
École et tiers monde *a également réalisé des dossiers d'animation et de réflexion, notamment :*
— PAE et tiers monde *: relation et évaluation de quatre projets d'action éducative de collèges et lycées (40 F).*
— Journée tiers monde *: brochure réalisée avec le CRDP et le Collectif tiers monde de Poitiers. Comptes rendus d'expériences, idées d'animation (30 F).*
— Jeunes solidaires *: présentation d'actions de lycéens : actions de solidarité, rencontre entre les cultures, information en France (20 F).*
— Faim dans le monde *: fiches pédagogiques pour cours moyen (25 F).*
— Découvrons l'ailleurs *: jeux ayant pour objectif de sensibiliser des élèves de cours élémentaires et moyens à la vie quotidienne en Afrique (35 F).*
— Cinécole et tiers monde *: fiches pédagogiques sur des films documentaires et de fiction pour élèves de primaire et collèges, en collaboration avec la Médiathèque des trois mondes (30 F).*
Pour tout renseignement : 14, rue Nanteuil, 75015 Paris.

Les nouveaux manuels d'éducation civique des collèges, en revanche, présentent fréquemment une étude approfondie du « sous-développement », accompagnée d'une invitation à s'informer, voire à participer à des actions de solidarité. Le tiers monde y apparaît prendre des initiatives pour acquérir une certaine autonomie.

Globalement, cependant, l'évolution positive notée dans la deuxième période quant à la compréhension de phénomènes aussi complexes marque le pas. Compte tenu du discours des médias, l'élève risque fort de recevoir — ou de voir se renforcer chez lui — une image négative du ou des tiers mondes.

Pour l'ensemble des trois périodes, un double constat peut être fait. D'une part, des images différentes derrière lesquelles le « sous-développement » peut être vu comme retard ou comme produit du développement inspiré du modèle occidental. D'autre part, une ressemblance : quels que soient les manuels, le discours est avant tout — sinon uniquement — centré sur l'économique. La dimension culturelle est évacuée de l'étude du « sous-développement ».

Une question mérite alors d'être posée : si on ne retrouve pas dans les manuels d'aujourd'hui l'ethnocentrisme ouvertement afiché par ceux des années soixante, n'a-t-on pas affaire à un ethnocentrisme plus subtil ?

Une étude du tiers monde, du « sous-développement » implique, plus que jamais, une réflexion sur le « développement », jusqu'ici enfermé dans sa dimension économique. Une recherche sur le concept de « culture » s'impose également et doit prendre en compte les acquis réalisés dans des disciplines comme la sociologie et l'ethnologie.

La connaissance du (ou des) tiers monde(s) est en fait une étude de l'autre. Cette dernière passe donc aussi par l'étude du regard porté sur l'autre par l'examen de nos propres critères, valeurs ou/et postulats. Toute lutte contre l'ethnocentrisme ne peut se dispenser d'un tel détour.

Paul Noirot

[Article publié dans le numéro d'octobre 1988 de Croissance des Jeunes Nations *« Le tiers monde et l'école », reproduit grâce à la courtoisie de la revue.]*

POUR
EN SAVOIR PLUS

Bibliographie sélective des ouvrages généraux

S'il est un sujet abondamment étudié depuis une trentaine d'années, c'est bien le tiers monde. Par l'ampleur géographico-démographique de la question et par les diverses manières de l'aborder, le tiers monde a suscité et suscite encore de nombreuses publications théoriques ou descriptives. Il est hors de question de recenser ici les centaines de milliers de travaux, thèses, actes de colloques, rapports d'études, comptes rendus de mission ou livres consacrés à tel ou tel aspect du sous-développement et du développement, qui paraissent chaque année dans le monde. Une bibliographie de ce type exigerait des volumes entiers qui, à peine édités, seraient déjà périmés. Contentons-nous donc de présenter, plus modestement, une sélection thématique, en nous efforçant de privilégier les principaux ouvrages qui ont contribué depuis la dernière guerre à un réel enrichissement des termes du débat autour de « la question du développement » et à une meilleure connaissance concrète des sociétés complexes du tiers monde.

T.P.

C'est en 1951, dans sa livraison d'octobre-décembre de la revue de l'INED, *Population*, que le démographe Alfred Sauvy propose une « Introduction à l'étude des pays sous-développés » — étude qu'il reprendra dans sa *Théorie générale de la population* (tome 1, PUF, 1952). Pour décrire le sous-développement, l'auteur propose toute une série de critères parmi lesquels : des taux de natalité et de mortalité forts, un état de sous-alimentation chronique, une proportion très élevée d'analphabètes, un sous-emploi massif de la population en âge de travailler (massivement rurale), des droits démocratiques inexistants... Cette année-là, dans le numéro du 16 août du magazine *L'Observateur*, Alfred Sauvy publie un article intitulé « Trois mondes, une planète », qui traite de la guerre froide entre les deux blocs. Ces derniers oublient (!) dans leur vaine course aux armements « les pays sous-développés », et Alfred Sauvy de conclure en une formule qui fera fortune : « Car enfin, le tiers monde ignoré, exploité, méprisé comme le tiers état, veut, lui aussi, être quelque chose. »
Il faudra attendre quelques années pour que l'expression, à l'initiative de Georges Balandier, devienne le titre d'un livre : *Le*

Tiers Monde : sous-développement et développement (PUF). Puis l'expression est popularisée au point d'être admise par tous, et ce dans toutes les langues.
En 1953, l'économiste suédois Ragnar Nurske fait paraître à Londres *Problems of Capital Formation in Under-Developed Countries* (Oxford University Press) qui aborde de manière spécifique la question économique des pays en voie de développement.
La même année sort *The Process of Economic Growth* de Walt W. Rostow (Clarendon Press, Oxford), texte qui préfigure son célèbre ouvrage *Les Étapes de la croissance*. Ce dernier, traduit en 1960 aux éditions du Seuil (il est vrai sans son sous-titre : « *Un manifeste non communiste* »), connaîtra un succès mondial et massif. Cette histoire de l'humanité en cinq étapes est commode et rappelle la théorie adverse (le marxisme stalinien) et ses cinq modes de production. Ces deux approches reposent d'ailleurs sur une même conception linéaire et progressiste de l'histoire.
« A considérer le degré de développement de l'économie, écrit Rostow, on peut dire de toutes les sociétés qu'elles passent par l'une des cinq phases suivantes : la société traditionnelle, les condi-

tions préalables du démarrage, le démarrage, le progrès vers la maturité et l'ère de la consommation de masse. » L'on peut donc tracer un cheminement économico-social commun à tous les peuples du monde, les uns étant *en retard* par rapport à d'autres mais tous marchant dans le même sens...

Une telle thèse sera vertement critiquée, davantage par les historiens, du reste, que par les économistes, sans pour autant que s'imposent les conceptions pragmatiques de Gunnar Myrdal, qui, dans *Une économie internationale* (PUF, 1958), explique : « Une analyse du développement doit (...) commencer par rechercher quelle finalité explique et justifie le bouleversement de structures qu'il constitue, puis une fois définie cette conformité qui permet l'apparition des nouvelles structures, comment réaliser l'adaptation la plus rapide et la moins coûteuse de tous les anciens éléments à la nouvelle forme. »

Le livre de Rostow obligera les marxistes à affiner leur(s) interprétation(s) de Marx afin de mieux rendre compte de la situation des pays nouvellement indépendants. Cela permettra la redécouverte de Nicolaï Boukharine, Rosa Luxemburg et Lénine, et aussi d'oser les critiquer.

Le marxisme tiers-mondiste a assez mal vieilli, bloqué qu'il était, *primo*, par son obligation politique de défendre coûte que coûte toute organisation se proclamant anti-impérialiste et, *secundo*, par sa fâcheuse habitude à faire correspondre la réalité observée au cadre théorique d'analyse...

Mais dès 1980, la remarquable thèse du géographe Yves Lacoste (directeur de la revue *Hérodote*), *Unité et diversité du tiers monde* (Maspero), renouvelait assez profondément cette problématique et ouvrait la voie d'une approche théorique plus soucieuse de la prise en compte des différents niveaux qui composent cette réalité complexe.

On trouvera ci-après une liste — bien sûr non exhaustive ! — des principaux ouvrages de référence autres que ceux précités, ainsi que les titres les plus récents sur le sujet.

• Jacques Austruy, *Le Scandale du développement* (M. Rivière, 1965).
• Jean-Marie Albertini, *Les Mécanismes du sous-développement* (Éditions ouvrières, 1967).
• Samir Amin, *L'Accumulation à l'échelle mondiale* (Anthropos, 1970) ; *Le Développement inégal* (Minuit, 1973) ; *La Déconnexion* (La Découverte, 1986).
• Paul Bairoch, *Révolution industrielle et sous-développement*, (SEDES, 1961) ; *Le Tiers Monde dans l'impasse* (Gallimard, 1971).
• Michel Beaud, *Le Système national mondial hiérarchisé* (La Découverte, 1987), *L'Économie mondiale dans les années quatre-vingt*, (La Découverte, 1989).
• Maurice Bye, Gérard de Bernis, *Relations économiques internationales, I. Échanges internationaux* (Dalloz, 4e édition entièrement refondue, 1977).
• CEDETIM, *Le Non-Alignement* (La Découverte, 1985).
• Jean-Claude Chesnais, *La Revanche du tiers monde* (Robert Laffont, 1987).
• Jean-Yves Carfantan, Charles Condamines, *Qui a peur du tiers monde ?* (Le Seuil, 1980.)
• Gérard Chaliand, *Mythes révolutionnaires du tiers monde* (Le Seuil, 1976).
• Christian Coméliau, *Mythes et Espoirs du tiers-mondisme*, L'Harmattan, Paris.
• *Croissance, échange et monnaie en économie internationale*, mélanges en l'honneur de M. le professeur Jean Weiller (Économica, 1985).
• Pierre Dockès, *L'Internationale du capital* (PUF, 1975) ; en collaboration avec Bernard Rosier : *L'Histoire ambiguë. Croissance et développement en question* (PUF, 1988).
• René Dumont, *Un monde intolérable. Le libéralisme en questions* (Le Seuil, 1988).
• Arghiri Emmanuel, *L'Échange inégal. Essais sur les antagonismes*

dans les rapports économiques internationaux (Maspero, 1969).
• Jacques Freyssinet, *Le Concept de sous-développement* (Mouton, 1966).
• Celso Furtado, *Le Mythe du développement économique*, (Anthropos, 1976) ; *La Fantaisie organisée. Le développement est-il encore possible ?* (Publisud, 1988).
• Susan George, *Comment meurt l'autre moitié du monde* (Robert Laffont, 1978) ; *Jusqu'au cou. Enquête sur la dette du tiers monde* (La Découverte, 1988).
• Jacques Giri, *L'Afrique en panne* (Karthala, 1986).
• P.F. Gonidec, Tran Van Minh, *Politique comparée du tiers monde* (Montchrestien, 2 vol., 1981).
• Bernard Guillochon, *Théories de l'échange international* (PUF, 1976).
• André Gunder Frank, *Capitalisme et sous-développement en Amérique latine* (Monthly Review Press, New York, 1967), traduction française (Maspero, 1970) ; *Le Développement du sous-développement, l'Amérique latine*, traduction française (Maspero, 1970) ; *Lumpen-bourgeoisie et Lumpen-développement*, traduction française (Maspero, 1971).
• Pierre Jacquemot (sous la dir. de), *Économie et sociologie du tiers monde. Un guide bibliographique et documentaire* (L'Harmattan, Paris).
• Pierre Jacquenot et Marc Raffinot, *Accumulation et développement* (L'Harmattan, 1985).
• Pierre Jalée, *Le Pillage du tiers monde* (Maspero, 1965).
• Yves Lacoste, « Le sous-développement, quelques ouvrages significatifs parus depuis 10 ans », *Annales de géographie,* n° 385, mai-juin 1962 ; *Géographie du sous-développement* (PUF, 1965).
• Serge Latouche, *Faut-il refuser le développement ?* (PUF, 1986) ; *L'Occidentalisation du monde* (La Découverte, 1989).
• Louis-Joseph Lebret, *Suicide et survie de l'Occident* (Éditions ouvrières, 1958) ; *Dynamique concrète du développement* (Éditions ouvrières, 1961).

• G. Meier et D. Seers (sous la dir. de), *Les Pionniers du développement* (Economica, 1988).
• Albert Meister, *La Participation pour le développement* (Éditions ouvrières, 1977).
• Charles-Albert Michalet, *Le Capitalisme mondial* (PUF, 1re édition 1976, seconde édition 1985).
• Pierre Moussa, *Les Nations prolétaires* (PUF, 1959).
• Gunnar Myrdal, *Théorie économique et pays sous-développés* (PUF/INED, 1959).
• Philippe Norel, *Nord-Sud : les enjeux du développement* (Syros, 1986).
• François Partant, *La Fin du développement* (Maspero, 1982) ; *La ligne d'horizon. Essai sur l'après-développement* (La Découverte, 1988).
• François Perroux, « Les espaces économiques », *Économie appliquée*, 1950 ; « Théorie générale du développement économique », *Cahiers de l'ISEA*, n° 59, série 1 ; *La Coexistence pacifique* (PUF) ; *L'Économie du XXe siècle* (PUF) ; « Qu'est-ce que le développement ? », *Études*, janvier 1961 ; *L'Économie des jeunes nations* (PUF) ; *Pour une philosophie du nouveau développement* (Aubier, 1981).
• Gilbert Rist et Fabrizio Sabelli (sous la dir. de), *Il était une fois le développement* (Éd. d'en bas, Lausanne, 1986).
• Henri Rouillé d'Orfeuil, *Le Tiers Monde*, La Découverte, « Repères », 1989 (nouv. éd.).
• Ignacy Sachs, *La Découverte du tiers monde* (Flammarion, 1971) ; *Initiation à l'écodéveloppement* (Privat, Toulouse, 1981).
• Abdelkader Sid Ahmed, *Nord-Sud : les enjeux* (Publisud, 1983).
• Immanuel Wallerstein, *Le Capitalisme historique* (La Découverte, 1985).
Une telle bibliographie générale ne saurait être sérieuse si l'on n'y mentionnait pas la livraison annuelle de *L'état du monde* (La Découverte), et celle de l'*Annuaire du tiers monde (Nathan)* publié sous l'égide de l'Association française pour l'étude du tiers monde (AFETIMON, 17, rue d'Anjou, 75008 Paris (tél. 42 65 02 62).

Bibliothèques, centres de documentation, instituts de recherche

- **Agence Coopération et aménagement**, 98, rue de l'Université, 75007 Paris (tél. 45 50 34 38).
- **Agence de coopération culturelle et technique**, 13, quai André-Citroën, 75015 Paris (tél. 45 75 62 41).
- **Banque mondiale**, 66, avenue d'Iéna, 75016 Paris (tél. 47 23 54 21).
- **Bibliothèque du ministère des Affaires étrangères**, 37, quai d'Orsay, 75007 Paris (tél. 45 55 95 40).
- **Bibliothèque de l'INSEE**, 18, boulevard Adolphe-Pinard, 75675 Paris Cedex 14 (tél. 45 40 10 55).
- **Bureau international du travail (BIT)**, 205, boulevard Saint-Germain, 75005 Paris (tél. 45 48 92 02).
- **Centre de développement de l'OCDE**, 94, rue Chardon-Lagache, 75016 Paris (tél. 45 24 82 00).
- **Centre de documentation internationale sur le développement et la libération des peuples (CEDI-DELP)**, 14, rue de Nanteuil, 75015 Paris (tél. 45 31 43 38).
- **Centre de documentation tiers monde (CDTM)**, 20, rue Rochechouart, 75009 Paris.
- **Centre d'étude de l'Afrique noire (CEAN)**, BP 101, 33405 Talence Cedex (tél. 56 80 60 57).
- **Centre d'étude de l'Amérique latine (CEDAL)**, 140, avenue Daumesnil, 75012 (tél. 43 40 21 65).
- **Centre d'étude de l'Amérique latine**, Université libre de Bruxelles, avenue Jeanne 44, 1050 Bruxelles, Belgique.
- **Centre d'étude et de documentation africaines (CEDAF)**, 7, place Royale, 1000 Bruxelles, Belgique.

- **Centre d'étude et de documentation sur l'Afrique et l'Outre-mer**, La Documentation française, 29/31, quai Voltaire, 75007 Paris (tél. 42 61 50 10).
- **Centre d'études prospectives et d'informations internationales (CE-PII)**, 9, rue Georges-Pitard, 75001 Paris (tél. 48 42 68 00).
- **Centre français du commerce extérieur (CFCE)**, 10, avenue d'Iéna, 75016 Paris (tél. 47 23 61 23).
- **Centre des hautes études sur l'Afrique et l'Asie modernes (CHEAM)**, 13, rue du Four, 75006 Paris (tél. 43 26 96 90).
- **Centre de recherches africaines**, 9, rue Mahler, 75004 Paris (tél. 42 71 06 59).
- **Centre de recherche sur l'Amérique**, IEP, 18, rue de l'Opéra, 13000 Aix-en-Provence (42 38 41 71).
- **Centre de recherche et d'étude sur l'Afrique orientale (CRE-PAO)**, avenue Robert Poplawsky, 64000 Pau.
- **Centre de recherche et d'étude sur les sociétés méditerranéennes (CRESM)**, 18, rue de l'Opéra, 13000 Aix-en-Provence (42 38 36 56).
- **Centre international de recherche sur l'environnement et le développement**, 54, boulevard Raspail, 75270 Paris Cedex 06 (tél. 45 44 38 49).
- **Centre de recherches et d'information pour le développement (CRID)**, 49, rue de la Glacière, 75013 Paris (tél. 43 37 71 81).
- **CERI (Centre d'études et de recherches internationales-FNSP)**, 6, rue de Chevreuse, 75006 Paris (tél. 45 49 50 50).

• **Comité français contre la faim (CFCF)**, 8, rue de Dobropol, 75017 Paris (tél. 45 66 55 80).

• **Collège international du tiers monde**, 6, rue de la Paix, 75002 Paris (tél. 42 61 05 85).

• **Communautés européennes (CEE)**, 61, rue des Belles-Feuilles, 75016 Paris (tél. 45 01 58 85).

• **Documentation française**, 29-31, quai Voltaire, 75007 Paris (tél. 42 61 50 10).

• **FAO (annuaires mensuels)**, 13, rue Soufflot, 75001 Paris.

• **FNSP (Fondation nationale des sciences politiques)**, 27, rue Saint-Guillaume, 75006 Paris (tél. 45 49 50 50).

• **GRET (Groupe de recherches et d'échanges technologiques)**, 213, rue Lafayette, 75010 Paris.

• **Groupe de recherches et de réalisations pour l'éco-développement**, 18, rue de Varenne, 75007 Paris (tél. 42 22 97 61).

• **Groupe de recherches et de réalisations pour le développement rural dans le tiers monde (GRDR)**, 145, rue Saint-Dominique, 75700 Paris (tél. 47 05 16 29).

• **Institut français de relations internationales (IFRI)**, 6, rue Ferrus, 75014 Paris (tél. 45 80 91 08).

• **Institut de recherche et d'application des méthodes de développement (IRAM)**, 49, rue de la Glacière, 75013 Paris (tél. 43 36 03 62).

• **Institut international d'administration publique**, 2, rue de l'Observatoire, 75006 Paris (tél. 40 33 10 61).

• **Institut international de planification de l'éducation**, 7-9, rue Eugène-Delacroix, 75016 Paris (tél. 45 04 28 22).

• **Institut international de recherche et de formation-éducation et développement (IRFED)**, 49, rue de la Glacière, 75013 Paris (tél. 43 31 98 90).

• **Institut du développement économique et social-IEDES (Université de Paris-I)**, 58, boulevard Arago, 75013 Paris (tél. 45 89 69 53).

• **Institut des hautes études d'Amérique latine (IHEAL)**, 28, rue Saint-Guillaume 75007 Paris.

• **Institut national des langues et civilisations orientales (INALCO)**, 2, rue de Lille, 75007 Paris (tél. 42 60 34 58).

• **Institut du monde arabe (IMA)**, 23, quai Saint-Bernard, 75005 Paris (tél. 46 34 25 25).

• **Institut du Pacifique**, musée de la Marine, palais de Chaillot, 75116 Paris.

• **IRED (Information et recherche pour le développement)**, 3, rue de Varembé, CH 1211 Genève.

• **Intercollectif d'associations nationales de développement**, 49, rue de la Glacière, 75013 Paris (tél. 43 36 61 18).

• **Maison de l'Amérique latine**, 217, boulevard Saint-Germain, 75007 Paris (tél. 42 22 97 60).

• **Maison des cultures du monde**, 101, boulevard Raspail, 75006 Paris.

• **La médiathèque des trois mondes**, 63 bis, rue du Cardinal-Lemoine, 75005 Paris (tél. 43 54 33 38).

• **Ministère de la Coopération, Centre de documentation**, 1 bis, avenue de Villars, 75007 Paris (tél. 45 55 95 44).

• **Ministère de la Coopération**, 20, rue Monsieur, 75700 Paris (tél. 45 67 55 90).

• **Office central pour la coopération culturelle internationale**, 11, boulevard de Sébastopol, 75001 Paris (tél. 42 33 26 83).

• **ORSTOM (Institut français de recherche scientifique pour le développement en coopération)**, 213, rue Lafayette, 75480 Paris Cedex 10 (tél. 48 03 77 77).

• **RITIMO (Réseau d'information tiers monde des centres de documentation pour le développement)**. Ce réseau regroupe une quarantaine de centres en France. Pour en obtenir la liste : RITIMO, 20, rue Rochechouart, 75009 Paris (45 31 18 08).

• **UNESCO (Organisation des Nations unies pour l'éducation, la science et la culture)**, 7, place de Fontenoy, 75700 Paris (tél. 45 68 10 00).

Revue des revues

Hebdomadaires

- *Jeune Afrique* (et son supplément *Économie* chaque mois), 51, avenue des Ternes, 75017 Paris (tél. 47 66 52 42).
- *DIAL (Diffusion de l'information sur l'Amérique latine)*, 47, quai des Grands-Augustins, 75006 Paris.
- *La Lettre de l'Océan Indien*, 39, rue du Sentier, 75002 Paris (tél. 45 08 14 80).

Bimensuels

- *Ceres*, revue de la FAO, via delle Terme di Caracalla, 00100 Rome, Italie.

Mensuels

- *Alternatives économiques*, 12, rue Chaignot, 21000 Dijon (tél. 80 30 97 76).
- *Arabies*, 78, rue Jouffroy, 75017 Paris (tél. 46 22 34 14).
- *La Chronique d'Amnesty International*, 4, rue de la Pierre-Levée, 75011 Paris (tél. 45 57 65 65).
- *CIMADE Informations*, 176, rue de Grenelle, 75007 Paris (tél. 45 50 34 43).
- *Croissance des jeunes nations*, 163, boulevard Malesherbes, 75017 Paris (tél. 48 88 46 00).
- *Le Courrier de l'UNESCO*, 7, place de Fontenoy, 75007 Paris.
- *Défense nationale*, 1, place Joffre, 75007 Paris.
- *Esprit*, 212, rue Saint-Martin, 75003 Paris (tél. 46 33 25 45).
- *Études*, 14/14 bis, rue d'Assas, 75006 Paris (tél. 45 48 52 51).
- *Faim-Développement* (CCFD), 4, rue Jean-Lantier, 75001 Paris (tél. 40 26 51 60).

- *Far Eastern Economic Review* GPO Box, 160, Hong Kong.
- *Futuribles*, 55, rue de Varenne, 75007 Paris (tél. 42 22 63 10).
- *La Lettre de Solagral*, 13, boulevard Saint-Martin, 75003 Paris (tél. 42 78 61 64).
- *Le Monde diplomatique*, 5, rue des Italiens, 75009 Paris.
- *Peuples en marche (Peuples solidaires)*, 10, rue Lanterne, 69001 Lyon (tél. 78 29 67 99).
- *Politique étrangère*, 6, rue Ferrus, 75014 Paris (tél. 45 80 91 08).
- *Politique internationale*, 4, rue Cambon, 75001 Paris (tél. 42 60 83 02).
- *Les Temps Modernes*, 4, rue Ferou, 75006 Paris (tél. 43 29 08 47).

Bimestriels

- *Archimède et Léonard*, AITEC (Association internationale des techniciens et chercheurs), 14, place de Rungis, 75013 Paris (tél. 45 31 18 08).
- *Bulletin du CRIDEV*, 41, avenue Janvier, 35100 Rennes.
- *Le Courrier ACP-CEE*, Commission des Communautés européennes, 200, rue de la Loi, 1049 Bruxelles, Belgique.
- *Réseaux. Technologies et développement* (GRET), 213, rue Lafayette, 75010 Paris.

Trimestriels

- *Afrique contemporaine*, La Documentation française, 29-31, quai Voltaire, 75007 Paris.
- *Le Bibliotin du CEDIDELP* (publie les références d'ouvrages et d'articles consultables au Centre de documentation du même nom), 14, rue de Nanteuil, 75015 Paris (45 31 43 38).

• *Cahiers d'études africaines*, Maison des sciences de l'homme, 54, boulevard Raspail, 75006 Paris.

• *Cités unies*, Fédération mondiale des villes jumelées, 2, rue de Logelbach, 75017 Paris.

• *Cosmopolitiques*, 71, boulevard Richard-Lenoir, 75011 Paris.

• *Défis* (Terre des hommes France), 4, rue Franklin, 93200 Saint-Denis (tél. 48 09 09 76).

• *Économie prospective internationale*, La Documentation française, 29-31, quai Voltaire, 75007 Paris.

• *Hérodote, revue de géographie et de géopolitique*, Éditions La Découverte, 1, place Paul-Painlevé, 75005 Paris.

• *Histoires du développement*, IES, 30, rue Sainte-Hélène, 69002 Lyon.

• *IRED-Forum*, 3, rue Varembé, CH 1211 Genève.

• *L'Homme*, Collège de France, 52, rue du Cardinal-Lemoine, 75005 Paris.

• *Ifda dossier*, Fondation nationale pour un autre développement, 4, place du Marché, CH-1260 Nyon.

• *La lettre du GDM* (Groupement pour les droits des minorités), 68, rue de Babylone, 75006 Paris.

• *Maghreb-Machrek*, La Documentation française, 29-31, quai Voltaire, 75007 Paris.

• *Mondes en développement*, ISMEA, 11, rue Pierre-et-Marie-Curie, Institut Henri-Poincaré, 75305 Paris Cedex 05.

• *Nations Solidaires*, CFCF, 8, rue de Dobropol, 75017 Paris, (tél. 40 55 09 33).

• *Peuples Méditerranéens*, BP 1907, 75327 Paris Cedex 07.

• *Peuples noirs - Peuples africains*, 82, avenue de la Porte-des-Champs, 76000 Rouen (tél. 35 89 31 97).

• *Politique africaine*, Éditions Karthala, 22-24, boulevard Arago, 75013 Paris (tél. 43 31 15 59).

• *Politique étrangère de la France*, La Documentation française, 29-31, quai Voltaire, 75007 Paris.

• *Problèmes d'Amérique latine*, La Documentation française, 29-31, quai Voltaire, 75007 Paris.

• *Témoignages et dossiers*. Frères des hommes, 45 bis, rue de la Glacière, 75013 Paris (tél. 47 07 00 00).

• *Revue Tiers-Monde*, IEDES, 58, boulevard Arago, 75013 Paris (tél. 43 36 23 55).

Quadrimestriel

• *Sou'al*, 14, rue de Nanteuil, 75015 Paris (tél. 45 32 06 23).

Principaux regroupements d'ONG

Les principales associations qui, en France, sont directement ou indirectement engagées dans la coopération avec les pays en développement se sont regroupées en huit «collectifs». Chacun d'entre eux a sa spécificité propre, en fonction de ses objectifs et des organismes qu'il regroupe. Un «Intercollectif d'associations nationales de développement» (49, rue de la Glacière, 75013 Paris (tél. 43 36 61 18) regroupe par ailleurs le CRID, le CFCF, le CLONG-Volontariat, le CNAJEP, la CNJD et le GNC.

• **Centre de recherche et d'information pour le développement (CRID)**, 49, rue de la Glacière, 75013 Paris, tél. (1) 43 37 71 81. Le CRID regroupe exclusivement des associations engagées dans des actions concrètes d'appui au développement et de sensibilisation de l'opinion. Son rôle : réflexion et concertation sur les politiques menées, mise en œuvre de projets communs et campagnes d'information coordonnées.

Une vingtaine d'organisations non gouvernementales sont membres du CRID, parmi lesquelles :
— la CIMADE, Service œcuménique d'entraide, 176, rue de Grenelle, 75007 Paris, tél. (1) 45 50 34 43 ;
— le Comité catholique contre la faim et pour le développement (CCFD), 4, rue Jean-Lantier, 75001 Paris, tél. (1) 40 26 51 60 ;
— Frères des hommes - France, 45 bis, rue de la Glacière, 75013 Paris, tél. (1) 47 07 00 00 ;
— Solidarités agro-alimentaires (SOLAGRAL), 13, boulevard Saint-Martin, 75003 Paris, tél. (1) 42 78 61 64 ;
— Terre des hommes, France, 4, rue Franklin, 93200 Saint-Denis (tél. 48 09 09 76) ;
— Peuples Solidaires, 185, rue de Charonne, 75011 Paris (tél. 40 09 10 78) :
— le Centre international de culture populaire (CICP), 14, rue Nanteuil, 75015 Paris, tél. (1) 45 31 43 38 ;
— le Centre international de coopération pour le développement agricole (CICDA), CAP 122, 67, rue Robespierre, 93558 Montreuil Cedex, tél. (1) 48 51 69 90 ;
— le Secrétariat de liaison des groupes locaux tiers monde, 20, rue Rochechouart, 75009 Paris.

• **Comité français contre la faim (CFCF)**, 8, rue de Dobropol 75017 Paris, tél. (1) 40 55 09 33.
Quatre-vingts membres. Reconnu d'utilité publique.
Le CFCF regroupe des organismes représentant les principales familles de pensée de la société française. Son rôle : coordonner l'action et la réflexion de ses membres en matière de développement, mettre en œuvre des projets concrets et novateurs, coordonner des campagnes d'information en France. Il est organisateur de la Campagne nationale contre la faim.

• **Comité laïc pour l'éducation au développement — Éducateurs sans frontières (CLED)**, 28, boulevard Bonne-Nouvelle, 75010 Paris, tél. (1) 45 23 10 81.
Douze membres. Le CLED regroupe différents mouvements d'éducation : syndicats, associations d'éducation populaire, mutuelles... Son rôle : l'appui à des projets d'éducation dans les pays en développement et l'éducation du public en France.

• **Comité de liaison des ONG de volontariat** (CLONG-Volontariat) 49, rue de la Glacière, 75013 Paris (tél. (1) 43 36 61 18). Le CLONG-Volontariat regroupe douze organisations envoyant des volontaires dans les pays en développement pour travailler sur des projets mis en œuvre par des partenaires locaux. Il informe le public français sur le volontariat pour le développement.

• **Comité pour les relations nationales et internationales des associations de jeunesse et d'éducation populaire** (CNAJEP), 15, rue Martel, 75010 Paris, tél. (1) 47 70 71 31.
Cent membres.
Les membres du CNAJEP interviennent dans les domaines de l'éducation populaire, de l'action sociale et culturelle, de la formation, des relations internationales entre jeunes, du loisir social et du développement. Ils mènent des actions de coopération avec des partenaires locaux et contribuent à l'éducation au développement en France.

• **Commission nationale de la jeunesse pour le développement** (CNJD), 5-7, place de Vénétie, 75013 Paris, tél. (1) 45 83 62 63.
Trente membres.
La CNJD regroupe des organisations de jeunes engagées dans des actions de solidarité internationale, ou désireuses de participer à la réflexion et à l'information sur la coopération, le développement et la formation au développement.

• **Coordination d'Agen pour les missions d'urgence et de coopération volontaire,** 11, rue de Vaugirard, 75006 Paris, tél. (1) 43 26 97 52.
Dix-neuf membres.

La Coordination d'Agen regroupe à la fois des organismes d'urgence et des associations de développement. Son rôle, outre l'organisation annuelle du « Forum d'Agen » ouvert à toutes les associations, est la coordination informelle des actions de terrain et la recherche de synergies.

En sont membres, parmi d'autres :
— Médecins sans frontières, (MSF), 68, boulevard Saint-Marcel, 75005 Paris, tél. (1) 47 07 29 29 ;
— Médecins du monde, 67, avenue de la République, 75011 Paris, tél. (1) 43 57 70 70 ;
— l'Action internationale contre la faim (AICF), 156, rue de Rivoli, 75001 Paris, tél. (1) 42 96 16 76.
● **Groupement national de la coopération** (GNC), 29, rue Chevert, 75007 Paris, tél. (1) 47 05 30 60. Le GNC regroupe, par l'intermédiaire du Centre national français d'aide au développement (CIFAD), les représentants de tous les mouvements coopératifs français dont la préoccupation est l'aide au développement. Son rôle : apporter un appui concret aux initiatives des coopératives dans les pays en développement et informer le monde coopératif français des réalités du tiers monde.

Index des cartes

Index thématique général

DANS LA COLLECTION
L'ÉTAT DU MONDE

- **Terre des femmes**
  Panorama de la situation des femmes dans le monde
  sous la direction d'Élisabeth Paquot.

- **L'état des sciences et des techniques**
  sous la direction de Marcel Blanc.

- **Les risques du travail**
  Panorama des effets de l'organisation et des conditions de travail sur la santé
  sous la direction de Bernard Cassou et *alii*.

- **L'état des sciences sociales en France**
  sous la direction de Marc Guillaume.

- **L'état des religions dans le monde**
  sous la direction de Michel Clévenot.
  (Coédition Le Cerf/La Découverte)

- **L'état du Japon** et de ses habitants
  sous la direction de Jean-François Sabouret.

- **L'état de la France pendant la Révolution**
  sous la direction de Michel Vovelle.

- **Santé et médecine.** L'état des connaissances et des recherches
  sous la direction de Claire Brisset et Jacques Stoufflet.
  (Coédition INSERM/ORSTOM/La Découverte).

- **L'état de la France** et de ses habitants [Édition 1985]
  sous la direction de Jean-Yves Potel.

- **L'état de la France** et de ses habitants [Édition 1987]
  sous la direction de Minelle Verdié.

- **L'état de la France** et de ses habitants [Édition 1989]
  sous la direction de Minelle Verdié (parution : mai 1989).

- et chaque année, **L'état du monde**, annuaire économique et
  géopolitique mondial.

DANS LA COLLECTION
L'ÉTAT DU MONDE

L'état de la France et de ses habitants
Édition 1989

SOUS LA DIRECTION DE MINELLE VERDIÉ

• Après le franc succès de l'édition 1985, de *L'État de la France*, La Découverte avait proposé aux lecteurs, en 1987, une suite et un complément : un ouvrage au format poche qui proposait un bilan des évolutions qui ont marqué la société française entre 1985 et 1987. Avec l'édition 1989 qui comprend 160 articles, rédigés par une centaine d'auteurs, *L'État de la France et de ses habitants* revient à une formule plus complète, plus dense, plus systématique.

• Un panorama «sociologique» de la France et des Français d'aujourd'hui (culture, loisirs, travail et emploi, consommation, amour et sexualité, etc.).

• Une analyse à plusieurs voix des rapports qu'entretiennent les Français avec les institutions et la politique.

• Un diagnostic complet et rigoureux de l'état de l'économie française analysé selon quinze thèmes.

• Un tour de France des régions avec des dizaines de cartes et des articles rédigés par des spécialistes reconnus.

• Au total, 160 articles, tous inédits.

• 50 bibliographies, 8 chronologies thématiques, un index de 1 500 entrées, des illustrations drôles ou cruelles de Cabu...

480 pages. Parution : mai 1989.

HÉRODOTE
revue de géographie et de géopolitique

Derniers numéros parus

> Tous ces numéros sont en vente en librairie

Photocomposition Charente-Photogravure : Imprimerie SEPC
Dépôt légal : Mars 1989 — ISBN 2-7071-1831-1 — N° d'imprimeur : 745
Premier tirage : 15 000 exemplaires